하나님의 나라

존 브라이트 역자 김인환

하나님의 나라

크리스찬
다이제스트

JOHN BRIGHT

THE
KINGDOM
OF
GOD

The Biblical Concept and Its Meaning
for the Church

ABINGDON PRESS
Nashville

서언

제목이 암시하는 것처럼, 본서는 성경신학의 한 중요한 중심이념에 관심을 집중한다. 그것은 일반 성경독자들을 위해 그 이념의 역사를 추적함으로써, 그것의 현대적 관련성을 추구하는데 주력한다. 이 일이 성경을 이해하는데 공헌할 수 있기를 바란다. 진정한 의미에서, 하나님 나라의 개념은 성경의 전체 메시지를 포괄하고 있다. 그것은 예수님의 가르침에서도 크게 강조되고 있을 뿐만 아니라 성경의 전체 영역과 범주를 통해서 — 적어도 우리가 그것을 신약성경 신앙의 눈을 통해 조망할 수 있다면 — 즉 "하나님의 경영하시고, 지으시는 … 성"(히 11:10; 참조. 창 12:1이하)을 바라본 아브라함으로부터, "거룩한 성 새 예루살렘이 하나님께로부터 하늘에서 내려오니"(계 21:2)로 끝나는 신약성경에 이르기까지, 이런 저런 형식으로 발견되어지는 것이다. 그러므로 하나님 나라의 의미를 바로 파악하는 것은 성경의 구원에 관한 복음의 핵심에 바로 접근하는 것이다.

그러나 본서는 더 포괄적인 목적을 갖고 있다. 즉 그것은, 가능하면, 현대인의 성경을 무시하는 태도의 근본이유들 가운데 하나를 밝혀보는 것이다. 그렇다고 심지어는 그리스도인들 중에도 성경의 무식자가 많다는 사실을 증명하는 것은 불필요하고, 그 사실을 참담한 현실로서 슬퍼하는 것 역시 부질없다. 참으로 우리가 말할 수 있는 것은, 만일 그것을 치유하는 조치를 취하지 않는다면, 개신교는 영원히 존속할 수 없으리라는 것이다. 개신교 교회들은 모두 성경을 위한 진정한 저항과 함께 시작되었고, 언제나 성경을 권위의 최종적 원천으로 주장했으며, 어떤 계층제도가 신자들과 성경 사이에 자리잡고 있어서, 성경으로 나아가는 길을 방해하고, 성경의 해석을 중재하는 것을 결코 허용치 않았다는 사실을 잊어서는 안된다. 성경으로부터 벗어나면, 우리가 설 수 있는 적절한 자리는 없다. 그렇게 되면 우리는 사실상 개신교인일 수 없다. 그러므로 성경이 평신도와 많은 목사들에게 있어서(이 일을 가드에 고하지 말라!) (역자주: 삼하 1:20에 나오는 말씀으로 "적의 귀에 들어가게 하지 마라"는 뜻) 참으로 이상한 책이 되어버리는 것은 결코 가벼운 일이 아니다.

이에 대한 이유들은 확실히 다원적이다. 그렇다고 우리가 여기서 그것들을 분석하기 위해 멈출 수는 없다. 그러나 확실히 많은 독자가 성경은 내용이 너무 다양해서, 그것을 통해 하나의 노선을 확립하는 것은 거의 불가능할 정도로 아주 불균등한 내용을 지닌 극히 혼란스러운 책이라고 불평할 것이다. 성경의 많은 부분이 이해할 수 없는 기록이고, 당혹스러운 내용이며, 아주 따분한 사실들이다. (작심하고 성경을 통독하기 시작하지만, 레위기 중간쯤에서 끝내고 마는 사람들이 얼마나 많은가!) 심지어 그 감격스럽게 전개되는 설화도 아주 고리타분한 옛날 냄새를 풍기고 있다. 독자는 성경의 많은 부분이 자기와는 아무 상관없는 것을 말씀하고 있다고 느끼고, 그것을 무시하도록 유혹을 받는다. 드디어 그가 성경을 읽는데 집착한다고 하더라도, 여기저기서 자기가 선호하는 내용만 발췌하여 읽을 것이다.

어쨌든 교회 안에서는 성경을 완전히 무시하는 경향과 함께, 성경을 부분적으로 취하는 위험이 점차 증가해왔다. 교회로서 우리는 성경은 하나님의 말씀이라고 선언하고, 그 부분들을 서로 구별하지 않는다. 그러나 실제로 우리는 거의 전적으로 우리가 선택한 부분들 ─ 복음서와 시편, 바울서신과 선지서들 ─ 만 사용하고, 나머지 부분들은 마치 그것들이 기록되어 있지 않은 것처럼 무시해 버린다. 그러나 그 결과 우리는 가치있는 많은 부분을 무시하게 될 뿐만 아니라 설상가상으로 그것들을 그 전체적 맥락 속에서 보지 못하기 때문에, 우리가 사용하는 바로 그 부분들의 가장 핵심적인 의미도 놓치고 만다.

이러한 사실이 구약성경과 신약성경의 관계가 문제되는 곳에서만큼 확실하게 입증되는 곳은 없다. 두 성경은 인쇄되어있는 성경책에서나 대부분의 독자들의 마음 속에서나 명확하게 분리되어 있다. 그리고 신약성경이 그리스도를 가지고 있기 때문에 그리스도인은 맨먼저 그리고 가장 빈번하게 거기에 시선을 돌리고, 거기서 그의 궁극적 신앙의 원천을 발견하는데, 물론 그것은 지극히 당연하고도 올바른 일이다. 그러나 그것은 또한 다음과 같은 문제를 야기한다: 어떤 의미에서 구약성경은 그리스도인에게 전적으로 권위를 갖는가? 구약성경의 의식법은 그리스도 안에서 폐하여졌고, 더 이상 구속력이 없다. 구약성경의 예언적 소망은 그리스도 안에서 성취되었다고 주장된다. 그렇다면 구약성경은 어떤 면에서도 소용이 없게 되었는가? 구약성경은 성경전서의 정경으로서 신약성경과 어떤 관계 속에 서있는가? 만일 그것이 평신도로서는 풀 수 없는 문제라면, 그는 그것이 학자들에게나 관련된 문제라고 생각하고 안심할 수도 있을 것이다. 우리는 구약성경과 신약성경은 공히 하나님의 말씀이라고 계속 확신하고 있고, 어렴풋이 이것은 그렇게 되어야 한다고 믿는다. 그러나 우리는 그 말이 무엇을 의미하는지에 대해 명확한 개념이 없다는 사실을 염려해야 한다. 사실상 우리는 구약성경을 별로 중요성이 없는 지위로 전락시키고 부차적인 가치를 지닌 성경으로 간주하는 경향이 있다고 말하는 사람도 있을 것이다. 국적없는 애매한 종류의 신-말시온주의(neo-Marcionism)가 일어났다.

　　성경이 악용되거나 오용되는 것을 방지하려면, 성경의 통일성에 관한 문제는 심각하게 다루어져야 한다. 그러나 그것은 간단한 답변으로 해결될 수 있는 문제가 아니다. 어떤 의미에서 성경은 통일성보다는 다양성을 더욱 많이 보여준다. 성경은 아주 다채로운 책이다. 아니, 그것은 전혀 한권의 책(a book)이 아니고, 하나의 전체 문헌(a whole literature)이다. 그것은 아주 다양한 성격과 배경을 지닌 사람들에 의해 천년이 훨씬 넘는 시대에 걸쳐서 기록되었다. 성경의 각 부분들은 모든 종류의 상황을 담고 있다. 성경은 모든 가능한 문학양식을 포괄하고 있다. 말하자면, 성경을 균일화시킴으로써, 거기에 인위적인 통일성, 또는 가치의 균등성을 부여하는 것은 이 놀라운 다양성을 무시하고, 하나의 구속복을 입히는 것이 될 수도 있다. 그것은 또한 질문에 답하지 않은 채 방관하는 것이 될 수도 있다. 어떤 의미에서 그리스도는 계시의 면류관이자 규범인가?

　　그러나 성경 속에는 그 다양한 부분들을 하나의 완결된 전체(a complete whole)로 이끄는 어떤 통일적 주제가 있는가? 그 공인된 불연속성' 속에 어떤 본질적 연속성이 있는가?

　　거기서 거의 아무 것도 발견하지 못하는 사람들이 있다. 어떤 사람은 성경을 통해 인간의 종교영역에서의 발전(또는 유신론적으로 생각하면, 신적 계시의 발전)의 과정을 추적하는 학자들을 생각한다. 즉 옛날보다 오늘날 훨씬 그 수가 많은 이러한 학자들은 초기 이스라엘의 종족신 및 원시신앙과 함께 시작하여, 선지자들을 거치면서 윤리적 유일신론으로 발전하고, 마지막으로 예수님의 가르침 속에서 그 절정에 도달하는 종교의 발전과정을 추적한다.[1] 이런 접근법이 성경에 관한 원자적 분석결과를 낳았다는 것은 의심할 여지가 없다. 확실히 어떤 연속성이 관찰되기는 했지만, 그것은 성경이 아니라 진화론적 양식 자체 속에 놓여있는 것이다. 성경적 종교는 그 다양한 발전단계로 세분화되었고, 후기의 단계들은 초기의 것들과는 거의 아니 전혀 공통성이 없었다. 성경신학에 관해 말하는 것도 불가능하였다. 그렇지만 이 비판적 학문을 무시해서는 안될 것이다. 왜냐하면 그것은 우리가 감사해야 하는 많은 결과들을 생산하였기 때문이다. 특히 그것은 우리에게 계시는 미술관에 걸려있는 하나의 그림이 아니고, 역사의 과정이라는 사실을 각성시켰다. 물론 진보가 있었다! 그러나 직선적 진화의 구도는 외부로부터 성경에 부과된 구조였고, 그것은 너무 경직적이어서 자료들을 조절할 수 없는 구조임을 증명하였다. 그것으로는 성경의 문제를 결코 해결할 수 없다.

그러나 종교개혁 신학의 주류 속에서 양육받은 사람은 성경의 통일성은 그리스도 안에(in Christ) 있다는 아주 단순한 답변을 발견한다. 이것이 참된 의미에서 진실이라고 하는 것은 우리가 고찰하는 과정에 따라 분명해지리라고 나는 확신한다. 신약성경 및 모든 성경의 신앙의 정신뿐만 아니라 모든 역사가 그리스도를 중심으로 한다. 그러나 이 사실은, 그것이 아무리 참이라고 할지라도, 그리스도를 만능으로 생각하려는 우리의 열심 속에서, 그분을 자의적으로 구약성경에 갖다붙이지 않도록 조심해야 하는 염려가 수반되어야

---

1) 과거 세대의 대부분의 비평적 학자들이 그렇게 하였다. 이 접근법을 대중적 언어로 탁월하게 선보인 책은 Harry Emerson Fosdick, *A Guide to Understanding the Bible, the Development of Ideas Within the Old and New Testaments* (New York: Harper Bros., 1938)이다.

2) Wilhelm Vischer가 아마 그 한 실례일 것이다: cf. *Das Christuszeugnis des Alten Testaments* (7th ed., Vol. 1; 2nd ed., Vol II; Zürich: Evangelische Verlag, 1946); Eng, trans. Vol. I, from 3rd Ger. ed., A.B.Crabtree, *The Witness of the Old Testament to Christ* (London: Lutterworth Press, 1949).

한다. 이전에는 이렇게 하는 것이 아주 통상적이었다. 그러나 오늘날 크게 염려가 될 정도로 이 방향으로 너무 멀리 가버린 사람들이 있다.[2] 만일 이것이 일관적으로 이루어진다면, 구약성경은 단순히 기독교에 관련된 한권의 책에 불과하게 되고, 성경신학은 그 진정한 본질에서 일탈한 정적(靜的) 특징을 가진 책으로 전락될 것이다.

  사려가 깊지 못한 사람들은 적합치 않는 곳에서 그리스도의 모형들과 기독교 진리의 예표를 발견할 목적으로 구약성경을 연구한다. 물론 이것은 건전한 주석방법이 아니다. 그리스도인으로서 우리는 그리스도에 비추어 구약성경을 읽고, 그것으로부터 우리는 그리스도를 선포한다. 그러나 우리는 성경 저자들이 염두에 두고 있었던 이념들로 돌아가지 않기 때문에, 오직 그들이 진실로 말하려고 했던 것을 최선을 다해 발견하지 않는다. 그 속에 없는 이념들을 집어넣고 그것을 읽음으로써 구약성경을 탐구하는 것은 아주 고귀한 가치를 그것으로부터 박탈하는 것이다.

  본서는 단지 제기된 문제들에 대한 관심 때문에 씌어진 책이다. 본서는 성경의 복합성이 전혀 저해되지 않고, 그러면서도 그 전체에 임의로 부과되지 않은 통일적 주제가 면면히 흐르고 있다는 신념 속에서 진술되고 있다. 그 통일된 주제는 구속 곧 구원이라는 주제이고 특별히 그의 통치 아래 살도록 부르심을 받은 하나님의 백성에 대한 이념 및 이에 수반하는 도래할 하나님 나라의 소망에 대한 이념을 둘러싸고 있는 개념들로 이루어져 있다.[3] 이것은 처음부터 지금까지 이스라엘 신앙 속에 면면히 흐르고 있고, 이런 저런 방식으로 사실상 구약성경 전부분에서 발견되는 요점이다. 그것은 또한 구약성경과 신약성경을 불가분리적으로 연계시킨다. 그 이유는 양 성경은 공히 하나님 나라와 관련되어 있고, 동일한 하나님이 말씀하고 있기 때문이다.

  물론 성경이 말해야 하는 모든 것을 하나의 표어 아래 적용시키기란 불가능하고, 본서에서도 그런 시도는 하지 않았다. 본서의 제목은 하나님 나라

3) 물론 이 안목이 원래적인 것은 아니다. 나는 처음 그 중요성을 나의 것으로 삼는데 있어서 W. Eichrodt, *Theologie des Alten Testaments* (1st ed., Vol. I, Leipzig: J. C. Hinrich, 1933; 3rd ed., Vol. I, Berlin: Evangelische Verlagsanstalt, 1948; cf. p. 1)에 힘입었음을 인정해야 한다.

에 관한 신약성경의 개념이 구약성경의 개념에 부과될 수 있다는 사실을 가리키는 것도 아니고, 또는 하나님의 통치에 관한 개념이 구약성경 자체 안에서도 상당한 발전을 이루었다는 사실을 위장하려고 하는 것도 아니다. 그러나 이념들이 항상 그것들을 담고 있는 말들보다 더 큰 법이다. 이 이념의 뿌리들은 가장 초기의 이스라엘의 역사 속에 놓여있다. 의심할 여지 없이 발전은 이루어졌지만, 그것은 열등한 발전으로부터 고등한 발전으로 나아가는 상승적 진화의 과정이 아니라 오히려 처음부터 계속 이스라엘 신앙 속에서 규범적이었던 개념으로부터의 확장적 발전 과정으로 조명되어야 한다. 그것은 그 진정한 본질상 그 자체 너머에 있는 다른 것을 지시하고 또 그 너머에서 그 성취를 요청하는 개념이었다.

처음에 우리가 언급했던 것처럼, 본서는 주로 일반 성경독자를 대상으로 씌어진 책이다. 이런 이유로 말미암아, 비록 변증적 입장을 취하고 싶은 마음이 있음에도 불구하고, 독자가 학자의 이론체계들의 논증적 맥락을 따르도록 요구받음으로써, 그것을 완전히 상실하지 않도록 하기 위하여, 모든 수고를 다하여 전문적인 논의는 배제하고 책의 내용을 진술하였다. 처음부터 끝까지 그 목표는 명확하게 표현되었다. 물론 각주를 달지 않는 것은 가능하지 않았다. 각주를 단 이유는 교사들과 보다 수준이 높은 학생들에게 도움을 주기를 바라는 소망 때문이고, 나아가서는 본서를 저술하는데 힘입은 자료를 인정하고, 또 그 자료들에 포함된 내용이 나의 의견과 불일치하는 중요한 부분들은 제시되기를 솔직히 바라는 마음 때문이었다. 그렇게 하는 것이 가능한 곳에서는 어디서든지 독자가 더 세밀한 독서를 할 수 있도록 도움을 주는 참고문헌들을 지적하는데 수고를 아끼지 않았다. 그러나 지면의 제약으로 참고문헌을 충분하게 싣지는 못했다.

결론적으로 성경신학은 다른 방법으로는 다루어질 수 없기 때문에 역사적 접근법을 채택하였다. 역사로부터 분리된 이념들의 체계로서 그것을 추상화하고, 토론해 보라. 그러면 그것은 더 이상 성경신학이 아닐 것이다. 하지만 역사적 접근법이 결코 독자들을 실망시키지 않고, 그들의 적절한 역사적 안목에 성경의 다양한 국면들 — 특별히 구약성경의 예언들 — 을 적용시키는데 도움을 줄 수 있기를 바란다.

만일 본서가 어쨌든 성경을 더욱 명확히 하거나 성경을 연구하려는 욕구에 어떤 자극을 준다면, 나는 참으로 다행으로 생각할 것이다. 그러나 만일 본서가 어떤 사람들에게 다시 한번 성경의 내용으로부터 하나님 나라의 백성이 되도록 요청하는 소리를 듣게하는 수단이 된다면, 그것은 더없이 감사할 일이 될 것이다.

존 브라이트

감사의 말씀

한권의 책을 만드는 것은 힘든 작업이고, 다른 사람들의 도움과 격려가 없이는 그 작업을 거의 완결시킬 수 없다는 것이 합당한 말일 것이다. 본서도 예외는 아니었다. 그러므로 나는 그 과정을 거치면서 나에게 도움을 준 사람들에게 감사를 표하지 않으면 안된다. 무엇보다도 먼저 나는 미국의 버지니아주 리치몬드에 있는 장로교 기독교교육국의 바클레이 월탈(Barclay Walthall) 목사님과 홈스 롤스톤(Holmes Rolston) 목사님에게 감사한다. 월탈 목사님은 1950년 여름에 북 캐롤라이나주 몬트리트에서 열린 평신도 지도자 강습회에서 일련의 성경강의를 할 수 있도록 주선해 주신 초청자였다. 이 집회의 강의를 통해 나는 본서의 주제를 전체적으로 생각하고, 그 내용을 강연할 기회를 갖게 되었다. 그러나 롤스톤 목사님의 친절한 관심과 주장이 없었다면, 책으로 만드는 작업을 절대로 시작하지는 못했을 것이다.

나는 또한 리치몬드에 있는 유니온 신학교의 도서관장이신 헨리 브림(Henry M. Brimm) 박사에게 감사해야 한다. 그 분은 아빙돈-콕스베리 출판사의 현상논문 모집 사실을 나에게 환기시켜 주셨고, 그 현상에 응모하도록 용기를 북돋아 주었다. 또 시카고에 있는 맥코믹 신학교의 어니스트 라이트(G. Ernest Wright) 교수에게 특별한 감사를 표하는 바이다. 그 분은 완성된 나의 원고를 읽고, 그 개선점을 위해 수많은 제안을 아끼지 않으셨다. 또한 본서에 대해 아주 심오한 제시들을 주신 존스 홉킨스 대학의 올브라이트(W. F. Albright) 교수의 도움도 상당히 컸다. 그럼에도 불구하고 여전히 남아있는 결함들은 전적으로 나 자신의 불찰이라는 점이 강조되어야 한다. 나는 나의 아내에게 크게 감사한다 — 그녀의 타이핑과 교정의 도움이 없었다면 본서가 제 시간에 출판되지는 못했을 것이다.

성경의 인용은 다른 역본을 직접 지적한 곳 또는 내가 원본으로부터 사역(私譯)을 한 곳을 제외하고는 R. S. V.를 따랐다.

차 례

제1장

하나님의 백성과 이스라엘 국가

마가복음은 예수님의 사명에 관한 의미심장한 말씀으로 이루어진 다음과 같은 기사를 초두에 싣고 있다. "예수께서 갈릴리에 오셔서 하나님의 복음을 전파하여 가라사대 때가 찼고 하나님의 나라가 가까왔으니 회개하고 복음을 믿으라"(막 1:14-15). 여기서 마가는 예수님의 설교의 취지가 하나님 나라를 선언하는데 있음을, 즉 하나님 나라의 선포가 그 분이 관심을 두고 있는 가장 핵심적인 일임을 분명히 한다. 예수님의 가르침들을 읽어보면, 복음서에서 발견되는 것처럼, 오직 이 진술을 입증할 수 있을 것이다. 어디를 가든 예수님은 하나님 나라를 전파하시고, 그것은 항상 극히 중요한 문제로 대두된다.

하나님 나라는 무엇과 같을까? 그것은 씨를 뿌리는 농부와 같다. 그것은 값비싼 진주와 같다. 그것은 겨자씨와 같다. 사람은 어떻게 하나님 나라에 들어가는가? 그 사람은 자신이 가진 모든 것을 팔아 가난한 자에게 나누어 주는 사람이다. 그 사람은 어린아이와 같이 되는 사람이다. 그것은 중요한 문제인가? 진실로 그것은 중요하다! 온전한 몸으로 지옥에 들어가는 것보다 수족을 절단하고 불구로 하나님 나라에 들어가는 것이 더 낫다. 사실 예수님의 마음 속에 있었던 하나님 나라의 관념은 너무 탁월하기 때문에, 그것에 관해 어느 정도 이해하지 못하면, 우리는 그 분이 의도하신 의미를 거의 파악할 수 없다.

그러나 하나님 나라에 관해 그토록 반복하여 언급하셨음에도 불구하고, 예수님은 그것을 정의하기 위해 한번도 멈추신 적이 없었다. 당시에 그 말씀을 듣는 어떤 사람도 오늘날 우리가 그렇게 자주 물어보는 "주님, '하나님 나라'란 말이 무슨 뜻입니까?"라는 질문으로 예수님을 훼방하지 않았다. 오히려 예수님은 당연히 그들이 그 말을 이해하고 있는 것처럼, 참으로 그것을 이해하고 있었던 것처럼 생각하고, 그 말을 사용하셨다. 하나님 나라는 모든 유대인들이 사용하는 언어 속에 들어있었다. 그것은 그들이 이미 이해하고 있었던 개념으로서, 간절히 염원하던 어떤 실재였다. 반면에 우리에게 그 말은 생소한 용어이다. 그래서 우리가 그것을 파악하려면, 거기에 어떤 내용을 집어넣는 것이 필수적이다. 우리는 그 관념이 어디에서 연원하고, 그것이 예수님과 그분이 말씀하시는 것을 들은 사람들에게 의미하는 바는 무엇이었는가를 물어야 한다.

그 말 자체보다 그 이념이 더 포괄적이라는 것은 곧 분명하고, 따라서 우리는 그 말이 드러내지 못하는 그 이념의 내용을 주목해야 한다. 참으로 신약성경에서는 복음서를 제외하면, "하나님 나라"라는 표현이 거의 나타나지 않고, 반면에 구약성경에서는 그 말이 아예 나타나지 않는다는 사실을 확인하는 것이 놀라운 일일 수 있다. 그러나 그 개념이 예수님의 말씀 속에서 급진적인 변화를 겪었다고는 해도, 그것은 오랜 역사를 거쳐왔고, 구약 및 신약성경 전체의 도처에 이런 저런 형식으로 나타나 있다. 그 관념은 그의 백성을 다스리시는 하나님의 통치의 전 관념을 포함하고, 특별하게는 역사의 종말에 그 통치를 완성하시고, 백성을 영광 속에 두신다는 관념을 포괄한다. 그것은 바로 유대인들이 대망했던 나라였다.

이같이 유대인들은 특별히, 승리의 영광 속에서 하나님 나라를 건설하실 분인, 구속주 즉 메시야를 고대하였다. 그런데 신약성경이 예수가 그의 나라를 세우기 위해 오신 바로 그 메시야라고 선언하고 있기 때문에, 우리는 즉각 이스라엘의 메시야 대망을 고찰하기 위해 구약성경으로 거슬러 올라가도록 인도된다. 우리는 특히 이사야를 생각한다. 이사야는 다윗 계열에서 도래할 왕에 대한 소망에 그 고전적 형식을 제공했던 인물이다. 여기서는 크리스마스에 대한 교훈으로서 우리가 그렇게 자주 인용하는 말씀이 부각된다. "이

는 한 아이가 우리에게 났고 한 아들을 우리에게 주신 바 되었는데 그 어깨
에는 정사를 메었고 그 이름은 기묘자라 모사라 전능하신 하나님이라 영존하
시는 아버지라 평강의 왕이라 할 것임이라"(사 9:6). 그러나 구약성경에서는
도래할 구속에 대한 기대가 메시야를 명시적으로 언급하고 있지 않는 구절들
속에서 거듭 표현되고 있기 때문에,[1] 우리가 전체적으로 이스라엘의 종말론
적 소망과 같은 폭넓은 주제에 관련되는 것은 확실하다. 왜냐하면 이스라엘
의 소망은 도래할 하나님 나라에 대한 소망이었기 때문이다.

그러나 우리는 그 소망을 허공 속에서 고찰할 수 없다. 말하자면, 우리
는 그 소망을 표현하고 있는 다양한 구절들을 단순히 분석하는 것으로 끝날
수는 없다. 그 소망은 이스라엘의 신앙과 이스라엘의 역사 속에 그 뿌리를
두고 있었다. 따라서 우리는 그 뿌리를 추적하지 않으면 안된다. 이것은 한
순간의 생각으로 결판이 나는, 한가한 골동품 수집가의 호기심이 아니다. 예
를 들면, 이사야는 비록 메시야 왕의 소망에 대해 그 명확한 형식을 부여했
다고 해도, 그리고 확실히 그렇게 하도록 하나님으로부터 영감을 받았다고
해도, 자신의 개념을 어느날 갑자기 불시에 형성시킨 것은 분명코 아니었다.
항상 그런 것처럼 여기서도, 계시는 이스라엘 백성의 삶에 근본적인 것이었
고, 계시의 형성은 비극적 경험을 통해 이루어졌다. 다윗 계열의 왕에 대한
소망이 형성되기 전에 다윗이 있어야 했다. 요약하면, 이스라엘의 하나님 나
라에 대한 소망이 이런 형식을 갖추기 전에, 이스라엘이 먼저 이 땅 위에 나
라를 건설해야 했다는 것이다. 그러므로 우리는 거슬러 올라가 다윗 왕국의
흥기와 그것이 히브리적 정신 속에서 유입시킨 이념들을 고찰하지 않으면 안
된다.

그러나 다윗 왕국은 처음에는 그다지 중요한 위치를 차지하지 못했다.
그 이유는 그것은 이스라엘의 신앙도 낳지 못했고, 그렇다고 하나님 나라에
대한 관념도 형성시키지 못했기 때문이다. 사실은 세월이 흐르면서 그것은

---

1) 적절하게 말하면, 메시야 대망은 방금 인용한 구절에서 보는 것처럼, 도래할
   다윗 계열의 왕(기름부음받은 자)에 대한 소망이다. 따라서 메시야적 구절이란
   특별히 메시야를 언급하고 있는 구절을 말한다. 그러나 산만하고, 대중적인 의
   미에서 볼 때, "메시야적" 구절이라는 말은, 메시야가 언급되든 안되든 상관없
   이, 이스라엘의 미래의 소망에 관해 언급하는 모든 구절들을 지칭하게 되었다.

이 양자의 관념을 강력하게 형성시키고, 특정화시켰다. 그러나 이스라엘의
신앙은 다윗이 태어나기 오래 전부터 그 규범적 형식을 이미 취하고 있었다.
그의 백성을 다스리는 하나님의 통치에 대한 개념은 이미 존재하였다. 참으
로 다윗 왕국 자체는 그 개념으로 인해 크게 제약되었다. 우리가 살펴보겠지
만, 심지어는 다윗 왕국은 그 개념에 대해 근본적인 모순 속에 있다고 느끼
는 사람들도 일부 있었다. 따라서 우리는 이스라엘 백성과 종교가 태동된 초
기 이스라엘 역사의 형성기로 거슬러 올라가 살펴볼 필요가 있다. 거기서 곧
모세 자신의 유산 속에서, 우리는 그 당시 사람들의 하나님 나라에 대한 소
망의 단서를 발견할 수 있다. 그 까닭은 이것이 문화적 채용(cultural
borrowing)에 따라 취해진 개념도 아니고, 그렇다고 그것이 왕정제도와 그
체제들을 창출한 것도 아니며, 이 모든 요소들이 아무리 크게 그것을 윤색
시켰을지라도, 아직 국가적 야심이 좌절당하지도 않았기 때문이다. 오히려
그것은 하나님의 선민으로서의 이스라엘의 전체 관념과 연계되어 있고, 그리
하여 이것은 처음부터 이스라엘의 신앙의 근간을 이루었다. 오직 그것만으로
구약성경과 신약성경에 나타나 있는 그 불굴성과 그 놀라운 창조력이 설명될
수 있다.

　　우리는 구약성경의 신앙 자체와 같은 광범한 주제에 문을 열어놓았다.
그렇지만 이같이 요약적인 고찰의 범주 안에서는 그것을 정당화하는 것이 참
으로 어렵다는 것을 발견하게 된다. 그러나 그렇다고 할지라도 우리는 그것
을 정당화하는 것 외에 다른 과정이 없다. 다른 길은 절대로 없기 때문이다.

I

　　여기서 우리는 주전 13세기 후반부터 이야기를 시작해야 한다. 그것은
이스라엘이 약속의 땅에서 하나의 백성으로서 삶을 살기 시작했던 때가 바로
그때부터이기 때문이다. 그 당시의 세계를 간략하게 조명해 보자. 당시 애굽
은 라암세스 2세의 긴 통치(1301-1234)[2]가 그 종말을 향하여 나아가고 있었
고, 그로 인해 위대한 애굽제국의 시대는 머지 않아 그 기운을 다하게 되었
다. 오늘날 애굽은 선사시대에 2천년 이상 그 전성기를 구가하던 한 고대국
가로 기억된다. 멸망하기 약 3백년 전, 바로의 제18왕조 시대에 애굽은 최대

의 국력을 자랑하였다. 이때 애굽은 나일강 상류의 제4의 분류로부터 유프라
테스강의 대협곡에까지 영토가 미치는 거대한 제국이었다. 모든 권력기구들
이 애굽의 손 안에 있었고, 애굽은 그 권력기구들을 이용하는 법을 알고 있
었다. 기동성과 화력을 갖춘 말병거와 쇠와 나무로 만든 활로 무장한 애굽의
군대는 아무도 격퇴시킬 수 없었다. 애굽의 해군력은 바다를 완전히 장악하
고 있었다. 그리고 14세기 초엽, 제18왕조에서 제19왕조로 교체되던 시기의
일시적인 쇠퇴에도 불구하고 그리고 히타이트족(헷족)이 북방에서 압박을 가
함에도 불구하고, 애굽제국은 근본적으로 아무 탈없이 유지되었다. 라암세스
2세는 수리아에서 히타이트족과 치열한 전쟁을 치러, 승리할 수 있었고, 그
결과 그의 치세는 평화와 영광 — 그리고 상당한 허세 — 속에서 마감될 수
있었다.

　　그러나 위대한 라암세스가 죽고, 그 계승자들이 집권하면서 애굽의 영광
은 사양길로 접어들었다. 그의 아들 마니프타는 왕위에 올랐을 때에 이미 노
인이었고, 결국 그의 짧은 재위기간(1234-1225) 동안에 애굽의 존속을 위해
두번이나 전쟁을 치러야 했다. 애굽인들이 "해양민족들"(Peoples of the
Sea)이라고 부르는 호데스라는 이족(異族)이 리비아로부터 침입하여 애굽을
압박하였다. 최근에 롬멜(Rommel)의 유명한 아프리카 군단(Afrika
Korps)은 그 통로를 횡단하였다. 바로는 처절하게 분투함으로써 간신히 그
들을 물리칠 수 있었다. 곧이어 마니프타는 죽었고, 그로 인해 왕권 교체기
로 말미암은 쇠약함과 무정부상태가 20여년간 계속되었다. 비록 제20 왕조
가 일어나 질서를 회복하기는 했지만, 혼란은 여전히 지속되었다. 애굽의 최
후의 위대한 바로로 지칭될 수 있는 라암세스 3세(1195-1164)는 각각 리비

2) 이 당시의 애굽 역사에 관한 일관성있는 연대기술을 위해서 W.F.Albright,
   From the Stone Age to Christianity (Baltimore: Johns Hopkins
   Press, 1940)에 나오는 기술을 따를 것이다. 이것은 L.Borchardt의 연대기
   술과 일치한다. 만일 M.B.Rowton (*Journal of Egyptian Archaeology*,
   34 〔1948〕, 57-74)의 연대기술이 정확하다면 — Albright 자신도 그것을 수
   용하는 경향이 있다(*American Journal of Archaeology*, LIV-3 〔1950〕,
   164, 170) -- 라암세스 2세의 연대는 1290-1224로 낮춰져야 할 것이다. 그
   것은 라암세스 3세의 연대를 대략 1180-1150으로 잡고 있고, 또 다른 사실들
   과도 일치하기 때문이다.

아, 팔레스타인 방향 그리고 바다로부터 침입해오는 "해양민족들"의 거센 침략을 물리치기 위해 총력을 경주하지 않을 수 없었다.

"해양민족들"에 관한 사실은 우리로서는 잘 파악할 수 없는 난감한 주제이다.[3] 루카족, 투샤족, 아키와샤족, 샤르디나족, 페라사타족 따위와 같은 그들의 호칭들로 보면, 그들은 민족대이동에 따라 에게민족(Aegean people)이 된 것으로 보인다. 그들은 주로 페라사타족 때문에 우리의 관심을 끈다. 왜냐하면 페라사타족(펠라사타, 성경에서 블레셋)에서 후에 블레셋족이 연원하기 때문이다. 비록 스스로 방어는 할 수 있었지만, 애굽은 내부적으로는 병들어 있었다. 끊임없는 전쟁으로 핍절된 애굽의 군대는 주로 외국인 용병에 의존하고 있었고, 그렇게 많은 세기 동안 애굽을 유지시킨 동인이었던 그 군대는 거의 쇠진되었다. 분명히 제국에 대한 의욕은 사라졌다. 어쨌든 라암세스 3세의 뒤를 이은 계승자들의 지배하에 연약한 라메시데스 왕조(4대-12대)는 제국의 모든 흔적들은 상실하였고, 결코 다시 회복하지는 못했다. 12세기 후반경에 애굽은 — 이후의 역사가 예증하는 것처럼, 비록 유력한 국가였기는 해도 — 단지 아시아에서 기억되는 나라일 뿐이었다.

애굽의 북동국경에는 팔레스타인이 인접해 있었는데, 이곳이 바로 우리가 관심을 갖고 있는 드라마의 중심무대이다. 수세기 동안 팔레스타인은 애굽의 식민지였다. 팔레스타인은 정치적 통일이 없이 발전하였다. 애굽은 아무것도 허용하지 않았다.[4] 팔레스타인의 주민은 주로 가나안족들이었는데, 그들은 작은 도시 국가들의 집단체를 구성하였다. 그 도시 국가들은 각각 애굽의 바로에게 예속된 군주들이 다스리고 있었다. 더욱이 애굽의 지배자들은 그들의 주둔군과 세리들을 통해 그 지역을 이중적으로 압박하면서 유린하였다. 애굽의 관료정치가 극히 부패하고, 타락하면서, 그 지역의 유린은 더욱 악화되었다. 그러던 중 결국 바로의 권력이 쇠약해지면서 정치의 공백상태가

3) 가장 최근의 논의에 대해서는 앞에서 언급한 Albright의 논문을 보라: "Some Oriental Glosses on the Homeric Problem", *American Journal of Archaeology*, LIV-3 (1950), 162-76.
4) 한때 거의 남아 있는 것이 없었다는 것은 분명히 그 이전 몇 세기 전에 힉소스 침입자들에 의해 파괴되었기 때문이다. cf. A. Alt, *Die Landnahme der Israeliten in Palästina* (Leipzig: Druckerei der Werkgemeinschaft, 1925).

초래되었다. 주군이 없는 상태에 빠진 가나안의 군주들은 각자 자신의 방어를 위한 도시의 성곽을 구축하였다. 급기야는 모든 권력자가 역사가 주목하기에는 너무나 하찮은 추한 경쟁들로 자신의 이웃을 공격하였다. 통일성은 존재하지도 않았고, 가나안은 어떤 것을 창출할 만한 능력을 갖고 있지도 못했다.

지도에서 그곳을 보는 사람은 누구나 알게 되듯이 팔레스타인은 지리적으로 외적을 방어하기가 아주 어려운 곳이다.[5] 그곳은 나일강과 유프라테스강 유역의 두 강대국 사이에 끼어있을 뿐 아니라 그 위치와 자그마한 크기로 보아 그 두 강대국 사이에서 힘없는 앞잡이 노릇을 할 수밖에 없는 지역이다. 그곳은 또한 동쪽으로는 광활한 사막이 펼쳐져 있었다. 그 지역의 전반적인 역사는 그 주변으로부터 끊임없이 침략을 받았다는 이야기로 채색되어 있었다. 16세기 초까지 거슬러 올라가지 않더라도, 적어도 14세기초에서 13세기에 이르기까지 이러한 과정은 점진적으로 계속되었다. 팔레스타인과 그 주변 지역은 계속 새로운 주민을 받아들이는 과정 속에 있었다. 14세기의 아마르나 서판들을 보면, 하비루(Habiru)[6]라고 불리는 침략자들이 있었다는 사실이 이 과정을 증거해 준다. 반면에 13세기경에는 에돔족, 모압족 그리고 암몬족 등이 요단강 동편을 그들의 근거지로 삼았다. 애굽인들은 분명히 이러한 침략을 멈추게 할 수도 없었고, 멈추도록 조처하지도 않았다.

그러나 주전 1250년이 지난지 몇 십년 안에 팔레스타인은 완전히 멸망

---

5) 성경지리에 관한 모든 문제들을 처리하기 위해 독자는 G. E. Wright and F. V. Filson, *The Westminster Historical Atlas to the Bible* (Philadelphia: The Westminster Press, 1945)을 참조하라.

6) 아마르나 서판들은 팔레스타인과 수리아의 봉신왕들이 그것들이 발견된 텔 엘 - 아마르나에 있는 아메노피스 4세의 궁정으로 써보낸 것이었다. 하비루(다른 사본들에서는 Apiru 또는 Khapiru)라는 이름은, 논란이 구구하기는 하지만, 어원적으로 히브리(Hebrew)와 일치하는 것으로 생각된다. 그러나 메소포타미아의 누지, 소아시아의 보가츠-쾨이, 북수리아의 라스 샤므라 및 애굽과 같은 먼 지역에서 수세기 동안 그 이름이 등장하는 것을 보면, 우리로서는 단순히 그 두 명칭을 동일시하기를 금할 일이다. 하비루는 인종적 지칭이 아니라 계급적 지칭이 아니었던가 싶다. 성경의 히브리인들은 의심할 여지 없이 하비루를 가리키지만, 하비루라는 명칭은 성경의 히브리인들보다 훨씬 폭넓은 개념이다.

하였다. 가나안 거민들은 팔레스타인과 수리아 땅의 소유물의 10분의 9를 궁극적으로 그들에게 빼앗기는 일련의 타격을 감수하였다. 이것은 우리가 여호수아서의 내용을 통해 확인할 수 있는 기사이다. 그것은 피의 전쟁의 이야기이다. 불타는 도시의 연기와 썩어가는 시체의 악취가 그 책장에 짙게 배어 있다. 그것은 이미 동팔레스타인의 아모리족속의 경계를 가로질러 광야를 거쳐온 이스라엘 족속이 약속의 땅이 바라보이는 요단강 언덕 위에 진을 치고 있는 기사와 함께 시작한다. 어느날 갑자기 그들은 물이 마른 요단강을 건넜고, 여리고성의 벽이 나팔 소리에 허물어졌으며, 그로 인해 가나안족들의 마음은 두려움으로 가득 찼다. 이어서 그들은 신속하게 세번에 걸친 번개같은 돌격 ― 땅의 중심을 통과(7-9장), 남쪽으로 진격(10장), 그리고 먼 북쪽으로 진출(11장) ― 을 감행하였고, 그 결과 팔레스타인의 전체 산등성이가 그들의 것이 되었다. 보병과 대적할 수 있는 철병거(삿 1:19)가 있었다면, 그들 역시 해안 평지에 정착할 수 있었을 것이다. 그 땅을 차지한 뒤, 그들은 그곳을 각 지파별로 나누었다. 그것은 광야로 이루어진 땅이다. 그 거민들은 철저하게 학살을 당했고, 도시들은 불태워졌다.

가나안인들은 이 정복자들이 누구인지 알았는가? 아마 그들은 그 정복자들을 그들 이전에 살았던 다른 사람들과 똑같이 하비루(Habiru:히브리)로 생각했을 것이다. 아마 그들은 그 정복자들이 자신들 스스로를 베네 이스라엘(Bene Yisra' el) 곧 이스라엘의 자손이라고 불렀다고 알았을 것이다. 아마 그들은 이 광야의 사람이 그들의 신이 그들에게 이 땅을 약속하셨고, 그리하여 그들이 그곳을 취하기 위해 그곳에 왔다는 환상적인 관념에 사로잡혀 있다는 것도 ― 처음에는 재미로, 그 다음에는 두려움에서 ― 알았을 것이다.

물론 이스라엘의 팔레스타인 정복은 우리가 여호수아서에서 읽는 것처럼 단순하거나 돌연한 것은 아니었고, 또는 우리가 충분히 상상할 수 있는 복합적이고, 인과적인 요소가 있었다고 생각되어지는 일이 아니다. 반대로 여호수아서는 다만 그 극히 복합적인 과정에 대해 부분적이고, 도식적인 설명만을 제공할 따름이다. 우리가 살펴보았던 것처럼, 새로운 혈통의 민족들이 수 세기에 걸쳐 팔레스타인에 유입되어 들어온 과정이 있었다. 의심할 여지없이 유사혈통(하비루)에 속하는 이들 중 많은 사람들이 그 정복민들과 합류하게 되었고, 교류하게 되었으며, 그들의 지파구조에 흡수되었다.[7] 정복이 끝났을 때, 그 땅은 그 원래의 거민들은 완전히 학살당하고 이스라엘에 의해 철저하게 점령되었다고 우리는 생각하지 못한다. 그에 관한 기록들은 조심스럽게 읽어보면, 가나안족들은 계속 평야지대에 거하고 있었고, 심지어는 예루살렘과 같은 산지에서도 소수민족 집단을 이루고 있었음(참조. 삿 1장)을 확인할 수 있다. 이스라엘 백성들은 이 사람들과 공존하면서 살아야 했다. 따라서 부분적으로 팔레스타인의 점령은 다윗이 그 땅을 완전히 합병할 때까지 적어도 그 통합의 과정은 계속되었다. 이스라엘이라는 국가가 오로지 애굽으로부터 탈출한 사람들의 자손들로만 구성된 것을 결단코 아니라는 사실, 그리하여 부분적으로는 그들이 그 순수성을 상실하고 이방적 관념들로 채색되었다는 사실은 이것으로 볼 때 분명하다. 그러나 이러한 제한에도 불구하고, 13세기에 이루어진 지파동맹의 역사성을 압도적인 고고학적 증거에 비추

---

7) 여호수아서 24장을 보면, 새로운 혈통의 민족이 이스라엘 지파동맹에 통합된 사실이 분명히 암시되어 있는 것처럼 보인다. 출애굽한 이스라엘인들과 달리 그 가담자들 중 일부는 여전히 이방인들이었다(14절 이하). 가나안인들 역시 점차 이스라엘에게 흡수되었다는 사실은 다양한 증거에 의해 입증된다: 예. 세겜과 같은 가나안 성읍들(창 34장), 헤벨 그리고 디르사(수 12:17, 24)는 또한 므낫세의 자손들로서 나타난다(수 17:2-3).

8) 벧엘, 라기스, 에글론, 그리고 드빌과 같은 성읍들(이 모든 도시들은 여호수아 10장 또는 사사기 1장에 언급되었다)은 불에 타버려서, 이 당시에 재건설된 것으로 알려진다. 여리고와 아이(수 6-8장)는 특별한 문제를 일으키지만, 여호수아서 기사의 본질적 역사성을 의심하는데 사용될 수는 없다. 그 증거에 관한 설명을 위해서는 다음과 같은 참고문헌을 보라: W. F. Albright, "The Israelite Conquest of Canaan in the Light of Archaeology," *Bulletin of the American Schools of Oriental Research*, 74 (1939), 11-23; cf. idem, *The Archaeology of Palestine* (Harmondsworth: Pelican Books, 1949), pp. 108-9. 탁월한 대중적 개요를 보려면, cf. G. E. Wright, "Epic of Conquest," *The Biblical Archaeologist*, III-3 (1940), 25-40; cf. idem, "The Literary and Historical Problem of Josh. 10 and Judges 1," *Journal of Near Eastern Studies*, V-2 (1946), 105-14. 출애굽과 가나안정복의 전반적인 문제에 관한 가장 최근의 완결적 논의를 위해서는, H. H. Rowley, *From Joseph to Joshua* (London: Oxford University Press, 1950). 나의 견해는 Introduction and Exegesis of Joshua in *The Interpreter's Bible*, Vol. II (New York and Nashville: Abingdon-Cokesbury Press, 1953)에서 아주 상세하게 표현되어 있다.

어 보면 더 이상 의심의 여지가 있을 수 없다.[8] 그런데 그것이 팔레스타인이 이스라엘의 본향이 된 근간이었다. 여호수아서는 이러한 가나안 정복의 극적인 장면을 그 나름의 방식에 따라 설화로 표현하고 있다.

II

이렇게 해서 이스라엘은 약속의 땅에서 하나의 백성으로서의 역사를 시작하였다. 그것은 그 자체로는 별로 중요하지 않은 사건이었다. 그래서 이 족속들이 이전에는 결코 접할 수 없었던 종류의 고유종교를 가지고 들어왔다는 사실이 없었더라면, 역사는 거의 그것을 기억하지 못했을 것이다. 이스라엘의 신앙은 지나치게 열렬하였고, 그래서 혹자는 고대의 이방종교와는 합리적으로 설명할 수 없는 단절성이 존재한다고 말하기도 하였다.[9] 이스라엘의 신앙의 조상은 모세였다. 물론 모세 종교의 정확한 본질은 논란이 구구한 문제이다. 그렇다고 우리가 여기서 그것에 관해 장황하게 논의를 시작할 수는 없다. 그러나 우리가 그 특징들을 지적하기 위해 멈추는 것은 중요하다.

1. 이스라엘의 신앙은 여러가지 면에서 독특하다. 무엇보다도 첫째로

---

9) 이스라엘의 정신과의 그 근본적 차이를 지적하면서, 고대 이방종교의 정신에 대해 탁월하게 서술하고 있는 입문서는 H. Frankfort, ed., *The Intellectual Adventure of Ancient Man* (Chicago: University of Chicago Press, 1946)가 있다. 이스라엘의 신앙의 특수한 성격을 훌륭하게 설명한 책으로는 G. E. Wright, *The Old Testament Against Its Environment* (Chicago: Henry Regnery Co., 1950)가 있다.

10) 초기 이스라엘의 신앙을, 벨하우젠 학파에서 주장하는 식으로, 점차 유일신론으로 발전해간 지파종교로서 조명하는 것은 더 이상 가능하지 않다. 최근에 나온 I. G. Matthews, *The Religious Pilgrimage of Israel* (New York: Harper & Bros., 1947)을 보라. 모세의 유일신론의 증거에 관한 권위적 진술로는 W. F. Albright, *From the Stone Age to Christianity*, ch. iv.이 있다. 모세의 종교를 유일신론의 단초로서 정의하기는 꺼려하지만, 강력하게 이스라엘의 신앙의 통일성을 주장하는 것으로는 예를 들면 다음과 같은 것들이 있다: W. Eichrodt, *Theologie des Alten Testaments* (3rd ed., Berlin: Evangelische Verlagsanstalt, 1948), I, 1-6, 104ff, et passim; H. H. Rowley, *The Rediscovery of the Old Testament* (Philadelphia: The Westminster Press, 1946), ch. v.

그것은 유일신론이다.[10] 오직 한 분의 하나님이 존재하고, "너희는 내 앞에 (즉 나 외에) 다른 신을 두지 말라"는 명령은 이스라엘이 어떤 다른 존재를 예배하는 것을 단호하게 금하는 것이었다.[11] 이 시기에 이스라엘이 다른 신들이 존재한다는 사실을 실제로 부정했는지의 여부는 많은 논란의 원인이 되고 있는 문제이다. 확실히 유일신론은 초기에는 그렇게 논리적으로 형성된 교리는 아니었다. 그리고 똑같이 확실히 유일신론 신앙이 전반적으로 함축하고 있는 내용들은 오랜 세월에 걸친 산물이었다. 게다가 이스라엘의 관습은, 특별히 이스라엘이 가나안의 이전 정착민들과 접촉하게 되었을 때에는, 빈번하게 유일신론적이지 못했다는 사실이 인정되어야 한다.

그러나 이스라엘의 신앙이 이스라엘로부터 다른 신들을 배제하라고 명했을 뿐 아니라 동시에 우주 속에 있는 모든 기능과 세력을 제거하며, 비실재들을 포기하도록 명하였다는 점에서 보면, 그것은 확실히 유일신론이라고 불리어질 자격이 있다. 모세의 신앙은 이 모든 것을 실천하였다. 모세의 하나님은 확실히 홀로 서있는 분이었다. 그분은 심지어 옛 창조(창 2:4이하)를 보아도, 보조자나 매개물이 없이 만물을 지으신 분이다. 그분의 진정한 이름 여호와(야훼)는 이 기능을 자신에게 귀속시킨다.[12] 만신전이 그분 주위에는 필요없다. 그분은 상대신도 갖고 있지 않으며(히브리인은 심지어 "여신"이라는 말도 사용하지 않는다), 후계자도 갖지 않으신다. 결과적으로 히브리인들은 그들의 이웃 종족들과는 극히 대조적으로 신화론을 발전시키지 않았다. 확실히 이 새롭게 창출된 종교에 대한 그들의 열심은 가나안 정복 당시에 가졌던 그들의 거의 환상적인 열광을 크게 설명해 준다.

더욱이 이스라엘의 신앙은 반우상적이었다. 이스라엘의 하나님은 어떤

---

11) 출애굽기 20장과 신명기 5장에서 평행구절로 강조되고 있는 십계명 형식은 필자의 의견으로는 모세종교의 진정한 헌장으로 간주되어야 한다. 강력한 변증을 위해서는, cf. P. Volz, *Mose und Sein Werk* (Tübingen: J.C.B. Mohr, 1932), pp. 20ff. 영어로 된 책으로는 H.H. Rowley, "Moses and the Decalogue" (*Bulletin of the John Rylands Library*, 34 [Sept., 1951]). 이 책은 충분한 참고문헌을 담고 있다.
12) 여호와(Jehovah: Heb. Yahweh)는 "존재하는 것을 존재하게 하시는 분"을 의미하는 공식(참조. 출 3:14)의 부분으로 보인다. cf. W.F. Albright, *From the Stone Age to Christianity*, pp. 197-98.

형대로 묘사되거나 상징될 수 없었다. "너희는 새긴 우상을 만들지 말라"는 제2계명의 말씀은 이것을 분명히 한다. 고대의 이방종교는 이런 일에 대해서는 전혀 말하지 아니하였다. 그러나 그것이 거짓된 신을 예배하는 것에 관해 아무리 많이 말할지라도, 여호와의 형상을 만드는 어떤 시도에 관해서 분명하게 언급하지 않는 구약성경의 전체적인 증거와 모순되지 않는다. 이런 일을 행하는 것을 반대하는 강력한 감정이 그 모든 역사를 통해 이스라엘 안에 존재한다는 사실은 분명히 고고학의 발견 사실이 예증한다. 고고학은 지금까지 발굴한 어떤 고대 이스라엘 도시에서도 단일한 남성 형상의 우상을 발견한 적이 없다. 모든 이방 신들과 우상들을 격렬하게 혐오하는 선지자를 이해할 수 있는 것은 단지 이전 세기의 이러한 반우상적, 유일신론적 전통에 비추어 볼 때이다.

그러나 여러 가지 면에서 모든 것 가운데 가장 두드러지는 또 다른 특징이 있다. 이스라엘은 그들의 하나님이 역사의 사건들을 지배할 수 있었고, 또 지배하셨다는 사실 곧 그 사건들 속에서 그분은 자신의 의로우신 심판과 구원능력을 계시하신다는 것을 믿었다. 여기에 이방종교와 상상할 수 있는 가장 날카로운 차이가 존재한다. 고대의 이방종교들은 모두 다신론적이었다. 그것들은 복합적인 만신전 안에 정렬된 수다한 신들을 신봉하였다. 이 신들은 대부분 자연력이나 다른 우주적 기능들을 의인화한 것들이었다. 그것들은 자연 속에 있었고, 자연에 속하였으며, 어떤 특수한 도덕적 속성이 없는 것으로서 자연과 같았다. 그것들의 의지는 그것들이 요청된 가시적 유익을 숭배자에게 주도록 예배의식(신화를 재연한) 속에서 교묘히 조작할 수 있었다. 이런 종교들에서는 사건들에 대한 도덕적 해석이나 참으로 어떤 일관된 해석이 가능하지 않다. 그 까닭은 거기서는 역사를 지배하는 한 신이 존재하지 않기 때문이다.

이스라엘의 하나님은 이런 종류의 신과는 전적으로 달랐다. 그분은 해, 달 그리고 별들을 지배하신다. 지금 불 속에서 역사하시고, 지금 폭풍 속에서 역사하신다 ─ 그러나 그분은 이러한 것들과는 전혀 동일하신 분이 아니다. 그분은 하늘 속이나 땅 위에 고정된 거처를 갖고 계시지 않는다. 하지만 자신의 백성들을 돕기 위해 오시고, 자신이 뜻하는 곳에, 곧 애굽에서든, 시내산에서든, 아니면 가나안에서든 어디를 막론하고 자신의 능력을 펼치신다.

그분은 예배의식에 의해 진정되는 자연력의 의인적 존재가 아니시다. 그분은 자연과 역사를 지배하시는 도덕적 존재이시고, 그 속에 자신의 의로운 의지를 계시하시고, 그것에 복종하도록 인간들을 부르신다.

이러한 하나님의 관념은 이스라엘에서 뒤늦게 발전된 개념이 아니고, 극히 초기에 발전된 고대적 개념이다. 성경의 기록들을 거슬러 올라가 살펴보면, 우리는 자연과 역사를 지배하시는 강하신 하나님을 만나게 된다.[13] 그분은 만물을 창조하신 분으로서, 인간의 모든 족속들의 운명을 결정하시고, 아브라함을 자신의 목적을 섬기도록 하기 위해서 부르신 분이시다. 바로의 교만을 굴복시키시고, 바로의 군대를 바다 속에 침몰시키신 분도 바로 그분이시다. 그분은 그의 백성들을 그들의 모든 원수로부터 구원하시고, 광야에서 그들에게 먹을 것을 주시며, 요단강 물을 마르게 하시며, 여리고 성벽을 일시에 무너지게 하시며, 또한 가나안 족속들을 공포로 떨게 하시는 분이시다. 바다 물결과 바람(출 15:1-17), 해와 달과 별들(수 10:12-13; 삿 5:20) 그리고 비(삿 5:4, 21)와 같은 재앙의 어두운 세력들이 그분의 명령에 굴복하였다. 또한 그의 백성들이 죄를 범했을 때, 그들에게 전쟁이 일어나게 하시고, 그들의 대적으로부터 그들을 구원하시는(수 7장; 삼상 4장) 분도 바로 그분이시다.

2. 이스라엘의 하나님은 고대세계에서 절대적으로 유일하신 한 하나님 — 불가시적이고, 만물의 창조주이시고, 자연과 역사의 지배자 — 으로서 우

---

13) 대부분의 유대문헌의 본체는 과거에 생각되었던 것보다 훨씬 이전인 가장 초기의 시대(10세기와 그 이전)로 거슬러 올라간다. 이것은 시편들을 포함한다 -- 예. 드보라의 노래(삿 5장), 수 10:12-13, 야곱의 축복(창 49장), 모세의 축복(신 33장, cf. Cross and Freedom, *Journal of Biblical Literature*, LXVII [1948], 191-210), 발람의 시편(민 23-24장, cf. Albright, idem, LXIII [1944], 207-33), 모세의 노래(출 15장, cf. Albright, *Studies in Old Testament Prophecy*, H. H. Rowley, ed. [Edinburgh: T. & T. Clark, 1950], pp. 5-6), 수많은 시편들(예. 29, 67, 68). 이 외에 다윗의 전기(삼하 9-20장, 왕상 1-2장)와 확실히 사무엘-사울-다윗 시대의 다른 사람들도 있다. 더욱이 비록 우리가 족장들, 출애굽 그리고 가나안 정복에 관한 기사들(보통 J문서로 불리는 가장 오래된 사본들 속에서)이 9세기(필자는 초기연대를 선호한다)에 오직 최종적 형식을 수용했다는 사실을 인정한다고 해도, 그것들이 자료를 포함하고 있고, 그 이전 세기들의 연쇄적인 전승에 의존하고 있다고 추정되어야 한다.

리 앞에 서 계신다. 그러나 그것이 전부는 아니다. 이스라엘은 이런 하나님
이 존재하신다고 단순히 믿기만 한 것은 아니다. 이스라엘은 이 하나님이 역
사적 활동 속에서 자기들을 선택하시고, 자기들과 언약을 맺으시며, 자기들
을 그의 백성으로 삼으셨다는 사실을 확신하였다.[14]

우리는 이스라엘의 역사 속에서 이스라엘이 자기들이 여호와의 선민이
었다는 사실을 믿지 못했던 때를 발견하지 못한다. 이 선택은 역사 속에서
일어났다. 성경의 기사를 보면, 이 선택의 역사는 아브라함에게까지 거슬러
올라간다. 그러나 이스라엘이 하나의 백성으로서 참된 출발을 보인 때는 출
애굽 사건에서였다.[15] 출애굽에 대한 기억은 다가오는 모든 시대에 걸쳐 이
스라엘에게는 민족의식의 정수로 우뚝 솟아있었다. 그래서 선지자들은 언제
나 그 사실로 거듭 되돌아가곤 했던 것이다. 여기에 하나님의 능력과 은혜에
관한 잊을 수 없는 실례가 있다(암 2:9-11; 미 6:2-5; 겔 20:5-7). 여기서
그분은 미성숙한 이스라엘을 어린아이처럼 사랑하였으며(호 11:1), 여기서
그분은 언약을 세워 이스라엘과 결혼하였으며, 영원히 이스라엘의 충성을 요
청하셨다(호 2장; 렘 2:2-3). 그러나 이것은 영적 지도자들에 의해 전개된
비전적(秘傳的) 관념이 결코 아니었다. 백성들은 이미 그 관념으로 포섭되어
있었다. 참으로 그들은 하나님의 택함 받고, 사랑을 받는 백성들이었음을 지
나치게 확신하였기 때문에, 하나님의 심판을 선포하는 선지자의 메시지가 완
전히 무의미한 말로 그들에게는 들렸다. 아모스로부터 예레미야에 이르기까
지 선지자들은 백성들을 깨우치는 것이 불가능하다고 생각할 정도로 백성들

---

14) 언약의 이념이 너무 중요하기 때문에 W. Eichrodt는 전계서에서 그것을 중
   심으로 구약신학을 재정립하였다. 저자는 여기에 근본적으로 동의한다. "언
   약"이라는 용어는 초기의 자료들에서는 드물게 사용되지만, 그 이념은 그 용
   어보다 더 포괄적이다. 그것은 이스라엘의 선택의 관념 전반과 지파동맹의
   진정한 구조에 관련된다. cf. Wright, op. cit., pp. 54-68.
15) 구약성경의 선택사상에 관해서는 H. H. Rowley, *The Biblical Doctrine
   of Election* (London: Lutterworth Press, 1950), Wright, op. cit.,
   ch. ii.를 참조하라. 족장설화는 한때 유행했었던 초비평주의에 따라 조명되
   어서는 안된다. cf. Albright, *From the Stone Age to Christianity*,
   pp. 179-89; 충분한 참고문헌이 있는 Rowley, "Recent Discovery and
   the Patriarchal Age" (*Bulletin of the John Rylands Library*, 32
   [Sept., 1949]).

은 자만에 빠져 있었다.

이같이 지극히 강하게 뿌리박혀진 신념은 출애굽 사건에 관한 기억 자체 속에 오직 그 기원을 둘 수 있다. 과거에 아주 인기가 있었던 출애굽 설화에 대한 극히 비판적 태도는 더 이상 유지될 수 없다.[16] 확실히 히브리인들의 무리는 애굽에서 노예들이었다. 엄청난 종교적 체험의 유인을 따라, 모세는 거기서부터 그들이 결코 잊어버릴 수 없는 놀라운 사건들의 소용돌이 속으로 그들을 이끌었고, 그리하여 그들은 그들을 백성으로 만드는 사건들이 일어나고, 그들의 역사의 전과정을 형성시킨 그 특별한 종교를 그들에게 부여한 광야의 산에 이르게 되었다. 따라서 이스라엘의 기원은 기독교의 기원만큼이나 확실하게 역사적 사건들과 연계되어 있다. 이스라엘이 새로운 혈통을 그들의 지파구조 속에 흡수하였기 때문에 출애굽 전승은 확대되었고, 모두에게 곧 그 조상들이 출애굽 사건에 참여하지 않은 사람들에게도 규범적인 것이 되었다.[17]

이것이 그렇기 때문에, 이스라엘에게는 그들의 신앙에 비추어 그들에게 주어진 해석이 실제 사건보다 훨씬 더 중요하다. 출애굽은 순전히 하나님의 은혜의 행동으로 조명되었다. 애굽에서의 표적과 이적들, 바닷물을 역으로 흐르게 한 바람, 바로의 군대로부터의 구출 따위는 모두 그 은혜(hesed)의

---

16) 그 증거를 위해서는, Cf. Albright, *From the Stone Age to Christianity*, pp. 189-96.

17) 아마 그것은 어느 정도 초기 미국의 전통들이 모든 미국인들, 심지어는 최근에 이주한 국민들에게도 규범이 되었던 것과 같을 것이다. 이와 같이 이민온 부모의 자녀는 우리의 개척조상들에 관해 — 정당하게 — 말할 수 있다.

18) 헤세드(hesed)라는 말은 정확하게 번역될 수 없다. 영어성경의 일반적 번역("lovingkindness", "mercy" 따위)은 아주 부적합하다. 그 말은 언약의 이념과 밀접하게 연계되어 있다. 그것이 하나님에 관해 사용되면, 그것은 "은혜"(grace)라는 말과 아주 근사하다. 그것은 이스라엘을 언약으로 초청하시는 하나님의 호의와 그들의 무가치함에도 불구하고 그들에게 보여주시는 변함없는 사랑을 가리킨다. 그 말이 인간에게 사용되면, 그것은 언약의 하나님에 대한 전적인 충성과 그분의 뜻에 대한 순종을 말하는 은총에 대한 적절한 반응을 지칭한다. Cf. N.H.Snaith, *Distinctive Ideas of the Old Testament* (Philadelphia: The Westminster Press, 1946), ch. v; idem, *A Theological Word Book of the Bible*, A. Richardson, ed. (New York: The Macmillan Co., 1951), pp. 136-37.

사례들이다. 그것은 절대적으로 값없이 얻은 것이기 때문에 은혜였다. 구약
성경은 그들의 어떤 공로 때문에 이스라엘이 택함 받은 것이 아님을 분명히
제시하고 있다. 오히려 출애굽 설화는 겁에 질리고, 배은망덕하고, 완전히
쓸모없는 사람들을 애써서 묘사하고 있다. 출애굽은 그들이 그분을 선택하도
록 스스로 백성들을 선택하신 하나님의 행동이었다. 그리하여 시내산에서 맺
어진 언약은 히브리 신학에서는 단지 은혜에 대한 반응 곧 하나님의 헤세드
에 대한 인간의 헤세드[18]로 이해될 수 있었다. 따라서 구약의 언약은 항상
신약에서처럼 은혜의 언약으로서 적절하게 조명되었다. 이것을 염두에 두어
야 한다. 아무리 그것들이 정당화된다고 할지라도, 행위에 대한 바울과 다른
사람들의 비판(예. 갈 4:25-25; 히 8장)은 구약의 신앙보다 그 당시의 유대
교에 훨씬 더 적절하였다. 왜냐하면 이스라엘은 하나님의 은혜에 따라 그의
백성으로 부르시고, 오직 그만을 섬기고, 그의 언약의 법에 순종하도록 부르
심을 받은 한 국가로서 그 역사를 시작하였기 때문이다. 하나님의 법 아래
살도록 부르심을 받은 자를 의미하는 하나님의 백성의 관념은 바로 여기서
시작되고, 그것과 더불어 하나님 나라의 관념도 시작된다.[19]

　　3. 이러한 이념들은 지극히 역동적이고, 창조적인 개념들이었다. 한편
으로는 그들이 결코 잊어버려서는 안되는 선택된 백성들로서의 자신의 위치
에 관한 이스라엘의 관념 속에는 아무리 그들이 외면할지라도 그렇게 외면해
서는 안되는 소망이 불타오르고 있었다. 이러한 특징은 오래 전에 있었던 출
애굽 설화 속에 깊이 채색되어 있었고, 따라서 모든 선지자의 선포가 그것에
기초되어 있었다고 말해도 결코 지나치지 않다. "세계가 다 내게 속하였나니
너희가 내 말을 잘 듣고 내 언약을 지키면 너희는 열국 중에서 내 소유가 되
겠고"(출 19:5). 이 구절 속에는 그리고 그것을 일으키는 신앙 속에는 하나
님의 심판과 그들의 종말론적 소망을 선언하는 선지자의 선포의 배아(胚芽)
가 놓여있다.

　　이같은 신앙으로 조건화된 이스라엘은 결코 선민으로서의 자기들의 위
치를 적절하게 수용할 수 없었다. 그것은 도덕적으로 조건화되었다. 이스라

19) Cf. Eichrodt, op. cit., I, 8, et passim. 이것은 우리가 신약성경 교리
　　나 또는 이 원시 신정정치로 소급되는 후기 구약성경의 여호와의 왕권 개념
　　을 읽을 수 있다는 것을 의미하지 않는다.

엘은 그것을 받을 만한 자격을 갖추고 있어서 사랑을 받는 탁월한 민족이 절대로 아니었다. 민족적 신으로서 이스라엘과 혈맹의 관계를 맺고 있는 신이 아니었다. 이스라엘의 하나님은 역사적 행동 속에서 이스라엘을 선택하시고, 또 이스라엘은 자유롭고, 도덕적인 행위 속에서 그분을 선택하는 우주적 신이었다. 따라서 그들 사이의 언약적 구속관계는 기계적인 것도 아니고, 영원한 것도 아니었다. 그것은 계약이라고 불리어질 수 없는 것이지만 — 그것은 동등한 쌍방간의 계약이 아니기 때문이다 — 그럼에도 불구하고, 그것은 쌍방간의 계약이라는 점에서 계약의 본질을 구비하였다. 하나님은 이스라엘에게 그의 백성으로서의 운명을 부여하셨고, 이스라엘을 보호하고, 인도하였다. 그러나 그것은 어디까지나 이스라엘이 그분에게 복종하는 한도 안에서였다. 언약은 이스라엘에게는 무거운 짐이 되었다. 특별히 그것은 헤세드 곧 모든 다른 신들을 배척하고 언약의 하나님에 대한 감사와 완전한 충성을 요청하였다. 또한 그것은 언약의 사랑 안에서 모든 인간 관계를 통하여 언약의 법들에 대한 엄격한 순종을 요구하였다. 이러한 요청들 앞에 서있는 이스라엘은 끊임없이 심판 속에서 살아야 했다. 선지자들은 그 심판을 선언하였고, 우리가 국가에 대한 선지자들의 판단을 이해하는 것은 바로 이 신학에 비추어 볼 때이다.

그러나 동시에 이 언약의 백성의 개념은 이스라엘에게 결코 사라지지 않는 커다란 운명의식과 확신으로 승화되었다. 성경을 읽는 독자는 누구나 잘 알겠지만, 구약성경의 신앙은 어떠한 비극도 무너뜨릴 수 없는 영광스러운 소망으로 이루어져 있다. 또한 성경을 좀더 조심스럽게 읽어보면, 허탄한 대중적 낙관론의 망상에 이스라엘이 빠져 있음을 알게 된다. 그러한 낙관론은 존재할 자격도 없으나, 선지자의 말씀의 주먹은 그것을 부수기에 무력했다. 이스라엘의 신앙은 강하게 종말론적 방향을 지니고 있었다. 그 이유는 역사 자체가 히브리 정신에게는 종말론적으로 방향지워져 있었기 때문이다. 그것은 하나님에 의해 목적지로 인도되었다. 그리고 이것은 이스라엘 사람들에게 미래에 대한 확고한 신념을 제공하였다.

이것 역시 후기에 발전한 것이 아니다. 확실히 "마지막 일들"에 관한 명확한 관념은 오직 후기 시대에 나타났다. 그러므로 그것은 초기 이스라엘의 신앙과 관련하여 "종말론"이라는 말을 사용하도록 잘못 인도될 수 있다. 그

러나 그것에 관한 배아는 초기에 존재한다. 우리가 갖고 있는 초기의 문헌
(앞의 각주 13을 보라) 속에서, 우리는 사건들이 목적지 곧 우리가 목격할
수 없는 외부의 유력한 한 종착지를 향하여 진행된다는 확신을 관찰할 수 있
다. 우리는 수세기 동안 유목민의 모닥불과 순례자의 성지에서 회자되는 고
대 족장들의 서사시 속에서 그것을 본다. 우리의 하나님이 우리에게 약속하
신 "젖과 꿀이 흐르는" 땅이 있다(출 3:8,17). 우리는 언젠가는 큰 민족이
될 것이다(창 12:2). 하나님은 우리를 우리의 모든 원수로부터 구원하실 것
이며(민 23:21-24; 24:8-9), 우리를 위대하게 만드실 것이다(민 23:9-10;
24:5-7). 그분은 모든 민족이 섬길 하나님이 보내신 지도자가 나타나실 때까
지(창 49:10; 민 24:17-19) 상상할 수 없는 평화와 풍요 속에서 우리를 살
게 하실 것이다(창 49:25-26; 신 33:13-17). 그분은 세상에서 자신의 목적
을 수행하도록 하기 위해서 우리를 부르셨다(창 12:3; 18:18; 22:18). 우리
가 믿는 것은 이러한 신앙이다. 이 신앙이 미래를 빛으로 채우고, 이스라엘
이 모든 난관을 극복하고 약속의 땅으로 들어가게 하였다.

따라서 미래에 있을 위대한 일을 기대하는 것이 처음부터 이스라엘의 신
앙의 진정한 본질 속에 있었음을 강조해야 한다. 만일 하나님이 자신의 뜻을
역사 속에서 이루시는 역사의 주님이시라면, 그리고 자신의 목적을 이루도록
하기 위해서 이스라엘을 선택하셨다면, 그렇다면 확실히 그분은 그 목적을
성취시킬 것이다. 그리고 만일 그분이 언약의 유대관계 속에서 이스라엘에게

---

20) 독자에게 공평히 말한다면, 이스라엘의 종말론의 기원에 관해서는 극히 다양
한 견해들이 있다는 점이 언급되어야 한다. W. Eichrodt (op. cit. I, 240-
57)는 본질적으로 나 자신의 입장을 탁월하게 표현하였다. 그는 "Faith
and Destiny" (*Interpretation*, V-1 (1951), 9-11)라는 논문에서 그것
을 간략하게 진술하였다. 구약성경의 종말론을 애굽이나 바벨론으로부터 빌
려온 것으로 설명하려는 Gunkel, Gressmann, Breasted 및 다른 사람들
(앞의 논문에 있는 언급들을 보라)의 수고는 나에게는 바람직한 설명으로 생
각되지 않는다 — 따라서 그 기원을 왕정시대 동안 시행된 것으로 추측되는
연례적인 왕의 즉위 축제에서 발견하는 Mowinckel과 다른 사람들의 수고
역시 잘못된 것으로 보인다. 비록 히브리 종말론이 이방문헌들과 피상적으로
평행되기는 해도, 그리고 제왕 이데올로기와 국가의 정치적 소망의 좌절이
의심없이 그것을 자극하고, 또 그것에 형식을 부여했다고 해도, 그 기원은
이스라엘의 신앙 자체의 본질 속에서 추구되어야 한다.

충분한 순종을 요구하셨다면, 그분은 그들이 복종하면 그들을 보호하시고, 그들을 약속의 땅으로 인도하시리라는 사실을 아울러 약속하였다. 그리고 그분은 그렇게 하실 만한 힘이 있으시고, 약속에 신실하시다. 그렇다면 역사는 약속의 성취 곧 평강 속에서 그분의 지배를 받는 하나님의 선민들의 확립 외에 어떤 결과를 갖겠는가? 미래는 하나님의 목적의 승리로 나아간다. 따라서 도래할 하나님 나라를 믿는 불굴의 확신에 대한 씨앗은 이스라엘을 백성으로 삼으셨다는 신앙 속에서 싹텄다.[20]

III

그러나 주전 13세기에 이스라엘이 약속의 땅에서 역사 속에 국가로서 처음 등장했을 당시의 이스라엘로 돌아가 보자.

1. 팔레스타인 초기 시대의 이스라엘은 우리가 이해하는 것과 같은 국가가 전혀 아니었다는 사실을 먼저 파악해야 한다. 반대로 그 당시의 이스라엘은 지파동맹으로서, 공통적인 하나님을 예배하는 다른 씨족들이 하나로 연합된 씨족들의 완만한 동맹체였다.[21] 거기에는 어떤 종류의 국가적 성격도, 중앙정부도 존재하지 않았다. 씨족들은 서로간에 독립적 단위였다. 씨족들 내부에는 족장들이나 장로들의 도덕적 권위가 인정되고 있었지만, 조직화된 권위는 결여되어 있었다. 더욱이 사회는 계급차별, 빈부의 차이나 지배자와 피지배자 사이의 광범위한 차별도 나타나지 않았다. 그러나 극히 민주주의적인 유목민의 삶의 특징을 갖고 있었다. 씨족들의 초점은 법궤(언약궤)에 있었다. 법궤는 이곳저곳으로 이동되었는데, 마지막으로 실로에 안치되었다(삼상 1-4장). 여기서 지파족속들은 하나님의 임재를 구하고, 그분에게 그들의 헌신을 새롭게 다짐하기 위해 축제일에 모였다. 이 지파구조는 완전히 언약백성의 개념과 일치하고, 그 외적 표현으로 추정될 수 있다. 언약동맹은 형

---

21) 이스라엘은 알려진 많은 실례들 가운데 델피동맹과 같은 희랍의 근린(近隣)동맹과 흡사하였다. 그 동맹들 중 많은 것들이 12명의 구성원으로 이루어졌다. 이에 대한 기본적인 논의를 위해서는 M. Noth, *Das System der zwölf Stämme Israels* (Stuttgart: W. Kohlhammer, 1930) ; in English, W. F. Albright, *Archaeology and the Religion of Israel* (Baltimore: Johns Hopkins Press, 1942), pp. 95-110.

제애로 결속되었다. 그것은 오직 언약의 하나님의 율법에 의해서만 통치되었
다.

우리가 사사기를 읽어보면, 이스라엘 안에서 원시적 질서가 어떻게 작용
했는지를 잘 확인할 수 있다. 여기서 우리는 정부, 중심권위 또는 어떤 종류
의 국가적 조직도 없이 원수들에게 둘러싸여 불안정한 삶을 유지하는 씨족들
을 보게 된다. 이러한 위기의 시대에 영웅 곧 사사(shôphēt)라고 불리는 여호
와의 영으로 사로잡힌 사람이 일어났다(삿 3:10, 14:6). 사사는 주변의 씨족
들을 결집하여 원수들에게 대항하였다. 그 승리로 인해 의심할 여지없이 그
에게는 권력이 주어졌지만, 그는 결코 왕이 아니었다. 그의 권위는 모든 이
스라엘을 지배하는 절대적인 권력도 아니었고, 영원한 권력도 아니었다. 그
것은 전혀 세습적인 것도 아니었다. 사사의 전투능력은 씨족들의 자발적인
소집에 달려 있었다. 그에게는 상비군도 없었고, 군영도 없었으며, 군사행정
조직도 없었다. 그의 권위는 오로지 그를 그 시대의 사람으로 만든 역동적인
특질들에 달려 있었다. 이러한 권위의 유형은 적절하게 카리스마(charisma)
로 불리어졌다.[22] 카리스마는 초기 이스라엘의 신정정치를 잘 표상하였다.
그것은 자신의 지명된 대표자를 통해 그의 백성을 다스리는 하나님의 직접적
인 통치였다.

2. 그런데 이러한 지파적 신정정치는 아주 엄격하고, 완강한 양식이었
다. 그것은 쉽게 무너지지 않았다. 이스라엘이 가나안 정복으로 완전히 새로
운 상황에 접어들었다는 것은 사실이다. 그 변화는 완전히 통일적이지는 않
았지만(그것은 광야생활의 흔적은 완전히 청산하지 못했다), 이스라엘은 영
농 국가로 신속하게 변신하였다. 고고학이 충분히 증명하는 것처럼, 이것은
어느 정도 경제적 진보를 의미하였다. 참으로 그것이 유목민들이 그 땅을 탐
냈던 이유이다. 그것은 또한 이스라엘에게 그렇게 위협이 되었던 가나안족들
의 우수한 물질문화 — 그리고 종교 — 에 점차 물들어가는 과정의 시작을
의미하였다.

그러나 이스라엘은 옛 질서를 즉각 포기하지는 않았다. 오히려 가나안

---

22) 특별히 A. Alt, *Die Staatenbildung der Israeliten in Palästina* (Leipzig:
 A. Edelmann, 1930)을 보라. 그 말은 원래 Max Weber의 말이다.

정복 이후 (사사시대를 경유하는) 약 2백여년 동안 옛 질서는 그대로 유지되었다. 이스라엘은 지파동맹을 그대로 존속시켰고, 지리적·정치적 단위가 아닌 종족적(만일 초기의 이스라엘과 같은 혼혈적 집단이 종족으로 불리어질 수 있다면) 및 종교적 연합체를 그대로 지속하였다. 지도권의 원리는 카리스마를 유지하였다. 이스라엘은 국가를 조직하지도 않았고, 그렇게 하기 위한 어떤 움직임도 없었다. 특히 이스라엘은 가나안족의 도시국가 양식을 본받지 아니하였다.

이것은 결코 우연이 아니었다. 반대로 왕정제도의 이념은 의식적으로 배척하였다. 이것은 기드온이 왕위를 거절한 말 속에서 잘 예증된다. "내가 너희를 다스리지 아니하겠고 나의 아들도 너희를 다스리지 아니할 것이요 여호와께서 너희를 다스리시리라"(삿 8:23).[23] 그것은 요담이 말한 우화에도 반영되어 있다(삿 9:7-21). 이 우화는 단지 아무런 쓸모가 없는 인간의 무가치한 가시나무만이 왕이 될 욕망을 품고 있음을 분명히 하고 있다. 단지 이런 뿌리깊은 감정에 비추어 볼 때에만, 우리는 사람들이 왕을 요구했을 때, 자신을 왕정제도의 아버지로 삼은데 대한 사무엘의 행동을 이해할 수 있다. 우리는 성경에서 옛 선지자가 왕정제도의 관념을 이방제도의 비겁한 모방이자 여호와에 대한 극악한 배반으로 거부한 사실을 읽는다(삼상 8장).[24]

3. 따라서 블레셋이라는 새로운 위협적 원수가 나타나지 않았다고 하더라도 문제는 언제까지나 상존했을 것이다. 블레셋인들은 에게해 출신(참조.

23) 나는 이들 주석가들(예. G. F. Moore, *Judges* [International Critical Commentary; New York: Chas. Scribner's Sons, 1895, 1923], p. 230)에게 동조하는 것이 불가하다고 생각한다. G. F. Moore는 이 구절이 후기의, 반왕정에 대한 감정을 반영하고 있는 것으로 간주한다. 그것은 더할 나위 없이 전통적인 옛 설화의 한 부분이다.
24) 사무엘상 8-13장에서, 저자는 사울의 흥기에 관한 두 가지 평행기사를 섞어 놓았다. 그것들 중 하나는 은연중에 왕정제도에 호의적이었다는 것이고, 다른 하나는 극렬하게 적대적이었다는 것이다. 8장은 후자에 속한다. 그러나 국가에 대한 환멸을 반영하고 있는 후기의, 심지어는 포로기의 산물로서 간주되는 것은 그 기사에 관해서는 아니다(예. H. P. Smith, *Samuel* [International Critical Commentary; New York: Chas. Scribner's Sons, 1899, 1909], p. 55). 반대로 그 두 기사는 정확하게 처음부터 있었던 긴장을 반영한다.

암 9:7)으로서, 마니프타와 라암세스 3세의 통치기간 동안에 애굽의 국경까
지 쳐들어 갔던 "해양민족들" 가운데 하나였다. 그들은 모든 히타이트제국과
수리아 연안으로 퍼져나갔던 민족대이동(일리아드의 이야기와 무관하지 않
은)의 주축이 된 한 민족이었다. 짐작하건대 그들은 주전 1188년에 라암세
스 3세에 의해 패배당한 이후로 팔레스타인 해안에 정착했던 것으로 보인
다.[25] 따라서 블레셋족속의 팔레스타인 정착은 아마 이스라엘이 가나안에 정
착한 이후로 반 세기 안에 이루어진 사실이었을 것이다.

   카리스마는 블레셋인들로 말미암아 새롭고, 보다 엄격한 시험 속에 두어
졌다. 이스라엘의 가나안 정복은, 인간적으로 말하면, 가나안의 약소국가들
이 연합된 저항을 할 수 없었기 때문에, 가능했던 것이었다. 그리고 지파동
맹은 그 원수들 — 약소 왕국들이나 베두인 침략자들 — 이 비공식적인 씨족
들의 징집을 통해서 대처하는 정도였기 때문에 팔레스타인에서 살아남을 수
있었다. 요약하면, 카리스마는 이스라엘이 잘 체계화된 군사국가와 맞닥뜨린
적이 없었기 때문에 유지되었다. 그러나 블레셋인들은 그렇지 않았다. 그들
은 빈틈이 없고, 잘 훈련되고, 정예화된 군사민족이었다. 그들은 점차 팔레
스타인을 지배하기 시작하였다. 마침 바로의 수중에서 벗어난 그 지역을 다
스리는 지배권을 장악하는 것이 그들의 목적이었다.

   그것은 이스라엘을 영원한 노예상태로 전락하도록 위협하는 위험이었
다. 비록 삼손에 관한 기사에서 반영되어 있는 것과 같은 국경에서의 전쟁이
다년간 진행되고 있기는 했지만, 우리가 사무엘상 4장에서 읽게 되는 결정적
타격이 주전 1050년경에 임했다. 그것은 철저한 패배였다. 이스라엘은 완전
히 박살이 났다. 법궤 — 언약 동맹이 거룩한 표상 — 를 빼앗겼다. 법궤를
담당했던 제사장인 홉니와 비느하스는 죽음을 당했다. 그리고 실로는 그 신
당과 함께 허물어졌다(고고학이 우리에게 말해주는 것처럼). 그것은 최대의
군사적 및 영적 치욕이었다. 그 후 우리는 블레셋 군대가 이스라엘의 심장부
를 장악하였음을(삼상 13:4) 보고, 이스라엘 자체는 무장을 해제당하고, 전
쟁능력을 상실하였음을 본다(삼상 13:19-23). 카리스마는 실패하였다. 여호
와의 백성들은 짓밟혔다.

---

25) Cf. 앞의 각주 2. 아마 약 15년 이후의 연대가 보다 정확할 것이다.

4. 이러한 위험에 직면하여 이스라엘이 시도한 첫번째 단계는 국가건설
이었다. 그것은 마지못해 추진되었고, 그래서 실패로 끝났다. 지금 우리는
이것이 마지못해 이루어진 사실이라는 것에 대해 놀라지 않을 수 없다. 앞에
서 말한 것처럼, 그것은 아무런 필연성이 없이 이루어졌다. 훈련받지 못하
고, 조직화되지 못한 씨족동맹군으로는 막강한 블레셋 군대와 맞서 싸울 수
없었다. 그것은 싸우느냐 아니면 종이 되느냐 하는 양자택일의 문제였다. 자
유를 위해 이스라엘 백성은 선택이 분명하였다. 그러나 이것은 어려운 선택
이었다. 왜냐하면 그것은 이스라엘의 전통과는 완전히 생소한 권위에 의지하
는 단계를 표상하는 것이었기 때문이다. 이러한 긴장에 비추어 볼 때, 우리
는 사무엘이라는 불가해한 인물을 이해할 수 있다. 사무엘은 사울의 후원자
로 나타나기도 하고(삼상 9장) 왕을 요구하는 요청에 대해 아주 못마땅한 반
대자로 나타나기도 하며(삼상 8장), 또한 사울이 자행자지할 때는 그를 포기
하고, 그와 단절하는 자로 등장하였다(삼상 13:8-15; 15장).

사울은 매력적인 청년이었다. 신장이 장대하고, 용모가 준수했으며(삼상
9:2; 10:23), 아주 용감했고(11:1-11), 온순했으며(9:21), 관대한 마음을
갖고 있었다(11:12-13). 하지만 그럼에도 불구하고 그 안에는 자신을 파멸
시킬 정신적, 정서적 불안의 결함이 남아있었다. 우리는 여기서 그의 이야기
를 다 더듬어볼 수는 없다. 독자는 그 이야기를 사무엘상 9-31장에서 읽어볼
수 있을 것이다. 거기에 보면, 그가 팔레스타인의 심장부를 장악하고 있던
블레셋을 물리친 최초의 승전(13-14장)이 기록되어 있고, 그를 사실상 인정
하지 않았던 사무엘과의 단절, 그를 광란과 자살로 이끌었던 다윗에 대한 질
투 등도 기록되어 있다.

그렇지만 사울은 비록 왕이기는 해도 가능한 한 옛 질서에 대한 변화는
축소시켰다. 그는 정통적인 방식에 따라 여호와의 영이 그에게 임한 카리스
마적 인물로서(삼상 11:6-7) 왕으로 세워졌다. 참으로 그는 "전쟁이 끝날 때
까지" 왕으로 환영받은[26] 사람이라는(11:15) 것을 제외하면, 사사들과 거의

26) 사무엘상 9장의 옛 설화는 "왕"(melek)이라는 말의 사용을 제한하고, 그 대
　　신 "지도자"(nagîd)라는 말을 선호하고 있음은 흥미롭다. Cf.
　　W. Eichrodt, *Israel in der Weissagung des Alten Testaments* (Z
　　ürich: Gotthelf-Verlag, 1951), p. 22; cf. 삼하 5:2.

다를 것이 없었고, 그 "전쟁의 기간"은 사울의 생애 동안에 계속 이어졌다
(14:52). 사울은 이스라엘의 내적 구조를 결코 변경시키지 않았다. 그는 의
심할 여지 없이 어느 정도 이스라엘이 보다 단단하게 뭉치도록 주력하였지
만,[27] 그렇다고 그가 국가를 창건한 것은 절대로 아니었다. 그는 행정조직도
없었고, 세금을 징수하지도 않았으며, 그의 궁정은 궁정이라는 이름을 붙이
기가 어려울 정도로 초라하였다(삼상 22:6). 그가 건장한 병사들을 자신의
호위병으로 모집하기 시작한 것은 사실이다. 그러나 비록 이것이 그 안에 상
설군대의 기반을 이루는 혁신이기는 해도, 그것은 명백한 군사적 필요성에서
마련된 것으로 거의 간주할 수 없었다. 사울이 길보아의 전장터에서 자살하
였을 때(삼상 31장), 그가 이룩한 모든 것이 사라졌다. 그의 군대는 해체되
었고, 그의 세 아들은 살해를 당해, 그들의 육신은 그와 함께 원수의 손에
욕보이게 되었다. 또한 살아남았던 한 아들 — 이스바알(이스보셋) — 도 간
신히 도망쳐 요단강 동편으로 피신하였다(삼하 2:8-10). 블레셋인들은 이스
라엘에 대한 지배권을 다시 획득하였고, 그들의 군대는 그 땅에서 더욱 강력
하게 진을 치고 있었다(삼하 23:14). 이스라엘에게는 다시 어두운 밤이 찾아
왔다.

Ⅳ

    다윗은 이스라엘 백성들을 구원하고 극적으로 그들의 운명을 역전시키
고, 그들에게 꿈에도 생각지 못했던 절정의 영광을 가져다 주었던 인물이다.
그 익숙한 그의 생애에 관한 이야기를 여기서 다 추적할 수는 없다. 그는 사
울의 궁정에서 총애를 받는 신하이자 군사적 영웅이었고, 거인 골리앗을 죽

---

27) 사울이 베푼 야베스-길르앗 사람들에 대한 호의로 인해 그들의 끊임없는 헌신
   을 확보하였다(참조. 삼상 11장, 31:11-13). 아마 아말렉과의 전쟁(삼상 15
   장)은 부분적으로 유다의 비위를 맞추기 위해서 준비되었을 것이다. 어쨌든
   남쪽에는 그들의 지배자인 다윗보다 사울을 더 좋아했던 사람들이 있었다(삼
   상 23:19-23, 26:1-2).
28) 다윗은 블레셋의 가신이었다(삼상 27장). 그는 적어도 그들의 암묵적인 인정
   이 없이는 결코 이런 대우를 받을 수가 없었다. 확실히 블레셋인들은 이스라
   엘을 다윗과 사울 가문으로 분열시키기를 원하였다. 통일된 이스라엘을 그들
   은 결코 원하지 않았기 때문이다(삼하 5:17).

인 자였으며, 또한 그의 공훈은 백성들의 찬양을 받았다. 그는 도망자가 되어 처음에는 유대광야로, 나중에는 블레셋 진영으로 피신할 정도로 사울의 질투를 일으켰다. 사울이 죽자, 다윗은 블레셋의 동조로 헤브론에서 유다를 지배하는 왕이 되었다(삼하 2:4).[28] 곧이어 이스바알이 죽자. 다윗은 전 이스라엘을 통치하는 왕이 되었다(삼하 5:1-5). 다윗과 더불어 새롭고, 다른 이스라엘이 출현하였다.

1. 다윗 역시 옛 전통을 유지하였다. 그는 카리스마의 사람이었다. 그의 탁월한 공적은 여호와의 영이 그와 함께 하신 연고로서 모든 이스라엘에게 증거가 되었다. 참으로 백성들은 사울 대신에 다윗을 참된 카리스마적 인물로 예찬하기 시작하였다:

> 사울의 죽인자는 천천이나
> 다윗은 만만이로다
> (삼상 18:7).

사울은 이것이 다윗이 지도자가 되어야 한다고 말하는 것과 진배없다고 완전히 간주하였다. 그래서 그는 "그의 더 얻을 것이 나라 밖에 무엇이냐"고 말했다. 의심할 여지 없이 하나님의 "영"이 자기로부터 떠나갔다는 이 감정으로 말미암아 그의 붕괴는 가속화되었다. 하지만 그의 진정한 붕괴는 다윗의 계속적인 성공으로 야기되었고, 그것은 백성들로 하여금 하나님의 "영"이 진실로 다윗에게 이전되었다는 확신을 갖도록 하였다.

초기의 이스라엘은 오직 카리스마를 인정하고 좇았다는 사실이 강조되어야 한다. 백성들이 다윗왕을 찬양하는 그 진정한 말이 이것을 잘 예증한다(삼하 5:1-2). 다윗이 카리스마의 사람으로 간주되지 않았더라면, 그는 결코 왕이 될 수 없었을 것이다. 이스바알의 비극적 운명에서 보여주듯이(삼하 2-4장) 문벌도 아무 소용이 없었다. 비록 사울의 아들이라고 할지라도, 그리고 그의 삼촌 아브넬에 의해 왕으로 추대를 받았다고 할지라도, 이스바알은 분명히 카리스마가 약하였다. 그가 왕의 아들이건 아니건 간에, 백성들은 결코 그를 따르지 아니하였다. 아브넬이 그와 다투고, 그를 버렸을 때, 그에게 남아있는 것은 암살 외에 간신들 뿐이었다.

그러나 동시에 다윗은 오랫동안 옛 질서를 그대로 유지하였다. 만일 그
가 카리스마적 자격이 없이 세움을 입었다면, 그는 결코 이같은 영광을 누리
지 못했을 것이다. 한 가지 덧붙이면, 그는 엄격한 사병을 두었는데 그들의
승리는 그대로 다윗의 영광에 기여했다는 것이다. 처음에는 사회에서 버림받
은 자들을 주축으로 4백여명이었으나(삼상 22:2), 후에는 6백여명으로 불어
났으며(삼상 27:2), 계속해서 상당한 외인군단으로 성장하게 되었다(삼하
8:18, 15:18).[29] 따라서 그는 오직 자신을 지키기 위한 수단으로 상비군을
만들었다. 우리는 다윗이 의식적으로 사울의 권리를 인계받으려고 시도한 총
명함을 결코 무시해서는 안된다. 그는 오랫동안 유다의 호의를 얻기 위해 노
력하였다(예. 삼상 30:26-31).

그는 사울의 딸과 결혼하였고 헤브론에서 왕이 되었을 때 그는 분명히
그녀를 별로 사랑하지 않았음에도 불구하고(삼하 6:20-23), 그녀를 데려오
도록 요구하였다(삼하 3;12-15). 그리고 비록 그가 양심상 사울을 해치기를
거부하고(삼상 24:6; 26:10-11). 공개적으로 사울의 시체를 거두어 정중하
게 장사를 지내주었지만(삼하 21:12-15), 그는 그럼에도 불구하고 요나단의
아들로서 그의 궁정에서 기숙하고 있던 절름발이 므비보셋(삼하 9장)을 제외
하고, 생존해 있는 사울의 모든 자손을 죽이도록 명령하였다(삼하 21:1-10).
다윗이 그렇게 명한 동기가 실제로 무엇이었던 간에, 사울의 족속은 다윗의
이러한 소행을 무자비한 정치적 보복으로 간주할 수밖에 없었다(삼하 16:5-
8). 이것만으로도 다윗이 옛 질서로부터의 변화를 표방하였다고 말하기는 충
분하다. 그는 자신의 사병과 정치적 총명의 도움을 받아 상당한 지지를 받아
왕으로 추대된 카리스마적 인물이었다(삼하 5:1-5).

2. 다윗은 왕이 되자마자 이스라엘을 전적으로 변혁하려는 일련의 조치
를 취하였다. 그가 이스라엘 백성들을 하나의 통일된 국민으로 결속시키는
과정을 우리는 단순히 개략적으로 그릴 수밖에 없다. 물론 첫째는 블레셋의
위협을 물리쳐야 했는데 다윗은 그것을 영원히 물리쳤다. 블레셋인들은 통일

---

29) 스라야족과 블레셋족은 여러 번에 걸쳐 언급된다(삼하 8:18; 20:23;
　　15:18). 이들은 그 이름이 지적하는 것처럼, 해안 평원의 에게해 사람들로부
　　터 보충된 파견대들이었다. 어떤 경우에는(삼하 15:18) 6백명의 가드인들
　　(블레셋의 도시인 가드의 사람들)이 그들과 함께 언급되었다.

된 이스라엘을 감당할 수가 없었다. 참으로 그들의 정책은 "분열과 지배"의 원리에 따라 사울의 족속과 다윗을 서로 반목시켜 어부지리를 얻자는 것이었다. 그래서 이스바알의 죽음과 함께 다윗이 전 이스엘을 다스리는 왕으로 추대되었을 때, 다윗을 치는 것이 그들의 작전이었다(삼하 5:17). 그러나 승리는 다윗의 것이었다. 예루살렘 지경에서 두번에 걸친 블레셋의 격렬한 공격으로부터 이스라엘을 구원하면서(삼하 5:17-25), 다윗은 그들이 유대의 산으로부터 혼비백산하여 도망치도록 무찔렀다. 다윗이 그 승리를 어떻게 계속 지켜냈는지 우리는 알지 못하나 결국 블레셋인들은 이스라엘에게 종속되어 조공을 바치는 속국이 되었다(삼하 8:1). 그들은 결코 다시는 심각한 위험이 되지 못했다.

다윗은 승리에 승리를 계속하였다. 통일국가의 필요성을 깨달은 다윗은 스스로 새로운 수도 — 예루살렘(삼하 5:6-10), 그때까지 비이스라엘 민족의 수중에 있던 도시 — 를 정하였다. 예루살렘은 남과 북의 중심에 위치한 도시로서 어느 한 지파의 소유지가 되는 도시가 아니었다(워싱턴 D.C.의 자리를 선택한 미국의 창건자들의 그것과 비견할 수 있다). 우리는 다윗이 그곳에 자신의 사병을 주둔시킨 사실(5:6)을 주목해야 한다. 그곳은 그의 개인 소유지였고, 그래서 그는 그곳을 "다윗성"이라고 불렀다(5:9). 이어서 그는, 고고학이 증명하는 것처럼, 지금까지 이스라엘을 괴롭혔던 다른 가나안 도시들을 하나씩 하나씩 굴복시켜서 그의 국가에 합병시켰다. 그의 군사적 영광의 절정은 그가 트랜스요르단(요단 동편)의 모압, 암몬, 그리고 에돔의 족속들을 모조리 물리치고, 그들에게 조공을 바치도록 하며 나아가서는 수리아의 아람국가까지 공략함으로써 영토를 엄청나게 확장시킨 일련의 혁혁한 전공을 세웠을 때 왔다(삼하 8장; 10-12장).

전쟁이 끝났을 때 다윗은 남단으로는 아카바만으로부터, 북단으로는 수리아의 중앙지대에 이르는 제국을 지배하였다. 그보다 먼 북쪽에 있는 왕들은 서둘러서 다윗과 화친하려고 애를 썼다(삼하 8:9-10).

이보다 극적인 운명의 역전은 거의 상상할 수 없을 것이다. 불과 몇 년만에 이스라엘은 생존을 위한 투쟁으로 좌충우돌하던 허술한 지파동맹의 상태에서 팔레스타인과 수리아를 지배하는 으뜸국가로 변화되었다.

3. 다윗의 정복은 유례가 없는 경제적 번영의 기반을 닦아 놓았고, 솔로

몬은 그 기반의 혜택을 입게 되었다. 이제 이스라엘은 애굽에서부터 북방까
지의, 베니게 연안에서 후배지까지의, 그리고 다메섹에서 트랜스요르단을 경
유하여 헷야즈에 이르는 무역로를 장악하였다. 솔로몬은 영토를 더 이상 확
장하지는 못했지만, 에돔과 아람의 반란에도 불구하고(왕상 11:9-25), 그 치
세를 견고하게 유지할 수 있었다. 이것은 그가 핵심적인 방어지점들을 요새
화함으로써(왕상 9:15, 17-19), 가공할 마병을 양성함으로써(왕상 4:26;
10:26)[30] — 이전의 이스라엘에서는 결코 없었던 일이었다 — 그리고 이웃
나라들과의 교묘한 동맹관계를 맺음으로써 가능하였다. 이 동맹관계는 보통
편의상 결혼정책을 추진함으로써 지속되었는데 그것은 솔로몬이 엄청나게 많
은 왕비를 거느리고 있었다고 전해지는 것으로 설명이 된다(왕상 11:1-3).
이 정책 가운데 최고의 결혼동맹은 바로의 딸과의 결혼이었다(왕상 3:1). 바
로는 가나안 땅인 게셀을 솔로몬의 아내인 자기 딸에게 예물로 주었는데(왕
상 9:16).[31] 이 도시는 바로의 군대가 탈취한 도시로서 솔로몬에게 인계되었
다.

　　이 동맹자들 중에서 두로의 왕인 히람만큼 도움을 준 왕은 없었다. 이
히람은 다윗과 이미 동맹을 맺었던 사람이었다(삼하 5:11). 가나안인들(헬라
인들에게 베니게인들로 알려진)은 이 당시 고대세계의 유명한 무역인들로서
해외무역의 확장에 큰 공헌을 하였다. 솔로몬은 이들과 손을 잡고 해외무역
을 장려하였다. 베니게인의 재목과 건축술이 그의 성전 건축에 활용되었다
(왕상 5:1-12, 18). 베니게인 상인들은 솔로몬에게 새로운 무역 기술을 제공
함으로써, 궁전을 짓기위해 홍해 물가 에시온 게벨에서 배를 지어 남쪽의 외
래 산물들을 운반하도록 하였다(왕상 9:26-28; 10:11-12, 22). 이 활동에

---

30) 솔로몬이 병거로 세운 성읍들 가운데 하나인 므깃도(왕상 9:15)는 동양연구
　　소의 고고학자들에 의해 발굴되었다. 말들을 위한 거대한 마굿간이 발견되었
　　다. cf. Robert M. Engberg, "Megiddo-Guardian of the Carmel
　　Pass", Part II, The Biblical Archaeologist, IV-1 (1941), 11-16;
　　G. E. Wright, "The Discoveries at Megiddo, 1935-39", ibid., XIII-2
　　(1950), 28-46.
31) W. F. Albright는 "게셀"은 애굽 근방에 있는 팔레스타인의 성읍인 "그랄"
　　(발음상 아주 유사한 히브리말인)의 변형이라고 주장하였다(창 26:1);
　　Albright, Archaeology and the Religion of Israel, p. 214.

자극을 받아 시바의 여왕은 의심없이 해외 약대 대상무역을 새롭게 발전시키려는 관심에서 아라비아로부터 솔로몬을 방문하러 왔던 것으로 보인다(왕상 10:1-13).

이스라엘은 이전이나 이후에는 결코 맛볼 수 없는 부강한 나라가 되었따. 애굽과 길리기아 사이를 왕래하는 상업용 말과 병거(왕상 10:28-29)[32]는 왕의 자산을 늘려주었다. 고대세계에서 가장 잘 알려져 있던 광대한 동전 제련소에서는 내뿜는 연기가 에시온 게벨의 상공을 뒤덮었다.[33] 야심적인 공공사업으로 인해 수천의 사람들이 일자리를 얻게 되었다. 앞에서 언급한 성전과 군사시설 외에 궁전 ― 성전을 짓는데 걸리는 시간보다 더 걸린(참조. 왕상 6:37-38; 7:1) ― 곧 무기고(7:8), 왕실(7:7), 바로의 딸의 궁실(7:8), 그리고 기타 많은 건물들이 있었다. 성경은 솔로몬의 부귀와 영화에 대한 이야기를 장황하게 기록하고 있다(왕상 10:11-12).

V

이 모든 것은 근본적인 변화를 표상하고 있음이 분명하고, 따라서 우리가 그것을 평가하는 것이 중요하다.[34] 그것은 이스라엘 사회의 전체구조에 영향을 미친 변화였다. 여호와의 백성들은 이스라엘 나라 곧 다윗왕국의 시민이 되었다.

1. 옛 질서는 거의 남아있지 않았다. 지파동맹은 왕이 중심이 되는 국가

---

32) 히브리성경의 열왕기상 10:28을 읽어보면, "솔로몬의 말들은 … 퀴에(Que)〔길리기아〕에서 사왔으니, 왕의 상인들이 정가를 주고 퀴에에서 산 것이며"로 되어 있다. cf. W. F. Albright, *Journal of Biblical Literature*, LXXI (1952), 249.

33) 이것들은 Nelson Glueck의 발굴로 알려졌다. 놀랍게도 성경은 그것들을 언급하지 않는다. Cf. N. Glueck, *The Other Side of the Jordan* (New Haben: American Schools of Oriental Research, 1940), pp. 89-113.

34) A. Alt의 작품인 *Die Staatenbildung der Israeliten in Palästina* 가 기본서이다. 영어로 된 다윗왕국에 대한 간략한 논의를 위해서는 나의 논문 "The Age of King David", *Union Seminary Review*, LIII-2 (1942), 87-109를 보라.

에 자리를 내주었다. 이러한 변화는 다윗이 그 땅의 가나안족 도시들을 정복
하고, 그 주민들을 이스라엘의 구조 속으로 흡수하여 이스라엘을 다국적 제
국으로 만들었기 때문에 불가피하였다. 이런 국가를 다스리기 위해서는 상비
군, 행정조직 및 법적 장치, 세금징수와 같은 조직을 구비할 필요가 있었다.
그러나 지파동맹은 이런 장치를 구비하고 있지 않았다. 사실상 지파동맹이
아니고 다윗이 그 구조를 창출하였다. 그것은 다윗이 중심이 되었고, 그것을
통합시킨 사람은 다윗이었다. 심지어는 수도인 예루살렘도 그의 개인적 지배
하에 있었다. 국가는 왕관 아래 조직되어야 했다. 의심없이 다윗의 인구조사
(삼하 24장)는 그것을 위한 한 조치였다. 다윗은 징병과 세금징수를 위해 인
구조사를 했는데, 그것은 지극히 원성을 들을 일로서 이스라엘 백성의 저주
를 받았다. 그 과정은 솔로몬이 결국 지파동맹을 폐지하고, 그것을 왕에게
복종하는 12행정구역으로 대체시켰을 때 극도에 달했다(왕상 4:7-19). 지방
장관 가운데 두명은 솔로몬의 사위였다(4:11, 15). 여호와 언약의 백성들이
이제 솔로몬 국가의 백성들이 되었다.

그 과정에서 카리스마는 왕권으로 바뀌었다. 이것 역시 점진적이고 불가
피한 변화였다. 사울은 왕으로 추대된 카리스마적 영웅이었다. 다윗 역시 카
리스마적 영웅이었다. 그러나 그가 공식적으로 왕으로 선택될 때까지는 그의
사병과 상당한 정치적 재능이 그의 부상(浮上)에 일조하였다. 그러나 다윗이
세운 국가는 그 자신의 소유라 할 만큼 너무 개인적이어서 그것을 계속 유지
하기 위해서는 다윗의 직계 후계자가 필요하였다. 그 당시 다윗은 이미 늙었
고, 그래서 문제는 그의 아들이 그를 계승하는 것 자체에 있지 않고, 과연
그의 아들중 누가 왕위를 계승하느냐 하는데 있었다. 다윗왕실의 역사(삼하
9-20장; 왕상 1-2장)를 읽어 보면, 어떤 경쟁이 있었는지를 확인하게 된다.
솔로몬이 즉위했던 것(왕상 1장)은 카리스마적 자격이나 백성의 전적인 뜻에
의해서 아니라 왕실의 공작에 의한 것이었다. 예루살렘에서 카리스마는 이제
다시 지도자를 선택하는 기준이 되지 못했다. 여호와의 영에 의해 지명된 지
도자는 기름부음 받은 왕의 기름부음 받은 아들로 대체되었다.

이제는 고대의 지파동맹의 단순성의 잔재는 남아있지 않았다. 가나안 정
복과 함께 유목민으로부터 정착농경민의 삶을 경유하여 이스라엘은 이제 상
당한 산업적 상부구조와 더불어 상업사회로 변화되는 과정에 있었다. 이제

부(富)가 있었다. 어떤 백성들은 부자가 되었지만 다른 백성들은, 특별히 정
반대로, 가난한 자가 되었다. 무산계급이 등장하였다. 왕족이 있었고, 동시
에 노예들도 있었다. 그 모든 것 위에 솔로몬의 호화찬란한 궁정에는 그것의
상비군, 궁정관리들, 아첨꾼들, 왕의 처첩들과 그 사이에서 태어난 왕족들이
즐비하였다. 유목민의 이상은 존속되었고, 존속되어야 했다. 그러나 그것은
극히 미미한 정도에 지나지 않았다. 이런 국가는 긴장 곧 공개적인 반역이
빈번하게 일어나는 긴장이 없이는 절대로 존재할 수 없었다. 다음과 같은 감
정이 많은 백성들의 마음 속에서 싹트고 있었다. "이제 우리는 다윗과 함께
할 분의가 없다"(삼하 20:1).

2. 그러나 국가는 이스라엘에 황금시대를 가져다 주었다. 이스라엘은
그와 같은 태평성대를 결코 다시는 맞이하지 못했다. 아주 짧은 한 세대만에
이스라엘은 그 생존을 위해 투쟁하면서 느슨하고, 흩어진 지파동맹을 변화시
켜 세계에서도 어느 정도 중요한 통일된, 자주국가가 되었다. "약속의" 땅으
로 생각되는 그 땅의 대부분은 시종일관 이스라엘의 수중에 있다. 이 시기는
이스라엘이 결코 망각할 수 없는 사실이다. 문학과 문화가 그때만큼 번성한
적이 없었다. 유례가 없는 물질적 번영이 있었다. 주전 10세기에 있어서 이
스라엘이 된다는 것은 자랑할 만한 일이었다.

이같이 다윗왕국은 잊어버릴 수 없는 인상을 심어놓았다. 많은 사람들에
게 이스라엘은 그들이 꿈꾸었던 그 어떤 국가보다 행복한 국가를 실현시켰다
고 생각되었던 것이 틀림없다. 아브라함에 대한 약속 — "내가 너로 큰 민족
을 이루리라"(창 12:2) — 이 충분히 실현되었고, 참으로 하나님은 평화 속
에서 자신의 기름부은 자를 통해 그의 나라를 수립하셨다고 보았던 것이다.
어쨌든 우리는 지금부터 "다윗적 이상"에 관해 숙고해 보아야 한다. 그 후로
이스라엘은 고난의 시대가 이르면, 다윗시대의 "그 행복했던 옛날"을 향수에
젖어 그리워하였다. 다윗 자신은 변화를 체험하였다. 그의 집과 나라가 영원
히 보전되리라고 하는(삼하 7:16; 23:5) 하나님 자신의 약속을 가진 사람으
로서 그는 잊고 있었던 자신의 죄악을 상기하게 되었다. 다윗시대는 충분히
잃어버린 황금시대를 실현하였다. 그래서 유대사람이 다시 태어난 다윗, 곧
새로운 다윗을 제외하고 도래할 메시야를 생각하는 것이 불가능하게 되었던
것이다.

이 사상은 다윗과 솔로몬이 국민적인 종교적 감정을 시온산에 집결시켰을 때 더욱 심화되었다. 그런데 고대 이스라엘의 종교가 철저하게 중앙화되지는 않았다. 사무엘이 그랬던 것처럼, 예배자는 죄의식이 없이 수십개의 신당 가운데 어느 하나에 자신의 희생제물을 드렸다. 그러나 지파동맹의 중심은 항상 법궤가 설치되어 있었던 실로의 신당에 있었다(삼상 1-4장). 그러나 이것은 오래동안 방치되어 있었고, 법궤는 기럇여아림에 무시된 채 놓여있었다(삼상 7:1-2). 다윗은 마침내 법궤를 예루살렘으로 옮기고(삼하 6장), 그것을 장막에 모신 다음에 제사장 사독과 아비아달(후자는 엘리의 가문에 속함)로 하여금 섬기도록 하였다(삼하 20:25). 그것은 더할 나위 없는 총명의 소치였다. 따라서 다윗에게 그의 국가는 법궤에, 실로와 지파동맹에, 그리고 모세의 유전에 연계되어 있었고, 그 유전의 후원자 내지는 보호자로 요청받은 것이었다. 솔로몬이 세운 웅장한 성전은 단지 국가적 신앙의 회집장소 곧 여호와의 지상에서의 진정한 임재 처소로서 예루살렘의 위신을 높이는데 사용될 수 있었다. [35] 물론 다른 신당들도 제거하지 않았다. 그러나 그것들은 덜 중시되었다. 이스라엘의 모든 소망을 거룩한 도시인 예루살렘으로 결집시

---

35) 성전의 건축과 상징에 관한 세부적 고찰을 위해서는 다음과 같은 자료들이 제시될 수 있다: W.F.Albright, *Archaeology and the Religion of Israel*, pp. 142-55; G.E.Wright, "Solomon's Temple Resurrected" *The Biblical Archaeologist*, IV-2 (1941), 17-31; idem, "The Significance of the Temple in the Ancient Near East" Part III, ibid., VII-4 (1944), 65-77; P.L.Garber, "Reconstructing Solomon's Temple", ibid, XIV-1 (1951), 2-24; F.M.Cross, "The Tabenacle", ibid, X-3 (1947), 45-68.

36) 이스라엘의 신적 왕의 관념과 바벨론에서 신년에 양식화된 연례 왕의 즉위 축하식의 존재에 관해서는 특히 스칸디나비아 학자들에 의해 강한 논쟁이 야기되었다. 이 복잡한 문제에 대한 논의는 다루지 못하지만, 이 사실들에 대한 증거는 내게는 극히 미약한 것으로 생각된다. 명확한 언급을 위해서는 G.E.Wright, *The Old Testament Against Its Environment*, pp. 62-68를 보라. cf. H.Frankfort, *Kingship and the Gods* (Chicago: University of Chicago Press, 1948), pp. 337-44; A.Alt, "Das Königtum in den Reichen Israel und Juda" *Vetus Testamentum*, I-1 (1951), 19-22; M.Noth, "Gott, König, Volk im Alten Testament", *Zeitschrift Für Theologie und Kirche*, 47-2 (1950), 157-91.

키는 과정이 시작되었다.

3. 그러나 이것은 치명적인 위험을 일으켰다는 사실을 언급해야 한다. 공식적, 국가지원적 종교가 창출되었고, 이런 종교가 존재하는 곳에는 그것이 완전히 국가에 대한 예배로 자리를 잡고, 국가의 하나님이라는 이름으로 국가를 신성시하는 위험성이 상존한다. 확실히 고대동방에서 어느 지역에서나 이것이 현실화되고 있는 정도까지 이스라엘이 국가를 신격화하는 것을 막을 수 있는 요소들은 있었다. 왕은 애굽에서처럼 신이 아니었다. 그렇다고 그는 바벨론에서처럼, 국가의 "구원"을 위해 신적으로 임명받은 중보자 곧 일종의 살아있는 메시야로서 적절하게 간주될 수도 없었다.[36] 이스라엘 국가는 거의 이와 같이 출발하였다. 그것은, 말하자면, 영원무궁히 존재하지는 못했다. 국가는 그들 자신의 조상들의 활동에 의해 창건되었고, 그것은 언약동맹의 옛 질서를 대신하는 것이라고 생각할 수 있는 사람들이 아직도 살아 있었다. 그들중 많은 사람들은 옛 질서는 더 우월하고, 규범적인 것이지만, 새 질서는 위험스러운 혁신이라고 생각하였다. 이스라엘은 선한 양심을 가지고 신적 기관으로서의 국가를 신격화할 수는 없었다.

그러나 불가피하게 국가와 제의(祭儀)는 서로 통합적으로 관련되었다. 우리는 시온산상의 산당이 하나의 왕적 기구였음을 망각해서는 안된다. 다윗은 그것을 세웠고, 솔로몬은 그것 위에 국가의 모든 부와 위신을 부여하였다. 다윗의 아들들은 거기서 제사장으로 기름부음을 받았다(삼하 8:18). 비록 세부적으로 분명하게 설명되어 있지는 않지만, 왕 자신이 제의에서 중심적 역할을 감당한 것처럼 보인다(예. 삼하 6장; 왕상 8장). 따라서 왕은 예배의식에서 하나님이 확실하게 그의 원수로부터 구원해주실 (양자된) 아들로 추앙을 받았다(시 2:7; 89:27; 삼하 7:14). 이스라엘은 얼마나 많이 그리고 얼마나 신속하게 이방의 제왕 이데올로기를 흡수했는지 확실하게 말할 수는

37) 가나안이나 애굽이 이런 이념들의 유사한 원천일 것이다(cf. Alt, ibid). 솔로몬은 바로의 사위였고, 적어도 예루살렘 궁정의 일부 조직은 애굽의 양식을 본딴 것이었다. 각주 34에 언급되어 있는 필자의 논문을 보라(pp. 93, 98). 그리고 거기서 특히 K.Elliger, "Die dreissig Helden Davids", *Palästinajahrbuch*, 31 (1935), 29-75; R. de Vaux, "Titres et fonctionnaires égyptiens à la cour de David et de Salomon", *Revue Biblique*, XLVIII (1939), 394-405를 참조하라.

없다. 그러나 왕정제도가 이방인들을 흡수하고, 외부 국가들과 접촉하였을 때, 이스라엘은 동시에 외국의 이념들도 수용하게 되었다.[37] 우리는 이스라엘의 많은 사람들이 전적으로 국가를 이방적 관점에서 보는데 익숙해졌다고 확신할 수 있다.

어쨌든 종교가 은밀하게 국가를 예배하는 지위로 전락하는 유혹을 받게 되었다. 왕이 제사장을 지배하는 권력을 가지고 있다는 것은, 고참 제사장인 아비아달이 사악한 정치적 음모에 가담하는 것에 관하여 고하지 않았을 때, 그는 과거에 그와 반대로 충성스럽게 섬겼던 솔로몬에 의해 즉각 면직을 당하였다(왕상 2:26-27)는 사실을 볼 때 잘 알 수 있다. 세월이 흐르면서 국가의 목적과 종교의 목적이 아주 밀접하게 결탁하는 경향이 초래된 것은 불가피하였다: 국가는 제의를 지원하고, 제의는 국가를 위해 존재한다. 안팎으로 국가를 불행으로부터 보호하는 조화있는 균형을 유지하기 위해 그 예배의식의 도움을 받아, 국가를 위해 하나님과의 중재를 담당하는 것이 제의의 임무였다. 만일 이것이 제대로 수행된다면, 국가는 염려할 필요가 없어진다. 왜냐하면 국가는 하나님의 선민으로 구성되고, 그의 기름부음 받은 "아들" 곧 왕에 의해 지배를 받는 하나님의 "왕국"이 되기 때문이다. 하나님은 영원히 국가를 보호할 것이다. 따라서 역사 속에서의 하나님의 모든 목적은 기존질서와 동일시되고, 국가를 따라 실현되어졌다.

이것은 유혹이었다. 이스라엘은 국가에 완전히 굴복하였는가? 하나님의 백성으로서의 이스라엘의 운명의식은 국가에 대한 안전장치, 자원 그리고 방벽으로 이동되었는가? 이스라엘의 것이었던 그 통일적인 선민의식은 이스라엘 나라의 시민되는 권리에 의해 만족되었는가? 이스라엘을 활성화시키고, 약속의 땅으로 인도했으며, 그의 정신 속에 ― 그가 알 수는 없었지만 ― 인간의 힘으로 이루어지지 않은 도성에 대한 환상을 굳게 적어놓았던 그 미래에 대한 단호한 확신은 예루살렘의 도성과 솔로몬이 제공할 수 있었던 풍요한 물질에 의해 만족되었는가? 다르게 말하면, 이스라엘은 다윗왕국을 하나님 나라로 생각하고, 그 안에 하나님이 그의 나라를 세우셨다고 잘못 상상하지는 않았는가?

그것이 이스라엘의 문제였다. 그것은 단순히 옛날 문제로서 오늘날과는 상관없는 문제가 아니다. 그것은 바로 오늘날 우리에게 물어져야 할 문제이다. 우리가 외관상으로는 이스라엘 백성과 비견할 만한 특수한 처지에 놓여 있지 않다는 것은 사실이다. 그러나 우리는 그들과 마찬가지로, 우리의 근원으로부터, 과거의 양식으로부터, 그리고 과거의 위대한 신앙으로부터 그리 멀지 않은 위치에 있는 사람들이다. 참으로 우리는 그리 먼 곳에 있지 않다. 이스라엘처럼 우리도 환상과 약속에 의해 유혹을 받았다: 풍요한 땅, 자유와 인간의 존엄성이 있는 땅. 그래서 우리는 마치 "젖과 꿀이 흐르는" 약속의 땅에 대해서처럼, 그러한 목표를 향하여 주력하였다. 우리는 다윗왕국보다, 결코 꿈꾸지 못했던 솔로몬의 번영보다 훨씬 위대한 국가를 창출하였고, 그것과 더불어 국민성도 완벽하게 변화시켰다. 불과 몇 년만에 많은 변화를 일으켰다.

그래서 우리 앞에 놓여진 질문은 왕정제도가 이스라엘에게 제기했던 것과 별로 다를 것이 없는 것이다. 아마 지금까지, 그것은 단지 질문이었을 뿐이다. 그러나 그것은 피할 수 없는 질문으로서, 우리가 어떻게 답변하느냐가 크게 문제가 되는 질문이다. 그 자체로 기독교 국가라고 부르는 한 국민으로서 우리의 운명은 우리가 창출한 경제적 및 국가적 번영에 비추어 충족될 것인가? 우리는 기존 질서가 소득 증가, 자동차, 텔레비전 등을 제공할 수 있는 것 이상의 고상한 구원을 추구하지 않는가? 설상가상으로 우리는 우리가 교회를 가지고 있다는 이유로, 그리고 우리의 정치양식들이 성장을 받아들이고 있다는 이유로, 기존질서는 하나님의 ― 그분만이 옳으시다면 ― 보호를 항상 요청할 수 있는, 하나님이 주신 질서라고 전제할 것인가? 그 질문에 그렇다고 답변하는 사람들은 하나님의 이름으로 그 자신의 물질적인 최상의 유익을 지원하고 신성시하기 위해 그것을 종교의 유일한 기능으로 생각할 것이다. 그러나 그렇게 되면, 우리는 하나님 나라의 의미를 결코 이해하지 못할 것이다.

그러므로 그 문제가 이스라엘 안에서 어떻게 답변되었는지를 확인하는 것이 우리의 관심의 초점이다. 지금부터 그것을 확인해 보자.

제2장

심판 아래 있는 이스라엘 국가

우리는 이스라엘의 언약적 신앙의 진정한 본질이 어떻게 이스라엘에게 하나님의 백성으로서의 운명의 깊은 의미를 부여하였는지를, 그리고 그것과 더불어, 하나님이 이스라엘을 축복하시고, 약속의 땅에서 이스라엘에 대한 하나님의 통치를 세우셨다는 소망과 신뢰가 어떻게 주어졌는지를 살펴보았다. 또 우리는 비록 그것이 이스라엘의 지파구조를 급진적으로 변혁시키고, 이스라엘 사회의 모든 국면에 영향을 미치는 변화 — 어떤 이들에게는 완전히 못마땅한 변화 — 를 초래했다손 치더라도, 그럼에도 불구하고 다윗왕국의 흥기(興起)가 어떻게 그 소망의 많은 부분을 현실로 만들었는지를 살펴보았다. 참으로 하나님은 자신의 백성을 세우시고, 그들을 위대한 백성으로 만드셨다. 이것은 우리로 하여금 다음과 같은 질문을 묻도록 한다: 이스라엘의 모든 소망과 이스라엘의 운명의식은 전적으로 다윗왕국으로 이전되었고, 그것에 따라 그 성취를 발견하였는가? 요약하면, 하나님 나라는 이스라엘 왕국과 동일시되는가?

I

그 위험성은 매우 현실적이었지만, 그것이 그렇게 나타나지는 않았다.

이스라엘의 유산은 이러한 동일시를 결코 충족시킬 수 없었다는 것이다. 반대로 이스라엘 안에는 솔로몬의 국가를 용납할 수 없는 체제로 간주하는 사람들이 많이 있었다: 그것은 하나님에 의해 수립된 나라도 아니고, 그렇다고 이스라엘의 이상을 구현한 국가도 아니었다.

1. 그 국가는 심각한 질병에 걸려 있었다. 사회의 분열이 시작되었고, 심각한 사회적 긴장이 노출되었다. 앞에서 언급한 것처럼, 지파 질서에 입각한 단순한 민주정치는 왕정제도가 일으킨 변화의 와중에서 그 명맥을 유지하는데 점차 어려움을 갖게 되었다. 민주주의가 불가피하다고 생각하는 사람과 그렇지 못한 사람 사이에 좀더 커다란 간격이 벌어졌다. 이 당시에 왕실은 왕정하에서 태어난 모든 세대를 귀족정치에 길들였다. 솔로몬이 왕권 아래 권력을 통합시켰기 때문에, 사람이 예상했던 대로 친척 편중과 정실주의의 징조들이 나타난다.[1] 대중의 정서와는 절연되고, 또 르호보암 왕자와 그의 동지들이 충분한 실례를 보여주는 것처럼(왕상 12:1-15) 백성들은 육체와 영혼을 저당잡힌 신복들에 지나지 않는다는 관념으로 가득찬 특수계층이 성장하였다. 또한 "우리가 다윗과 무슨 관계가 있느뇨"라는 감정이 많은 이스라엘 백성들의 마음 속에서 피어올랐다.

이러한 긴장은 그대로 국가적 위기로 확대되었다. 어쩌면 그것은 우리가 셀 수 있을 만큼 간단히 드러날 것이다: 솔로몬의 궁정, 그의 후궁들, 그의 건축계획, 그리고 그의 군대는 막대한 대가의 지불을 전제로 이루어져야 했다. 다윗은 그가 피정복민들로부터 거두어 들일 수 있었던 전리품과 공물들을 국가재정에 충당했던 것으로 보인다(삼하 8:2-12; 12:30-31). 우리가 아는 한, 비록 그의 인구조사(삼하 24장)가 의심할 여지 없이 징병 및 징세에 그 목적을 둔 것이었다고는 해도, 그 자신의 백성들로부터는 정규적인 세금을 결코 징수하지 않았다. 그러나 솔로몬에 이르러 국가는 더 이상 확대되지 못하였다. 더 이상 약탈할 만한 새로운 땅이 없었고, 확실히 이미 예속된 민

---

1) 이것은 증명보다는 의혹을 더 강하게 불러일으킬 수 있다. 솔로몬의 중신들과 후궁들은 불가피하게 편애주의를 낳았다. 확실히 솔로몬은 왕실을 호화롭게 꾸미는데 인색하지 않았다. 바로의 딸과 같이 특전을 받은 후궁들은 당연히 더 극진한 대접을 받았다(왕상 7:8-12). 우리는 그의 두 사위가 아무런 공적도 없이 지방장관에 임명된 것을 보게 되는데(왕상 4:11, 15), 그것은 확실히 권력을 족벌체제로 강화시키려는 의도를 보여준다.

족들로부터 취할 수 있는 약탈물도 — 심지어는 그 당시에도 — 한계가 있었다. 이런 저간의 상황을 통해 우리는 비용이 소득보다 훨씬 더 컸음을 상상할 수 있다.

어쨌든 솔로몬은 그의 백성들에게 무거운 부담을 지웠다. 의심없이 다윗의 인구조사에 기초를 둔 솔로몬의 땅의 재편성(왕상 4:7-19)은 징세 그리고 아마 징병 — 지금까지 이스라엘에서는 전혀 없었던 일 — 에 목적이 있었을 것이다. 설상가상으로, 그의 건축계획에 요청되는 노동력을 늘리기 위해 그는 지겨운 강제노역을 도입하였다. 이것이 처음에는 이스라엘 백성이 아닌 자들에게 부과되었지만(왕상 9:20-22),[2] 후에는 이스라엘 백성들에게도 확대되었다(왕상 5:13-14; 11:28; 12:18). 그것은 심각한 인력의 낭비였다.[3] 자유로운 이스라엘인들의 쓰라림은 상상할 수 없는 것이었다. 마치 이것만으로는 불충분하다는 듯 솔로몬은 필요한 재물을 얻기 위해 갈릴리의 성읍들을 두로의 왕인 히람에게 양도하였다(왕상 9:10-14).[4] 약속의 땅의 한 부분이 가나안인에게 넘겨지다니! 그 땅이 일반 상거래의 대상이 되었다는 것은 상상도 할 수 없는 일이었다.

솔로몬의 국가는 종교적으로 결단코 이스라엘의 이상이 될 수 없었다. 왜냐하면 국가종교에 대한 아낌없는 후원에도 불구하고, 그것은 이방세계의 요소를 크게 흡수하였고, 그것을 용납했기 때문이다. 참으로 솔로몬의 국가는 후손들로 하여금 성전을 예루살렘에 세워 이스라엘의 하나님을 기억하도

---

2) 다윗도 피정복민들에게 강제노역을 부과한 적이 있었다(삼하 12:31).
3) 열왕기상 5:13에 보면, 이스라엘 백성 가운데 3만명의 역군을 일으킨 사실이 나와있다. 이 숫자는 오늘날 5백만명의 미국인들과 비견할 만한 숫자로 평가된다. Cf. W.F.Albright, "The Biblical Period", *The Jews: Their History, Culture and Religion*, L.Finkelstein, ed. (New York: Harper & Bros., 1949), p. 28. 덧붙여 말하면, 이 논문은 이스라엘 역사를 정확하게 약술한 것으로 크게 인정받고 있다.
4) 그 거래의 배경은 분명치 않다. 얼핏 읽어 보면, 그 성읍들이 건축재료를 받은 대가로 히람에게 양도된 듯한 인상을 받을 것이다(11절). 그러나 14절(히람이 솔로몬에게 돈을 지불한다!)을 보면, 그 실질적인 목적이 돈을 조달하는데 있음을 알게 된다. Cf. 최신판, J.A.Montgomery, *The Books of Kings* (*International Critical Commentary* [New York: Chas. Scribner's Sons, 1951]), p. 204; 그는 그 성읍들이 현금차관에 대한 담보물이라고 확신한다.

록 하였다. 그러나 동시에 그 상업정책의 추구로 그 국가는 외부세계와 접촉하였고, 많은 이방민족들과 조약과 동맹을 맺었다. 물론 이것들 가운데 가장 큰 이익은 세계의 상업중심지이자 가나안 문화의 중심지인 두로와의 동맹이었다. 이제 종교적 고립주의는 무역과 정치에 있어서 국제주의와 사실상 병존할 수 없었다. 종교적 고립주의는 이스라엘에서도 배제되었다. 솔로몬의 동맹정책은 대부분 교묘한 결혼정책으로 날인되었다. 솔로몬은 그의 이방인 귀족 처첩들에게 그녀들의 고국의 종교들을 이스라엘에 수입하는 것을 근절시키지 않았다. 그것은 참으로 어처구니없는 정책이었다! 오히려 그는 국가가 이들 종교를 보호하도록 방관하였으니(왕상 11:4-8), 그 결과 순수주의자들의 반감을 크게 불러일으켰으리라는 것을 우리는 쉽게 상상할 수 있다. 그리하여 심지어는 시온산 위에 있는 그 웅대한 성전에 대해서도 불안을 감추지 못했던 사람들이 있지 않았는가? 결국 그 성전은 이전의 가나안 성지에 가나안 양식에 따라 가나안 건축가들에 의해 세워졌다.[5] 확실히 그것을 겉만 번지르르한 허탄한 구조물로 생각하는 사람들이 이스라엘 안에는 많이 있었다: 천막생활을 했던 조상들의 하나님인 여호와는 백향목과 대리석으로 지은 아름다운 교회건물을 필요로 하지 않는다(삼하 7:5-7).

　2. 어쨌든 우리는 솔로몬의 국가에 대적하는 폭동이 일어나지 않았다는 사실에 놀라지 않는다. 왕정제도는 결코 긴장을 면하지 못했다. 기드온, 요담 그리고 사무엘과 같이 왕정제도에 반대했던 옛 사사들의 감정은 사라지지 않았다. 그 감정은 많은 영역에서 새 질서는 이스라엘의 진정한 운명으로부터의 이탈 또는 기껏해야 타협이라는 결론을 내려놓았다. 대중의 불만에 의해 길러진 이 감정은 심지어 다윗의 치세 동안에 압살롬과 세바의 반란의 원인이 되기도 하였다(삼하 15-20장). 국가와 원활한 관계를 유지하던 선지자들 자신은 이러한 위험스러운 경향에 민감하였고, 그것들을 억제하려고 시도하였다. 선견자 갓은 인구조사로 말미암아 다윗에 대한 하나님의 심판을 선언하였다(삼하 24:11-13). 선지자 나단은 다윗이 그의 아내를 빼앗기 위해 충성스러운 신하 — 히타이트(헷)족속인 우리아 — 를 죽음으로 내몰았을 때, 그의 면전에서 다윗을 살인자라고 부르면서(삼하 12:1-15), 심지어는 왕

---

5) 성전에 관해서는 cf. 1장, 각주 35.

이라도 벌을 받지 않고서는 언약의 하나님의 율법을 업신여길 수 없음을 그
에게 상기시켰다. 이 사람들에게는 국가보다 더 오래 되고, 더 고귀한 질서
곧 하나님의 질서가 있었는데, 국가는 단순히 그 질서를 수용해야 할 것이었
다.

그러나 긴장은 계속되었고, 솔로몬의 억압정책은 문제들을 위기로 몰아
넣었다. 이 긴장은 특별히 북쪽 지파들 사이에서 심각하였다. 그의 친족들,
예루살렘, 그리고 유다로 한정되어 있던 솔로몬의 정실주의가 얼마나 커다란
파장을 미쳤는지는 분명하지 않다.[6] 그러나 다윗가문에 대한 골깊은 소외감
은 북쪽 왕국에서 더욱 현저하였다.

그 이후의 사건들이 입증하는 것처럼, 강제노역이 그들의 갈등의 핵심이
었다(왕상 12:4, 18). 이 불안한 시대의 지도자는 에브라임과 므낫세 지파의
노동감독관인 여로보암이었는데(왕상 11:28), 그는 의심할 여지 없이 자신
의 직책으로 완전히 병에 걸릴 지경이었다. 비록 솔로몬의 정책이 너무 강압
적이어서, 여로보암은 애굽으로 도망쳐야 할 정도였지만(왕상 11:40), 폭발
의 모든 요인은 상존하고 있었다. 솔로몬의 죽음이 그 발단이 되었다. 여로
보암을 수반으로 하는 북쪽지방의 지파들은 르호보암왕에게 그들의 멍에를
가볍게 해달라는 청원을 하였고(왕상 12:1-4), 이것이 냉정하게 거절당하자
(6-15절), 그들은 즉각 국가로부터 이탈하였다. 르호보암왕의 역군인 아도니
람은 그 자리에서 돌로 쳐죽임을 당하였다(18절).

이제 우리는, 비록 경제적 불만이 그것을 유발시켰다고는 하지만, 이것
이 단순한 사회혁명이 아니라는 것을 이해해야 한다. 그것은 상당히 영향력
있는 선지자의 후원을 받았다. 우리는 실로 사람 아히야라는 선지자(왕상

6) A. Alt ("Israel Gaue unter Salomo," *Alttestamentliche Studien für
Rudolf Kittel; Beiträge zur Wissenschaft des alten Testaments*, 13 〔1913〕,
1-19)는 솔로몬이 자신의 출신 지파인 유다지파를 그의 지방조직으로부터 제
외시켰다고 주장하였다. W.F.Albright ("The Administrative Divisions
of Israel and Judah," *Journal of the Palestine Oriental Society*,
V-1 〔1925〕, 17-54)는 이에 반대한다. 이 논란은 아주 애매한 본문인 열왕
기상 4:19의 해석 여하에 따라 결정된다. 문제의 그 구절을 정확하게 이해하
는 것과는 상관없이, 우리는 솔로몬이 자신의 출신 지파에 대해 이 정도까지
특혜를 베풀 수 있었는가에 대해 의심이 있을 수 있다.

11:26-39)가 먼저 하나님의 이름으로 전체적인 진상을 여로보암에게 말했던
사실을 기억한다. 그리고 르호보암이 반란을 진압하기 위하여 자신의 군대를
소집했을 때, 또 다른 선지자 ─ 스마야(왕상12:21-24) ─ 는 그에게 소집을
포기하도록 강요하고, 그 반란이 하나님의 뜻임을 선언하였다. 우리는 이 선
지자들이 얻고자 하는 것이 무엇이었는지를 쉽게 추측할 수 있다. 그들은 확
실히 새 질서의 전횡에 반대하는 입장에 서 있었고, 그 전횡이 끝나기를 소망
하였다. 아마 그들은 다윗왕조에 반대하여 카리스마적 원리에로의 복귀를 옹
호하였을 것이다. 그들이 이방의 제의들에 대한 국가의 관용정책을 혐오하
고, 그 정책이 철회되기를 바랐던 것 역시 가능성이 있는 결론이다.[7] 이 모
든 것 속에 왕정제도 자체에 대한 거부는 없었다는 사실이 지적되어야 한다.
북왕국 자체는 왕정을 수립하였다. 그러나 북방 지역에 깊이 자리잡고 있었
던 그 감정은 신명기 율법 속에 반영되어 있던 감정으로서(17:14-17), 솔로
몬과 같은 왕은 가능한 한 작은 존재가 되어야 한다는 것이었다.

　　요약하면, 대부분의 이스라엘 백성들은 솔로몬의 국가를 이스라엘의 운
명의 실현으로 볼 수 없었다는 것이다. 오히려 이스라엘은 그의 운명이 보다
고대의 전통적인 양식에 비추어 교정될 때 발견될 수 있다고 느꼈다. 그런데
이것은 정치활동에 의해 가능하다는 감정이 존재하였다.

　　3. 그러나 단순한 혁명이 하나님의 백성으로서의 이스라엘의 운명을 실
현시킬 수는 없었다는 것은 말할 필요가 없다. 그 혁명의 대가는 이스라엘이
결코 회복할 수 없는 총체적인 정치적 재앙이었다. 간헐적인 파당적 다툼으
로 내분이 노골화되면서 약 50년간 결론없는 싸움만을 되풀이하였다. 그 와
중에서 국토는 애굽에 의해 치명적인 타격을 받아 유린되었다. 당시 애굽의
바로는 시삭이었는데, 그는 리비아의 귀족출신으로서 애굽의 제22왕조를 창
건하였다. 분명히 아시아에서의 애굽 권력의 확장을 소망하여 그리고 필경은
르호보암을 대적해 달라는 여로보암 ─ 이전에 시삭의 궁정에 피난한 적이
있었던(왕상 11:40) ─ 의 탄원에 호응하여, 시삭은 팔레스타인을 침략하였
다. 시삭의 군대는 멀리 그리고 광범위하게 퍼져서 유다와 그 관할지역을 유린

---

7) Cf. J. Morgenstern, *Amos Studies I* (Cincinnati: Hebrew Union
　College Press, 1941), pp. 202-5.

하였고, 예루살렘을 약탈하였다(왕상 14:25-28). 만일 여로보암이 진정으로 시삭의 의도를 파악했더라면, 그는 자신의 소행을 후회했을 것이다. 왜냐하면 이어서 애굽인들은 북왕국까지도 초토화시키려고 하였기 때문이다.[8] 그로부터 한 세대 이후에 유다의 아사왕(913-873)[9]이 바아사(900-877)의 강퍅한 압박 때문에 벤하닷 — 다메섹의 아람왕 — 에게 원조를 구하였을 때, 이같은 자멸적 혼란상태는 절정에 달하였다. 벤하닷은 어김없이 북왕국의 갈릴리를 크게 유린하였다(왕상 15:16-22). 이 우방국가의 목조르기에 따라 다윗이 세운 제국도 사상누각처럼 흔들거렸다. 다메섹은 이스라엘이 누렸던 지배적인 위치를 차지하는데 성공하였다. 2세기가 지나자 이사야는 여전히 그때의 분란을 그의 백성이 그때까지 겪었던 것 중 최악의 재난으로 상기하였다(사 7:17).

이런 상황 속에서 여로보암은, 아무리 그가 원했다손 치더라도, 그의 선지자 후원자들이 기대했던 것을 충족시킬 수 없었다. 전쟁의 와중 속에서 세금의 징수와 군대의 징병을 감소시키는 것은 거의 기대할 수 없는 일이었다. 오히려 비용이 엄청나게 추가될 뿐이었다. 그리고 카리스마적 지도권을 저버리는 것은 재난을 자초하는 것이 아닐 수 없었다. 자신의 국가의 안정을 위해 여로보암은 왕조를 창건하려고 했다. 그러나 북쪽 지파는 분명히 새로운 왕조를 원하지 않았다. 여로보암의 아들 나답은 왕위에 오르자 마자(901-900), 바아사에 의해 살해를 당하였다. 그리고 바아사의 아들 엘라(877-876)가 자신의 아버지의 뒤를 이어 왕이 되었을 때, 그 또한 기병대장인 시

---

8) 시삭의 초토화의 범위는, 카르낙에서 발견된, 그 자신의 비명에서 확인된다. 거기에 보면, 150군데 이상의 정복지 목록 — 그것들 가운데 많은 지역이 유다를 포함하여 북이스라엘과 에돔지역의 명칭들이다 — 이 열거되어 있다. Cf. Albright, "The Biblical Period", p. 30. 독자는 G. A. Barton, *Archaeology and the Bible* (7th ed. ; Philadelphia: American Sunday School Union, 1937), pp. 456-57에서 시삭의 정복지를 요령있게 수록한 목록을 발견할 수 있을 것이다.

9) 분열왕국의 왕들의 연대는 W. F. Albright의 연대이고, 독자는 그것을 앞에 나오는 각주 3에 언급된 재판 논문의 뒷 표지에 부착된 표에서 찾아볼 수 있을 것이다. Cf. idem, "The Chronology of the Divided Monarchy of Israel," *Bulletin of the American Schools of Oriental Research*, 100 (1945), 16-22.

므리에게 죽임을 당하였다.[10] 이 양 사건은 선지자가 예언했던 사건이었다
(왕상 14:6-16; 15:25-29; 16:1-12).

설상가상으로 여로보암은 예루살렘에 반대하여 그 자신의 국가적 제의
를 수립하려고 했다. 여로보암이 솔로몬의 성전 ─ 그것은 지파동맹의 성스
러운 법궤를 간수하였다 ─ 의 엄청난 위광을 깨닫고 있었던 것은 사실이고,
만일 그가 그것을 그의 백성들로부터 분리시킬 수 없다면, 그들을 차지하지
못할 것이라는 것도 알고 있었다. 그래서 그는 벧엘에 솔로몬의 예루살렘 성
전에 대적할 만한 산당을 세웠다. 그리하여 이 산당은 이스라엘의 하나님인
여호와의 성전이 되었고(28절의 언급에도 불구하고), 그 산당에 꾸며놓은 금
송아지는 우상이 아니라 보이지 않는 여호와의 보좌의 발등상 ─ 예루살렘
성전의 그룹같이 ─ 이었다.[11] 그러나 금송아지 모형은 분명히 순수주의자들
의 입장에서 보면, 바알의 제사의식의 상징과 너무 밀접하게 연관되어 있었
다. 의심없이 무지한 백성들은 예배하기 위해 벧엘 산당으로 발길을 돌렸다.
이로써 여로보암은 "이스라엘을 죄악으로 이끈" 사람으로 후손들의 마음 속
에 새겨지게 되었다(왕상 15:34). 그의 제사의식은 아마 온갖 종류의 이방종
교의 제사의식을 끌어들이는 계기가 되었을 것이다. 어쨌든 이방의 풍습들이
도입되기 시작하였다(우리가 호세아서를 읽어보면 잘 알 수 있는 것처럼).
설상가상으로 여호와 ─ 이스라엘의 하나님 ─ 는 많은 사람들의 마음 속에
바알신과 같은 존재로 인식되었다.

그래서 북왕국은 새 질서와의 단절에 전혀 성공하지 못했다. 그것은 다
윗왕조와 결별하였고, 그래서 끊임없이 새로운 왕조를 창건하는데 전력을 기

10) A. Alt ("Das Königtum in den Reichen Israel und Juda" *Vetus
Testamentum*, I-1 (1951), 2-22)는 최근에 안정된 왕조를 이룩하지 못하
는 북왕국의 무능력을 거기에 존재했던 살아있는 카리스마적 전통에 관련시
켰다. 그 점에 있어서는 Alt가 옳다고 나는 생각한다. 그러나 유다왕조의 안
정성은 이런 전통이 남왕국에서는 크게 결여되어 있었다는 명제에 의해 설명
될 수 없다. 다윗가문의 강력한 위광과 "다윗적 이념"의 점증하는 영향력이
고려되어야 한다.
11) 그룹과 날개달린 황소의 기능에 관해서는, Graham and May, *Culture
and Conscience* (Chicago: University of Chicago Press, 1936),
pp. 248-60; W. F. Albright, "What Were the Cherubim?" *The
Biblical Archaeologist*, I-1 (1938), 1-3.

울였다. 북왕국은 솔로몬의 징세정책에 반발하였다 ─ 그런데 그 자체는, 사마리아의 도편이 보여주는 것처럼, 정확하게 동일한 행정양식을 답습하였다.[12] 북왕국은 솔로몬의 국가 제의로부터 등을 돌렸다 ─ 그 대신 여로보암의 국가 제의를 창설하였다. 언젠가 선지자들은 그 제의의 이름으로 침묵을 강요받았다(암 7:10-13). 이로써 사회의 분열은 가속화되었다. 아모스 선지자의 시대에 우리는 사회가 완전히 산산조각난 것을 확인한다.

Ⅱ

1. 그러므로 북왕국에서는 그 멸망에 이를 때까지 옛 질서와 새 질서 간의 긴장이 상존하였다. 그 최대의 위기는 주전 9세기 중엽에 임하였다. 유능한 오므리(876-869)가 왕위를 찬탈하고(왕상 16:15-28), 이어서 그의 악명 높은 아들 아합(869-850)이 왕위를 계승하였다. 두 부자는 솔로몬의 번영의 수준을 회복하고자 애를 썼다. 그것을 위해 그들은 새로운 정책을 펼쳐야 했다. 이것은 내적 통일 즉 트랜스요르단에 대한 강력한 영향력 ─ 특별히 다메섹을 견제하기 위하여 ─ 을 요청하고, 무엇보다도 베니게와의 밀접한 제휴를 필요로 하였다. 오므리와 아합은 우리가 여기서는 언급할 수 없는 일련의 조치들을 취함으로써 그들의 목표를 달성하였다. 계속된 승리 속에서 아

---

12) 사마리아의 도편은 궁정의 수입으로 받아들인 기름과 포도주의 양을 재는 일단의 기명의 질그릇 조각들이다. 그것들은 여로보암 2세(아모스와 동시대인)의 통치시대로부터 연원하지만, 그것들이 표상하는 행정제도는 훨씬 더 오래전에 시작된 것으로 추정될 수 있다. Cf. W. F. Albright, *Archaeology and the Religion of Israel* (Baltimore: Johns Hopkins Press, 1942), pp. 141-42. 그것들 중 일부를 참고문헌과 함께 번역된 내용을 보려면, *Ancient Near Eastern Texts Relating to the Old Testament*, J. B. Pritchard, ed. (Princeton, N. J.: Princeton University Press, 1950), p. 321을 참조하라.

13) 성경은 이세벨의 아버지를 "시돈의 왕"이라고 지칭한다. 시돈의 베니게인들(가나안인들)의 권력은 그때 최절정기에 있었다. 두로가 그 중심도시였다. Cf. Albright, "The Biblical Period", p. 33. 베니게인의 문명에 관한 탁월하고도 간략한 논의를 위해서는, Albright, "The Role of the Canaanites in the History of Civilization," *Studies in the History of Culture* (Menasha, Wis.: Banta Pub. Co., 1942), pp. 11-50.

람인들(수리아인들)과는 반목하였지만, 베니게인들과는 아합이 두로의 왕인 엣바알의 딸, 이세벨과의 결혼을 통해 그 제휴를 굳건히 하였다(왕상 16:31) 는 사실을 말하는 것으로 충분하다.[13] 그 동안에 남왕국과의 동족상잔은 아합과 이세벨의 딸인 아달랴와 여호사밧 — 유다의 왕 — 의 아들인 여호람의 결혼으로 간신히 수습되었다(왕하 8:18, 26). 이 제휴의 목적이 부분적으로는 상업적인 데 있었다는 것은 에시온 게벨과의 홍해무역을 다시 시작하려고 했었다는 사실로써 입증이 된다(왕상 22:48).[14] 그 목적은 실패로 끝났다.

이런 정책은 이세벨이 없었더라면, 유익하게 되었을 것이다. 두로의 바알신의 예배자로 태어나고, 성장한 이세벨은 아합의 허락 — 그것은 관습이었고, 그는 결코 편협한 사람이 아니었다 — 을 받아, 사마리아에서 자기 나라의 종교를 계속 숭배하였다. 그녀는 사마리아에 바알을 위해 사당을 세웠다(왕상 16:32). 그러나 사태는 그것으로 멈추지 않았다. 이세벨은 그 누구보다 자신의 신을 위한 선교사로 등장한 강심장의 여걸이었다. 그녀에게 반대하던 사람들(그 중에서도 엘리야)의 격노가 빈발하자 이세벨은 그들에 대항하여 심지어는 죽음의 위협까지 불사하는 억압정책을 강력하게 추진하였다(왕상 18-19장). 이스라엘의 하나님은 여호와인가 아니면 멜카트의 바알신인가 — 이것이 문제였다(왕상 18:20-24).

이스라엘이 처한 위험은 절박하였다. 우리가 가나안의 이방종교에 관해 알면 알수록 이것은 더욱 분명해진다.[15] 가장 부패한 종류의 이방종교가 여기 있었다. 그 신들과 여신들 — 바알, 아스타테, 아세라, 아낫 그리고 기타 — 은 대부분 생식에 관련된 자연의 힘과 기능들을 표상하였다. 그것의 신화

---

14) Cf. 1장, p. 42.
15) 제2차 세계대전이 일어나기 10여년 전에 수리아 연안 라스 샤므라에서 발견된 사본들이 우리에게 풍부한 지식을 제공해 준다. 유용한 입문서로 C. F. A. Schaeffer, *The Cuneiform Texts of Ras Shamra-Ugarit* (London: Oxford University Press, 1939)가 있다. 그 사본에 관한 완결된 번역은 C. H. Gordon, *Ugaritic Literature* (Rome: Pontifical Biblical Institute, 1949)을 참조하고, 대중판을 접하려면 동일저자의 *The Loves and Wars of Baal and Anat* (Princeton, N. J. : Princeton University Press, 1943)를 참조하라. 가나안 종교에 대한 탁월하고도 간략한 논의를 위해서는 Albright, *Archaeology and the Religion of Israel*, ch. III을 참조하라.

는 자연의 죽음과 재탄생에 밀접하게 연계되어 있었다. 그것의 제의는 그 숭배의식에 따라 자연의 힘을 조절하고, 그리하여 땅, 가축 그리고 인간에게서 원하는 생식을 결과할 수 있다는 것과 관계되어 있었다. 그러한 모든 종교 안에는 성전 매음과 가장 혐오스러운 종류의 다른 난교적 및 황홀적 관습들이 포함되어 있었다.

분명히 여호와냐 바알이냐 하는 문제는 사소한 문제가 아니었다. 우리 현대인들은 그것을 일종의 파당적 갈등으로 바라보고, 바알신에 대한 선지자의 적의를 지극히 광신적이고 편협한 태도로 간주하는 경향이 있다. 그러나 우리가 잘못되었다. 왜냐하면 이들은 한 종교가 다른 종교보다 약간 우월한 두 개의 경쟁적인 종교를 가진 것이 아니었기 때문이다. 그것들은 완전히 다른 종류의 종교였다. 그것들은 서로 아무런 관련성이 없었다. 이스라엘의 하나님의 백성으로서의 진정한 존재는 여호와가 그들을 부르시고, 그들과 언약 관계 속에 들어가시고, 그들에게 자신의 의로운 율법에 순종하며 살도록 요청하시며, 그들에게 그의 백성이라는 선민의식을 부여하셨다는 것을 그들이 신뢰하는 여부에 달려 있다는 사실이 이해되어야 한다.

반대로 바알은 이스라엘을 이스라엘로 만드는 그의 고유한 신앙을 파괴하였다. 인간들이 그들의 동물적 본성을 벗어나는 것을 전혀 물리치지 못하는 종교, 심지어는 그 동물적 본성을 양육시키는 종교가 여기 있었다. 그 종교는 도덕적 요청은 전혀 취하지 않고, 인간들에게 신(神)을 달래고, 그들 자신의 물질적 목적을 위해 신적 능력을 조작하도록 고안된 외적 제사의식을 제공하였다. 또 그것은 공동체를 창출할 수 없고, 오히려 예배자의 이기적인 욕구들에 영합함으로써 진정한 공동체를 파괴하였다. 따라서 지금과 같이 이방종교는 절대로 사소한 것이 아니었다. 인간들이 신들을 채택할 때는 그들이 섬기는 신들이 어떤 존재인가 하는 것이 커다란 문제가 된다. 이스라엘이 바알을 받아들였다면, 그것은 그들의 종말을 의미하였다. 그렇게 되면 이스라엘은 더 이상 특별한 하나님의 백성으로 살지 못할 것이다. 그들의 유산은 한 조각도 존속되지 못할 것이다.

물론 바알의 위협은 이세벨과 함께 새로이 시작된 것은 아니다. 그것은 이스라엘이 처음에 가나안의 우수한 물질문화에 부닥쳤던 가나안 정복 당시 이후부터 계속 상존하였다. 이스라엘은 가나안의 땅을 차지하면서 그들의 농

경적 생활방식, 그들의 성읍들, 그들의 산당들을 그대로 넘겨받았다. 다산
(多産)의 신들에 대한 예배가 농경생활의 필연적 부분이라고 생각할 수 있는
유혹은 항상 현존하였다. 얼마 안가서 많은 사람들이 바알을 섬기기 위해 배
교하거나 아니면 여호와를 마치 바알처럼 섬겼다. 확실히 동화될 수 있는 것
보다 훨씬 더 빠르게 새로운 피가 이스라엘 백성 안으로 흡수되었고,[16] 이에
대한 솔로몬과 다른 사람들의 관용적 태도는 단지 그 과정을 더욱 촉진시킬
따름이었다. 이제 바알은 이스라엘에게 전혀 생소한 신이 아니었다.

그러나 우리는 이것이 이세벨이 취한 그 엄청난 위협을 모호하게 해서는
안된다. 처음에 무력으로 국가를 외국의 이방종교에 귀속시키려는 공공연한
시도가 여기서 있었다. 우리가 말한 것처럼, 이세벨은 박해에 박차를 가했
고, 이 박해는 광범한 위력을 발휘하였다. 그 박해는 여호와의 선지자들에게
특별히 위세를 떨쳤다(왕상 18:4; 19:14). 처음에 이스라엘 안에서 선지자
는 여호와의 말씀을 전한다는 이유로 보복을 받았다. 전면적인 박해에 직면
하여 그들 중 일부 선지자들은 굴복하고, 국가에 예속되었다. 그 후부터 우
리는 궁정이나 신당의 보수를 받으며, 왕의 수족이 되고, 왕이 듣기를 원하
는 것을 말하기 ― 이구동성으로 ― 위해 왕의 주변에서 기생하는 일단의 선
지자 무리들이 등장하는 것을 본다(왕상 22장). 그러나 우리는 또한 그들의
예언적 말씀을 양보하지 않기 때문에, 국가로부터 뿐만 아니라 그들의 동료
선지자들로부터도 아주 철저하게 소외당하는 미가야와 같은 일단의 고독한
선지자들을 본다. 이 선지자들에게 여호와는 국가를 대적하는 분이다.

2. 이세벨의 정책이 격렬한 반발을 초래하는 것은 불가피하였다. 왜냐
하면 그것은 보수적인 이스라엘인들에게는 참을 수 없는 것이었을 뿐 아니라
여전히 국가는 정치활동에 의해 그 운명이 일소되고, 박탈될지 모른다는 감
정이 지배적이었기 때문이다. 그 반발은 아합과 엘리야가 무대로부터 퇴장하
면서 끝나기는 했지만, 그 격렬함은 결코 감소되지 아니하였다. 독자는 열왕
기하 9-10장에서 그 진상을 읽을 수 있다. 그것은 그 잔혹성에 있어서 역사
상 유례를 찾아볼 수 없을 만큼 끔찍한 피의 숙청의 이야기이다. 왕이 되기
를 갈망한 대장 예후가 그 숙청을 단행하였다. 그것은 여호람왕이 화살에 맞

---

16) Cf. 1장, pp. 23. 41.

아 죽고, 이세벨은 창문에서 떨어져 죽으며, 아합의 전가문이 작은 아이들까지 몰살을 당할 때까지 끝나지 않았다. 그 숙청으로 그 당시 자신의 사촌 여호람을 방문했던 아하시야 — 유다의 왕 — 까지 그의 다른 가족들과 함께 참변을 당하였다. 그 숙청은 예후가 바알의 숭배자들을 사마리아에 있는 그들의 사당으로 초청하여, 그들에게 자신의 병사들을 풀어 한 사람도 남기지 않고 깡그리 살륙하였을 때 극에 달하였다.

이것은 참으로 끔찍한 이야기이다. 그러나 비록 예후와 다른 기회주의자들의 정치적 야심을 드러내기는 하지만, 그것은 제일차적으로는 전혀 정치적 또는 사회적 변란은 아니었다. 그것은 아합의 정책이 수반하는 국가정신의 부식에 대항하는 보수적인 이스라엘의 전면적인 대두였다. 피의 숙청을 지지하는 자들은 고대적 전통을 견지하는 사람들이었다. 비록 나중에는 그렇지 않았지만, 그 대부는 엘리야 자신이었다(왕상 19:15-18). 엘리야는 길르앗 사람으로(왕상 17:1), 아직도 옛 질서가 살아있었던 광야지대 출신이었다. 그의 모습(왕하 1:8)은 약대 털옷을 입고, 허리에 가죽띠를 띠고 있었던 나실인 세례 요한을 상기시킨다(마 3:4). 이스라엘의 하나님의 이름으로 그는 아합과 그의 이방적 국가, 그의 이방 여왕과 그녀의 이방신과의 성전(聖戰)을 선포하였다. 이세벨이 그의 목숨을 노리자 엘리야는 이스라엘의 언약이 주어졌던 호렙산으로 도망하였다(왕상 19장). 광야와 과거로 도망한 그 자리에서 그는 전통적인 방식에 따라 하나님을 만나게 되었다. 따라서 드디어 우리는 혈안이 되어 자신을 죽이려는 사람들을 피해 그가 요단강을 건너 동쪽의 광야로 들어가는 것을(왕하 2장) 본다. 엘리야는 진실로 고대의 질서를 구현하였고, 그 질서가 수반하는 모든 것을 견지하였다. 그와 그가 자신의 주변에 끌어모은 선지자들은 이세벨이 보좌에 앉아있는 동안에는 결코 쉴 수가 없었다.

"선지자의 생도들"이라는 이 선지자 직급은 예후의 숙청이 고대적 전통에 뿌리깊게 자리잡고 있는 감정 위에서 자라난 것이라는 사실을 그대로 보여주는 사례이다. 엘리야와 엘리사는, 오래 전에 사무엘이 그랬던 것처럼, 그들과 일치단결하였다. 그들은 이세벨의 폭정에 정면으로 맞선 사람들이었다. 그리고 그들 중에 일부 생도들은 굴복했지만, 그들 가운데 한 생도가 예후에게 기름을 붓고, 그에게 피의 숙청의 임무를 위임하였다(왕하 9:1-10).

그들은 음모단을 구성한다.[17] 선지자들은 단체로 예언할 때, 때로는 음악을 수반하였고(삼상 10:5-13; 왕하 3:15), 또 때로는 격렬한 황홀상태에 빠져(삼상 19:18-24) 예언하기도 하였는데, 그들은 다른 종교들이 가지는 심리적인 조작과 유사하게, 이스라엘의 신앙 안에서 도취적인 "오순절" 양식의 한 토대를 보여준다(참조. 행 2:1-13; 고전 14:1-33). 신적 황홀상태에 몰입함으로써, 그들은 그의 원수들에게 대항하는 여호와의 성전을 갖도록 사람들을 자극한다. 사울시대에 블레셋인들의 위협의 위기 속에서 처음 등장한 이후로 그들의 활동의 전성기는 아합의 아람족과의 전쟁과 함께 찾아왔다. 그들은 전선에 군대를 동원하기도 하였다(왕하 3:10-19; 대하 20:14-18). 왜냐하면 그들은 여호와의 원수들을 털끝만큼도 동정하지 않았기 때문이다(왕상 20:31-43).[18] 엘리사는 "이스라엘의 병거와 마병" — 그 한 사람이 사단의 병력을 감당할 정도의 가치를 지니고 있었다 — 이라고 불릴 정도로 이스라엘의 사기에 결정적인 지주 역할을 하였다(왕하 13:14). 전승에 따르면, 그는 이방양식은 눈곱만큼도 용납하지 않을 정도로 아주 단호한 국수주의적 면모를 지니고 있었다고 한다.

그 다음에 레갑의 아들 여호나답(또는 요나답)이 있었다. 예후가 사마리아에서 바알 숭배자들을 철저하게 살육할 때 예후를 개인적으로 후원하고, 물리적으로 선동했던 사람(왕하 10:15-17)이 바로 그였다. 아합 가문에 대적하는 극단적으로 보수적인 반동의 성격을 보여주는 최고의 실례는 이것 이상 있을 수 없다. 여호나답과 그의 전씨족이 나실인이었다는 것을 우리는 예레미야 35장에서 확인한다. 그들은 포도주도 마시지 않고, 집도 짓지 않으며, 파종도 하지 않고, 포도원도 재배치 않으며, 평생토록 자신의 선조들이 그러했던 것처럼 장막에 거처할 것을 서약하였다(6-7절). 이것은 결코 금욕

---

17) 선지자 제도에 관한 전반적 논의를 위해서는, cf. A. R. Johnson, *The Cultic Prophet in Ancient Israel* (Cardiff: University of Wales Press Board, 1944).

18) 그들 중 하나가 벤-하닷의 생명을 구하기 위해 아합을 저주했다는 사실은 다만 초기 선지자들의 그 강한 민족주의적, 고립주의적 선입견에 비추어 설명되어지는 것이다. 아합의 관대한 조치는 일반적으로 인간주의적일 뿐 아니라 앗수르의 위협을 무마시키려는 취지에 따라 정치적으로는 현명한 것으로 생각된다. Cf. 각주 21.

주의에 대한 교훈으로 취해진 것이 아니었다. 그것은 오히려 농경적 삶과 농경적 삶이 수반하는 모든 것에 대한 상징적 배척을 의미하였다. 그것은 하나님은 고대의, 순수한 광야생활 속에서 발견되어진다고 하는 감정과 이스라엘은 가나안의 오염된 문화와 접촉하는 그 순간에 그 선민성을 박탈당하고 만다는 감정으로부터 온 것이었다.[19] 이같은 사람들에게 이세벨은 궁극적인 저주의 대상이었다.

그렇다면 그 숙청은 단순한 정치적 반전이 아니었다. 그것은 고대의 표준에 입각하여 이스라엘을 교정시키려는 수고였다. 아합의 정책이 이스라엘의 운명을 전도시켰고, 그러므로 하나님은 국가에 대적하는 분이라는 감정이 팽배해 있었다. 그러나 동시에 국가에 대한 거부는 전체적인 것은 아니었다. 그 이유는 국가는 혁명에 의해 정화될 수 있고, 또 정화되어야 한다고 믿어졌기 때문이다.

3. 그러나 그 숙청이 이스라엘을 하나님 나라로 만들었고, 하나님의 백성으로서의 운명을 회복시켰다고 우리는 말할 수 있는가? 절대로 그것은 아니다! 아무리 총체적이라고 할지라도, 정치적 행동이 이런 결과를 이끌어낼 수는 없다고 생각된다.

참으로 우리가 그 숙청을 범죄와 대죄악으로 부른다면, 우리와 일치하는 선지자로는 호세아 선지자 이상의 선지자는 없을 것이다(호 1:4). 그 숙청으로 인해 야기된 혐오스런 결과는 확실히 다가올 세대들에게 이스라엘을 분열시키는 결과가 틀림없었다. 국가 지도자의 핵심 인물은 철저히 근절되었다. 왜냐하면 이스라엘의 거의 모든 핵심 인물들이 이세벨의 정책에 오염되었기 때문이다. 더욱이 번영의 기초가 되었던, 한편으로는 베니게와, 다른 한편으로는 유다와의 결탁은 즉각 붕괴되었다. 그들은 어떻게 그렇게 하도록 도울 수 있었는가? 결국 이세벨은 두로의 지배 가문 가운데 한 사람이었고, 그녀

---

19) 비록 선지자들이 그렇게 멀리 나아가지는 않았다고 할지라도, 그들 중 일부 — 특히 호세아와 예레미야 — 는 어느 정도 그들의 감정에 충실하였다. 결국 예레미야는 그들의 원리에 굳게 따를 것을 권고하였다. cf. 렘 35장; 2:1-2; 호 9:10이하; 11:1-7. Cf. W. F. Albright, "Primitivism in Western Asia," in *A Documentary History of Primitivism*, Vol. I (A. O. Lovejoy and G. Boas, *Primitivism and Related Ideas in Antiquity* (Baltimore: Johns Hopkins Press, 1935)), pp. 421-32.

의 딸인 아달랴 ─ 그녀의 아들, 아하시야 역시 피의 숙청으로 제거되었다
─ 는 예루살렘의 태후였다. 정치적 제휴로는 이런 일들을 이루지 못한다.

어쨌든 아람족들이 다시 한번 이스라엘을 초토화시킬 기회를 잡았다. 예
후가 통치하는 동안(842-815)에, 다메섹의 새로운 왕이 된 하사엘은 이스라
엘의 요단 동편의 땅을 빼앗아 갔고(왕하 10:32-33), 심지어는 블레셋인들
의 성읍 지역인 먼 남쪽의 해안지대까지 쳐올라왔다(왕하 12:17). 그 다음
세대에 상황은 더욱 악화되었다. 아람인들은 예후의 아들, 여호아하스(815-
801)를 진멸하고, 그에게 단지 마병 50인, 병거 10승, 그리고 보병 1만명으
로 구성된 경찰군대만을 두도록 허락하였다(왕하 13:7)(아합은 853년에 앗
수르에 대적하기 위해 2천승의 병거를 출전시켰다).

설상가상으로 그 숙청은 실제로는 별로 효과가 없었다. 이스라엘이 바알
과의 공적인 관계를 청산한 것은 사실이고, 그것은 절대로 사소한 일은 아니
었다. 그러나 예후가 이스라엘을 정화시키는 목적에는 그다지 열심이 없었던
기회주의자였다는 것 역시 분명하다. 바알의 제사의식에서 최고 여신의 상징
인 아세라 목상은 사마리아에 그저 남아있었다(왕하 13:6). 외국의 이방종교
는 다양한 토착신의 숭배사상을 방해받지 않고 성행시킬 정도로 이스라엘의
피 속에 스며들어 있었다.[20] 겉으로는 물리적으로 이방종교를 근절시키는 것
이 가능하였지만, 정신적으로 그 은밀한 양식에 굴복하고 말았다는 사실은
비극이지만 사실이다. 이스라엘은 이와 같이 되어버렸다. 많은 선지자들이
국가는 스스로 정화된다는 감정을 가지고 있었기 때문에, 이전과는 달리 국
가와 타협하는 길을 모색하였다. 그들의 열렬한 애국심으로 인해 국가는 예
배의 자리를 차지하게 되었고, 그 결과 국가는 드디어 하나님의 국가가 되었
다.

Ⅲ

---

20) Albright, "The Biblical Period," p. 38을 보면, 바알이라는 명칭이 혼
    합된 고유명칭들이 그 다음 세기의 사마리아의 추방자들에게서 아주 빈번하
    게 등장한다는 사실을 지적한다. 어쨌든 호세아서만을 읽어보면, 바알숭배가
    전혀 근절되지 않았다는 사실이 역력히 드러난다.

주전 9세기 후반부는 이스라엘에게 암흑의 시대였다. 다메섹의 아람국가는 그 권력이 최고의 전성기에 있었고, 이스라엘은 감히 그 권력에 맞설 수 없었다. 그러나 8세기에 행운의 형세로 급반전되었다. 섭리적인 상황의 조화로 인해 이스라엘은 또 한번 기회를 맞게 되었다.

1. 새롭고 강력한 세계 권력 곧 앗수르가 무대에 등장하였다. 앗수르는 고대국가였다. 아브라함과 그 이전까지 거슬러 올라가는 긴 역사를 가진 이 중요한 국가는 이스라엘 백성이 팔레스타인에 정착했었을 때, 짐작컨대 서아시아에서 권력의 균형을 유지하고 있었다. 그러나 수세기 동안 사막으로부터 아람인의 압박에 시달리고, 그들의 내적 연약성으로 말미암아 앗수르는 그다지 중요한 국가가 되지 못했다. 그러나 이제 앗수르는 다시 한번 제국의 야심을 펼치기 시작하였다. 주전 870년대 초기에 앗수르-나시르-팔 2세는 모든 상부 메소포타미아 지역을 정복하고, 참으로 잔혹하게 유프라테스 지역을 가로질러 침투하였다. 그의 계승자 살만에셀 3세(858-824)는 그 기초를 더욱 다져놓았다. 853년에 살만에셀 3세는, 그 당시에 다툼을 중지하고 위험에 공동으로 대처하는 다메섹의 벤하닷과 이스라엘의 아합을 포함한, 수리아와 팔레스타인의 왕들의 연합군과 오론테스 연안의 카르카르에서 접전을 펼쳤다.[21] 살만에셀은 승리를 거두자, 그 승리의 위대함을 자랑하였다. 그러나 그는 철저하게 실패했다는 사실이 분명해졌다. 그 때문에 아람과 이스라엘은 그 무모한 전쟁을 다시 치렀고, 3년 후에(850) 아합은 전사하였다(왕상 22장).

그로부터 50년 동안 아람은 승리를 구가하였고, 이스라엘은 곤경에 처하였다. 다메섹에서 왕위를 찬탈한 정력적인 왕 하사엘(왕하 8:7-15)은 적어도 살만에셀의 침입을 두번이나 더 받아야 했지만, 그는 결코 항복하지 않았다. 그 마지막 침입은 837년에 있었고, 그 후로 앗수르는 한 세대 동안 내부적인 무질서에 시달렸고, 그리하여 유프라테스강의 서쪽으로는 진격하지 않

---

21) 성경은 이 전투를 전혀 언급하지 않는다. 그러나 우리는 살만에셀 자신의 비문을 통해 그 사실을 알고 있다. 아합이 벤-하닷과 화평하기를 원했다는 사실을 가장 잘 설명해주는 것은 앗수르가 그들을 위협하고 있다는 위험에 대한 자각이었다(왕상 20:31-34). 설형문자로 된 본문들의 적절한 번역을 보려면, cf. Prichard, op. cit., pp. 278-79.

았다. 이것이 하사엘에게 필요한 충전의 기회를 주었고, 그는 그 기회를 활용하여, 우리가 살펴보았던 것처럼, 이스라엘을 침략하여 비참하게 굴복시켰다. 그러나 앗수르의 그림자는 여전히 서쪽까지 미치고 있었다. 아닷-니라리 3세의 통치 아래 있던 805년경에 앗수르는 재등장하여 몇 년만에 아람을 정복하고, 무거운 조공을 부담시켰다.

반면에 이스라엘은 그 정복을 모면하였다. 예후가 한 때에는 앗수르에 조공을 바치기는 했지만,[22] 그것은 명목상의 조공으로서, 영속적인 종속은 아니었다. 그 이후에 다메섹을 유린한 아닷-니라리의 군대는 이스라엘을 침략하지는 아니하였다. 더욱이 다행스러운 것은 아닷-니라리의 계승자들은 더 이상 침략하지 않았다는 것이다. 아닷-니라리의 침략 이후로, 유프라테스의 서쪽지역을 거의 관할할 수 없었던 약 50여년 동안 앗수르는 약체기에 돌입하였다. 많은 이스라엘인들에게는 이것이 하나님의 섭리의 간섭이 틀림없다고 생각되었다. 앗수르가 오직 하나님의 도구로 사용될 수 있었던 것은 이스라엘을 구원하고, 그 원수들을 징벌하기 위해서였다. 왜냐하면 이스라엘은 하나님의 "나라"였기 때문이다.

2. 어쨌든 이것은 재기의 신호였다. 그것은 요아스(801-786)로부터 시작되었다. 그는 휘청거리던 아람과 3번에 걸친 전쟁에서 승리를 거두고, 자신의 아버지 여호아하스가 잃어버린 땅을 모두 탈환하였다(왕하 13:25). 동시에 아마샤 ― 유다의 왕(800-783) ― 가 두 왕국 사이의 고질적인 전쟁을 재개하려는 움직임을 보이자, 그는 먼저 아마샤를 설득하고자 하였으나, 아마샤가 말을 듣지 않자 그를 철저하게 유린하였다(왕하 14:8-14). 그러나 여로보암 2세의 긴 통치 기간 동안(786-746)에 이스라엘은 최고의 전성기를 구가하였다. 정복활동을 통해 그는 이스라엘의 국경을 솔로몬이 보좌에 있을 당시에 차지했던 지역보다 더 먼 북쪽까지 확대하였다(왕하 14:25). 그 동안에 여로보암 2세와 마찬가지로 장수하고, 유능했던 유다의 웃시야(783-742)는 자신의 아버지 아마샤의 암살로 왕위를 계승한(왕하 14:19) 왕으로서, 이 정복 계획의 충분한 추진자로서 활약하였다. 웃시야의 정복에 의해 이스라엘

---

22) 주전 841년에. 이것 역시 살만에셀 비문을 통해 알려진다. cf. Pritchard, op. cit., p. 280.

의 북쪽 국경은 여로보암의 치세와 다름이 없었지만, 서쪽으로는 블레셋 평원으로부터 암몬지역까지, 남쪽과 동쪽으로는 애굽 북방인 헷야즈까지 확대되었다(대하 26:6-8). 이스라엘이 두 왕국으로 분열된 국가였다는 것을 제외하면, 그것은 솔로몬 당시의 국가의 크기와 거의 비슷하였다.

그리고 솔로몬의 치세 이후로 비할 수 없는 번영이 다시 찾아왔다. 솔로몬이 지배했던 당시의 무역 항로들이 다시 이스라엘의 영향권 안으로 들어왔다. 엘랏(에시온-게벨?)의 홍해 항구가 다시 건축되었고(왕하 14:22), 그리고 짐작컨대 남방과의 해외무역도 다시 번성했던 것으로 보인다. 이것은 아마 당시 여전히 최고의 전성기를 구가하던 베니게인들이 무역을 재개했었다는 사실을 가리킬 것이다. 그 나라의 경제적 자원들이 개발되었다(대하 26:10).[23] 이스라엘은 주전 8세기 중반과 비견할 수 있는 시대가 거의 없었다고 기억할 수 있었다. 그것이 이스라엘 국가의 황혼에 찾아온 영광에 불과하다는 사실도 그 당시의 찬란함을 감소시키지는 못했다. 고고학자들이 사마리아 지역에서 발굴한 고급 상아들과 거대한 궁전터는 아모스가 그 땅이 누렸던 부를 과장하지 않았다는 것을 증명하고도 남는다.

3. 그러나 솔로몬의 시대에서처럼 또 다시 사회는 병이 들었다. 하지만 그 병은 죽음에 이르는 병이다. 아모스서를 읽어보면, 사회의 내분이 모든 분야에서 나타나는 것을 발견할 수 있다. 전례가 없는 풍성한 부를 가지고, 돈으로 살 수 있는 모든 사치를 다 누린 부자가 있는 반면에, 더욱 궁핍해져서 낙심 속에서 살 수밖에 없는 빈민도 있다. 양심도 없는 탐욕과 허영이 있고, 재산이 사람과 하나님보다 위에 위치한다. 그리고 종교 역시 똑같이 병이 들었다. 산당들은 분주하고, 풍성하며, 숭배자들로 들끓고 있다(암 4:4-5; 5:21-23). 그러나 종교는 기계적인 보상행위(quid pro quo) 곧 물질적 선물을 구비하고 있는 하나님에 대한 물질적 호의를 구하는 추악한 시도에 불과하다. 그것은 추악한 부도덕을 묵인한다(암 2:6-8; 호 4:4-14). 그것은 책망에 대해서는 완전히 침묵한다. 따라서 그것은 단지 사람에게 자기 교회를 지지하는 편협함을 제공하였다. 그것은 전적으로 국가를 예배하는 것이

---

23) 이것은 고고학을 통해 부분적으로 예증되어진다. cf. Albright, "The Biblical Period," pp. 39-40.

고, 국가를 비판하는 것은 조금도 용납하지 못한다(암 7:10-13).

이것은 분명히 국가의 치명적인 질병이다. 그러나 그럼에도 불구하고 거기에는 과거부터 믿고 있었던 미래에 대한 강력한 확신이 넘쳐흘렀다. 확실히 이것은 그 자신의 힘으로 승리의 국가를 이루었다는 교만으로부터 나오는 (암 6:13),[24] 그리고 근시안적인 인간들은 볼 수 없는 순조로운 정치적 상황으로부터 나오는 낙관적 기운으로부터 연원하였다. 그러나 그것은 또한 신학의 질병으로 이해되어야 한다. 이스라엘의 신앙은 항상 이스라엘에게 미래에 있을 위대한 사건들을 기대하도록 가르쳤다. 역사는 하나님의 목적의 승리와 그의 백성들을 영광 속에서 다스리시는 하나님의 지배의 확립을 향해 진행되고 있다는 사실을 확신하였다. 종말론적인 승리의 날, 곧 승리적인 하나님 나라가 현실이 될 여호와의 날이 도래할 것이다. 이스라엘은 자기들이 하나님의 백성이요, 하나님에 의해 택함받고 보호받는 나라임을 추도도 의심하지 않았다. 따라서 이스라엘은 확신을 가지고 미래에 직면하였고, 심지어는 여호와의 날을 간절하게 대망하기도 하였다(암 5:18). 왜냐하면 그 날은 이스라엘에게도 역시 승리의 날이 되기 때문이다.[25]

IV

아모스는 이러한 번영과 이러한 질병에 대해 말하였다. 그들의 말들이 우리들을 위해 성경 속에 보존되어 있는 초기 선지자들의 뒤를 잇는 아모스는 이스라엘에 있어서 분명히 새로운 유형의 선지자이다. 그러나 그는 이전의 선지자들과 마찬가지로 확실히 고대의 전통에 입각한 목소리를 내고 있

---

24) 대부분의 주석가들은 아모스 6:13의 불가해한 말씀, 곧 "허무한 것"(히. lo dābār)과 "뿔"(히. qarnayim)을 트랜스요르단 북중부에 존재한 지역으로 성경의 다른 곳에서 언급된 두 장소의 명칭으로 본다. 그렇다면 그 구절은 "너희는 로드바(Lodebar)를 기뻐하며 이르기를 우리의 콰나임(Qarnayim)은 우리 힘으로 취하지 아니하였느냐 하는 자로다"가 될 것이다. 아마 여호 아하스나 여로보암의 아람족속에 대한 승리를 암시하는 것일 것이다.

25) 나는 여호와의 날에 대한 대중의 관념을 종말론적으로 즉 여호와가 자신의 원수를 심판하시고, 자신의 통치를 확립하시기 위해 역사 속으로 들어오실 날로 생각하는 사람들에게 동의한다. 나의 논문 "Faith and Destiny," *Interpretation* V-1 (1951), 9ff를 보라.

다. 그의 생애에 관해 우리가 알고 있는 것이란 거의 없다. 유대 광야 지경
출신의 목자(1:1)인[26] 그는 북왕국을 왕래할 기회를 갖게 되었다. 그는 거기
서 보았던 것을 전혀 기뻐하지 아니하였다. 그는 벧엘의 거대한 산당에서 자
신에 대해 울분을 토하였다. 제사장도, 전문적인 선지자도 아닌(7:14)[27] 그
의 유일한 진정성의 원천은 그에게 임하여 선포하도록 요청받은 여호와의 말
씀이었다(3:8, 7:15). 이렇게 하여 그는 이전의 사사들처럼 카리스마의 인물
이 되었다. 이제는 국가에서 더 이상 카리스마만이 지도권으로 요구되지는
않았지만 그것에 관해 신랄한 비판이 요청되었다.

1. 아모스의 메시지는 독자들에게는 아주 단순하면서도 전적으로 전율
을 일으키는 요소가 있다고 생각된다. 그것은 고전적인 윤리적 저항이다. 그
것은 아모스 이후의 모든 선지자가 아모스의 선포를 답습한다는 면에서 볼
때, 고전적이다. 그리고 그것은 결코 보다 낮게 말해지지 않기 때문에 고전
적이다 — 그것은 절대로 보다 낮게 말해질 수 없었다. 신랄한 분노를 터뜨
리면서 아모스는 불의를 행하는 사람들을 세차게 비난한다:

공법을 인진으로 변하며
정의를 땅에 던지는 자들아

---

26) 그의 고향은 드고아였다(1:1). 드고아는 그 옛 이름(Khirbet Taqû)을 아직도
간직하고 있는 지역으로서, 베들레헴에서 남서쪽으로 채 몇 마일이 되지 않
는 곳에 위치해 있고, 그곳에서 사해 아래로 뻗어있는 가파른 비탈이 내다보
인다.
27) 최근의 다음과 같은 사람들의 주장에 동조하기는 곤란하다 — A. Haldar,
Associations of Cult Prophets Among the Ancient Semites
(Uppsala: Almqvist & Wiksells, 1945), p. 112; Miloš Bič, "Der
Prophet Amos — Ein Haepatoskopos," *Vetus Testamentum*, I-4
(1951), 292-96. 이들은 nôqēd와 bôqēr("목자")라는 말(1:1, 7:14)이 제
의적 기능을 암시한다고 주장한다. 설사 그 말이 때로는 제의적 의미를 갖고
있음을 인정한다 해도, 이것이 그 말이 항상 그렇게 쓰인다는 사실을 보장하
는 증거는 못된다. 초기 선지자들이 제의와 밀접하게 연계되어 있었다고 하
는 사실로부터 이런 극단적 결론을 이끌어내서는 안된다. 아모스 7:14의 의
미는 아모스가 그의 소명이 있을 때까지는 전문적인 종교가가 아니었다는 것
이다. cf. H. H. Rowley, "Was Amos a Nabi?" *Festschrift Otto
Eissfeldt*, J. Fück, ed. (Halle: Max Niemeyer, 1947). pp. 191-
97.

....
무리가 성문(court)에서 책망하는 자를 미워하며[28]
정직히 말하는 자를 싫어하는도다
너희가 가난한 자를 밟고 저에게서
밀의 부당한 세를 취하였은즉
너희가 비록 다듬은 돌로 집을 건축하였으나
거기 거하지 못할 것이요
아름다운 포도원을 심었으나
그 포도주를 마시지 못하리라
너희의 허물이 많고
죄악이 중함을 내가 아노라
너희는 의인을 학대하며 뇌물을 받고
성문에서 궁핍한 자를 억울하게 하는 자로다
(5:7, 10-12; 참조. 2:6-16; 8:4-10)

그러나 아모스는 사회적인 죄가 공공연한 부정이나 탐욕보다 훨씬 더 악하다는 사실을 알았다. 그것은 또한 인간보다도 그 안일을 중시하는 사치풍조적 향락으로서, 사회질서의 깊은 분열과는 무관하다. 선지자는 "사마리아 산에 거하는 바산 암소들아"(4:1)라고 외치면서, 왕국의 귀부인들을 얼마나 책망했던가! 그는 대홍수 앞에서 먹고 마시는 방탕한 사회를 얼마나 통렬하게 비판했던가!

화 있을찐저 시온에서 안일한 자와
사마리아 안에서 마음이 든든한 자
곧 열국 중 우승하여 유명하므로
이스라엘 족속이 따르는 자들이여
....
너희는 흉한 날이 멀다 하여

28) 문자 그대로 번역하면, "문에서 비난하는". 성문은, 우리가 구약성경의 수많은 구절들을 통해 알고 있는 것처럼, 장로들이 공의를 처리하기 위해 앉아있는 곳이었다. 따라서 우리가 그것을 이해하고 있는 것처럼, 그것은 법정과 일치한다.

> 강포한 자리로 가까와지게 하고[29]
> 상아 상에 누우며
> 침상에서 기지개 켜며
> 양떼에서 어린 양과
> 우리에서 송아지를 취하여 먹고
> 비파에 맞추어 헛된 노래를 지절거리며
> 다윗처럼 자기를 위하여 악기를 제조하며[30]
> 대접으로 포도주를 마시며
> 귀한 기름을 몸에 바르면서
> 요셉의 환난을 인하여는 근심치 아니하는 자로다
> (6:1, 3-6)

그렇게 파괴된 사회가 종교가 많다고 해서 치유될 수는 절대로 없다. 모든 공의를 짓밟는 사람들의 분주한 종교는 하나님과는 아무 상관이 없을 것이다. 그 뿐만 아니라 그것은 하나님을 적극적으로 대적하는 것이다. 아모스가 지적한 것 이상으로 더 적절한 지적은 없으리라!

> 내가 너희 절기를 미워하여 멸시하며
> 너희 성회들을 기뻐하지 아니하나니
> 너희가 내게 번제나 소제를 드릴찌라도
> 내가 받지 아니할 것이요
> 너희 살진 희생의 화목제도 내가 돌아보지 아니하리라
> 네 노래 소리를 내 앞에서 그칠찌어다

---

29) 문자 그대로 번역하면, "강포의 (앉아있는) 자리로 가까이 가며"이다. 공의 대신에 강포가 횡행하는 법정(성문)이 되어버렸다는 말이다. 그러나 그 의미는 불확실하다. 주석들을 보라.

30) 영어번역이 따르고 있는 히브리 원문은 "다윗처럼 그들은 자기를 위하여 악기를 만들고"라는 뜻이다. 많은 주석가들은 이것을 그렇게 보지 않는다. 그 이유는: (a) 우리는 다윗은 악기연주자로서는 유명했지만, 악기를 만들었다는 말을 듣지 못했다. (b) 그 문맥은 음악이 있는 연회석상 곧 새로운 악기가 만들어지는 곳이 아니라 민속음악이 연주되는 곳에 관해 말하고 있다. Nowack 등이 따르고 있는 수정 제안된 견해는 한 개의 히브리 글자를 변형시킨다. 그러나 그것은 추측에 불과하다.

> 네 비파 소리도 내가 듣지 아니하리라
> 오직 공법을 물같이
> 정의를 하수같이 흘릴찌로다
> (5:21-24)

따라서 그것은 사회가 필연코 비판을 받아야 할 때, 기성종교는 그 비판을 할 수도 없고, 심지어는 자체를 비판할 수도 없었을 때, 저항이 기성교회 외부로부터 와야 했다는 사실이었다. 그것은 분명히 끔찍한 사태가 아닐 수 없었다.

그런데 아모스의 메시지의 의도는 명백하다 ― 얼굴에 한방 날리는 것만큼 통렬하다.

그것은 모든 시대에 해당되는 메시지라고 군이 주장할 필요는 없다. 그것은 물론 당연히 모든 시대에 적절하다. 그것은 우리가 경청할 필요가 있는 메시지 곧 존경보다는 소유를, 하나님의 법보다는 그 생활기준을 더 선호하는 사회는 죽음에 이르는 병을 앓고 있다는 것을 우리에게 말한다. 공의의 행동을 앞세우기보다는 탐욕적인 도움을 요청하는, 사회에 대한 책망이 결여된 교회는 참된 교회가 아니라 가짜 교회이다. 아모스는 교회에 대한 종교적 활동과 충성의 정도가 사업과 사회에 있어서의 인간의 행위를 하나님과는 아무 상관이 없는 것으로 만들 수 없고, 정확한 신조의 역할이 삶의 모든 국면에 있어서 신적 의지에 대한 명백한 순종을 대신할 수는 결코 없음을 우리에게 말해준다. 또 그는 신앙과 윤리 사이를 이분법적으로 구분하고, 윤리를 상대적으로 무시하는 교회는 그것이 한 부분이 되는 사회와 함께 하나님의 심판을 면할 수 없음을 우리에게 역설한다.

2. 참으로 적절한 메시지이다! 그러나 우리는 이것이 하나님 나라의 소망을 가지고 해야 할 것이라고 당연히 물을 수 있는가? 아모스의 메시지는 거의 단조로운 심판에 관한 메시지이다. 참으로 그는 회개를 촉구하였고 (5:4, 14-15), 회개하는 자에게 소망을 불어넣었다. 그러나 그가 회개를 기대하지 못했다는 것은 분명하다. 심판은 확실하고, 그것도 조만간에 도래할 것이다. 이스라엘은 하나님의 다림줄을 띄우고 쌓은, 기우뚱거리고, 날림으로 지은 담이다(7:7-9) ― 그것을 뜯어내라! 이스라엘은 "사자의 먹이조

각"[31] — 양의 두 다리나 귀 조각 — 으로 남겨질 것이다(3:12). 따라서 아모스는 장차 도래할 파멸을 실감했기 때문에 마치 죽은 자를 대하는 것처럼 심판에 처한 국가에 대해 슬픔을 토로하였던 것이다:

> 처녀 이스라엘이 엎드러졌음이여
> 다시 일어나지 못하리로다
> 자기 땅에 던지움이여
> 일으킬 자 없으리로다
> (5:2)

우리는 이 암담한 심판이 우리의 주제와 어떻게 관련되어 있는지를 당연히 물어야 한다.

그러나 우리는 만일 우리가 선지자들의 선포를 언약적 신앙을 강력하게 부활시키는 것으로 이해하지 못한다면 아모스와 8세기의 다른 선지자들을 크게 오해하게 될 것이다. 그것은 모든 이스라엘인들의 믿음의 핵심을 이루는 하나님과 백성 사이의 친밀한 관계의식 속에 뿌리를 박고 있고, 근거를 두고 있다. 그것은 백성들을 단순히 여호와의 백성 곧 하나님의 지배의 대상과 그분의 언약의 당사자로서 전제하고, 그 관계가 의미하는 것을 그들에게 상기시키고 있다.

그렇다고 이스라엘이 실제로 자기들의 선택을 상기할 필요가 있었다고 주장되는 것은 아니다. 오히려 그것은 이스라엘에게는 고정된 이념이었다. 이스라엘은 그것을 지극히 당연하게 믿었다. 이스라엘의 전반적인 전통은 이 구동성으로 하나님은 만국 중에서 자신의 백성을 선택하셨고, 이스라엘은 온 마음을 다해 그 신앙을 소중히 여겼다는 사실을 보증하였다. 여호와는 이스라엘의 하나님이셨고, 이스라엘은 그분의 백성이었다. 그러므로 여호와는 이스라엘을 지금까지 축복하셨고, 앞으로도 계속해서 그렇게 하실 것이다. 여호와 자신의 백성으로서 이스라엘은 두려움 없이 미래에 대처할 것이며, 심지어는 하나님이 자신의 원수들을 심판하시고, 땅에 대한 자신의 지배를 확

---

31) 그 표현은 George Adam Smith의 *The Book of the Twelve Prophets* (rev. ed. ; New York: Harper & Bros., 1928), I, 148에 나온다.

립하시기 위해 역사 속에 간섭하시는 때인 여호와의 날을 확신을 가지고 고대하였던 것이다(5:18). 그런데 왜 이스라엘은 확신을 가져서는 안되는가? 하나님의 지배의 확립은 그의 백성의 확립이 아닌가? 이스라엘 국가는 하나님의 백성이다.

　요약하면, 언약과 선택에 관한 전반적인 관념이 기계적인 것으로 되어버렸고, 그 안에 내재된 깊은 도덕적 특징은 오염되고, 퇴색되었다. 언약은 양 당사자간의 계약으로서, 그 백성들이 오로지 여호와만을 예배하고, 모든 인간관계 속에서 그분의 공의로운 법을 성심을 다해 엄밀하게 순종할 것을 요청한다는 사실이 망각되었다. 아니면 비록 그 의무가 철저하게 기억된다고 해도, 아낌없는 희생제사와 산당에 대한 헌신적인 봉사로 그 의무를 다한다고 생각했던 것이다. 그리하여 하나님과 백성 사이의 유대는 피와 제사에 기초된 정적이고, 이방적 성격의 일로 — 언약적 이념의 완전한 전도 — 변질되었다. 그리고 종교는 전적으로 이방종교의 기능, 즉 개인과 국가에 대해 보호와 물질적 유익을 보장받기 위하여 공을 들인 제사의식의 조작을 통해 하나님의 호의를 강제하는 것과 일치되었다.

　아모스는 언약에 대한 이같은 기계적 관념을 전적으로 거부하였다. 그러나 아모스나 어떤 다른 선지자들에게서도 이스라엘이 선민이라는 믿음을 거부하는 관념은 포함되어 있지 않았다. 반대로 그들은 그것을 거듭거듭 강조하였다. 참으로 아모스에게는 국가의 전체 과거는 하나님의 은혜 — 총체적인 배은망덕으로 되돌려진 은혜 — 의 역사에 다름 아니라고(2:9-12) 생각되었다. 그러나 택함받았다는 것은 제멋대로 행해도 된다는 것을 의미하지 않는다고 아모스는 역설하였다. 그것은 이중적인 책임을 지는 것을 의미한다. 은혜의 빛에 역행하여 죄를 짓는 것은 간과된 것이기는 하나, 치명적인 범죄이다. 이스라엘을 포함하여 만국은 하나님의 공의의 잣대 앞에 똑같이 서있다(1-2장). 특별히 총애하는 민족도 없고, 특출한 인종도 없다.

　"이스라엘 자손들아 너희는 내게 구스 족속 같지 아니하냐 내가 이스라엘을 애굽 땅에서, 블레셋 사람을 갑돌에서, 아람 사람을 길에서 올라오게 하지 아니하였느냐"(9:7). 선택에는 책임이 따른다. 아모스는 사랑하는 백성들이 이해하기가 얼마나 어려운 논리를 가지고 추론하는지! 그는 단순한 전제로부터 미증유의 결론을 이끌어낸다. 다음은 그 전제이다: "내가 땅의 모든 족속 중에서 너희만 알았나니(즉, 선택했나니)." 그런데 그는 여기서 "그러므로 내가 너희 모든 죄악을 너희에게 보응하리라"라는 움직일 수 없는 결론으로 나아간다.

그러나 이렇게 말하면서 아모스는 참되신 자에 대한 전도된 언약의 관념으로 다만 되돌아가고 있다. 하나님의 백성은 언약의 하나님과의 그 유대에 의해 서로 결속되어 있는 공동체이다. 그것은 형제관계이다. 왜냐하면 그 안에 있는 인간의 모든 관계는 하나님의 공의로운 법에 의해 규율되고, 그 법 아래에서 모든 사람이 동등하게 서있기 때문이다. 언약은 기계적인 것이 아니라 사물들의 본질에 입각한 것이다. 그것은 쌍무적인 도덕적 계약이고, 무효화될 수 있다. 형제를 학대하는 것이 그것을 무효화시킬 수 있다. 왜냐하면 그의 형제를 미워하는 사람은 하나님의 법을 욕되게 하고, 그 사실 속에서 하나님과의 언약을 지키지 못하는 것이기 때문이다. 요약하면, 이스라엘은 하나님의 백성이지만, 그것은 오직 이스라엘이 하나님의 율법을 지키고, 그분의 의를 드러낼 때 한해서 그렇다. 이스라엘은 그렇게 하지 못하고, 언약적 형제관계를 어처구니없이 위반했기 때문에, 이스라엘은 참된 하나님의 백성이 절대로 아니다!

우리가 아모스의 윤리적 선포를 이해하게 되는 것은 바로 이러한 신학의 맥락 안에서이다. 우리가 이것을 지적하는 것은 중요하다. 그 까닭은 그것은 너무나 자주 오해되고 있기 때문이다. 우리는 그것이 유도되는 이념양식이 없이 윤리적 공격을 일삼고, 그리하여 그 공격은 소리만 크고, 실속은 없는 짜증나는 공격이 되어버린다 — 그것은 아모스가 의도하는 것이 전혀 아니다. 그는 억압받는 대중들을 투쟁으로 선동하는 혁명가가 결코 아니었다. 그는 국가적 병폐를 치유하도록 계획된 사회개혁의 프로그램을 진행시키는, 가난한 자의 곤경에 마음이 움직이는 휴머니스트도 아니었다. 그는 궁극적으로, 교과서가 우리에게 말하기 위해 사용되는 것처럼, 백성들의 일시적 도덕성을 길들이고, 그들을 윤리적 유일신론의 지점으로 높이는 새로운 윤리를 가르친 교사도 아니었다 — 그것을 오해하지 말라.

아모스는 절대로 혁신가가 아니고, 오히려 고대적 전통에 속한 사람이었다. 그의 윤리적 저항은 5백여년에 걸쳐 깊이 판 우물에서 나온 것이었다. 그의 윤리는 십계명의 윤리였다. 그의 윤리는 다윗에게 그의 면전에서 살인

자라고 외쳤던(삼하 12:1-15) 나단의 윤리요, 그의 원수 아합에게 대적하고, 나봇에 대한 그의 범죄를 저주하기 위해 이세벨에게 나아간(왕상 21장) 단호한 엘리야의 윤리였다. 그러나 그가 철저하게 과거에 뿌리를 두고 있음에도 불구하고, 아모스는 과거에로의 복귀를 통해 사회의 질병을 치유하려고 생각한 사람인, 나실인도, 레갑 족속도 아니었다. 아모스는 평범하고 단순하게 언약의 하나님에 대항하는 죄악으로서 모든 탐욕, 부도덕 그리고 사회악을 비난한 언약의 사람이었다. 그는 먼저 이스라엘 사회를 창출한 언약적 형제관계의 회복을 떠나서 사회의 분열을 치유하려고 하지 않았다:

> 너희는 살기 위하여 선을 구하고 악을 구하지 말지어다
> 만군의 하나님 여호와께서 너희의 말과 같이 너희와 함께 하시리라
> (5:14)

    3. 바로 여기서 아모스가 하나님 나라의 관념에 대해 끼치고 있는 엄청난 공헌이 분명히 나타났다. 아모스는 하나님의 백성 및 나라를 이스라엘 국가와 동일시하는 것은 완전히 불경적 입장이라고 천명한다. 이러한 동일시에 대한 저항은, 앞에서 말한 것처럼, 새로운 것은 아니었다. 그것은 왕정제도는 하나님의 질서가 아니고, 비록 용인되고, 필수적인 질서로 간주된다고 할지라도, 하나님의 질서와 일치시킬 수 없다는 고대적 감정으로 되돌아갔다. 대대로 이스라엘의 통치체제를 분열시켰던 끊임없는 숙청, 혁명 및 미수에 그친 혁명을 낳았던 것은 바로 이 감정이었다. 그러나 지금까지 국가가 하나님의 질서가 될 수 있다는, 아니 적어도 정치적 활동에 의해 하나님의 질서에 순응하는 결과를 어느 정도 이끌어낼 수 있다는 소망을 포기하지 않았다. 아모스는 이같은 소망을 확실하게 포기하였다.

    참으로 예후의 숙청 사건 이후로 일부 식견있는 사람들은 그같은 소망을 가졌을지 모른다. 아모스가 국가에 저항하는 모반을 선동하는(7:10-13) 음모가 곧 혁명적인 다른 유형의 선지자(nabi)로 인식되었다는 것은 사실이지만, 그의 단호한 부인(7:14-15)은 그 사실들에 의해 입증된다. 여기에 새로운 사실이 있다: 우리가 아는 한, 선지자는 결단코 직접적인 정치활동에 의해 국가를 개혁하려고 추구하지 않았다는 사실이다.

그러나 우리는 확실히 이 안에서 국가와의 긴장이 완화되었다는 사실을 확인할 수 없다. 아니 오히려 그것은 더 가중되었다. 국가를 정화하려는 시도는 결코 없다. 왜냐하면 국가는 외적인 교정을 초월해 있기 때문이다. 국가는 하나님의 심판 아래 있다. 이스라엘과 하나님 사이의 유대관계는 깨어졌다. 우상숭배, 총체적인 부도덕, 그리고 범국가적인 무자비한 탐욕이 그것을 깨뜨렸다. "그 이름을 로암미라 하라 너희는 내 백성이 아니요 나도 너희 하나님이 되지 아니할 것임이니라"(호 1:9)고 호세아 선지자는 외쳤다. 이스라엘이 하나님과의 유대관계를 끊어버린 이후로는 진실로 더 이상 그의 백성이 아니고, 미래에 대한 이스라엘의 모든 넘치는 신뢰도 허탄한 신뢰에 지나지 않는다. 이스라엘은 미래가 없고, 철저하고, 피할 수 없는 파멸이 있을 뿐이다. 따라서 아모스는 여호와의 날 즉 여호와가 그의 지배를 확립하고, 그의 원수들을 심판하기 위해 역사 속에 개입하시는 날에 대한 대중의 소망에 호소하였다. 이스라엘은 그 날에 대한 소망이 전혀 없었다 — 왜냐하면 이스라엘은 여호와의 원수들 가운데 속하기 때문이다.

> 화 있을진저 여호와의 날을 사모하는 자여
> 너희가 어찌하여 여호와의 날을 사모하느뇨
> 그 날은 어두움이요 빛이 아니라
> 마치 사람이 사자를 피하다가
> 곰을 만나거나
> 혹 집에 들어가서 손을 벽에 대었다가
> 뱀에게 물림 같도다
> 여호와의 날이 어찌 어두워서 빛이 없음이 아니며
> 캄캄하여 빛남이 없음이 아니냐
> (5:18-20)

8세기의 모든 예언 속에서 가장 놀랄 만한 새로운 사실이 여기에 있다: 하나님은 그의 백성들을 버리실 수도 있고, 또 버릴 것이라고 하는 사실이다. 이러한 사실은 아모스의 선포를 두루 관통하고 있고, 점차 강력하게 부각된다: "보라 주 여호와 내가 범죄한 나라에 주목하여 지면에서 멸하리라"(9:8상). 하나님은 이스라엘 국가를 거부하되, 그것도 완전히 거부하셨다.

이것은 하나님 나라의 확립에 대한 소망 — 여호와의 날에 대한 꿈 속에서 구현한 소망 — 은 이스라엘 국가와 그 국가를 초월하여 이끌어낸 국가 사이를 분리하기 시작한 것을 의미하였다. 북왕국은 죽음의 심판 아래 있다. 이스라엘의 소망은 그 국가에 따라서 결코 성취될 수 없다. 만일 우리가 아모스의 메시지를 한 마디로 말한다면, 우리는 다음과 같이 바꿔 말할 수 있지 않을까? 이스라엘 국가가 하나님 나라는 아니다! 그것은 하나님 나라일 수도 없고, 그 나라를 상속받을 수도 없다. 그것은 하나님 나라일 수 없다. 왜냐하면 그것은 하나님의 율법을 욕되게 하고, 언약적 형제관계를 파기하였기 때문이다. 이스라엘 국가는 하나님의 심판 아래 있다 — 그리고 그 심판은 역사 자체이다!

4. 아모스의 말들을 구시대적인 고대의 말들이라고 생각하지 말라. 그 말들은 바로 현대를 향한 말들이기도 하다. 그 말들은 오늘날 우리에게 말하고 있고, 우리의 이목을 집중시킨다. 우리는 감히 그 말들을 듣기를 거부하지 못한다. 그 이유는 그것들은 사실 아주 현대적이기 때문이다. 확실히 우리는 가능한 한 고대의 이스라엘이 가졌던 외부적인 것들에 아주 적게 집착한다. 그러나 우리 안에는 이스라엘의 소망과 더불어 그들의 환상과 실패가 각인되어 있다.

우리 역시 하나님 나라를 기다리고, 소망하며, 암울한 시대에는 그 소망이 더욱 강렬해진다. 물론 신앙의 언어에 있어서는 혀가 짧은 우리로서는 그것을 그같은 방식으로 말하지는 못할 것이다. 우리는 전쟁과 공포의 종말, 국가공동체의 종말, 정의와 사랑의 승리, 그리고 도덕적 세계질서의 승리 등에 관해 말할 것이다. 그러나 우리가 소망하는 것과, 하나님의 백성은 언젠가 그의 지배를 받으며 평화와 풍요 속에서 그 생애를 살도록 확립되리라는 고대 이스라엘의 소망 사이에는, 그 내용에 있어서 약간의 차이가 있다. 우리는 그것을 어떤 이름으로 불러야 할지 잘 모르지만, 진지하게 하나님 나라를 소망한다. 오직 하나님의 나라를 믿는 조상의 신앙을 회고하는 부모의 회상 가운데서만, 우리는 그것을 소망한다. 우리는 그렇게 할 수밖에 없다.

그러나 우리는 아모스의 사회에 대한 고발이 오늘날 우리에게 어느 정도까지 적용할 수 있는지를 물을 수 있다. 어떤 의미에서 그 답변은 명료하다: 그것은 얼마든지 적용할 수 있다는 것이다. 고대의 이스라엘 사회와 같이 우

리 사회도 아모스가 비난한 범죄들, 곧 불의와 탐욕, 부도덕, 향락주의 그리
고 배금주의로 가득차 있음을 지적하기 위해서 특별한 기교나 심지어는 아주
날카로운 양심을 요하는 것도 아니다. 이런 것들이 의사에게 돈이 확실하게
지불되어야 하는 사회의 질병임을 이해하기 위해 우리가 카산드라
(Cassandra: 흉사[凶事]의 예언자)가 되어야 할 필요는 없다. 아모스의 고
발은 우리 자신의 사회를 포함한 모든 시대의 사회에 대한 고발이다.

　　그러면 우리는 아모스가 이스라엘 국가의 소망에 대해 퍼부은 그 혹독한
비판을 우리 사회에 직접 적용해도 되는가? 우리는 임박하고, 당연히 감수해
야 하는 심판 외에는 기다릴 것이 없는가? 그렇게 말하는 것은 옳지 않은 느
낌이 있다. 우리가 아모스의 고발 앞에서 죄책이 있음을 인정하는 것은 단지
절반의 진실만을 말하는 것이다. 왜냐하면 만일 지금까지 존재했고, 또 현재
존재하는 다른 사회들과 비교해 보면, 우리의 사회는 전혀 나쁜 사회가 아니
고, 아주 좋은 사회이기 때문이다. 우리는 기독교 원리들에 입각하여 창건된
국민들이다. 우리의 정치체제와 인간의 권리와 존엄성에 관한 우리의 국가적
방침은 이런 원리들로부터 기원하는 것이다. 우리에게는 아주 많은 교회들이
있고, 이 교회들은 아주 많은 활동적 구성원들을 가지고 있다. 그래서 우리
는 기독교 국가라고 주장할 수 있다.

　　더욱이 교회의 그 가르침의 영향력은 국가 전체에 미치고, 국민성은 우
리가 인식하는 것보다 훨씬 더 강하다. 아모스와 다른 선지자들 그리고 그리
스도의 고발은 어떤 면에서 심각하게 취급되었다. 많은 인류를 개선시키기
위해 엄청난 결과들이 쏟아져 나왔다. 불의는 시정되고, 또 계속 시정될 것
이다. 우리의 사회는 지금까지 존재했던 어떤 사회보다도 살기에 좋은 사회
이다. 우리는 그것에 대해 감사해야 한다. 그 명백한 오류에도 불구하고, 그
것은 옹호될 가치가 있다. 만일 우리가 그것을 옹호하지 않는다면, 우리는
마흔번이나 바보가 되는 것이다. 확실히 우리는 우리를 그렇게 인도하시는
하나님에게 기도할 수 있으리라!

　　그러나 그렇다고 해서 치명적인 실수를 범할 것인가? 이스라엘과 같이
우리는 하나님 아래 있는 우리의 운명과 역사 속에서 역사하시는 하나님의
목적이 우리가 세운 사회에 따라 실현될 것이라고 생각할 것인가? 그렇게 생
각하도록 이끄는 유혹은 교묘하다. 결국 우리는 인간의 해방이 흘러나오는

기독교적 유산을 주장할 수 있다. 우리는 교회를 가지고 있고, 교회를 활발하게 지원한다. 그러나 예를 들어, 공산주의는 완전히 무신론적이고, 그리하여 인간 속에 있는 모든 고상한 것에 관해 너무 파괴적이기 때문에 인간의 구속적 사실에 대해서는 거의 말해질 수 없다. 그 둘 사이에는 단순한 비교가 이루어질 수 없다.

확실히 하나님은, 만일 그분이 옳으시다면, 우리의 수고들에 보답하실 것이며, 우리를 자신과 우리의 원수로부터 보호하실 것이다 ― 왜냐하면 우리는 그분의 선량한 기독교적 백성들이기 때문이다! 우리 자신에 관해 말한다면, 우리는 세상에 대한 그리스도의 승리와 그분의 나라의 승리를 위해 수고하고, 기도할 것이다 ― 왜냐하면 그것은 우리가 가치를 부여하는 어떤 것도 안전하지 못한 종류의 세상이나 혼돈일 것이기 때문이다. 그리고 만일 그리스도의 승리 ― 우리가 우리 자신의 최대의 이익과 동일시하는 경향이 있는 ― 가 멀게 느껴진다면, 우리는 보다 더 부지런히 활동해야 할 것이다. 왜냐하면 그것이 우리가 해야 한다고 알고 있는 일의 전부이기 때문이다. 확실히 우리가 이와 같이 정력적으로 그분을 섬긴다면, 하나님은 우리를 보호하시고, 우리에게 승리를 안겨줄 것이다.

이런 소망에 대해 아모스는 철저하게 "아니오"를 외친다. 그의 말들을 분명하게 이해해 보자: 하나님은 그런 의미에서 백성들을 사랑하시는 분이 아니시다. 지상적 국가는 하나님을 세우는 것도 아니고, 하나님을 보증하는 것도 아니며, 그분의 목적과 일치되는 것도 아니다. 어떤 지상적 질서도, 그것이 아무리 선하다고 할지라도, 그 자신의 목적에 따라 하나님의 질서를 세우는 수단을 갖고 있지 않다. 오히려 모든 사회는 하나님의 질서의 심판 아래 있고, 그 빛에 따라 사랑을 받은 사회는 두 배나 무거운 심판을 받으리라! 진실로 우리가 하나님이 세우신 공의로운 질서에 대한 어떤 소망을 갖기 이전에, 우리는 이스라엘처럼, 우리의 질서는 하나님의 질서가 아니라 그것에 순복해야 하든지 아니면 멸망하든지 한다는 사실을 배워야 한다.

사회의 분열이 있는 곳에는 멸망하는 사회가 있다고 아모스는 역설한다. 의에 관해 알고 있는 사람들이 있는 곳은 어디서든 그들이 얻을 수 있는 것을 요구할 자신들의 권리에 관해서만 다만 말할 수 있다. 기독교적 사랑에 관해 말하는 사람들이 있는 곳은 어디서든 마치 그들이 사랑받는 민족인 것

처럼 행동한다. 또 고상한 소명을 받은 사람들이 있는 곳은 어디서든 돈으로
살 수 있는 안락의 즐거움이 있다. ─ 모든 사회는 심판 아래 있다. 그리고
그 심판은 역사 자체이다. 그 심판의 잔혹한 도구가 앗수르인가 아니면 러시
아인가 하는 것은 그것에 직면해야 하는 사람들에게는 크게 문제가 안될 것
이다.

　그렇다면 아모스는 사회에 아무런 소망을 두지 않는가? 죄악된 사회에
대해, 죄악된 사회로서는 아무런 소망이 없는가! 인간의 혼란은 하나님 나라
를 상속받을 수 없고, 오히려 역사의 심판 속에서 항상 살아야 한다. 평화에
대한 진정한 소망은 그것을 단지 환영(幻影)으로서 추구하는 유토피아적인
꿈으로 남겨두어야 한다. 불의한 사회는 그것을 기다리고 있는 심판을 모면
할 수 있는 어떤 외적 수단을 갖고 있지 못하다. 확실히 그같은 사회의 종교
의 분주한 활동과 그것의 예배에 대한 형식적 준수는 아무 소용이 없다. 국
가가 현명한 치국책과 충분한 권력을 통해 심판을 유예시키고, 오랫동안 살
아남을 수 있다는 것은 사실이다 ─ 비록 아모스는 그것을 언급하고 있지는
않지만.

　이것이 그렇기 때문에, 그것은 국가가 추구하는 정책이 무엇인가 하는
문제와 상관이 있다. 그래서 우리는 우리의 국가가 그 과정을 지혜롭게 선택
할 수 있도록 기도해야 한다. 그러나 아모스는 정치적 실재들이 아니라 도덕
적 실재들에 관해 관심을 둔다. 그리고 그의 판단은 다음과 같이 서있다: 하
나님의 공의로운 법을 욕되게 하는 사회는 하나님의 사회가 결코 아니고, 영
원히 지속될 수도 없다.

　확실히 거기에는 평안이 없다. 그러나 인류는 양자택일에 직면해야 한
다. 그리고 만일 그 양자택일이 이스라엘의 생존을 규정하고, 우리의 생존을
지배하는 정치적 실재들을 무시하는 것처럼 보인다면, 그것은 그럼에도 불구
하고 보다 깊은 관련성을 가질 수 있다. 인간 앞에 놓여있는 선택은 다음과
같은 것이다: 그분의 백성으로서 그분의 법에 따라 살기 위해 하나님과의 언
약관계에 새롭게 들어가느냐, 아니면 끝이 없는 역사 자체의 심판을 받느냐
하는 것.

　따라서 이스라엘은 여호와의 날 곧 하나님 나라의 승리의 날을 갈망하였
다. 그리고 날이 갈수록 우리의 기도는 "나라이 임하옵시며"라고 계속한다.

우리가 그렇게 기도하는 것은 잘하는 것이다. 그것이 우리의 적절한 기도이다. 그러나 우리가 하나님의 순종적인 자녀가 아니면서 감히 어떻게 그것을 기도하겠는가? 만일 우리가 "나라이 임하옵시며"라고 기도해야 한다면, 우리는 또한 기도하는 법을 배워야 하고, "뜻이 하늘에서 이루어진 것처럼 땅에서도 이루어지이다"라는 기도가 의미하는 바를 확실히 진지하게 파악해야 한다.

제3장

남은 자는 회개하리라

이스라엘 국가는 자기들이 하나님의 선민이라고 자랑하지만, 그 행위를 통해서는 전혀 그것이 아님을 보여주었다. 직접적인 정치활동에 의해 국가를 정화시키려는 거듭된 노력이 실패로 돌아간 이후에, 어떻게 아모스가 국가구조에 대한 기대를 단념하고, 국가에 대한 심판을 선언하였는지를 살펴보았다. 이스라엘 국가는 하나님 나라가 아니고, 하나님은 마치 그 국가가 하나님 나라인 것처럼 보호하지 않을 것이다. 따라서 이스라엘의 소망은 그 국가와 결정적으로 분리되기 시작했고, 국가를 통해서는 실현될 수 없는 것으로 간주되기 시작하였다. 그러나 이것은 조속히 성취될 일이 아니고, 오랜 과정을 거쳐 이루어질 일이었다. 이제 우리는 그것을 보다 깊이 관찰해야 한다.

I

아모스에 의해 선언된 심판은 참으로 신속하게 임하였다. 주전 8세기 후반에 총체적인 재앙이 이스라엘을 엄습하여, 북왕국을 완전히 멸망시키고, 남왕국을 갈기갈기 분열시켰다. 그러나 그것이 역설적으로 보이기는 하지만, 하나님 나라에 대한 소망이 이상화되고, 명확한 형식을 갖추게 된 것은 엄밀히 말해 이 시대의 선지자들 — 특별히 이사야 — 을 통해서였다.

1. 이스라엘의 붕괴는 슬픈 이야기이지만, 짤막한 이야기이다. 유능한 여로보암 2세는 746년에 죽었고, 그로부터 25년만에 북왕국은 지도상에서 사라졌다. 열왕기하 15-17장이 담고있는 내용은 거의 완전한 무정부 상태의 혼란이다. 허약한 왕들이 줄을 이었고, 그 4반세기 동안에 그들 중 6명의 왕이 주로 음모와 암살에 의해 왕위를 세습시키지 못했다. 안정의 흔적이라고는 조금도 없었다. 여로보암의 아들 스가랴는 아버지로부터 왕위를 물려받았지만, 재위 6개월만에 야베스의 아들 살룸에 의해 살해당하였다(왕하 15:8-10). 살룸 자신은 왕위를 차지한지 한 달만에 가디의 아들 므나헴에 의해 암살을 당하였다(왕하 15:13-14). 이 마지막 암살사건에서 형언할 수 없을 정도의 끔찍한 살육사건이 내란과 함께 일어났다(15:16).

성경은 므나헴에 관해서는 거의 침묵하고 있고, 그의 공적에 대해서는 전혀 언급하고 있지 않다. 사실상 우리가 그에 관해 알고 있는 것은 그가 그의 전임자들보다 더 오랜 기간 재위했었다는 것(745-738)과 앗수르왕 불(Pul)에게 조공을 바쳤다는 것 정도이다. 므낫세는 국가 내의 모든 지방지주로부터 인두세를 거둬들여 이 조공을 충당하였다. 19절의 내용에 따르면, 므나헴의 이같은 행위의 의미가 아주 명확하게 드러나 있다: "앗수르왕 불이 와서 그 땅을 치려 하매 므나헴이 은 일천 달란트를 불에게 주어서 저로 자기를 도와주게 함으로 나라를 자기 손에 굳게 세우고자 하여."

이 불은, 우리가 알고 있는 대로, 다름 아닌 앗수르의 위대한 정복자 디글랏-빌레셀 3세(746-727)를 의미하였다. 그에 관한 기록을 살펴보면, 우리는 그가 사마리아의 므나헴으로부터 조공을 받았고,[1] 바벨론을 정복하여 불루(Pulu)라는 이름을 가진 왕으로 그곳을 다스렸다는 사실을 확인하게 된다. 그는 여로보암이 죽은 그 해에 왕위에 올라, 앗수르의 무력을 강화시킴으로써 앗수르의 약화로 반세기 동안 이어진 세계의 평화를 깨뜨리고, 정력적으로 제국의 기틀을 다졌다. 그는 또한 그의 모든 계승자들이 모방하게 된 불길한 정책을 추진한 것으로 보이는데, 그 정책이란 바로 정복민들을 다른

---

1) 므나헴을 언급하고 있는 디글랏-빌레셀의 비문의 번역은 Pritchard, op. cit., p.283에 알기 쉽게 나와있다.

지역으로 이주시켜 그곳에 재정착시키고, 그들의 땅을 앗수르의 영역으로 합병시키는 것이었다. 분명히 이 무자비한 정책은 저항력을 키울 수 있는 민족감정을 철저하게 말살시키는데 그 목적이 있었다. 때가 되자 이스라엘도 이정책이 의미하는 바를 깨달았다. 다음 세기 동안에 "왕중의 왕, 대왕, 앗수르 땅의 왕"이라는 이름은 서아시아 전역에서 혐오와 공포의 대상이 되었다.

므나헴이 앗수르와 같은 거대국에 저항할 수 없었음은 분명한 사실이다. 그러나 그의 유화정책은 애국적인 이스라엘 민족주의자들에게는 거의 용납될 수 없는 정택이었다. 어쨌든 므나헴이 얼마 안있어 죽고, 그의 아들 브가히야가 왕위를 계승했지만, 그 역시 얼마 못가 군대장관인 르말랴의 아들 베가에게 살해를 당하였다(15:23-25). 지방세력의 불만이 이 쿠데타에서 한 역할을 담당했다는 결론이 가능하다. 그 이유로 베가는 이 유혈 쿠데타에서 길르앗 일당들의 도움을 받았기 때문이다(25절). 그러나 그것보다 훨씬 더 깊이 진행된 사건이 있었다. 이것은 정책의 반전을 가져온 치명적인 사건이었다. 베가는 왕위를 찬탈하자, 곧 독립을 확보하기 위해 반(反)앗수르 연합동맹을 선동하기 시작했다. 그런데 이것이 재난을 연쇄적으로 초래하였다.

2. 국제정세보다 더 위협적인 것은 이스라엘의 내적 부패였다. 호세아서는 그것을 가장 잘 설명해주는 책인데, 그것을 그 책 전반에 걸쳐 다루고 있다. 호세아는 부패한 시대에 삶을 살았고, 그 부패는 그의 가슴을 찢어놓았다.[2] 그는 정치의 공백, 광란적인 권력투쟁, 법과 질서의 파멸, 더 이상 안전이 보장되지 않는 무질서의 상태를 생생하게 묘사한다(예. 4:1-2; 7:1-7; 8:4; 10:3). 설상가상으로 이스라엘의 마음은 종교적 신앙으로부터 벗어나, 철저하게 도덕적 부패만 남아 있었다. 제사장들은 도덕적 책망에 대해서는 침묵하였고, 오히려 그들이 묵인하고 장려하는 관습들을 통해, 종교를 타락시키는 원흉들로 전락해 버린 기회주의자들이 되었다(4:8-9; 5:1; 6:9-10). 참된 종교에 대한 가르침은 자취를 감추었고, 그와 함께 이스라엘의 하

2) 호세아가 746년에 여로보암이 죽기 전에 그의 사역을 시작했다는 것은 호세아 1:4에서 분명히 증거된다. 거기에 보면, 예후 왕조에 대한 심판을 선언하고 있다. 그러나 그의 예언들(특히 4장 이후)의 전체적인 기조는 그 결과로 만연된 혼란을 반영한다. 한편 호세아가 북왕국의 멸망을 보기까지 살았다는 신빙성있는 증거는 거의 없다. 그렇다면 그는 746년 직전까지 15년 또는 20년 정도에 걸쳐 활동하였다.

나님에 관한 모든 지식도 사라졌다. 땅은 이방종교의 해악으로 충만하였다. 부모들은 자녀들을 능가하는 패륜행위의 실례를 자녀들에게 보여주었다(4:6, 11-14). 더 이상 이것보다 심각한 반역은 없을 것이며, 실제로 종교의 파멸이 의미하는 바를 이것 이상으로 실감나게 묘사할 수는 없을 것이다. 정치적 수단을 제외하고는 이같이 병든 국가를 치유할 방도를 알고 있는 자가 아무도 없었다(5:13). 그러나 심지어는 여기서도 그 파탄은 극명하게 나타났다. 그들은 그들의 대외정책을 주변의 정치적 변화에 맞추었고, 그리하여 그들은 항상 잘못을 범하였다 ― 왜냐하면 그들은 도덕적으로 잘못되었기 때문이다. 이스라엘은 뒤집지 않은 전병(덜 구워진 빵)(7:8)이요, "지혜가 없는 어리석은 비둘기"(7:1)요, 그 힘이 삼키웠으나 알지 못하고, 백발이 얼룩얼룩할지라도 깨닫지 못하는 자(7:9)이다. 이스라엘은 파멸되리라!

분명히 호세아와 이같은 국가 사이에 평화가 있을 수는 없었다! 그러나 호세아의 공격은 아모스의 공격과는 사뭇 달랐다. 비록 그것이 동일한 신학으로부터 기원한 것이기는 해도, 서로 다른 관점에 따라 퍼부어졌다. 호세아는 무분별한 향락주의와 비윤리적인 행위에 관해서는 ― 그가 이러한 일들에 관해 충분히 알고 있었지만 ― 덜 비판적이었다. 결국 그는 국가의 번영이 아니라 국가의 파멸에 관해 말하였다. 그의 메시지는 그 자신의 독특한 성향을 반영하였다. 그의 공격의 목표는 우상숭배 즉 바알숭배와 배교행위에 있었다. 이것이 질병의 근원 곧 모든 죄악이 연원하는 죄이자 국가의 독소였기 때문이다. 이스라엘을 그들의 하나님과 분리시키고, 이스라엘의 모든 재앙의 원인이 된 것이 바로 이것이다. 배교하는 국가는 하나님의 백성이 될 수 없다.

여기서 무엇보다도 흥미로운 사실은 이스라엘과 그의 하나님을 결속시키는 언약적 유대관계에 대해 호세아가 제공하는 공식이다. 그것은 고전적 형식으로서, 이후의 많은 선지자들 ― 특별히 예레미야와 에스겔 ― 에 의해 취해진 공식이다. 언약은 하나의 혼인이다. 그 혼인에 따르면, 하나님은 이스라엘과 "결혼하였다." 즉 하나님은 이스라엘을 그의 "아내"로 삼았다. 이스라엘이 그랬던 것처럼 다른 신들을 섬기는 것은 명백한 "간음"이고, 만일 성실한 화해가 이루어지지 않는다면, 그것의 결국은 "이혼" ― 국가적 파멸 ― 이 될것이다. 하나님은 자신의 헤세드(hesed) 곧 자신의 언약적 사랑에 대한 유일하게 적절한 응답인 전적인 충성 즉 그의 백성들의 헤세드[3]를 요청하신다. 종교의 외적 형식을 통해 아무리 무한한 충성의 표현을 할지라도, 그것을 대신할 수는 없다.

> 나는 인애를 원하고 제사를 원치 아니하며
> 번제보다 하나님을 아는 것을 원하노라
> (6:6)

이같은 문제의 공식이 호세아 자신의 비극적 체험에 의해 형성되었다고 하는 사실이 1-3장을 읽어보면 확연하게 드러난다. 그는, 그의 사랑에도 불구하고, 다만 창녀로 전락해버린 음란한 여인과 결혼하였다.[4] 그러나 그녀는 그에게 사생아를 낳아주었던 것으로 보인다.[5] 그녀에 대한 간청은 아무 소용이 없었고, 결국 이혼 외에는 다른 길이 있을 수 없었다. 그러나 영혼의 갈등 속에서, 호세아는 고통을 통해 자신이 선포해야 할 것을 뼈저리게 체험하도록 하기 위해서, 하나님이 그 여인과 결혼하라고 말씀하신 것을 분명하게 듣게 되었다(1:2). 왜냐하면 이스라엘이 바로 간음한 여인인 고멜과 같았기 때문이다(2:2-13). 이스라엘의 진정한 회개는 고멜의 달콤한 유혹에 지나지 않는 것이었고, 이스라엘의 헤세드는 "아침 구름이나 쉬 없어지는 이슬 같

---

3) Cf. 1장, 각주 18.

4) 호세아와 고멜의 정확한 관계와 고멜의 실제 성격이 크게 논란이 되어왔다. 독자가 그 세부사실들을 확인하려면 다양한 주석들을 참조하기 바란다. 전체 경험이 하나의 풍유 또는 환상으로 나타나지만, 그 단순한 언어로 보면, 그렇지도 않다고 주장되었다. 또 고멜은 일반적인 매춘녀였는가 또는 성전의 매춘녀였는가 아니 오히려 전혀 나무랄 데 없이 품행이 단정한 여인이었는가가 논란이 되었다. 마지막 주장은 1장의 단순한 의미에 부합하지 않는 것으로 내게는 보인다. 하지만 고멜을 묘사하는데 사용된 단어('eshet zenunim:음란한 아내 1:2)는 일반적으로 거리의 여자(zonah)에 대해 사용된 말도 아니고, 성전의 매춘녀(qedeshah)에 대해 사용된 말도 아니다. 그러나 그녀는 단순히, 이스라엘처럼, 부도덕한 생활로 떠돌아다녔다고 나는 확신하지만, 그것을 확실히 입증할 수는 없다.

5) 1:3과 1:6, 8(또한 2:4)의 말씀을 참조하라. 1:3에서는 첫 아이가 호세아의 자녀로 말해지지만, 이런 진술이 다른 두 아이의 경우에는 분명히 빠져있는 것처럼 보인다.

은"(6:4) 것이었다. 이스라엘 속에는 하나님께 돌아갈 길이 보이지 않았다 (5:4).

그러므로 호세아는 아모스가 목소리를 높여 외쳤던 것과 같이 이스라엘 국가를 거부하였다. 백성들이 거짓된 신들은 섬기는 곳에서는 그들의 물질적 인 번영을 거짓된 신들의 탓으로 돌리고(2:8, 12), 거짓된 신들의 도덕을 채용하며(4:11-14), 하나님을 의지하지 않고 안락을 구하려고 한다(5:13) ― 거기에는 하나님의 백성도, 하나님 나라도 없다. "그 이름을 로암미라 하라 너희는 내 백성이 아니요 나는 너희의 하나님이 되지 아니할 것임이니라" (1:9). 그의 사랑하는 마음에도 불구하고, 호세아는 필설로 다할 수 없는 만행에 대해 그의 백성들을 공격하였다(참조. 9:11-17):

화 있을찐저 저희가 나를 떠나 그릇 갔음이니라
패망할찐저 저희가 내게 범죄하였음이니라
내가 저희를 구속하려 하나
저희가 나를 거스려 거짓을 말하고
(7:13)

국가는 심판받을 운명에 처해 있었다. 비록 호세아가 어떤 국가가 그 심판의 도구가 될지에 대해서는 확실하게 언급하고 있지는 않지만(참조. 8:13; 11:5; 9:3), 그것에 관한 사실은 도덕적 확실성이었다.

따라서 하나님 나라의 성취에 대한 소망이 완전히 이스라엘 국가와는 분리된다.[6] 그러나 그것으로 하나님 나라가 사라지는 것은 아니다. 오히려 하나님 나라는 새로운 형식을 취하기 시작한다. 그의 백성들과 "이혼"하고, 그들은 파멸시켜야 하는 하나님은 그럼에도 불구하고, 그들을 위해 미래를 준비하신다. 부분적으로 이러한 확신은 호세아 자신의 위대한 마음으로부터 나온 것으로 생각된다. 왜냐하면 고멜에 대한 그의 사랑은 그녀에게 사랑을 구

---

6) 13:9-11의 말씀에 따르면, 호세아는 심지어 왕정제도 자체를 죄악된 제도로 거부하는 데까지 나아간 것처럼 보였다. 만일 그렇다면, 그는 고대의 전통적 의식의 노선 속에 있었다. 그러나 다른 선지자들, 특히 이사야는 거기까지 나아가지 않았다. cf. pp. 85-86.

하고, 그녀를 돌이키도록 하기 위하여 죄와 비극을 초월하는 경지에까지 이르고 있기 때문이다(3장).[7] 그렇다면 하나님의 자비는 호세아보다 못한 것인가? 하나님 자신의 죄악된 백성들을 회복시키지 않으시는가? 호세아는 하나님을 믿는 신앙 때문에 다른 신을 믿을 수가 없었다. 인간의 헤세드는 실패할 수 있지만, 하나님의 헤세드는 실패할 수 없다 — 절대로! 그분이 이스라엘을 완전히 멸망시키지 않는 것은 엄밀히 말해 그분이 인간이 아니라 하나님이시기 때문이다(11:8-9). 확실히 심판은 피할 수 없다. 이스라엘은 가지고 있는 모든 것을 박탈당하고(2:3, 12-13), 땅으로부터 내쫓김을 당하고, 액면 그대로 아무것도 없이 광야에서 잊고 있었던(9:10; 11:1-4; 13:4-6) 자신의 옛날의 순결과 충성을 다시 한번 배울 것이다(2:14-15). 거기서부터 이스라엘은 새로운 출발점 곧 그의 하나님과 새로운 혼인관계에 들어서게 될 것이다.

> 내가 네게 장가들어 영원히 살되
> 의와 공변됨과 은총과 긍휼히 여김으로
> 네게 장가들며
> 진실함으로 네게 장가들리니
> 네가 여호와를 알리라
> (2:19-20, 히브리성경은 21-22절)

참으로 하나님의 참된 신부 이스라엘이 여기에 있다! 여기에 우리가 크

---

7) 3장을 보면, 호세아가 어떻게 다시 그 음란한 여인을 데리고 와서, 말하자면, 그녀를 보호했는지를 말씀하고 있다. 이 장은 일반적으로 1-2장의 후속으로 생각된다: 그녀의 부도덕 때문에, 고멜과 이혼한 호세아는 하나님의 명령으로 그녀를 또 사온다. 그러나 3장과 1-2장의 관계에 대해서는 논란이 많다. 3장에서는 고멜의 이름이 언급되지 않고, 그녀가 제3인칭으로 표현되지만, 1장에서는 제1인칭으로 표현된다. 그러므로 3장은 1장과 그 후속관계가 아니라 평행관계에 있다고 주장되었다. 반면에 3:1에 나오는 "또"(again)라는 말은 3장이 이전에 있었던 어떤 지점으로 거슬러 올라간다는 것을 지적한다. 어쨌든 2:14-23의 말씀으로 본다면, 고멜 - 이스라엘의 회복이 기대되고 있음이 분명하다. 3장에 나오는 그 여인이 고멜이 아닌 다른 여인이라는 주장은 타당성이 없다. 그것은 그 책의 전반적인 흐름에 반하는 것이다. 하나님은 한 백성을 분리시키지 않고, 나머지 백성을 도로 찾으신다.

게 경청해야 할 사실들 곧 새로운 출애굽의 비극을 뛰어넘는 소망, 새로운 출발, 새 언약의 씨앗이 있다.

3. 그러나 우리의 주제로 되돌아가 보자. 므나헴의 아들을 살해하고 권력을 장악한 베가(737-732)[8]는 고난의 여로를 시작한 사람이었다. 그는 반 앗수르적 감정의 파고에 편승하여 왕위에 올랐고, 그의 정책은 유다와의 전쟁을 가속화시켰다. 이스라엘과 당시 르신왕이 통치하고 있는 다메섹의 아람 국가의 지도자들과 한창 융성해지고 있는 애굽과의 동맹이 확실히 강요되었다. 물론 이런 동맹관계에서는 만장일치가 본질적이었고, 그래서 동조하지 않는 자는 강제적으로 참여하도록 한다. 유다 ─ 당시 웃시야(742-735)의 아들 요담이 통치하고 있는[9] ─ 는 그 동맹에 가담하기를 원하지 않았고, 그리하여 동맹국들은 유다에게 불리하게 돌아갔다. 아하스(735-715)가 왕위에 오르자, 정세는 심각하게 변했다. 아람 군대들이 요단 동편과 아카바만 남쪽의 모든 땅을 유다로부터 빼앗아 갔고(왕하 16:6), 동맹국들은 예루살렘까지 진격하였다(16:5). 그들의 의도는 아하스를 폐위시키고, 아람인 다브엘의 아들을 왕으로 세우는 것이었다(사 7:6).

이에 아하스는 당황하였고, 어찌할 바를 몰랐다. "왕의 마음과 그 백성의 마음이 삼림이 바람에 흔들림같이 흔들렸더라"(사 7:2). 아하스로서는 앗수르에게 원조를 요청하는 방도 외에는 다른 길이 없는 것처럼 보였다. 어느 날 왕이 최악의 경우에 대비하여 물공급지를 시찰하고 있을 때(사 7:3), 이사야라고 부르는 젊은 선지자[10]가 그에게 나타나서, 그런 조치를 취하지 말

8) 열왕기하 15:27을 보면, 베가는 20년을 치리한 것으로 나와있는데, 이것은 불가능하고, 어떤 오류가 있는 것으로 추정된다. 사마리아는 베가가 통치하기 시작한지 20년이 못되는 721년에 멸망하였다. 여로보암이 죽은 해(746)부터 북왕국이 멸망하기까지의 전체기간은 단지 25년에 불과하다. Cf. W. F. Albright, *Bulletin of the American Schools of Oriental Research*, 100 (1945), 22, note 26.
9) 요담이 치리한 16년(왕하 15:33)은 문둥병을 앓고 있던 부왕을 대신하여 통치한 기간을 포함시켜 이해하여야 한다(5절). cf. ibid., p.21, note 23.
10) 아마 이사야는 아직 젊었을 것이다. 그는 웃시야왕이 죽던 해(742)보다 약 8년 전에 그의 사명의 부르심을 받았다. 그러나 그는 히스기야왕의 통치 후반까지(687년에 사망) 계속 활동하였기 때문에, 그가 부르심을 받은 시기를 따지면, 그것은 아주 젊은 시절이었다. 그의 예언들은 이사야서 1-39장에서 발견된다. 40-66장에 관해서는 cf. 제5장.

것을 간절하게 호소하였다. 왕은 오직 신앙을 가지라! 르신과 베가는 두 부지깽이 그루터기에 불과한(사 7:4) 하찮은 존재들이다. 앗수르는 어쨌든 곧 그들을 처리할 것이다(사 7:7-9; 8:4). 앗수르에 관해서 말한다면, 만일 아하스가 이 "세내어온 삭도"(hired razor)를 가지고 위기를 모면하려고 하면, 하나님은 그를 철저하게 그 동일한 삭도를 가지고 밀어버리실 것이다(사 7:20). 앗수르에게 구조를 요청하는 것은 확실하게 예속에의 길이 될 것이다. 그러나 아하스는 이 말을 듣지 않았다. 신앙의 좁은 길은 그를 위한 길이 아니었다. 그의 마음은 정해졌고, 그는 하나님의 말씀을 전혀 원하지 않았다(사 7:10-12). 그래서 그는 치명적 조치를 취하고, 디글랏-빌레셀에게 많은 조공을 바치며, 그의 원조를 탄원하였다(왕하 16:7-8).

이것은 의심할 여지 없이 디글랏-빌레셀이 고대하고 있었던 구실이었다. 주전 733년에 그의 군대들이 출진하여 아람을 거쳐 이스라엘로 진격하였고, 급기야는 해안의 평지뿐 아니라 갈릴리 전지역과 트랜스요르단 지역을 이스라엘로부터 빼앗아갔다(왕하 15:29). 그리하여 이 지역들은 앗수르 제국에 복속되었다. 그 다음 해에는 다메섹을 쳐서 취하였고(왕하 16:9), 따라서 그 땅 역시 앗수르의 경계 속에 합병되었다. 이때 이스라엘에게는 한 조각의 땅만이 남겨져 있었는데, 그 지경은 에스드렐론 남쪽 평원으로부터 뻗어있는 중심 산으로부터 유다의 경계까지로 고작 한정되었다. 때마침 엘라의 아들 호세아가 반역하여 베가를 살해한 후, 즉각 앗수르에게 항복하여 조공을 바치지 않았더라면, 디글랏-빌레셀이 이스라엘을 완전히 멸망시키기 위해 진격했을 상황을 우리는 짐작할 수 있다(왕하 15:30).

그러나 이스라엘의 광란에 가까운 비참한 멸망의 과정은 멈출 줄을 몰랐다. 호세아(732-724)가 자신의 국가를 앗수르 진영에 가담시킨 것은 앗수르 대왕에 대한 애정 때문이 아니라 단지 그 외에는 다른 방도가 없는 것처럼 보였기 때문이다. 그러므로 그의 앗수르에 대한 충성은 무력에 의해 강제되지 않았더라면 더 이상 지속되지 않았을 것이었다. 사실상 그것은 디글랏-빌레셀이 죽고(727), 살만에셀 5세(727-722)가 계승할 때까지 계속되었다. 호세아에게는 살만에셀이 그의 전임자들보다는 보다 손쉬운 상대로 생각되었음이 틀림없다. 왜냐하면 몇년 후에 그는 애굽의 자극을 받아(왕하 17:4) 조공을 중단했기 때문이다.

하지만 이것은 완전히 어리석은 조치로서, 치명적인 결과를 낳고 말았다. 한창 국력을 배양하는 과정 속에서 "상한 갈대지팡이"라는 평판을 듣고 있었던(사 36:6) 애굽은 이 당시에 어느 때보다도 타국을 원조할 만한 국력을 소유한 강력한 국가가 아니었다.[11] 이에 대해 살만에셀은 즉시 반역국가를 응징하였다. 호세아는, 항복했든 아니면 포로가 되었든, 급기야 옥에 갇히게 되었다(왕하 17:4). 그리고 비록 사마리아의 수도는 역사상 거의 유례를 찾아볼 수 없는 영웅적인 불굴의 정신으로 앗수르의 무력을 상대로 2년 이상을 버티기는 했지만, 결국은 아무 소용이 없었다. 살만에셀이 그 과업을 완수하기 전에 죽은 것은 사실이지만, 그의 계승자 사르곤 2세가 그 과업을 완수하였다. 주전 721년에, 사마리아는 멸망하였고, 북왕국은 종말을 맞이하였다. 상류층 사람들 — 27,290명[12] — 은 상부 메소포타미아 지역으로 추방되어(왕하 17:6), 결국 이스라엘은 그 정체성을 상실하게 되었고, 반면에 바벨론과 다른 지역으로부터 사마리아로 추방된 사람들(17:24)은 남아있는 사람들과 혼합되었다. 따라서 이스라엘은 혼혈 족속(언젠가 이들은 사마리아인들로 불리어진다)으로 이루어진 앗수르의 한 지방으로 남아있게 되었다. 그런데 자비로우신 하나님이 어떤 방법으로든, 언젠가, 비극을 뛰어넘어 에브라임에게 두번째 기회를 주실 것이라는 소망이 호세아에 의해 통렬하게 표현되었고, 예레미야에 의해 감동적으로 취해졌다(31:1-6, 15:22).

II

1. 이제 하나님의 백성에 대한 모든 소망은 유다로 이전되었다. 그러나 유다는, 비록 물리적인 재난은 모면했다고는 해도, 비참한 처지에 있었다. 아하스는 유다의 자유를 팔아먹었다. 열왕기하 16:7-8에서 분명히 볼 수 있

---

11) 열왕기하 17:4의 소(So) 왕이 앗수르 비문들에는 시베로 나타나지만, 사실상 다른 이름으로는 알려져 있지 않다. 분명히 이 당시의 애굽은 수많은 소분국으로 해체되어 있었다. 아무튼 사르곤은 시베가 그의 원조의 약속을 실행하려고 했을 때, 그를 철저하게 응징하였다. 사르곤의 비문에 관해서는 J. B. Pritchard, op. cit., pp. 284-85를 참조하라.

12) 그 숫자는 사르곤의 비문에서 찾아낸 것이다. 각주 11의 언급들을 보라.

는 것처럼, 앗수르가 동맹군으로부터 이스라엘을 구원하기 위해 요구한 대가
는 그것 이상이었다. 설상가상으로 이것은, 외교적 관례의 문제로서, 대군주
의 종교에 대한 수많은 양보를 포함하였다. 앗수르의 혁신책이 예루살렘 성
전 안으로 도입되었다(왕하 16:10-18). 그러나 그것이 전부는 아니었다. 이
교(paganism)는 이교를 낳고, 예상했던 바와 같이, 아하스의 정책은 여호
와의 백성들이 일반적으로 이방 풍속과 제사의식을 따르도록 인도하였다(왕
하 16:3-4; 사 2:6-8).

　이스라엘을 멸망시킨 그 도덕적 부패가 유다에서도 예외는 아니었다. 비
록 사회적 타락이 북왕국에서처럼 만연된 것 같지는 않지만, 개혁을 요하는
부분은 허다하게 남아있었다. 미가서를 읽어보면, 적어도 그렇게 생각한 사
람들이 많이 있었다는 것이 분명해진다. 유다 남서지역인 모레셋 사람이라는
(1:1)[13] 것 밖에는 미가가 누구인지에 대해 우리가 아는 바는 없지만, 그는
아모스와 같은 의분을 가지고 사회적 불의를 신랄하게 비난하였다. 그는 이
스라엘을 파멸시킨 그 타격이 틀림없이 유다에게도 임하리라고(1:5,9) 생각
했던 것 같다 ― 참으로 유다는 그 타격을 받을 만하지 않는가! 탐욕자들은
무자비하게 가난한 자를 수탈하였고(2:1-2, 9), 치리자들은 돈에 매수되어
그들의 법정을 불의의 도장으로 만들었다(3:1-3). 선지자들은 하나님의 말씀
을 날조하여 그들의 예언을 사례금의 액수에 따라 조절하는 협잡꾼들이었으
며(3:5), 제사장들 역시 더 나은 것은 결코 없었다(3:11). 그러나 이런 사람
들은 극단적인 독선적 자기만족에 사로잡혀 우물 안 개구리처럼 자기들의 자
그마한 세계만을 도모하는 파멸의 구렁텅이에 빠져있었다. 왜냐하면 그들은
여호와의 백성이고, 여호와는 그들의 하나님이며, 성전 ― 여호와의 지상적
처소 ― 은 시온산 한가운데에 있기 때문이다(3:11).

　미가는 이에 대해 한 마디도 언급하지 않지만, 절대적으로 "아니오!"라
고 말할 수 있다. 이것은 여호와의 백성도 아니고, 그분이 보호해야 할 나라
도 아니다. 오히려 그들의 소행으로 말미암아 그 성전과 함께 예루살렘은 수

---

13) 미가(1:1; 참조. 렘 26:18)는 "모레셋 사람"으로 불리어진다. 그러므로 그의
　　고향은, 근방 마레사(1:15에 언급된)일 가능성도 있지만, 아마 가드모레셋
　　(1:14에 언급된)이었을 것이다. Cf. Wright and Filson, op. cit., p.10
　　and PI. IX.

풀 속에 있는 멸망의 무더기가 될 것이다(3:12). 다시 말해 미가의 국가에 대한 거부는 단호하다.

2. 아하스가 죽자, 그의 아들 히스기야(715-687) — 아하스와는 완전히 다른 성격을 소유한 인물 — 가 즉위하였다. 아하스는 앗수르에 항복하는 길을 선택하였지만, 히스기야는 독립정책과 민족주의 정책을 선호하였다. 이 점에 있어서 그는 대부분의 그의 애국적인 국민들의 감정의 편에 서 있었던 것으로 생각된다. 그의 국민들은 자신들의 부끄러운 처지를 혐오하고 있었다. 드디어 때가 무르익은 것으로 보였다. 자신의 통치 초기에 사르곤은 다른 지역에 모든 신경을 집중시켰기 때문에 팔레스타인과 수리아에 대해서는 많은 관심을 쏟을 수가 없었다. 특별히 우라르투 왕국[14]에 대항하여, 북쪽 산악지역으로 빈번하게 군대를 보낸 것은 그 지역에서 앗수르의 권력을 강화시키기 위해서는 필수적이었다. 그 동안에 애국자 마르둑-아팔-이디나(성경에서는 므로닥 발라단으로 나온다. 왕하 20:12; 사 39:1)의 지배 하에 있던 바벨론은 그 국경으로부터 앗수르군을 몰아내고, 독립을 쟁취하였다. 12년 동안 사르곤은 지배권을 다시 확립할 수 없었다. 동시에 우리는 애굽은 결코 그의 원조의 약속을 효과적으로 수행하지 못하면서도 팔레스타인 국가들에게 저항하도록 자극함으로써 자신의 로렐라이송을 계속 부르고 있었다.

이러한 독립운동은, 우리가 기대할 수 있는 것처럼, 그 종교적 국면을 지니고 있었다. 아하스의 정치적 굴복이 종교혼합주의를 낳았던 것처럼, 히스기야의 민족주의는 개혁을 낳았다: 유다는 종교적으로도 유다가 되도록 하

---

14) 성경의 아라랏(창 8:4; 렘 51:27)에 상응하는 이름인 이 땅은 오늘날 각기 부분적으로 터키, 러시아 그리고 이란으로 나뉘어있는 아르메니아의 산악지대에 있었다. Cf. ibid., Pl. XI.

15) 많은 주석가들이 그러는 것처럼, 특히 역대기 저자에 의해 기록된 것과 같은 기사를 포함하여, 이 개혁에 관한 기사가 잘못 이해될 이유는 존재하지 않는다: 예. W. A. L. Elmslie, *The Books of Chronicles*; E. L. Curtis, *The Books of Chronicles* (*International Critical Commentary* (New York: Chas. Scribner's Sons, 1910)) pp. 470-71. 그 중심 특징에서 보면, 히스기야의 개혁은 한 세기 후의 요시야의 개혁(왕하 22-23장)과 동일한 양식을 따랐고, 또 동일한 목적을 가졌다고 우리는 확신할 수 있다. 앗수르는 이 당시에 사마리아의 이스라엘인들을 규제하는데 애로가 많았고, 히스기야는 분명히 이 불안한 정세를 잘 활용하였다. Cf. W. F. Albright, "The Biblical Period," p. 42.

자. 히스기야가 다양한 조치를 취했을 때에 그에 관한 기록을 정확하게 말하
는 것은 불가능하지만, 그가 모든 이방적 제사의식들과 풍습들을 철저하게
제거하고, 예루살렘 예배를 중심화시키기 위해 최선을 다했다는 것은 분명한
사실이다(왕하 18:1-5). 역대하 30:1-12에 따르면, 심지어는 그 계획을 공
유하기 위해 이전에는 북왕국에 속해 있었고, 현재에는 앗수르 지방으로 되
어 있는 지역에까지 편지가 보내어졌다.[15] 비록 그 노력은 단지 부분적으로
만 성공을 거두었지만,[16] 예루살렘의 다윗의 보좌 아래 이스라엘을 재건설하
려는 꿈은 포기되지 않은 것으로 보였다. 그러나 그 개혁은 의심없이 민족주
의 감정에 의존하고, 아하스 때에 빈번했던 대중적 봉기 역시 의심없이 민족
주의 감정에 기초되었지만, 그것은 현저히 미가의 선포에서(참조. 미 3:12;
렘 26:16-19) 그리고 분명히 이사야의 선포에서 보는 것처럼, 선지자의 강
력한 후원을 받았다는 사실이 간과되어서는 안될 것이다. 어쨌든 히스기야는
신실한 여호와주의자로서, 이사야가 말을 나눌 수 있는 편에 속하는 사람이
었다. 그러나 사르곤이 살아있는 동안에 그 결심은 유보되었다.

우리가 여기서 이 시기에 앗수르 제국의 서방을 뒤흔들었던 반란들, 미
수에 그친 반란들 그리고 실패로 끝난 반란들의 역사를 추적하지는 못할 것
이다. 유다가 앗수르의 수중에 들어가 있는 동안에도, 유다는 분명히 앗수르
의 진노를 촉발시키고 피할 수 없을 정도로 심하게 앗수르의 비위를 거슬리
지는 않았다. 만일 이것이 그렇다면, 그것은 부분적으로는 적어도 전반적인
사태에 대한 이사야의 강경한 반대에 기인했을 것이다. 앗수르에의 굴종에
반대했던 선지자가 이제는 그들에게 반역하는 반란을 반대하다니! 아스돗에
서 반란이 일어나서(주전 711), 온 유다가 이 반란에 참여하도록 유도되었을
때,[17] 이사야는 약속의 과정에 따라 엄습할 재난의 예표로서 "벗은 몸과 벗
은 발로"(사 20:2) 예루살렘을 돌아다녔다. 여기서, 이전(사 7:3-9)과 이후

16) 역대하 30:10에서도 똑같이 주장된다. Albright는 이것을 앗수르인들에 의
한 벧엘산당 재건축(왕하 17:27-28)에 연계시킨다. 고대 산당들의 파괴는 요
시야가 취했던 똑같은 조치에서처럼(왕하 23:8-9), 불가피하게 분노를 일으
키는 원인이 되었다. 앗수르인들은 이 분노를 이용하려고 하였다(왕하
18:22).
17) 우리는 이것을 이사야 20장과 사르곤의 비문(Pritchard, op. cit., p. 287)
을 통해 알고 있다.

(28:14-22; 30:1-5)에서처럼, 그가 져야할 부담은, 애굽의 도움은 커다란 환상에 지나지 않는다는 것과 유다가 걸어가야 할 유일한 길은 신앙의 좁은 길이라는 것을 가르치는 것이었다. "너희가 돌이켜 안연히 처하여야 구원을 얻을 것이요 잠잠하고 신뢰하여야 힘을 얻을 것이어늘"(사 30:15).

3. 그러나 사르곤이 죽자(705), 그의 아들 산헤립이 즉위하였고, 그로 인해 더 이상 백성들의 열렬한 애국심이 견제를 받지는 않았다. 다시 한번 때가 무르익은 것처럼 보였다. 사르곤이 마지막으로 유린했던 바벨론의 마르둑-아팔-이디나가 다시 자유를 회복하기 위해 반격을 가하였다. 비록 실패하기는 했지만 그 반격은 산헤립에게 커다란 고통을 안겨주었다. 그 동안에 새롭게 일어난 애굽의 제25왕조의 왕(이디오피아인)인 사바코의 후원을 받아 서방에서 연합동맹이 구축되었다. 수리아와 팔레스타인의 제국가가 그 동맹에 가담하였고, 이때 마르둑-아팔-이디나의 사자가 히스기야를 방문했다(사 39:1-8=왕 20:12-19).[18] 이사야의 심각한 경고는 수포로 돌아가고, 결국 유다는 그 동맹에 참여하게 된다. 적극성이 없는 국가는 강제로 참여시켰고, 이때 유다는 무력을 행사하였다.[19] 동시에 히스기야는 물공급지[20]와 성벽을 견고케 하기 위하여 부득불 공격을 감행하였다(왕하 20:20; 대하 32:3-5; 사 22:9-11).

물론 앗수르의 산헤립이 이것을 방관하리라고는 예상하지 않았다. 산헤립은 결코 죽지 않았다. 도리어 주전 701년에 그의 군대들은 "양의 우리를 습격하는 이리처럼" 내려와서 처절한 복수를 감행하였다. 우리가 성경과 그

18) 이것은 마르둑-아팔-이디나가 히스기야에게 제안한 화평의 사실에 대한 가장 논리적인 연대이지만, 그렇다고 히스기야의 통치 초기의 연대가 배제되지는 않는다.
19) 우리는 산헤립의 비문을 통해서 그가 동조하기를 거절했을 때 히스기야가 어떻게 에글론의 왕인 파디를 옥에 잡아 가두었는지를 알게 된다. cf. Pritchard, op. cit., p. 287. 아마 성경이 언급하고 있는 히스기야의 블레셋과의 전쟁(왕하 18:8)은 똑같은 사건을 가리킨 것일 것이다.
20) 열왕기 20:20과 역대하 32:30은 예루살렘성 밑 아래로 뚫어놓은 실로암 연못의 수로를 말하는 것이 아닌가 싶다. 그 수로는 양 끝 지점에서 뚫기 시작했는데, 그 두 통로가 만나는 지점에서 바위를 꺼냈다고 그 비문은 전한다. 1880년에 발견된 이 비문의 번역은 Pritchard, op. cit., p. 321에 나와있다.

의 비문을 통해 알고 있는 바와 같이, 산헤립의 침략은 많은 문제들을 야기
한다. 그러나 이 문제들은 우리가 고찰하고 있는 주제에서 벗어나 있는 문제
들이기 때문에 여기서 다룰 수는 없다. 열왕기하 18-19장(=이사야 36-37장)
의 기사가 하나의 전쟁을 서술하는 것인지 아니면 두 개의 전쟁을 서술하는
것인지의 여부는 논의의 여지가 많은 문제이다.[21] 그 반역은 완전히 수포로
돌아갔다는 사실을 말하는 것으로 충분하다. 앗수르의 거대한 압박이 공포스
러운 힘을 가지고 그 땅을 엄습하였다. 그것을 멈추게 할 수 있는 것은 아무
것도 없었다(참조. 사 10:28-32). 46개에 달하는 요새화된 유다의 모든 성
읍들[22]은 완전히 함락되어 앗수르의 땅으로 환원되고 파괴되었다. 히스기야
의 원병 요청으로 황급히 달려온 애굽 군대는 마치 짚더미처럼 쓰러졌다.
"새장 안의 새처럼"[23] 예루살렘 안에 갇힌 히스기야는 다른 방도가 없자 항
복하고, 산헤립이 그에게 지우는 무거운 세금을 부담하였다(왕하 18:14-

---

21) 앗수르 사본들(cf. Pritchard, op. cit., pp. 287-88)은 우리가 기대했던
것처럼, 예루살렘을 구원하는 이적적인 간섭에 대한 언급이 전혀 없다는 것
을 제외하면, 열왕기하 18-19장의 기사와 완전히 본질적인 평행성을 띠고 있
는 기사를 우리에게 제공한다. 대부분의 학자들은 산헤립과의 오직 한번의
전쟁이 있었다(701년에)고 주장한다. 다른 사람들 특히 최근의
W.F.Albright ("The Biblical Period," p. 43; cf. note 102 for
bibliography)는 열왕기하 18-19장은 두번의 전쟁에 관한 기사를 조합시킨
것이라고 믿는다. 그 중 첫번째 전쟁은 701년에 일어나서 열왕기하 18:14-
16에 언급되어 있는 히스기야의 항복과 조공의 상납으로 끝이 났다. 이에 대
한 세부적인 사실은 산헤립의 비문에 기록되어 있다. 이어서 디르하(왕하
19:9)가 애굽왕에 오른지(그는 689년에 즉위하였다) 몇년 후에 히스기야는
다시 한번 반역을 꾀하였다. 이 전쟁에서는 성경에 언급된 포위공격 사건과
구원사건이 일어났다. 열왕기하 18:16과 18:17 사이에는 아주 현격한 변화
가 있음이 인정되어야 한다. 히스기야는 요구받은 조공을 상납하였고, 그럼
에도 즉시 성읍은 포위공격을 받았다. 산헤립의 요구가 이유나 명분이 없는
것이었다면, 상황은 달라졌을 것이다. 디르하에 대한 언급은, 디르하가 만약
왕과 동일한 인물이 아니라면 — 비록 열왕기하 19장에 묘사된 사건들의 시
대에는 아직 그가 왕위에 오르지 않은 상황이라고 할지라도 — 후기 연대를
취해야 할 것이다.
22) 열왕기하 18:13. 정확한 숫자는 산헤립의 비문으로부터 나온 것이다.
23) 그 표현은 산헤립의 비문의 표현이다.
24) 산헤립의 비문은 히스기야는 블레셋에게 일부 경계성읍들을 양도하도록 강요
받았다고 덧붙인다.

16).[24] 그러나 이어서 무조건적 항복을 강요받았는데(왕하 18:17-19:19), 그것은 너무 지나친 처사였다. 이에 히스기야는 끝까지 싸우기로 결심하였다. 예루살렘은 극도의 곤경에 처하게 되었다.

이 과정에 대한 이사야의 태도는 참으로 주목할 만하다. 그의 이전의 태도에 따르면, 항복하라는 조언과 더불어 "내가 당신에게 그렇게 말하였다"는 말을 기대할 수 있었다. 그러나 이제는 그 대신에 이사야는 왕과 백성들에게 용기를 불어넣는 옹호자로 등장한다. "신앙을 갖고 두려워 하지 말라!"고 그는 말한다. 앗수르의 산헤립은 그의 교만으로 하나님을 모욕하였기 때문에 완전히 박살이 날 것이다. 그는 성읍을 취하지 못할 것이요, 갈고리로 코를 꿰이고 자갈을 입에 물고 오던 길로 돌아가게 될 것이다(왕하 19:6-7, 20-34=사 37:6-7, 21:35). 하나님은 반드시 시온을 지키시리라! 원수가 "이 성에 이르지 못하며 한 살도 이리로 쏘지 못하며 … 대저 내가 나를 위하여 내 종 다윗을 위하여 이 성을 보호하며 구원하리라"(사 37:33, 35=왕하 19:32, 34). 그리고 사실상 우리가 그렇게 읽는 것처럼, 구원은 적절한 때에 임하였다. 역병이 원수를 엄습하였다: 앗수르 진중으로 "여호와의 사자가 나가서"(사 37:36; 왕하 19:15) 그들을 쳐서 엄청난 사상자를 낳았다. 고통의 사건은 본국에서도 일어났다(사 37:7=왕하 19:7). 앗수르 군대는 철수하였다. 여호와는 참으로 그의 백성들을 구원하셨다!

이와같이 유다는 겨우 그의 생존을 유지하게 되었다 ― 그러나 그 이상은 아니었다! 예루살렘은 유린을 면했으나 나머지 국토는 완전히 황폐화되었다. 자유를 위한 히스기야의 그 무모한 시도로 인해 그의 백성들은 형언할 수 없는 고통을 당하였다. 비록 주전 681년에 산헤립이 암살당하기는 했지만(사 37:38=왕하 19:37), 그의 계승자들인 에살핫돈과 앗수르바나팔은 앗수르의 권력을 초유의 영역으로 확대시켰다. 히스기야와 그의 뒤를 이은 그의 아들 므낫세는 앗수르 대왕의 봉신으로 예속되었다. 유다는 자유가 없었다.

Ⅲ

고도의 용기를 필요로 하고, 극도로 고뇌가 지배하던 이 시기에 ― 어떤

소망이든 부질없는 사치로 보일 수밖에 없던 때에 — 구약성경의 메시야 왕
국에 대한 소망이 가장 웅변적인 표현과 그 명확한 형식으로 제시되었다는
것은 놀랄 만한 사실로 생각될 수 있다. 우리는 이것을 특히 이사야서와 미
가서에서 확인할 수 있다.[25]

　1. 이사야서를 읽어보면, 거기에서 비난과 심판이 영광의 소망과 균형
을 이루고 있음을 즉시 느낄 수 있는데, 그것은 아모스서나 심지어는 호세아
서보다도 훨씬 강하게 묘사되어 있다. 물론 이것은 이사야가 그의 백성들의
죄악들에 대해 모르고 있었다던가 아니면 그것들에 대해 눈을 감기로 작정했
다는 것을 의미하는 것은 전혀 아니다. 오히려 그는 그를 틀림없이 8세기 선
지자로 규정짓는 격렬한 분노와 고도의 윤리의식을 가지고 그 죄악들을 공격
하였다. 그는 재물을 인간이나 하나님보다 우위에 두는 소유에 대한 탐욕을
아모스 이상으로 신랄하게 비난하였다:

　　가옥에 가옥을 연하며
　　전토에 전토를 더하여
　　빈틈이 없도록 하고
　　이 땅 가운데서 홀로 거하려 하는 그들은
　　화있을찐저
　　(5:8)

---

25) 여기서 특히 문제가 되는 구절은 다음과 같다: 사 2:2-4=미 4:1-4; 사 9:1-
6; 11:1-9; 미 5:2-4. 한 때는 이 구절들과 이와 유사한 구절들이 후기에
— 심지어는 포로기 및 포로기 이후에 — 그 각각의 책에 첨가된 것으로 간주
하는 아주 강한 경향이 있었다. 그러나 최근의 견해는 이런 방향에 따라 거의
결정되지 않는다. 충분한 논의를 위해서 독자는 다양한 주석들을 참조하는
것이 좋다. 물론 이 구절들의 진정성이 수학적으로 증명될 수는 없지만, 그것
들을 후기 시대에 귀착시키는 주장들은 확실히 의심스럽다. 그것들은 8세기
후반과 7세기 초엽의 예언적 정신의 표현들로 간주되는 것이 안전하고, 따라
서 여기서 증거로 사용될 수 있다. 그것들은 이사야의 신학에 완전히 부합한
다. 물론 이사야 2:2-4이 거의 정확하게 미가서에서 반복된다는 사실은 특별
한 문제를 일으킨다. 그러나 그것이 두 8세기 선지자들의 예언 속에서 발견
된다는 바로 그 사실은 그것들이 정확하게 그 시대의 산물이라고 간주할 수
있도록 한다.

불의한 법령을 발포하며
불의한 말을 기록하며
빈핍한 자를 불공평하게 판결하여
내 백성의 가련한 자의 권리를 박탈하며
과부에게 토색하고 고아의 것을 약탈하는 자는
화 있을찐저
(10:1-2)

그는 퇴폐적인 사회를 혐오했던 것과 동일하게 그 사회의 삶의 표준에 대해서 다른 무엇보다 관심을 두었으며(3:16-4:1; 32:9-14), 빈번하게 주색과 방탕에 빠져있는 자들을 비난하였다(5:11-12, 22; 28:18). 그리고 그가 가장 증오했던 것은 하나님을 의지하지 않고 스스로 자신의 삶을 구축하려고 추구하는, 자신의 권력 안에서 자기만족에 빠져있는, 교만이었다. 그 교만이 바로 죄의 진정한 본질이었다(2:9-22)! 이 백성들은 하나님이 이런 소행을 용납하지 않으신다는 사실을 깨달아야 한다. 만일 그들이 명백한 히브리 말로 선포된 그 교훈을 듣지 않는다면, 하나님은 그들을 앗수르의 손에 부쳐 강제로 깨닫게 하시리라(28:9-13)!

사회의 죄악에 대한 이사야의 공격은 강경하였다. 그리고 아모스와 호세아를 움직인 감정은 엄밀하게 이스라엘과 하나님 사이의 언약관계에 대한 것과 동일한 감정으로부터 나왔다. 하나님은 참으로 이스라엘을 자신의 백성으로 부르셨다. 그러나 이스라엘과 하나님 사이의 유대관계는 이스라엘이 이스라엘이기 때문에 존재하는 기계적인 관계가 아니고, 상호적인 관계이다. 그것은 순종을 요청한다. 백성들은 하나님의 포도원(5:1-7)으로, 하나님께서는 이 포도원을 최고로 잘 가꾸시며, 그로부터 최고의 정의와 정직의 열매를 기대하신다. 그리고 하나님은 이런 열매를 맺지 못하는 포도원을 단지 가시들과 엉겅퀴들로 뒤덮인 곳으로 만들어버리실 것이다. 만일 의로운 행동이 없으면, 아무 것도 받을 만한 것은 없을 것이다. 의로운 행동이 없으면, 시온 산에서 베푸는 모든 희생제사와 성스러운 예식들은 위선적인 외식에 불과하며, 적극적으로 하나님을 욕되게 하는 것이다:

여호와께서 말씀하시되 너희의 무수한 제물이 내게 무엇이 유익하뇨
나는 수양의 번제와 살진 짐승의 기름에 배불렀고
나는 수송아지나 어린 양이나 수염소의 피를 기뻐하지 아니하노라
....
내 마음이 너희의 월삭과 정한 절기를 싫어하나니
그것이 내게 무거운 짐이라 내가 지기에 곤비하였느니라
너희가 손을 펼 때에 내가 눈을 가리우고
너희가 많이 기도할지라도 내가 듣지 아니하리니
이는 너희의 손에 피가 가득함이니라
너희는 스스로 씻으며 스스로 깨끗케 하여
내 목전에서 너희 악업을 버리며
악행을 그치고 선행을 배우며
공의를 구하며 학대 받는 자를 도와주며
고아를 위하여 신원하며 과부를 위하여 변호하라 하셨느니라
(1:11, 14-17)

이제 이사야가 국가와 타협할 수 없었고, 아모스가 그랬던 것 이상으로
국가를 하나님의 백성의 나라로 신성화할 수 없었다는 사실은 이것으로 보아
분명하다. 확실히 그는 아하스의 국가를 결코 그렇게 생각할 수는 없었다.
그는 히스기야의 개혁된 국가까지도 하나님의 백성으로서의 이스라엘의 운명
을 만족시키지 못했다는 사실에 동조할 수 있었다. 오히려 그 국가도 역시
— 거듭 신앙의 길을 가도록 부르심을 받았지만 — 그들의 하나님 아버지께
반역하였고, 어떤 다른 곳에서 도움을 구하고자 시도하였다. 사실상 어리석
은 소나 나귀가 그 주인을 알아보는 지혜조차도 그것은 보여주지 못했다

---

26) 나는 1장(특별히 2-9절)을 산헤립의 침투의 배경 속에서 생각하는 주석가들
   에게 동조한다: 예. B. Duhm, *Das Buch Jesaja* (*Hand-kommentar
   zum Alten Testament* [4th ed.; Göttingen: Vandenhoeck and
   Rupprecht, 1922]), p. 24; G. A. Smith, *The Book of Isaiah* (*The
   Expositor's Bible* [New York: A. C. Armstrong & Son, n. d.]), I,
   3; J. A. Bewer, *The Book of Isaiah* (New York: Harper & Bros.,
   1950), I, 15. 다른 주석가들은 다른 연대를 선호한다는 사실이 인정되어야
   한다.

(1:2-4).[26]

　　이런 국가에게는 다만 심판이 있을 뿐이다. 그리고 그 심판은 역사 속에서 임한다. 교만한 백성들에 대한 여호와의 진노의 날은 임박하였다(2:12). 그의 진노의 손은 펼쳐진다(9:12, 17, 21; 10:4). 그 안에는 그의 징계의 채찍(10:5-6) — 앗수르 — 이 있었다! 하나님의 도움과 충고를 거절하고 애굽의 도움으로 자신을 구하려고 생각하는 이 국가를 그냥 내버려 두시지는 않을 것이다(31:1-3). "애굽은 사람이요 신이 아니라." 펼쳐진 하나님의 진노의 손은 도움을 구하는 자들과 도움을 주는 자들 모두를 치실 것이다. 사회의 중심 기둥들이 뿌리째 뽑힐 것이다(3:1-8). 그들은 자기들보다 나은 의복을 걸치고 있는 사람들은 누구나 붙잡고 관장이 되어달라고 말할 것이며(6절), 그렇게 하여 그들이 저지른 무서운 죄에 대한 책임을 그에게 돌리려고 할 정도의 혼란이 크게 엄습할 것이다. "예루살렘이 멸망하였고, 유다가 엎드러졌음은"(3:8).

　　그러나 이러한 상황에도 불구하고, 이사야는 완전히 절망적인 심판을 선언하지는 않았다. 그는 그의 국가가 완전히 멸망하리라고 — 북왕국에 대한 아모스의 판결과는 확실히 다르게(9:8상) — 믿지 않았다. 그는 다윗 계열의 왕조가 계속 될 것임을 확신하였고, 그 왕조의 지배를 영원히 확립하시기 위해 도래하실 왕을 고대할 수 있었다(사 9:6-7). 따라서 아모스가 이스라엘에 대한 여호와의 심판의 날을 "빛의 날이 아니라 어두움의 날"로 묘사한 곳에서(암 5:18-20), 이사야는 "깊은 흑암에 드리운 땅"에 비추이는 "큰 빛"을 볼 수 있었다(9:2). 그리고 아모스가 벧엘의 제사를 전적으로 거부하고(암 9:1), 미가가 예루살렘의 제사를 똑같이 거부한 곳에서(미 3:12), 이사야는 시온산을 여호와에 의해 창건되고, 여호와에 의해 보호되는 여호와의 나라의 진정한 터전으로서 간주할 수 있었다(6:1-5; 14:32; 28:16; 31:4-9).

　　이사야는 예루살렘 포위공격 기간 동안에 갇혀 있을 때, 이러한 확신에 대한 실례를 극적으로 보여주었다. 우리는 처음에 그가 아하스에게 앗수르에게 나라를 팔아먹지 말라고 권고한 것을 기억한다. 그럼에도 불구하고 이 일이 그대로 진행되어 반란이 계획되었을 때, 그는 그 반란을 단호하게 반대하였다. 그는 또한 앗수르를 하나님의 진노의 막대기로 선언하였다(10:5-6). 그러나 앗수르의 군대가 예루살렘 성벽을 에워쌌을 때, 그는 거의 홀로 앗수르가 그 성읍을 취하지 못할 것이라고 선언함으로써, 믿을 수 없는 낙관주의를 견지하였다: 하나님은 자신과 다윗을 위해 그 성읍을 보호하실 것이기 때문이다(37:33-35). 참으로 그것은 설명을 필요로 한다. 그것은 민중신학의 나락으로 떨어진 것처럼 생각된다. 그것은 너무 독단적인것처럼 — 마치 그 위기 속에서 이사야는 선지자라기보다는 애국자로 더욱 부각되는 것처럼 — 보인다고 혹자는 말할 수도 있을 것이다. 그는 백성들이 가장 듣기를 원하는 바 곧 하나님은 어쨌든 시온을 구원하시리라는 사실을 단순히 말하는 것으로 당연히 이해되었다 — 왜냐하면 하나님의 백성, 하나님의 기름부은 왕, 그리고 하나님 나라가 여기 있기 때문이다. 훗날 세대에 이사야의 말들은 예레미야가 자신의 눈물에 대해 알고 있었던 것처럼(렘 7장, 26장), 정확하게 그렇게 이해되었음이 언급되어야 한다. 그가 그것을 알았더라면, 이것이 이사야를 죽음으로 이끄는 원인이 되었으리라는 것은 의심할 수 없지만, 그럼에도 불구하고 그것은 그의 말들로부터 강력한 지지를 받고 있다.

　2. 그러나 만일 우리가 이사야의 이같은 불굴의 신념을 단순히 애국적 감정의 소산으로 치부하거나 아니면 좌절된 민족적 염원을 도래할 미래의 어떤 행복한 시대에 투사하는 것으로 간주한다면, 우리는 분명히 오류를 범하는 것이다. 확실히 이스라엘의 민족적 염원을 심화시키고, 형성시키는 이러한 요소들의 중요성 — 그리고 많은 다른 요소들의 중요성 — 은 한 순간이라도 무시되어서는 안된다. 당연히 이사야는 애국자였다. 결국 그는 예루살렘 시민이었고, 분명히 좋은 가문 출신이었다. 비록 그가 실제로는 궁정의 관리가 아니었다고 해도, 그는 왕에게 쉽게 접근할 수 있었다. 예루살렘과 그 궁정 주변은 다른 어떤 곳보다도 다윗왕에 대한 기억들이 집중되어 있는 곳이었다. 여기서는 다윗왕조의 영원성을 소중히 여기는 신념이 존재하였다(참조. 삼하 7:13-16; 23:5). 여기서는 다스리는 왕(그가 아하스이기는 했지만)은 다윗의 족속이었고, 그리하여 그는 자신보다 더 위대한 어떤 다른 것을 대표하는 자였다. 왕의 즉위식에서 각 왕은 여호와의 지명받은 "아들"

---

27) 우리는 특별히 2; 45; 72; 89:3-4, 19-37; 110 및 132편과 같은 시편들을 생각한다. 우리는 이스라엘의 신학과 제의에 있어서 왕의 위치에 관한 논란 많은 문제를 거론할 수 없다. 그러나 왕조 계승의 영원성을 믿는 신앙에 대한 증거는 명백한 사실이다.

로서 높여졌고(예. 시 2:7), 우리가 알지 못하는 어떤 제사의식에서는, 다윗에게 주어진 약속들이 민중의 상상 속에 생생하게 살아있었다.[27]

이러한 신앙의 온상 속에서 메시야 대망사상은 자라났다. 이사야가 자신을 선지자로 만든 하나님에 대한 환상을 받았던 곳은 바로 성전 — 이스라엘의 유산에 대한 가장 성스러운 상징인 거룩한 법궤가 비치되어 있는 — 안이었음을(6장) 우리는 망각해서는 안된다. 따라서 이사야의 메시지가 이런 일들로 채색되어 있지 않다면, 참으로 이상할 것이고, 또 그가 그것들을 모두 유감없이 삭제해 버렸다고 한다면, 그것은 더욱 이상한 일일 것이다.

그러나 아무리 이런 일들이 중요하다고 해도, 우리는 오직 그 일들에 입각해서 예언적 소망을 설명할 수는 없다. 우리는 선지자들이 마음 속에 품고 있었던 그 소망은, 민족적 죄에 대한 그들의 정죄 못지 않게, 그들이 믿었던 하나님의 진정한 본질 속에 그리고 이스라엘과 하나님을 함께 결속시키는 언약관계에 대한 그들의 감정 속에 뿌리를 두었다는 사실을 유념해야 한다.[28] 이스라엘의 하나님은 역사의 주님이시다. 그분은 만물의 창조주이시고, 만물은 그분의 손 안에 있다. 역사의 사건들 속에서 그분은 자신의 목적을 수행하신다. 그리고 역사의 문제들은 동시에 그분의 문제들이다. 역사는 그분의 승리 곧 자신의 백성들에 대한 그분의 지배를 승리적으로 수립하시는 목적을 향해 진행된다.

진실로 그분은 이스라엘을 자신의 지배를 받는 백성으로 부르셨다. 그런데 이스라엘은 어처구니 없게 실패하였고, 정죄 아래로 타락하였다. 그러나 선지자 신학에서는 그 사실이 하나님의 승리를 폐할 수 없었다. 왜냐하면 그것은 인간의 실패는 동시에 하나님의 실패라는 결론을 허용해버리기 때문이다. 어떤 선지자도 이런 사실을 말하는 것을 상상할 수 없었다.

그 누구보다도 이사야는 더하였으리라! 그의 하나님은 이스라엘의 하나님이었고, 그만큼 그토록 과감한 필치로 하나님을 묘사한 선지자는 없었다. 여기에 첫번째 환상의 장면에 보면(6장), 세번에 걸쳐 거룩하신 하나님을 찬화하는데, 그 하나님의 영광이 성전에 충만하였고, 성전으로부터 터져나오고, 성전을 요동시켰으며, 분명히 인간의 손으로 만든 어떤 성전에서도 있을

---

28) Cf. 1장, pp. 29-31.

수 없는 일이었다. 그분 앞에서 인간의 교만은 아무것도 아니었으며(2:11-
22), 죽을 수밖에 없는 인간의 눈으로는 감히 그분을 바라볼 수 없고, 보았
다고 해도 살 수 없다(6:5). 이 땅의 권세들, 심지어는 거대한 앗수르까지도
그분의 손 안에서는 단지 보잘 것 없는 도구에 지나지 않는다. 그분은 그들
을 오라고 부르시기도 하시고(7:18-19), 그들을 이용하시기도 하며, 버리기
도 하신다(10:15-19). 분명히 그들은 그것을 하나님이 주시지 않았다면 아
무런 권세를 갖지 못했을 것이다! 참으로 이스라엘은 그 거룩하신 하나님에
의해 심판을 받고, 징벌을 모면할 수 없다. 그러나 하나님은 역사 속에 목적
을 갖고 계시고, 그것 ― 심지어는 앗수르에 대해서까지도 ― 을 포기하지
않으신다. 하나님은 자신의 목적을 역사 속에서 이루시되, 그것을 완고한 이
스라엘과 함께 이루실 것이다. 그분은 자신의 목적을 위해 얼마를 구원하실
것이다! 지금 이 일을 함께 이룰 수 있었던 북왕국은 사라졌는데, 유다와 예
루살렘이 아니면 누가 이 일을 이룰 수 있겠는가? 미래는 하나님이 함께 하
신다: 다른 모든 것은 불확실할지라도, 그것만큼은 단연코 확실하다!

　　이것과 더불어 또한 이사야는 그 죄악에도 불구하고, 유다는 완전히 구
원받을 수 없는 지경에 빠져있지 않다는 것이 이사야의 감정이었다. 그 사실
속에는 남왕국은 자매국인 북왕국이 그랬던 것만큼 실제로 우상숭배와 사회
적 타락의 정도가 심하지는 않았다는 증거가 있다.[29] 유다에는 선지자의 선
포에 호의적이며, 개혁에 기꺼이 참여하려는 양심적인 사람이, 심지어는 그
러한 왕까지도 있었던 시기가 있었다. 히스기야는 정치적으로는 지혜롭지 못
한 자로 불리어질 수 있지만, 확실히 어떤 표준에 따르면, 전적으로 정죄를

---

29) 예를 들면, 바알과 혼합된 고유명칭들은 남왕국보다는 북왕국에서 훨씬 빈번
　　했던 것으로 보인다. 이것은 남왕국이 이방적 경향에 대해 북왕국보다 더 강
　　한 저항력을 가졌다는 사실을 지적한다. 또한 남왕국에서는 부가 소수의 사
　　람들에게 집중되지 않았다는 증거가 있다. Cf. Albright, "The Biblical
　　Period," pp. 38, 41.
30) 이사야 6:13의 본문은 아주 애매하다. 그러나 문제의 말을 빼서는 안되는 충
　　분한 증거가 있다. 따라서 최근의 I. Engnell, *The Call of Isaiah*
　　(Uppsala Universitets Arsskrift 1949:4 [Uppsala: Lundequistka
　　Bokhandeln, 1949]), pp. 14-15을 보라. 보다 세밀한 참고문헌을 보려
　　면, H. H. Rowley, *The Biblical Doctrine of Election* (London;
　　Lutterworth Press, 1950), p. 73, notes 4 and 5.

받아야할 비겁하고, 악한 사람은 아니었다. 이사야는 결코 그 나라 안에 오직 하나님이 선별하여 다스릴 수 있는 선한 요소인 "거룩한 씨"(6:13)가 남아 있다는 신념을 포기하지 않았다.[30] 처참한 재난이 갈라진 나무처럼 다윗 가문을 휩쓸 것이다. 그러나 그 줄기에서 수액이 돋고, 언젠가 다시 열매를 맺게 될 "새싹"을 낼 것이다(11:1).

따라서 이사야는 결코 국가에 대한 심판을 완전한 파멸로서 말할 수 없었던 것이다. 그것은 하나의 연단으로, 하나님의 백성의 순수한 남은 자들이 나오는 정화로서 보여지는 것이다. 국가는 빨갛게 달아오른 용광로 속으로 들어가지만, 거기서 순수한 금 — 순결한 백성 — 이 정련되어 나올 것이다:

> 신실하던 성읍이
> 어찌하여 창기가 되었는고
> 공평이 거기 충만하였고 의리가 그 가운데 거하였었더니
> 이제는 살인자들뿐이었도다
> 네 은은 찌끼가 되었고
> 너의 포도주에는 물이 섞였도다
> 네 방백들은 패역하여
> 도적과 짝하며
> 다 뇌물을 사랑하며
> 사례물을 구하며
> 고아를 위하여 신원치 아니하며
> 과부의 송사를 수리치 아니하는도다
> 그러므로 주 만군의 여호와 이스라엘의 전능자가 말씀하시되
> 슬프다 내가 장차 내 대적에게 보응하여
> 내 마음을 편케 하겠고
> 내 원수에게 보수하겠으며
> 내가 또 나의 손을 네게 돌려

---

31) 이 개정본문(… purge out your dross in the furnace)이 많은 주석가들에게 받아들여지고 있다. 그 변화는 단지 두개의 히브리어 자음을 단지 바꾸었을 뿐이다(kbr을 bkr로). 현재의 본문 " … purge away thy dross as (with) lye"(개역성경:너의 찌끼를 온전히 청결하여 버리며)는 서투른 번역이다.

> 너의 찌끼를 온전히 청결하여 버리며[31]
> 너의 혼잡물을 다 제하여 버리고
> 내가 너의 사사들을 처음과 같이
> 너의 모사들을 본래와 같이 회복할 것이라
> 그리한 후에야
> 네가 의의 성읍이라 신실한 고을이라 칭함이 되리라
> (1:21-26)

불같은 시험 속에서 단련되고, 하나님의 목적에 따르는 하나님의 백성의 순수한 남은 자의 관념은 이사야의 모든 개념 가운데 가장 특징적인 개념이고(4:2-4; 10:20-22; 37:30-32), 그 이후로 오랜 세월 동안 그의 백성들에게 심원한 영향을 미친 개념이었다. 사실상 그가 심지어 자기의 두 아들의 이름을 마헬살랄하스바스("노략이 속히 임하리라"는 뜻)와 스알야숩("남은 자는 돌아오리라" 또는 "회개"라는 뜻)으로 지은 것은 그것이 이사야의 사상의 아주 기본이었음을 보여준다.[32]

3. 항상 남은 자는 존재할 것이다! 이것은, 거듭 말하지만, 이사야가 현존하는 국가나 국가 안의 어떤 단체를 하나님의 자신의 지배권을 수립하시는 하나님의 참된 백성과 동일시할 수 있었다는 것을 의미하지 않는다. 반대로 하나님의 나라에 대한 소망은 현존하는 국가와는 전혀 별개의 사실이다. 그것은 그것이 현재적으로 존재하는 것처럼 그것에 따라 실현될 수 있는 것이 아니다: 그것이 이사야가 말했던 것이고, 그의 선임 선지자들이 강력하게 말했던 것이다. 그러나 소망은 포기될 수도 없고, 애매하게 형식없이 존재할 수 있는 것도 아니다. 그러므로 그것은 미래 속으로 투영되고, 메시야의 이상국가, 곧 남은 자의 이스라엘 위에 투사되었다. 그 과정 속에서 이스라엘의 메시야 대망에 그 고전적 표현이 주어졌다.

확실히 남은 자와 정화에 대한 영상은 쓰라린 현실로부터 나온 것이었

---

32) 어떤 사람은 "남은 자만이 돌아오리라"(스알야숩)는 이름을 하나의 위협으로 생각한다. 예를 들면 Sheldon H.Blank (*Journal of Biblical Literature*, LXVII (1948), 211-15)가 그렇다. 그러나 어떤 경우에나 생존하는 소수의 개념이 제시된다. Blank처럼 이사야가 정화된 남은 자의 관념을 부정한다는 것은 전혀 증거를 보장할 수 없는 낭설이다.

다. 결국 다윗과 솔로몬의 영광 — 특별히 고대하던 기억이 그것들을 이상화
시킨 것으로서 — 과 비교하여, 히스기야의 국가는 하나의 남은 자로서, 그
대로 비참한 국가였다. 사실상 이사야는 솔로몬이 죽었을 당시의 국가 분열
을 과거에 일어난 최악의 재난으로 간주하였다(7:17). 왜냐하면 다윗이 세워
놓은 그 견고한 국가구조가 파괴되었기 때문이다. 그래서 우리는 733년에는
디글랏-빌레셀이 북왕국을 자신의 영향권 내로 편입시켰고, 721년에는 사르
곤이 북왕국을 완전히 멸망시켰다는 사실을 기억해야 한다. 동시에 남왕국은
수치스러운 굴복의 대가를 치른 다음에 단지 그 명맥을 유지하였고, 자유를
회복하려고 시도하자, 산헤립에게 학살을 당하였다. 통치체제는 무수하게 곪
은 상처로 얼룩졌고, 소수의 남은 자를 남겨두신 하나님의 자비가 없었더라
면, 소돔과 고모라와 같이 완전히 잊혀진 신세가 되었을 것이다(1:5-9).

유다는 남은 자였다. 그러나 우리가 앞에서 살펴보았던 것처럼, 이사야
는 단순히 그 소망하던 남은 자와 많은 피를 흘린 그의 국가를 동일시할 수
는 없었다. 그렇게 믿을 만한, 참으로 그가 그렇게 하기를 좋아했을 만한 이
유는 있다. 그는 계속해서 일어나는 모든 전쟁이 그의 백성들을 정화시키고,
그들을 하나님 앞으로 인도하는 연단으로 증명되기를 소망했던 것으로 보인
다. 9:1-7의 메시야로서의 왕에 대한 위대한 선포가 엄밀히 디글랏-빌레셀에
의해 유린된(왕하 15:29) 지역들에게 전해지는(1절; 히 8:23) 것은 적어도
흥미로운 사실이다.[33] 확실히 37:30-32의 말씀은 선지자가 산헤립의 포위공
격을 모면한 사람들은 하나님이 축복하시는 남은 자로 판명될 것이라고 기대
했다는 사실을 지적한다. 그러나 만일 그가 이런 소망 — 현재의 위기가 국
민을 정화시키리라는 소망 — 을 품었다면, 그 소망들은 철저하게 무산되었

33) 많은 주석가들이 이렇게 주장한다. 이 연대에 대한 그리고 그 구절의 진정성
에 대한 최근의 탁월한 변증은 A. Alt, "Jesaja 8:23-9:6,
Befreiungsnacht und Krönungstag" (Festschrift für Alfred Bertholet
(Tübingen: J. C. B. Mohr, 1950), pp. 29-49)가 있다. Alt는 그 구절 속
에서 당시 지배자인 다윗계열의 아하스에 대한 거부를 본다. 최근의
H. L. Ginsberg ("Judah and the Transjordan States from 734 to
582 B. C. E." Alex Marx Jubilee Volume, S. Lieberman, ed. (New
York: Jewish Theological Seminary, 1950), pp. 347-68)은 이사야
9:1-6을 요시야의 통치(pp. 357ff)에 연관시키는데, 그것은 신빙성이 없다.

다. 그가 앗수르의 군대가 철수하던 그 감격스러운 날에 그의 백성들의 행동
— 기쁨에 겨워 맨발로 지붕 위에 올라가고, 잔치를 베풀고, 술을 마시며,
축하를 하였지만, 그들을 구원해주신 하나님에 대한 감사의 생각은 전혀 없
었고, 또는 그가 그토록 그들을 인도하려고 했던 회개에 대한 생각도 없는
— 을 관찰했을 때(22:1-14)[34], 노선지자는 더 이상 참을 수가 없었다. 이것
은 절대로 순결한 남은 자가 아니었다! 정화는 깨끗이 하지 못했다! 우리는
그의 입술을 통해 참으로 쓰라린 외침이 터져나오는 것을 본다(22:14): "진
실로 이 죄악은 너희 죽기까지 속하지 못하리라." 그렇다면 남은 자에 대한
소망은 현실 국가와는 아무 상관이 없을 것이고, 하나님이 미래에 세우실 이
상국가 속에서 그 결실을 기다려야 한다.

　따라서 이스라엘의 소망은 현존 국가를 넘어 장래로 인도된다. 그러나
이러한 장래적 관점과 더불어 잃어버린 과거에 대한 향수적 관점이 또한 존
재한다. 장차 이 남은 자를 다윗계열의 메시야인 왕이 지배할 것이다. 언제
나 인간들은 현재의 고뇌로부터 마음에 그리고 있는 "행복했던 옛날"을 고대
하는 향수병을 앓는 법이다. 많은 이스라엘 백성들도 물론 이스라엘 초창기
의 광야 생활을 이상화 하였고, 이것은 항상 현재와의 긴장을 초래하였다.
그러나 이사야는 예루살렘 출신이었고, 예루살렘은 "다윗시대의 이상"이 강
력하게 지배하고 있던 다윗의 성읍이다. 다윗 시대는 이스라엘의 황금시대였
다. 따라서 미래의 축복을 이상화 된 다윗의 통치 시대만큼 어떻게 더 잘 묘
사할 수 있었겠는가? 도래할 하나님 나라에 대한 이사야의 소망은, 우리가
앞에서 보았던 것처럼, "다윗 시대의 이상"의 소산으로 설명되는 것이 아니
다. 그것은 오히려 이스라엘 신학의 주류로부터 연원한다. 그러나 이사야가
그것을 표현하기 위해 다윗왕의 이데올로기를 이용했다는 것은 조금도 이상
한 일이 아니다. 새로운 다윗, 다시 태어난 다윗이 도래할 것이다. 그리하여
그는 새 이스라엘, 구속받은 이스라엘을 다스릴 것이다(9:1-7; 11:1-5; 참

---

34) 대부분의 주석가들은 22:1-14을 산헤립의 침투 시기로 확정하지만, 정확한
　　상황에 관해서는 논란이 많다. 나는 여기서 구원을 기뻐하는 모습을 보는 사
　　람들에게 동조하였다: 예, J. Skinner, *Isaiah* (*The Cambridge Bible*
　　〔New York: Cambridge University Press, 1925〕), I, 175;
　　G. B. Gray, *Isaiah* (*International Critical Commentary*
　　〔Edinburgh: T. & T. Clark, 1912〕), p. 364.

조. 미 5:2-4).

> 이는 한 아기가 우리에게 났고
> 한 아들을 우리에게 주신 바 되었는데
> 그 어깨에는 정사를 메었고
> 그 이름은
> 기묘자라 모사라 전능하신 하나님이라
> 영존하시는 아버지라 평강의 왕이라 할 것임이라
> 그 정사와 평강의 더함이 무궁하며[35]
> 또 다윗의 위에 앉아서
> 그 나라를 굳게 세우고
> 지금 이후 영원토록
> 공평과 정의로 그것을 보존하실 것이라
> 만군의 여호와의 열심이 이를 이루시리라
> (9:6-7, 히브리성경은 5-6절)

그러나 아무리 이사야가 그 국가에 대한 소망을 갖고 있었다고 할지라도, 이것은 현재 존재하는 국가를 넘어서 있는 어떤 실재라는 것이 분명하다. 모든 역사가 향하여 움직이는 것은 하나님 나라이다.[36] 거기서는 정의가 다스릴 것이며(11:3-5), 평화가 중단되지 않고 계속될 것이다(사 2:2-4=미 4:1-3). 거기서 이스라엘은 마침내 전세계의 축복의 근원이 되는 자신의 운

---

35) 많은 주석가들이 그렇게 생각한다. 첫번째 단어(lmrbh)의 첫 두 자음은 그 이전 구절의 마지막 단어의 마지막 두 자음의 중복오사(重複誤寫)처럼 보인다(m자가 마지막 글자가 되어야 하는 것처럼 씌어진 것을 주목하라). 따라서 그 구절은 "무궁함이 … "(rabbαh)로 시작한다.

36) 메시야의 개념은 종말론적 특성이 부정될 수 없다. 아마 그것은 후기 유대교와 기독교의 신학에 있어서 종말론(시대의 끝, 세상의 끝)에 관한 정의를 만족시키지 못할 수도 있다. 그러나 그것이 묘사하는 그의 백성을 다스리시는 여호와의 통치는 그럼에도 불구하고 선지자와 백성들에게 역사의 유력한 목적으로 제시되었다. 그것을 벗어나 놓여질 수 있다고 생각될 것은 아무 것도 없다. 그 언어는 제의적 자료들로부터 연원되었다는 사실과 이스라엘 백성들은 각각 다윗왕조의 계승자가 메시야이기를 소망했다는 사실이 진상을 전혀 바꾸지는 못한다.

명을 발견할 것이다(사 2:3=미 4:2; 참조. 창 12:3). 하나님은 그 나라의 참
된 지배자가 되실 것이다. 다윗계열의 왕은 하나님의 영으로 기름부음을 받
고, 그 영으로 말미암아 그는 다스린다. 그는 하나님 자신의 카리스마를 소
유한 존재이다(11:2). 그는 전혀 사나운 전사로서가 아니라 하나님의 능력으
로 자신의 지배권을 굳게 세우는(9:7) 한 자그마한 아기(9:6)로서 우리 앞에
서 계신다. 그는 하나님의 뜻에 대한 순종을 통해 변화받은 백성들을 다스린
다. 그것이 하나님 나라이고, 그 나라는 영원히 지속될 것이다(9:7).

그렇다면 형상의 변화와 함께 하나님 나라는 이상화된 다윗시대가 아니
라 잃어버린 에덴동산의 축복의 회복으로 묘사된다. 에덴동산과 같은 평화가
온 땅을 지배한다(11:6-9): 사람들 사이의 평화, 자연의 평화, 하나님과의
평화가 충만하다. 죄로 인해 태초에 상실된 피조물의 조화가 이제 회복될 것
이다 — 여기서는 하나님의 법이 최우선될 것이기 때문이다. 만일 선지자가
새 에덴, 새 아담이 있을 것이라고 말했다고 해도, 그것은 그리 놀랄 일이
못된다.[37] 물론 그가 우리는 모든 사람을 살리시는 새 아담에 관해 언급할
적당한 시점이 되었다(고전 15:22, 45-49).

4. 이같이 장엄한 개념들이 미치는 영향은 단순히 잴 수 없을 정도로 크
다. 따라서 이스라엘의 메시야 대망은 다윗계열, 예루살렘 및 성전과 밀접하
게 연계되어 있고, 거기서 결코 사라지지 않는 형식이 주어졌다. 그것으로부
터 아무 것도 흔들리게 할 수 없는 강건한 신앙이 창출되었다. 참으로 세월
이 어두울수록 그 불꽃은 더욱 밝게 타올랐다. 왜냐하면 메시야는, 스스로의
힘으로 영화롭게 된 교만한 국가에 오시지 않고, 쓴 잔을 마신 국가, 줄기가
잘려나가 그루터기만 남은 국가, 고통의 용광로 속에서 연단받은 국가에 오

---

37) 나는 11:6-9을 예언의 통합적 정수로 간주한다. 어떤 사람(예. A. Bentzen,
    Messias-Moses redivivus-Menschensohn [Zürich: Zwingli Verlag,
    1948], pp 37-42, etc.)은 메시야의 개념이 Urmensch(태초의 인간)의 개
    념에 밀접하게 연결시킨다. 이것이 그렇다면, 메시야의 도래에 대한 소망은
    부득불 에덴동산에서와 같은 평화의 회복을 암시할 것이고, 메시야적 구절에
    서 이런 특징이 묘사되는 것은 극히 당연할 것이다. 선지자의 정신 속에서 메
    시야와 태초의 인간 사이에 어떤 의식적인 관련성이 있는지 확신하지는 못하
    지만, 사용된 언어는 역사 이전의 상태를 서술한 것일 수도 있다. 이스라엘의
    신앙은 신화의 언어를 채용하는 방식을 취해서, 거기에 완전히 새로운 의미
    를 부여하였다.

시기 때문이다. 굴욕은 그렇게 불만스러울 수 없고, 고통은 참으로 쓰라리게 잔혹스럽지만, 그 신앙은 이렇게 속삭일 것이다: 이 고통이 오직 순수한 남은 자를 낳는 정화작업이라는 것을 누가 알며, 오직 내일 메시야 곧 다윗계통의 왕이 임하리라는 것을 누가 알랴?

이것이 전부가 아니라는 것을 말할 필요는 없다. 그것은 국가가 계속되는 한, 각 왕은 국민의 마음 속에서 잠재적인 메시야였다는 사실을 의미하였다. 그러나 아무리 탁월한 왕일지라도 얼마나 그 목적에는 부적절했는가! 그것은, 비록 유다가 많은 피를 흘렸음에도 불구하고, 예루살렘과 다윗 국가는 결코 멸망될 수 없다는 민족적 환상 ─ 예레미야의 가슴을 그토록 아프게 했던 환상 ─ 을 창출하는 데 도움을 주었다. 그것은 메시야 대망이 스룹바벨로부터 바르 코흐바에 이르기까지 백여명에 이르는 사이비 메시야들에게 병리적으로 집착했다는 것을 의미하였다. 또 그것은 그 대망을 성취시킨 사람이 나타날 때, 사람들은 그에게서 그의 구원의 본질과는 부합하지 않는 다른 일들을 요구했다는 것을 의미하였다: "주께서 이스라엘 나라를 회복하심이 이때니이까"(행 1:6). 그러나 그럼에도 불구하고, 이 개념은 심지어 추방, 굴욕, 소망의 좌절을 뛰어넘어, 안전하게 회복된 땅에 대한 신앙을 제공하였다. 재난도 그것을 제거하지 못했다 ─ 왜냐하면 메시야 왕국은 엄밀히 재난을 뛰어넘어 비천한 남은 자에게 임하기 때문이다.

히브리인의 혼 속에는 때가 되면 열매를 맺게되는 강력한 이념들이 스며들어 있다. 여기서 이사야는 고통받는 메시야가 아니라 다스리는 왕에 관해 말하는 것이 사실이다. 그러나 그것은 특별한 모습의 왕이다: 비천하고, 특별한 근본을 지닌(미 5:2) 자요, 한 튼튼한 나무의 줄기로부터 나오는 한 싹이요, 그의 권세는 검의 권세가 아니라 사람들의 영혼을 다스리는 권세이다. 그리고 그의 나라는 자기를 낮추는 자들 ─ 고난과 비극 속에서 자기들의 죄악된 속성을 정화받고, 그 고난 속에서도 하나님의 뜻에 순종함을 배운 소수의 남은 자들 ─ 이 들어가는 나라이다. 여기에는 아직 싹의 상태에 있음에도 불구하고, 강력한 일들이 존재한다.[38] 우리는 또 다른 성격의 왕에 대해

---

38) 특히 탁월한 강론집인 W, Eichrodt, *Israel in der Weissagung des Alten Testaments* (Zürich: Gotthelf-Verlag, 1951), pp. 35-37을 참조하라.

듣게 된다. 그 왕은 "마른 땅에서 나온 줄기" 같아서 고운 모양도, 풍채도
없이 아름답지 못한 모습을 하고 있는(사 53:2) 왕이로되, "나귀를 타고 오
는" 겸손한 왕이다(슥 9:9). 우리는 심령이 가난한 자들을 자신의 나라로 초
청하시는(마 5:3) 왕다운 왕에 관해 들을 것이다. 분명히 그 나라는 "지혜있
는 자 … 능한 자 … 문벌좋은 자 … 가 많이" 부르심을 받지 못하는(고전
1:26) 나라이다.

그러나 여기에 중요한 요점이 있는데, 아마 이것이 더욱 중요한 요점이
아닌가 싶은데, 그것은 남은 자에 대한 이사야의 사상 속에서 하나님 나라의
소망은 이스라엘이라는 국가로부터 국가 안에 있는 "교회"로 뚜렷하게 이전
되기 시작한다는 것이다. 물론 이사야가 신앙적 소수와 죄악된 다수 사이의
구분을 자각하게 된 최초의 인물이라고 생각되지는 않는다.[39] 그러나 지금까
지 우리는 이스라엘을 하나의 국가로서 다루었다. 이스라엘은 하나님의 언약
백성이요, 그의 택함받은 선민이요, 그의 약속의 기업이었다. 하지만 우리는
이 개념이 얼마나 쉽게 남용될 수 있는지를 보았다. 즉 이 개념은 일반적인
생각 속에서, 하나님의 백성은 이스라엘 국가와 동일시되었고, 하나님의 목
적의 승리는 그 국가의 영광과 동일시되었다. 우리는 또한 선지자들이 그같
은 동일시를 전적으로 거부해야 했다는 사실도 확인하였다. 그러나 그들은
전적으로 거부하지는 못하였다. 왜냐하면 그들은 이스라엘의 실패가 하나님
의 실패를 포함한다는 결론을 결코 받아들일 수 없었기 때문이다.

그러나 남은 자의 관념 속에서, 혈통적 이스라엘과 참된 이스라엘, 현실
적 이스라엘과 이상적 이스라엘 사이의 구분이 생기기 시작한다. 그 관념은
현실적 이스라엘은 하나님 나라를 상속받지 못할 것이라는 — 그 환상은 이
스라엘을 초월하는 것이라는 — 결론으로 히브리 신학 속에 뿌리를 내리기
시작한다. 그러나 이와 함께, 하나님의 뜻에 순종하도록 연단받고, 그의 목
적의 도구가 되는데 적합한 참된 이스라엘이 언젠가는 출현할 것이라는 확신
이 등장한다. 그것은 혈통의 이스라엘이 아니라 하나님의 개인적 부르심의
선택에 따른 이스라엘이다. 이 참 이스라엘이, 오직 이 참 이스라엘만이 하

---

39) 특별히 엘리야와 바알에게 무릎을 꿇지 않은 7천명의 남은 자를 참조하라(왕
상 19:18). 남은 자에 관해서는, cf. H.H.Rowley, op. cit., pp. 69 ff.

나님의 통치를 받을 것이다 ― 왜냐하면 이들만이 그의 나라의 백성들이기 때문이다.

먼저 이사야의 남은 자 사상 속에서 암시된 이 새로운 영적 이스라엘의 관념은 즉각 그 충분한 의미를 드러낸 것은 아니었다. 그것은 이사야 이후에 등장한 선지자들에 의해 다양한 형식을 취하게 되었다. 그 이유는 그들 모두가 이스라엘 국가가 아니라 "영에 따르는" 새 이스라엘은 하나님 나라에 대한 약속의 기업이라고 이해했기 때문이다. 그것들 전부 속에서 남은 자의 관념은, 심지어는 그 말이 사용되지 않는 곳에서도, 나타난다. 우리가 앞으로 살펴보겠지만, 신약 성경의 교회는 자신을, 엄밀히 말해, 이 새 이스라엘로 이해하였다.

IV

그러나 이사야는 그 교회의 백성들이며, 교만하게 그 진정한 약속의 기업들이라고 주장하는 우리들에게 무엇을 말했는가? 그것은 우리가 여기서 제시하는 것보다 훨씬 더 많다. 확실히 우리는 더 이상 메시야 왕의 도래를 고대하지 않는다. 그리스도인으로서 우리는 그 소망이 다윗 혈통과 가문에서 출생하고, "유대인의 왕"으로 조롱당하신 분에게서 충분히 실현되었다는 사실을 긍정해야 한다. 그러나 하나님 나라에 대한 선지자의 환상은 아직도 우리 앞에 남아있다. 성경의 언어는 고어(古語)이고, 우리는 지금 그 말을 그대로 사용하지 못하지만 칼을 쳐서 보습을 만들고, 전쟁이 영원히 끝나며, 영원토록 정의와 평화의 통치가 보존될 것이라는(사 2:2-4; 9:6-7; 11:1-9) 말씀을 읽을 때, 우리는 우리가 가장 고대하는 염원을 인식한다. 우리는 지나치게 현대적이어서 이사야나 하나님 나라에 관한 말이 귀에 들리지 않을 수도 있지만, 결코 그 염원을 피할 수는 없다. 평화의 세계, 도덕적 세계질서를 우리는 필사적으로 갈구한다. 우리는 수많은 상호견제 정책을 통해 그것을 창출하려고 노력한다. 왜냐하면 우리는 만일 그것을 성취하지 못한다면, 또는 적어도 어느 정도 그것을 흉내라도 내지 않는다면, 멸망할 것이기 때문이다.

이사야는 우리가 알아야 할 필요가 있는 일들을 가르치지만, 우리는 망각하였다. 도덕적 세계질서는 하나님의 공의로운 통치에 복종하지 않고서는 상상할 수도 없는 불가능한 질서이다. 참으로 "나의 거룩한 산 모든 곳에서 해됨도 없고 상함도 없는" 그 때가 임할 것이며 — 따라서 신앙은 긍정을 낳는다 — 오직 "물이 바다를 덮음 같이 여호와를 아는 지식이 세상에 충만할" 때가 반드시 도래할 것이다(사 11:9). 인간의 평화는 하나님 나라이고, 인간에게는 결단코 다른 평화는 없다. 그렇다면 우리는 평화의 법칙을 만들 수도 없고, 지금 현상태에서 평화의 세계에 들어갈 수 있는 것도 아니다. 국가는 정치를 통해 — 그 정치가 전혀 상관없는 것은 아니지만 — 그것을 이룩할 수는 없다. 문명은 세탁기와 새로운 자동차의 발명에도 불구하고, 그것을 이룩할 수는 없다.

제도화된 종교의 그 분주한 프로그램을 통해서도 그것에 이르는 문을 열 수는 없다. 아무리 세련된 사회라고 해도, 그것에 들어갈 수는 없다. 우리는 우리를 이 꿈같은 평화로 이끌 수 있는 외적인 프로그램을 갖고 있지 않다. 그것은 궁극적으로 행위와 진리 안에서 신적인 왕의 지배에 자체를 복종시키는 세계에서만 오직 주어진다. 지름길은 없다. 우리의 프로그램들은, 그것들이 아무리 지혜롭고 유익하다고 할지라도, 단지 임시변통의 미봉책에 불과하다. 기껏해야 그것들은 유사평화를 낳을 뿐이고, 최악의 경우에는 그것을 변질시킬 수 있다. 우리는 인간들이 자신들의 도구를, 자신들의 정신을 그리고 자신들의 의지를 하나님 나라에 복종시킬 때에만 오직 평화를 소유할 것이다: "나의 원대로 마옵시고 당신의 원대로 하옵소서."

그것은 우리로 하여금 역사의 교훈들을 바로 배우도록 일깨워준다. 역사는 그 자체로 죄에 대한 하나의 심판이다. 만일 선지자가 그렇게 선언했다면, 오늘날 우리가 그에게 동의하기 위해서 어떤 위대한 신앙을 취할 필요는 없다. 적어도 확실하게 세상에는 치명적인 질병이 있는데, 그것은 어떤 경제적 원인에 의한 것이 아니라 의의 영역에 있어서의 인간의 총체적이고, 연합적인 실패에 기인한다. 인간은 도덕법을 전혀 몰랐고, 또 현재도 모르고 있고, 그것에 복종하지도 않았다. 그런데 그것 때문에 그는 무서운 징벌을 받고 있는 중이다. 그러나 역사는 또한 경고이자 연단이다. 인간들이 이 경고에 귀를 기울이리라는 기대는 어려운 일이 아닌가 싶다. 그러나 그 경고는 각 시대에 단호한 어조로 이렇게 말하고 있다: 우리의 최고는 아직 충분히 최고가 아니다. 따라서 우리는 보다 고상한 어떤 의, 보다 고상한 어떤 시민 의식을 구해야 한다. 그렇지 아니하면 멸망할 것이다. 역사는 우리에게 각 시대마다 모든 지상적 국가의 파멸을 보여줌으로써, 우리로 하여금 보다 고상한 차원의 구속을 추구하도록 인도한다. 그 말을 사용하지 않는다고 해도, 역사는 우리에게 하나님 나라를 지적해 주고, 그것이 고상한 시대 이상의 것임을 말해주고 있다.

그러나 우리는 또한 우리에게 악해 보이는 시절이 고상한 목적을 수행하기 위해서는 좋은 시절보다 더 낫다는 사실을 반성하도록 인도될 수 있지 않을까? 이것이 이상한 말처럼 들릴 수 있겠지만, 그 안에는 많은 진실이 담겨 있다. 우리가 바라는 좋은 시절은 괴로움과 번민으로부터 벗어난 자유가 있는 — 어떤 사람이 아무 걱정없이 신문을 읽을 수 있고, 자신의 사업에 종사할 수 있고, 자신의 차에 기름을 넣을 수 있으며, 우리 모두가 향유하는 쾌락과 향락이 있는 — 시절이다. 우리는 이런 시절이 좋은 시절이라고 말한다. 그러나 어쩌면 신적 관점에 따르면, 그것은 전혀 좋은 시절이 아니다. 왜냐하면 우리를 향하신 하나님의 목적은 우리 육신의 안락이나 우리 이익의 보존에 있는 것이 아니라 우리가 참으로 그의 백성이 될 수 있도록 우리의 영혼을 연단시키는데 있기 때문이다.

누가 그 궁극적 최선의 때가 언제인지 말할 수 있는가? 그 진술 속에서, 우리 시대의 비극을 부주의하게 하찮은 것으로 취급할 수 있는 낙천가는 아무도 없다는 점을 명심하자. 그 비극을 조금이라도 맛본 사람은 고난의 미덕을 값싼 도덕으로 간주할 수는 없을 것이다. 그러나 하나님의 백성이 택함받는 지점은 엄밀히 말해 바로 고난 속에서임을 잊지 말자. 고난 속에서 그들은 알려진다. 그러므로 시대의 비극은 우리에게 하나님의 부르심에 대해 결단하고, 비극 속에서 그분을 섬기라는 인격적 소명이 된다. 우리는 허탄한 쾌락을 오래 견디지 못할 것이다. 그러나 우리는 이사야의 말씀을 가사로 한 다음 찬송의 의미를 깨달을 것이다:

> 뜨거운 불의 시험을 통할 때에 당신에게로 향하는 길이 놓여 있나이다
> 당신이 부어주시는 은혜가 내게 차고 넘치나이다
> 불꽃이 당신을 상치 못할 것이며 제가 아나니

당신께서는 찌꺼기를 제하시며 당신의 금을 연단하시나이다.

그러면 이사야로 하여금 우리의 신앙에 대해 말하도록 하자. 이사야가 다윗의 황금시대에 갈망의 눈길을 돌리고, 다시 임한 이상화된 다윗에 관해 말했던 것처럼, 우리는 이상화시킬 필요는 없는 다윗계열의 왕에게 눈을 돌려야 할 것이다. 그리하여 이사야로부터 더 나아가 신약성경 교회, 모든 기독교 국가를 거쳐 역사의 사건들에서 군림하시고, 승리하시는 그리스도를 주목해야 한다. 그리고 우리가 하나님 나라가 어떻게 곧 임할지 확인할 수 없고, 또는 그 나라가 전적으로 임할지 증명할 수 없지만, 우리는 어두운 미래에 신앙을 가지고 맞서며, 그 도래를 기도해야 할 것이다. 따라서 우리는 용기를 가져야 한다. 문명과 물질적 번영, 국가들과 교회들이 역사의 도가니 속에 뒤섞여서 겉으로 보기에는 파멸되는 것처럼 보일 때, 우리는 이사야의 말을 상기해야 한다: 항상 남은 자, 하나님의 백성, 참된 교회는 존재한다. 그리고 이들과 더불어 하나님은 자신의 뜻을 이루신다. 그들에게 그분은 말씀하시기를 "적은 무리여 무서워 말라 너희 아버지께서 그 나라를 너희에게 주시기를 기뻐하시느니라"(눅 12:32). 참으로 이들은 그의 은혜에 의해, 이미 그 나라를 받아들였고, 지금 여기서 그 나라 안에 들어가 있다.

제4장

파기된 언약과 새 언약

주전 8세기 후반에는 북왕국 이스라엘이 멸망하였고, 이어서 8세기에서 7세기로의 전환기에는 남왕국 유다가 산혜립의 손에 의해 거의 초토화되었다. 그러나 우리는 그 똑같은 연간에 당시 활동했던 선지자들의 입술을 통해서, 어떻게 대재난의 연단으로부터, 하나님의 축복하신 의로운 남은 자가 등장하리라는 활력적인 소망이 일어났는지를 살펴보았다. 이와 더불어 우리는 영원히 지속될 하나님 나라의 백성들에 대한 그분의 공의롭고, 평화로운 통치를 확립하실 다윗계열의 메시야 왕의 출현에 대한 강력한 대망을 아

---

1) 이 시대에 활동한 선지자들로는 스바냐, 나훔, 하박국, 그리고 특히 에스겔이 있다. 스바냐(참조. 1:1)는 요시야의 통치 기간에 가장 왕성하게 활동하였고, 따라서 젊은 예레미야와 동시대인이었다. 나훔은 612년 니느웨가 멸망하기 직전에 활동하였다. 하박국은 갈대아인의 위협을 느끼기 시작하던(참조. 1:6), 여호야김(609-598)의 통치 시대에 활동했던 것으로 보인다. 반면에 에스겔(1:2에 따르면)은 여호야긴이 포로로 잡혀간지(593) 제5년에 자신의 사역을 시작하여, 587년 마지막 강제이송사건 이후에도 한참 동안 계속 활동하였다(예. 40:1). 이들 대부분의 연대는 그 신빙성이 의심스럽지만, 나는 여기서 그것을 논의할 수 없기 때문에 그 연대들을 그대로 수용하고자 한다. 요엘도 이 시대에 활동하였지만(A. S. Kapelrud, *Joel Studies, Uppsala Universitets Arsskrift* 1948:4 [Uppsala: Lundequistska Bokhandeln, 1948], pp. 191-92), 대부분의 학자들은 요엘서를 포로기 이후의 것으로 생각한다.

울러 살펴보았다. 하나님 나라의 소망은 점진적으로, 현존하는 국가와는 별개의 것으로 분리되고, 그 대신 메시야의 이상적 나라에 투사되었다. 하나님 나라의 모든 축복이 주어지는 것은 그 미래의 나라, 오직 그 나라이다.

이제 우리는 다른 세기 즉 유다의 최종적 멸망과 예루살렘의 파멸의 시대로 관심을 돌려야 — 아주 신속하게 — 한다. 그 과정에서 우리는 다른 선지자들[1]을 접하게 될 것인데, 그 중에서 가장 특출한 선지자로 부각되는 한 사람 — 불같은 정열과 부드러운 감정을 소유하고, 영혼의 고뇌와 지극히 단순한 도덕적 용기를 지닌 — 이 있다. 그가 바로 예레미야 선지자이다. 여러 가지 이유 중에서도, 특히 인간의 하나님에 대한 관계의 내적 및 영적 본질에 대한 그의 사상 때문에, 종교 역사상 그와 필적할 만한 사람은 거의 없다.

I

1. 당시 유다는 앗수르에 조공을 바쳤는데, 그 상황은 100여년에 걸쳐 계속되었다. 유다를 최초로 그런 입장에 둔 왕은 아하스였음을 우리는 기억할 것이다. 그의 통치(735-715) 초반에, 다메섹과 이스라엘의 왕들에 의해 주도된 반앗수르 동맹으로 위협을 받자, 아하스는 디글렛-빌레셀에게 원조를 요청하였고, 그 대가로 유다의 자유를 포기하였다. 비록 히스기야가 자유의 회복을 위해 용감하게 전쟁을 일으키고, 그 와중에서 유다는 극적으로 완전한 파멸은 모면했지만, 전혀 독립을 성취하지는 못했다. 히스기야는 앗수르의 봉신으로 자신의 생애를 마감하였고, 그의 아들 — 므낫세(687-642) — 도 똑같은 처지에서 그 길고 긴 생애를 보내었다.[2]

---

2) 역대하 33:11에 보면, 왕들은 침묵하고 있는 므낫세의 반란이 암시되어 있는 것으로 생각된다. 앗수르바나팔(652-648)에 대항하는 사마쉬-숨-우킨의 반역이 므낫세로 하여금 똑같은 반란을 획책하도록 유혹했던 것으로 보인다 (Albright, "The Biblical Period,", p. 44; R. Kittel, *Geschichte des Volkes Israel* [7th ed.; Stuttgart: W. Kohlhammer, 1925], II, 399). 에스라 4:2, 10을 보면, 에살핫돈과 앗수르바나팔(오스나팔)에 의해 취해진 사마리아의 인구이주정책을 말씀하고 있다. 아마 팔레스타인의 불안이 그 원인이었을 것이다. 어쨌든 므낫세의 반역은, 설령 그렇다고 해도, 성공하지 못했다.

참으로 그것은 거의 다른 방법이 있을 수 없었다. 서아시아의 그 작은 국가들이 앗수르의 지배로부터 독립을 쟁취할 희망이란 한가닥도 없었다. 이 당시 앗수르는 그 권력이 절정에 달해 있었다. 산헤립은 681년에 암살을 당했지만, 그의 아들, 에살핫돈(681-669)이 뒤를 이었고, 그 이후에는 그의 아들, 앗수르바나팔(669-약 630)이 뒤를 이었다.[3] 에살핫돈과 앗수르바나팔의 치하에서 앗수르 제국은 이 세상에서 알려진 이전의 어떤 권력자들보다 더 커다란 판도를 형성하였다. 앗수르 군대들은 가는 곳마다 승리를 구가하였다. 다년간에 걸쳐 폭동을 일으켜 사르곤과 산헤립을 괴롭힌 바벨론은 당분간 평화를 유지하였다. 670년경 앗수르 군대는 종종 꿈꾸어 왔으나 이전에는 한번도 시도하지 못했던 애굽침략의 모험을 감행하였다. 그 군대가 애굽을 멸망시키기 전에, 그리고 승리를 완전히 얻기 전에 에살핫돈은 죽었지만, 몇년 안 있어 앗수르바나팔이 상부 애굽을 쳐들어가 먼 남쪽까지 진군하였다. 663년에는 테베를 점령하고, 멸망시켰다(참조. 나 3:8).

지금까지 애굽은 서방에서 앗수르에 대적하여 권력의 균형을 유지시킬 수 있는 유일한 국가였었다. 그러나 애굽의 몰락은 이 균형이 무너졌다는 것을 의미할 뿐 아니라 팔레스타인에서 앗수르에 대한 반란을 원조해 줄 수 있는 유일한 국가가 사라졌다는 것을 의미하였다. 짧은 기간 동안이었지만, 세계는 하나의 세계 ― 앗수르의 세계 ― 가 되었다. 당시에 앗수르에 반역한다는 것은 무모한 일이요, 자살행위였다.

므낫세 치하에서 앗수르에 예속되어 있던 유다는 전례가 없는 우상숭배의 나락으로 떨어졌다. 이것은 단순한 우연이 아니다. 어느 정도 그것은 순전한 정치적 필요성에 따른 것이었다. 왜냐하면 고대세계에서 정치적 굴복에는 적어도 그 종주국의 신들을 명목상 인정하는 것이 상례였기 때문이다. 그러므로 우리가 므낫세 치하의 유다가, 이전의 아하스 치하에서와 마찬가지로, 앗수르의 신들을 예루살렘에서 예배하기 시작했다는(왕하 21:3하-5) 사실을 읽는다고 해서 놀랄 일은 아니다. 점치는 일과 마술 역시 성행하였다(6절). 왜냐하면 이런 풍습들은 앗수르인들 사이에서 전례없이 인기를 끌었고,

---

3) 앗수르바나팔의 사망 연대는 불확실하다. 633년이라는 초기 연대설과 626년이라는 후기 연대설이 있다. Cf. Albright "The Biblical Period," p. 44 and note 104.

궁중에 의해서도 장려되었기 때문이었다. 그러나 이것이 전부는 아니었다. 방종은 불가피하게 방종을 낳고, 이국의 이방종교와 함께, 히스기야 때 엄격하게 규제되었던 이방 풍습을 모방하는 잡종들이 다시 번성하였다(3상, 7절).

성전 안에는 다산을 기원하는 제사의 성스러운 대상들로서 하늘의 일월성신에 대한 제단들이 세워졌다(5절).[4] 거기서 성처녀들은 혐오스런 매춘을 갖기 시작하였다(참조. 왕하 23:7). 심지어는 아하스 시대에 그랬던 것처럼(왕하 16:3), 실제로 인간 희생제물을 드리지는 않았다고 해도, 자기 아들을 불 가운데로 지나가게 하는 야만적인 의식이 베풀어졌다(왕하 21:6상).[5] 열왕기서를 기록한 역사가는 므낫세를 예루살렘의 보좌 위에 앉았던 다른 어떤 왕보다 사악한 지배자로 평가하고(왕하 21:9,11), 그로 인해 그의 아들이 결코 용서받지 못할 정도로, 그리고 오직 국가적 파멸을 설명하기에 충분할 정도로, 그 죄악상이 컸음을 선언하고 있다(왕하 21:11-15; 24:3-4; 참조. 렘 15:4).[6]

2. 그러나 앗수르 제국은, 그 강대한 권력에도 불구하고, 온전한 체제를 유지하지 못했다. 그것은 기껏해야 단순한 힘으로 결속되어 있는 날림 구조에 불과하였다. 심지어는 앗수르바나팔의 치하에서, 이전에는 없었던, 균열이 가기 시작했다는 것을 예민한 관찰자는 쉽게 찾아낼 수 있을 것이다. 앗

---

4) 이 시기에 일월성신은 천계를 구성하고 있는 집합체로 간주되어, 숭배의 대상 ― 유대의 경건주의자들에게는 도저히 참을 수 없는 일 ― 이 되었던 것처럼 보인다. 이 점에 관해 보다 깊은 논의를 위해서는, Cf. G.E.Wright, *The Old Testament Against Its Environment* (Chicago: Henry Regnery Co., 1950), pp. 30-41.

5) "불 가운데를 지나가게 하다"는 말의 의미는 불확실하다. 아마 그것은 신의 진노를 가라앉히기 위한 일종의 화상제사법(火傷祭祀法)이었을 것이다. 그러나 예레미야 7:31은 실제로 행해졌던 인간희생제사를 말하고 있는 것처럼 보인다(참조. 왕하 17:31).

6) 역대하 33:12-17을 보면, 왕들이 침묵하고 있는 회개에 관해 말씀한다(므낫세의 묵시적 기도문도 참조하라). 물론 충분히 겁에 질리거나 정치적 상황이 호전되는 것처럼 보였다면, 므낫세와 같은 사람이 피상적으로는 다소간 회개했을 것이라는 추측은 가능하다. 그러나 므낫세가 무엇을 회개하였든 그것은 지속적인 것은 못되리라는 것은 확실하다. 그가 책임져야 할 악정들은 요시야가 그것들을 제거할 때까지 계속되었다(왕하 23장).

수르에 대해 반감을 품고 있는 민족들의 백성을 진압하는데 필수적인 출병이 계속됨으로써 그들 스스로 그 백성들로 인한 불안감을 노출시켜야 했다. 또한 결국에는 끔찍한 내란으로 번진 내적 긴장이 있었다. 앗수르바나팔의 형제로서 앗수르의 바벨론 지배자로 있었던 사마쉬-슘-우킨이 반란을 일으켰다. 그 반란은 확실하게 진압되었고, 사마쉬-슘-우킨은 자살하였다. 그러나 그로 인한 유혈이 낭자한 투쟁은 4년동안(652-648) 계속되었고, 그것은 제국의 기초를 뒤흔들어 놓았다.

그 동안에 애굽 — 제26왕조의 초대 바로인 정력적인 프사메티쿠스 1세 (663-609)의 통치 하에 있던 — 은 다시 한번 자유를 회복하기 위해 그 혼란을 이용하였다. 앗수르는 그것을 막을 만한 힘이 없는 것으로 보였다. 이 모든 위험 외에도, 로마가 멸망하기 전에 그런 것처럼, 이전 세기 동안에 등장했던 스구디아족(Scythians)과 키메르족(Cimmerians)과 같은 반(半)야만족들이 제국의 북방을 심각하게 위협하게 되었다. 앗수르인들은 그 위험을 직감했고, 훗날 로마인들이 그랬던 것처럼, 다시 한 야만족을 다른 야만족들을 대항하는 방패막이로 이용하였고, 그리하여 민족이동의 통로를 한편으로 치중시키려고 하였다. 그러나 예민한 관찰자는 그 통로가 차단되었을 경우에 어떤 일이 일어날지 당연히 짐작할 수 있을 것이다.

앗수르바나팔 사후(대략 630)에, 극도로 위축된 제국은 더 이상 그 국운을 지탱할 수 없었다. 급속도로 그 거대한 체제가 산산조각이 나서 지구상에서 사라지고 말았다. 우리는 그 이야기를 상세하게 거론하지는 않을 것이다. 어쨌든 간략하게 살펴볼 것이다. 앗수르바나팔에 이어서 그의 두 아들이 왕위를 계승하였다. 그러나 그들 가운데 누구도 그 비상시국에 적절하게 대처하지 못하였다. 아니 결코 그렇게 할 수가 없었을 것이다. 왜냐하면 앗수르는 마침내 밖으로는 강력한 원수들에 의해, 안으로는 기진맥진한 문란상태에 의해 사로잡힘으로써, 막다른 지경에 내몰려 있었기 때문이다. 이 강력한 원수들 가운데 주요국가로 메대와 바벨론이 있었다. 전자는 서부 이란 고지에서 상당한 지배력을 가지고 군림하였고, 후자는 마침내 애국자 나보폴라살 (625-605)의 영도 아래 그 지긋지긋한 종주국으로부터 해방되었다. 그들은 그들 사이에 위치해 있는 앗수르 본토를 두 갈래로 공격하기 시작하였다.

이 시점에서 놀라운 변화가 일어났다. 애굽 — 수세기 동안 앗수르의 최대 적국이었지만, 당시에 앗수르의 침략을 받아 점령당한 ― 이 앗수르의 편에서 싸우는 것이 발견된다. 분명히 바로 프사메티쿠스는 그 역시 한 부분이었던 그 당시의 문명이 위기에 처하였음을 직감하였다. 그래서 그는 약화된 앗수르가 다른 위험한 원수들을 견제하는 방패막이로서 계속 존속하기를 바랐다. 또한 앗수르의 그같은 역할의 대가로서, 그는 애굽의 역사적 영향권 ― 수리아와 팔레스타인 ― 에 대한 자유로운 지배가 보장되기를 소망하였다. 그러나 그같은 애굽의 정책은 너무 빈약했고, 너무 늦었다. 처음에는 성공을 거두었지만, 곧 확고하게 앗수르의 시대가 막을 내렸다. 614년에 앗수르의 옛 수도는 메대 앞에서 허물어졌고, 612년에 메대와 바벨론은 앗수르의 니느웨에 대한 최후의 공격을 감행하였다. 결국 니느웨는 함락되었다: 앗수르바나팔의 아들, 신-살-이시쿤은 전쟁의 화염 속에서 자살하였고, 땅 위의 약소민족들의 입에서는 그 큰 니느웨성. 그 "피의 성"(나 3:1), 그 "아리따운 기생"(나 3:4)이 멸망했다는 기쁨의 소리가 진동하였다. 아무도 이것을 슬퍼하지 않았다(나 3:7, 19).

참으로 앗수르는 그리 쉽게 멸망하지 않았다. 검에 의해 유지되었던 앗수르는 검에 의해 죽음을 선택하였다. 완강하게 저항하던, 왕자 앗수르-우발리트는 남아있는 앗수르 군대와 함께, 하란으로 후퇴하였고, 그곳에서 끝까지 싸우다가 유프라테스를 건너 애굽 군대에게 의탁하였다. 그러나 그것은 아무 소용이 없었다. 곧 앗수르는 멸망하였다.

이것은 우리에게 아주 흥미로운 사실이다. 그것은 말하자면 앗수르가 사라짐으로써 유다는 해방을 얻었다는 것을 의미하였기 때문이다. 앗수르바나팔이 죽은지 몇 년 지나지 않아 앗수르는 확실히 그의 제국의 서방지역에 대한 효과적인 지배를 상실하였고, 몇 년만에 애굽이 간섭하여 자신들의 지분을 주장할 수 있었다. 그 사이에 유다에서는 요시야라고 하는 젊은 소년이 왕위를 계승하였다. 우상숭배자 므낫세의 손자인 그는 자신의 아버지 아몬의

7) 그 세부사실에 우리가 관심을 둘 필요는 없다. 명백히 아몬은 자신의 아버지, 므낫세의 정책을 그대로 계승하였고(20-21절), 그의 암살은 그 정책에 대한 점증하는 불신을 반영하는 것이었다. 그러나 그 암살자들이 즉시 보복을 당한 사실(24절)은 그 당시에 많은 사람들이 정책의 변화를 현명하지 못한 것으로 느꼈다는 것을 가리킬 수 있다.

암살로 인해 불과 8세의 나이로 약 640년경에 보좌에 즉위하였다(왕하 21:19-22:1).[7] 그가 성년이 될 당시에는 그의 땅을 지배하고 있던 앗수르가 급속도로 그 세력이 약화되었고, 그가 왕위에 즉위한지 18년 되던 해에 그 나라는 모든 의도와 목적에 대해서 독립을 유지하였다. 그 해에(621; 참조. 왕하 22:3) 유다는 가장 위대한 개혁을 추진하였다.

II

요시야 왕의 개혁은 아직도 너무 자주 성경독자들에 의해 그 진정한 의미가 제대로 파악되지 않을 정도로 이스라엘 역사에 있어서 가장 획기적인 중요한 사건이었다.

1. 그 개혁에 관한 이야기는 열왕기하 22-23장에서 발견된다. 그 개혁을 시작한 목적은 23장에 분명히 기록되어 있다. 그것은 모든 종류의 이교를 철저하게 소탕하자는 것이었다. 특별히 힌놈 골짜기에서 치러진 야만적인 제사의식(10-12절), 그 희생제물과 함께, 아주 오랫 동안 지속되었던 다양한 토착민의 이방적 의식들(4,6,13-14절), 그리고 이같은 혐오스런 의식들을 집행하는 사람들, 특히 거세된 제사장들(5절)[8]과 미동과 여인들의 성매음자들(7절)을 포함하여, 므낫세에 의해 새롭게 수입된 외국의 제의들이 언급되었다. 그러나 이것보다 훨씬 더 과감했던 것은, 우리가 8-9절에서 읽듯이, 요시야가, 이전에 히스기야가 하려고 시도했던 것처럼, 심지어는 변경 성읍들에 있는 여호와 — 이스라엘의 하나님 — 의 산당들까지 폐기하고, 모든 예배를 예루살렘으로 중심화한 것이었다.[9]

우리가 22장에서 확인하는 것처럼, 그 개혁은 성전을 수리하는 과정에

---

8) 영어성경에서 "idolatrous priests"로 번역된, Kemarim이라는 말은 실제로는 "환관"을 의미한다. cf. W. F. Albright, *From the Stone Age to Christianity* (Baltimore: Johns Hopkins Press, 1940), p. 178.

9) 열왕기하 23:8-9의 제사장들이 여호와의 제사장들이었다는 것은 그들이 예루살렘으로 초대받아 갔다는 사실로부터 증거된다. 그들이 이방종교의식의 담당자들이었다면, 처형을 당했을 것이다. 그 구절은 신명기 18:6-8의 율법과 비견된다. 9절은 그 조치가 — 우리가 예상했던 것처럼 — 저항을 받았다는 것을 분명히 해준다.

서 그곳에서 발견된 율법책에 의해 방향이 주어졌다(8절). 요시야의 주목을
끈(10-13절) 그 책은 하나님을 경외하는 이 젊은 왕에게 지극히 심원한 각성
을 불러일으켰다. 만일 이것이 참으로 하나님의 율법이라면 하나님은 나라를
도우실 것이라고 그는 생각하였다. 왜냐하면 그때까지 그 율법은 극도로 무
시되어 왔기 때문이다. 그것이 사실임을 보증받은(14-20절) 왕은 모든 백성
을 성전으로 불러모으고(23:1-3), 그들에게 그 율법을 읽어주고, 그들과 함
께 하나님 앞에서 율법의 요청을 적절한 행동으로 충족시키겠다는 엄숙한 언
약을 수립하였다. 그때부터 개혁은 본격화되었다.

그런데 이 율법책은 신명기 법전의 형식을 어느 정도 지니고 있다는 사
실이 오래 전부터 일반적으로 인정되었다.[10] 신명기는 하나의 개혁법이다.
참으로 그것은 고대의 모세율법(Lex Mosaica)의 개혁판으로 불리어질 수
있는 것이다. 그 율법은 그 명확한 형식이 주어졌을 때와는 상관없이, 그 진
정한 고대적 기원(아마 북이스라엘을 경유하여)으로 거슬러 올라가고, 철저
하게 모세의 정신적 유산을 반영한다. 어쨌든 신명기의 요청에 아주 잘 상응
하는 조치가 요시야에 의해 취해졌다. 그 어떤 것과 비교할 수 없을 정도로
신명기는 모든 이방적 제의들의 파괴를 명령하고(예. 신 12:1-3), 우상숭배
를 최악의 범죄로 규정한다(13장). 모세오경의 율법 중에서도 오직 신명기만
이 각지에서의 여호와 숭배를 명백하게 금지하고, 여호와가 선택하는 한 처
소에서 희생제사를 드리도록 지시한다(12:13-14; 16:5-6). 더욱이 그것은
국가의 진정한 존망이 백성들의 언약의 하나님을 섬기고, 그의 뜻에 순종하
는 충성에 의존한다고 거듭거듭 웅변적으로 천명하고 있다(6:1-15; 8:11-
20; 11:26-28; 28장; 30:15-20).

그러나 단순한 율법책만으로 개혁이 이루어진 것은 아니었다 — 안방의
선반 위에 먼지로 덮여있는 성경의 존재가 저절로 어떤 결과를 낳는 것은 아

---

10) 신명기는 여러 교부들(예. 제롬)에 의해 요시야의 개혁에 관련되었고, 이것은
W. M. L. deWette가 150년 전에 그것을 전개시킨 이후로 점차 공인된 견해
가 되었다. 참고문헌과 함께 그 문제에 대한 최근의 논의를 보기 위해서는,
cf. H. H. Rowley, "The Prophet Jeremiah and the Book of
Deuteronomy," *Studies in Old Testament Prophecy*,
H. H. Rowley, ed. (Edinburgh: T. & T. Clark, 1950), pp. 157-74.

니다. 사실상 개혁은 율법책이 발견되었을 때 이미 진척되어 있었다는 사실이 지적되어야 한다.[11] 개혁의 동기는 이미 백성들의 마음 속에서 현존하고 있었다. 개혁은 부분적으로 독립을 낳고, 민족주의를 소생시키는 고도의 소망의 한 국면이었다. 의심할 여지없이 므낫세의 무모한 정책에 대한 국민들의 반감이 고조되어 있었다. 종교적인 것이든 아니면 정치적인 것이든 이방적 풍습들은 전적으로 배척하려는 욕구가 있었다. 우상숭배의 추방과 개혁은 결코 우연이 아니었다. 앗수르의 봉신 아하스가 우상숭배자였던 것처럼, 앗수르에 반역한 히스기야는 개혁자가 되었고, 앗수르의 허수아비였던 므낫세가 다시 우상숭배의 길을 걸었던 것처럼, 해방된 유다의 왕이었던 요시야가 개혁의 길을 걸어야 했던 것은 절대로 우연한 일치가 아니다.

그러나 요시야의 야망은 단순히 독립을 유지하는 데 그치지 않았다. 예루살렘의 바로 북부는 옛 북왕국의 영토로 남아있었다. 그 까닭은 한 세기 동안 앗수르의 영토는 모든 면에 있어서 정치적 공백 상태에 있었기 때문이다. 요시야가 북왕국의 이방적 제의의 처소들 — 특히 벧엘의 산당(왕하 23:15-20) — 을 박멸함으로써, 자신의 개혁을 그곳까지 확대했다는 것은 오직 다음과 같은 한 가지 사실을 의미할 수 있다: 그는 사실상 사마리아를 영토로 합병했다는 것이다.[12] 이 시기는 고도의 소망과 위대한 약속의 시대였다. 아마 다윗왕국의 이상이 다시 실현될 수 있었고, 해방된 이스라엘은 또 한번 다윗의 보좌 아래 통일되었으며, "다윗의 무너진 천막"(암 9:11)은 다시 세워지고, 회복되었다!

그러나 개혁은 그것보다 훨씬 더 깊이 시행되었다. 상황이 초래한 소망에도 불구하고, 이 시기는 손쉬운 낙관론이 불가능한 시기였다. 앗수르의 붕괴와 함께 고대 문명의 진정한 기초들이 흔들리고 있었고, 이런 상황 속에서

11) 요시야는 성전을 개수하도록 명령을 내렸고(왕하 22:3-8), 그 책의 발견은 오직 이 명령이 있었기 때문에 가능하였다. 그러나 성전의 수축 자체가 개혁의 시작이었다.
12) 역대하 34:6에 보면, 요시야는 개혁을 갈릴리(즉 앗수르의 므깃도 지방)까지 확대하였다. 이것은 히스기야의 마찬가지 결과(cf. 3장, p. 96)를 상기한다면, 충분히 있을 만한 일이다. 그 이후로 왕가는 갈릴리와 밀접한 접촉을 갖게 되었다. 아몬(왕하 21:19)과 여호야김(왕하 23:36)의 어머니는 모두 갈릴리 출신이었다. cf. Albright, "The Biblical Period," p. 45.

누가 미래에 어떤 일이 전개될 것인지 알겠는가? 고대세계 전체를 통해서 우리는 다른 어떤 지역보다도 유다에서 과거의 행복시대를 염원하는 향수적 동경을 확인할 수 있다.[13] 신명기는 이런 동경으로 점철되어 있다. 그것은 모세의 유산의 영광을 말할 뿐 아니라 민족의 생존에 대한 진정한 소망은 율법의 문자와 정신 속에 그 유산을 간직하는데 있음을 단호하게 주장한다. 이 범주 안에서 신명기 신학은 오직 과거 오랜 세월 동안 선지자들의 선포의 주류와 일치하였다. 그리고 그 신학은 확실히 스바냐 및 젊은 예레미야의 목소리에 의해 다시 강조되었다. 이 점에서 이사야 역시 옳았다: 국가 안에는 선지자의 선포를 진지하게 받아들이고, 모든 이방종교는 이스라엘을 여호와의 백성들로 남아있도록 하지 않고, 오히려 심판에 이르도록 한다는 사실을 깨닫고 있는, 정의를 생각하는 소수 곧 "거룩한 씨"가 있었다.

의심없이 하나님이 앗수르라는 거인을 멸망시키고, 이스라엘이 회개할 마지막 기회를 주시기 위하여 이 자유의 순간을 허락하셨을지 모른다고 생각하는 사람들이 많이 있었다(참조. 습 3:6-7상; 2:1-3). 만일 이스라엘이 하나님의 백성으로서의 자신의 운명을 발견했다면, 아니 그들이 살아남고자 한다면 그들은 이방신들을 물리치고, 오로지 여호와만을 섬겨야 한다. 만일 이스라엘이 하나님의 백성이 되려면 개혁은 필수적이다.

2. 우리가 처음에 예레미야를 만나는 지점은 바로 이런 배경 속에서 이다. 우리는 예레미야의 초기 생애에 관해서 아는 것은 거의, 아니 전혀 없다. 예루살렘 북방으로 약 3마일 정도 떨어진 동네인 아나돗의 한 제사장 가문에서 태어난[14] 그는 아마 그의 조국이 실제로 독립을 쟁취했을 때, 갓 소년티를 벗은 청년이었을 것이다. 적어도 626년 경에(렘 1:2) 선지자로서의 소명감을 느꼈을 때, 그는 자신이 너무 어렸기 때문에 그것을 거부하였다

---

13) 그 증거를 위해서는, cf. Albright, *From the Stone Age to Christianity*, pp. 241ff.

14) 아나돗의 제사장들은 거의 아비아달의 후손들로 주장되었다. 아비아달은 미수에 그친 아도니아의 쿠데타에 그가 연루된 것을 인하여 솔로몬에 의해 그곳으로 유배를 당했던(왕상 2:26-27) 자이다. 만일 이것이 옳다면, 이것은 예레미야는 옛날 실로에서 법궤를 관리하던, 엘리의 가문에서 그 조상을 찾게 된다는 것을 의미하였다(참조. 왕상 2:27; 삼상 22:20; 14:3).

(1:6). 어렸을 때, 그는 심판에 대한 예감에 사로잡혔는데, 그것은 거의 훗날 그가 져야할 전폭적인 짐이 되었다(참조. 1:11-16). 그의 초기의 선포를 보면, 그가 얼마나 그 땅의 이방종교에 깊은 충격을 받았는지를 잘 보여준다.[15]

그에게는 국가의 전체 역사가 배은망덕의 역사로 생각되었다(2:4-8). 이스라엘은 고삐풀린 동물의 감정을 가지고 거짓된 신들을 쫓아다녔다. 이스라엘의 죄는 결코 씻어낼 수 없는 얼룩이었다(2:22). 그것은 그 민족성을 이방적인 것으로 전도시켰다. 결단코 세계 안에서 그런 배교는 없었으리라! 이교도들도, 비록 그 신들이 사실상 전혀 신이 아니라고 할지라도, 그처럼 그 신들을 저버리지는 않았을 것이다(2:10-11). 그러나 이스라엘은 자신들의 하나님을 그토록 철저하게 저버렸다! 이스라엘은 "생수의 근원되신" 하나님을 버리고 우상숭배의 저축지 못할 웅덩이를 스스로 팠다 ― 그것은 기껏해야 터진 웅덩이일 뿐이다! 호세아의 정신과 말씀의 맥락 속에서 예레미야는 국가는 자신의 신적 남편을 배반하여 "이혼에" 직면한 "음녀"라고 선언한다(3:1-5; 참조. 6-10절).[16] 그러나 호세아의 경우에서처럼, 진노의 비난이 감동적이고, 열정적인 회개에의 촉구와 짝을 이루어 선포된다(3:12-13, 21-22). 오직 신실한 회개에 의해서만 이스라엘은 보존될 것이며, 오직 그때에만 이스라엘은 하나님의 선민으로서의 자신의 역사적 운명을 다시 발견할 것

---

15) 비록 2-3장이 2:14-17(참조. 16절), 2:29-37(참조, 36절)과 같은 구절에서처럼, 요시야 사후 시대와 609년의 애굽의 승리에 관한 자료들을 포함하고 있기는 해도, 대다수의 주석가들은 이 장들에 나오는 시편 속에서 요시야의 개혁 이전에 예레미야가 선포한 예언의 표본을 발견한다.

16) 3:1, 4의 영어번역은 잘못되었다. 이 본문은 귀환에 대한 탄원이 아니고, 분노에 찬 비난이다. 1절은 A. S. V의 난외주와 함께 읽혀져야 한다. 4절은 "네가 이제부터는 [즉 너희의 불신앙적 행위 아래에서도] 내게 부르짖기를 … "로 시작한다. 즉 이스라엘은, 하나님을 불신앙하면서도 하나님을 아버지로 계속 부르고, 그의 용서를 구한다는 것이다(5절).

17) 예레미야 4:1-2은 짐작컨대 A. S. V의 난외주와 함께 읽혀져야 한다. 2절 하반부의 말씀은 약간 놀라움을 준다(우리는 "in him" 대신에 "in me"나 "in thee"를 기대해야 한다) (역자주: 우리말 개역성경은 "나를 인하여"로 번역하고 있다). 이에 대해 어떤 학자들(예. A. S. Peake, *Jeremiah* [*The New-Century Bible* (Edinburgh: T. C. & E. C. Jack, 1910)], I, 116)은 그것을 창세기 18:18의 직접 인용으로 추측한다. 이것이 증명될 수는 없지만, 아브라함의 약속에 대한 언급이 의도된 것처럼 보인다.

이다(4:1-2, 참조. 창 12:3, 18:18).[17]

그가 선지자로서의 사명을 받은지 약 5년 뒤에 일어난 대개혁에 대한 예레미야의 엄격한 태도는 하나의 신비로 남아있다. 그 점에 대한 기록들은 아주 불분명하고, 학자들 사이에서도 완전한 의견의 일치가 이루어지지 못하고 있다. 우리는 그가 그것에 대해 적극적으로 관심을 두고 있었는지의 여부에 대해 알지 못한다. 그러나 그가 그렇게 단호하게 탄핵했던 이방종교를 박멸하려는 노력에 충심으로 매진하지 않았다고 거의 상상할 수 없다. 어쨌든 그가 거의 이상적 왕으로 간주했던 요시야 왕에 대한 그의 예찬(22:15-16)은 억제되지 못했다 ─ 그것은 그가 결코 그 왕의 주요 통치활동에 대해 혹평하지 않았다는 것이다. 그것은 심지어 요시야가 북방에서 자신의 정치적 구상을 실행했을 때(왕하 23:15-20), 예레미야의 가슴은 에브라임이 곧 우리 안으로 돌아오고(3:12-14; 31:2-6, 15-22), 유다처럼, 시온산에서 하나님을 예배하리라는(31:6) 활력적인 소망 ─ 적어도 그 왕의 정책에 동조하는

---

18) 이 구절들은 대다수의 주석가들에 의해 예레미야의 생애 초기의 것으로 두어지지만, 이에 반대하는 사람도 있다: G. A. Smith (*Jermiah* [4th ed.; New York: Harper Bros., 1929], pp. 297-303)와 J. Skinner (*Prophecy and Religion* [Cambridge: The University Press, 1922], pp. 299-305)는 31:2-6, 15-22을 587년에 둔다.

19) 열왕기하 22장과 예레미야 26, 36장의 유사한 이름들은 우연의 일치라고 빈번하게 주장되었다(예, A. F. Puukko, "Jeremias Stellung zum Deuteronomium," *Alttestamentliche Studien für Rudolf Kittel:Beiträge zur Wissenschaft des alten und neuen Testaments*, 13 [1913], 126-53). 그러나 그 우연의 일치는 그 자체로는 결코 설명될 수 없을 정도로 현저하다.

20) 예레미야에 관한 대부분의 접근들은 그의 선포가 확실하게 요시야의 통치 말엽의 것으로 연대가 책정될 수 없기 때문에, 개혁 당시(621)부터 요시야가 죽을 때까지(609) 또는 그 직전까지 개혁에 있어서 그의 역할에 관해서는 오랜 침묵이 놓여있다. 나는 이런 일을 믿을 수 없다. 여기서는 세부적인 증명이 불가능하지만, 비록 예레미야의 선포의 극히 일부만이 확실하게 그 연대를 계산할 수 있다고 해도, 나는 그것들 가운데 많은 부분이 621년과 609년 사이에 있었던 것으로 보는 것이 가장 확실하다고 생각한다. 예레미야같은 사람이 개혁의 피상성을 살피기 위해 여러 달을 허비하지는 않았을 것이다 (cf. A. C. Welch, *Jeremiah: His Time and His Work* [London: Oxford University Press, 1928], pp. 76-96; W. A. L. Elmslie, *How Came Our Faith?* [New York: Charles Scribner's Sons, 1949], p. 316).

정도를 나타내는 태도 — 으로 넘쳐 있었다는 사실도 보여준다.[18] 그리고 훗
날에 개혁가들과 그 아들들은 예레미야를 지지하고, 그의 생명을 구해주었다
(26:24; 36:12, 19, 25; 참조. 왕하 22:12).[19]

그러나 처음에 예레미야가 개혁에 관해 어떤 생각을 했든지 간에, 그는
그것이 이루어놓은 일이 얼마나 일천한 것인지를 오래지 않아 확인하게 되었
다.[20] 그것은 단지 성전 안에 짙게 깔린 커다란 덩어리의 분향 연기만 일으키
고, 수많은 예배자들로 인해 혼잡만 있을 뿐, 고대적 전통의 길로의 참된 복
귀는 이룩하지 못했다(6:16-21). 따라서 사람들은 항상 개혁을 하였다. 점점
증가하는 부도덕을 근절하고 교회활동에 보다 적극적으로 참여하였다! 사회
의 질병인 사회악은 계속되고(5:23-29), 성직자는 모든 사람들이 만족하는
것에 따라 행동하였다(5:30-31). 거기에 참된 회개는 존재하지 않았다. 반대
로 사람들은 마치 전장을 향하여 미친듯이 달리는 말처럼 계속 멸망의 길을
달려갔다(8:4-6). 율법을 소유하고 있다는 그들의 자랑에도 불구하고(8:8),
그들은 적어도 본능적으로는 자기들의 생존을 지배하는 법칙에 복종하는 야
생동물이 갖고 있는 의식마저 없었다(8:7). 그러나 그 모든 것보다 더 악한
것은 하나님과 함께 하는 평강이 지금 우리에게 있다고 순진하게 선언하는
성직자의 목소리를 듣게 되는 것이다(6:13-14=8:10-11) — 이것은 새빨간
거짓말이다.

요약하면, 예레미야는 유다를 하나님의 백성으로 만들기 위해서는 요시
야의 개혁 이상의 것이 있어야 함을 깨달았다. 그들의 환상은 얼마나 이상한
것인가! 그러나 그럼에도 그것은 얼마나 친숙한 것인가! 우리는 기독교 사회
를 고대하지만, 모임을 조직하고, 프로그램을 제정하고, 법률을 시행하고,
퇴폐적인 오락공간을 폐쇄하는 것을 빼면, 그것을 이룩할 방도를 알지 못한
다. 이스라엘은 하나님과의 언약적 평화를 갈망하였다 — 그래서 거짓된 산
당들을 폐쇄하였고, 성전에서 아주 분주하게 보냈다. 여기서 우리는 예레미
야가 비난한 것보다 더 강하게 개혁 조치들을 비난하고자 하는 것이 아니다.
참으로 개혁 조치들은 지속적으로 요청된다. 그러나 예레미야는 만일 우리가
단지 개혁 조치들만을 취한다면, 우리는 히드라의 머리를 자르는 것이며, 지
극히 허약한 잎들과 가지들을 잘라내고, 그 줄기는 전혀 건드리지도 못하는
것이라고 우리에게 말한다.

예레미야는 언약적 유대관계는 단순히 외적으로 회복되는 것이 아님을
그의 백성들에게 역설하였다. 그는 그들이 제사법에 대한 분주한 준수로부터
전환하고(7:21-23), 율법에 대한 외적 준수로부터 그에 대한 내적 정신으로
돌아갈 것을 호소하였다. 그는 이렇게 말하였다: 하나님은 너희가 공적 예배
를 얼마나 엄격하게 준수하는지에 관심을 두지 않는다. 너희가 이런 저런 방
식으로 희생제사를 드려보라 ― 그것들은 모두 하나님에게는 마찬가지이다!
왜냐하면 하나님이 요구하시는 핵심은 분주한 종교가 아니라 순종이기 때문
이다. 오직 순종하는 백성들만이 하나님과의 언약관계 속에 남아있을 수 있
다. 그분은 오직 순종하는 백성들만을 다스리신다. 이 백성들에 관한 한, 그
것은 마음으로부터 회개해야 한다(4:14). 그것은 마음으로부터 언약관계로
들어가는 새로운 할례를 받아야 한다 ― 그렇지 아니하면 불의 심판에 직면
할 것이다:

> 나 여호와가 유다와 예루살렘 사람에게 이같이 이르노라
> 너희 묵은 땅을 갈고
> 가시덤불 속에 파종하지 말라
> 유다인과 예루살렘 거민들아
> 너희는 스스로 할례를 행하여
> 너희 마음 가죽을 베고 나 여호와께 속하라
> 그렇지 아니하면 너희 행악을 인하여
> 나의 분노가 불같이 발하여 사르리니
> 그것을 끌 자가 없으리라
> (4:3-4; 참조. 신 10:16)

하나님의 백성은 정결한 마음을 가진 백성이다. 사도 바울(롬 2:25-29)
은 언젠가 참된 이스라엘의 백성됨을 표시하는 것은 엄격히 말해 이같은 영
적 할례라고 선언하고 있다.

Ⅲ

1. 예레미야가 요시야왕의 생애 동안에 개혁에 관해 가졌던 염려가 무

엇이었든지 간에, 요시야왕의 죽음은 그에게 가장 염려하는 두려움이 현실로 닥친 것이었다. 그에게 요시야왕의 죽음은 비극이었고, 엄청난 충격으로서 다가오는 사건이었다. 우리가 살펴본 것처럼, 요시야는 다시 한번 모든 이스라엘을 다윗의 홀 아래 연합시키려고 시도하였다. 물론 앗수르는 그것을 더 이상 방해하지 못했다. 그러나 애굽 — 프사메티쿠스 1세와 그의 아들 느고 (609-594) 치하의 — 은 치열한 야심을 품고 있었다. 애굽이 과거 천년 전 제18왕조 전성기에 팔레스타인과 수리아를 지배했던 고대제국을 재건하려는 것이 이 바로들의 꿈이었다. 그래서 그들이 위기에 처한 앗수르를 열렬하게 원조했던 것은 이 정책의 한 국면이었다. 요시야는 유다의 종주국을 앗수르로부터 애굽으로 교체할 의도가 전혀 없었다는 사실을 우리는 익히 상상할 수 있다. 주전 609년에, 느고가 바벨론으로부터 하란을 되찾기 위해 최후의 무모한 모험을 시도하는 앗수르를 돕기 위해 북방으로 출병하였을때, 요시야는 므깃도의 통로에서 그를 방해하려고 시도하였다. 그 시도에서 요시야는 전사하고 말았다(왕하 23:28-30)[21].

이 때가 유다 독립의 최후였다. 그 기간은 채 15년도 지속되지 못했다. 요시야의 아들, 여호아하스가 황급하게 왕위에 올랐으나, 바로는 그를 폐위시키고, 애굽으로 납치해 갔다. 그 후 바로는 여호아하스의 형제인 여호야김을 왕에 등극시키고, 유다에 무거운 조공을 부과하였다(왕하 23:31-35). 유다는 애굽의 속국이 되었다.

문제를 더욱 악화시킨 것은 여호야김의 성격이었다. 백성들은 분명히 그를 원하지 아니하였다. 그것은 요시야가 죽었을 때, 백성들이 여호아하스보다 그를 더 무시한 사실로 보아 — 여호아하스가 더 어렸음에도 불구하고 — 분명히 알 수 있다(참조. 왕하 23:31, 36). 우리가 여호야김에 관해 알고 있는 사실은 경솔한 성격의 소유자로서, 통치자로서는 부적합한 사람이라는 것이 전부이다. 그가 어떤 부류의 사람인지는 그가 왕으로서 행한 최초의 조치

---

21) 29절은 느고가 앗수르에 "대항하여" 올라왔다는 사실을 말씀한다. 그러나 애굽은 앗수르에 대항해서가 아니라 앗수르를 위해서 싸웠다는 것이 부정할 수 없는 증거이다. 'al("against"(대항하여)로 번역된)이라는 전치사는 드물게 사용되기는 하지만, "to('al) the river Euphrates"에서처럼, "to"(쪽으로)로 번역되어야 한다.

들 가운데 하나에 의해 분명히 드러난다. 애굽에 대한 무거운 조공에 처해
있던 그 땅과 함께, 정치적 상황은 극도의 불안 속에 있었음에도 불구하고,
그는 새롭고, 더욱 화려한 궁전을 건축하는데 — 그의 아버지의 궁전이 자신
에게 충분하지 못하다는 이유로 — 국고를 다 탕진하고, 무리하게 강제노역
을 실시하는 우를 범하였음을 우리는 본다(렘 22:13-14).

물론 이것은 예레미야에게 가장 혹독한 비난을 받았다. "네가 백향목으
로 집 짓기를 경쟁하므로 왕이 될 수 있겠느냐"(22:15상)고 그는 힐난한다.
이어서 그는 이 버릇없는 젊은이에게, 만일 그가 참으로 사람을 왕으로 만드
는 것이 무엇인지를 알기를 바란다면, 그의 아버지를 생각하라고 충고한 다
음에(15하-16절), 그는 여호야김이 언젠가는 — 아무도 그를 위하여 슬프다
고 통곡하지 않고, 예루살렘 문 밖에 던지워지는 신세가 되어 — 나귀같이
매장을 당하리라고 선언함으로써 그 문제를 끝맺었다(18-19절). 분명히 예
레미야와 여호야김은 사이좋은 관계가 절대로 아니었다!

여호야김 치하(609-598)에서, 개혁의 최후의 흔적마저 사라져 버렸다.
왕이 영적으로 성숙하지 못하고, 깊은 확신이 없었다는 사실은 의심할 여지
없이 그것과 어느 정도 상관이 있었다. 그러나 그보다 더 심각한 것은 신명
기서에 회개하는 백성들에게 약속된 축복들이 실현되지 못했다고 하는 감정
이 백성들 사이에 광범하게 만연된 것임을 우리는 상상할 수 있다. 율법은
심판을 모면하는 대가로 개혁을 요청하였다. 개혁이 있기는 했지만 어쨌든
재앙은 임하였다! 요약하면, 개혁은 대가가 주어지지 않은 것으로 생각되었
기 때문에 수포로 돌아갔다. 예나 지금이나 이방화된 사람들은 눈에 보이는
어떤 대가가 주어지지 않으면 종교에 집착하려고 하겠는가? 어쨌든 이방 제
사의식이 다시 성행하였다(예. 렘 7:16-18; 참조. 겔 8장).

그러나 역설적으로(아니 그것은 전혀 역설이 아니다. 왜냐하면 우리 역
시 철저한 이방인으로서 행동하면서도, 기독교 국민임을 자랑하기 때문이다.
— 정말이지 우리는 교회를 가지고 있기 때문이다) 개혁은 어떤 면에서 가져
서는 안되는 것 — 하나님의 의를 맹목적으로 확신하는 양식 — 에 집착하였
다(렘 2:35). 우리에게는 하나님의 성전이 있고(7:4), 하나님의 율법이 있다
(8:8). 우리는 하나님의 거룩한 백성이고, 하나님은 절대로 죄악을 우리 가
까이 두지 않으실 것이다 — 그리하여 뇌물을 먹은 선지자들은 이런 말들을

반복하며, 보장하였다(5:12; 6:14; 8:11; 14:13). 예레미야가 선포했던 말들은 이같이 자멸적인 독단을 조금도 깨뜨릴 수 없었다. 그것은 쓰라린 최후가 올 때까지 계속되었다.

2. 예레미야와 여호야김 사이에 화평이 있을 수 없었다는 것은 분명하다. 예레미야는 부패한 국가와는 완전히 결별하고, 그 국가에 심판을 선언하였다. 개혁을 중단하도록 용납하는 국가는 하나님과의 언약이 깨어져 있고, 하나님의 자비에 대한 모든 권리를 박탈당하였다. 이방적 방종으로 후퇴하는 이같은 맥락에 따를 때 애굽에 대한 수치스러운 굴복이 설명되어진다. "놉과 다바네스의 자손들도 네 정수리를 상하였으니 네 하나님 여호와가 너를 길로 인도할 때에 네가 나를 떠남으로 이를 자취함이 아니냐"(2:15-17).[22] 그러나 애굽의 비교적 쉬운 속박 아래 정착하는 것과 또 그 고통에서 그렇게 쉽게 벗어나리라고 상상하는 것은 어리석은 일이다. 더욱 무서운 적이 나타났다. 북방에서 출현한 그 끔찍한 원수는 바로 바벨론이었다(예. 5:14-17; 4:5-9; 6:22-26).[23] 그 나라는 무자비하게 파괴할 것이고, 그 결과 너희는 종말을 맞이할 것이다. 이것은 동시에 신학적 위기를 초래할 것이다. 왜냐하면 너희는 너희와 너희가 순종하기를 거부한 하나님 사이에 화평이 없음을 깨달을 것이기 때문이다(4:8-10).

그러나 이 국가는 그 중심에서 하나님의 백성이 아니며, 그의 성전 — 그의 지상의 처소 — 이 아닌가? 그 사실 속에 안전이 존재하지 않는가? 그

---

22) Cf. 앞의 각주 15.
23) 5:14-17의 말씀을 보면, 바벨론인들과 같은 민족을 염두에 두고 있음이 분명하다. 이 시편들(대부분 4-6장에 있는)의 배경은 대략 625년에 일어난 것으로 추정된 스구디아인의 침략 당시로 추정되곤 하였다. B. Duhm (*Das Buch Jeremia, Kurzer Hand-Commentar zum Alten Testament* (Tübingen: J. C. B. Mohr, 1901))에 의해 대중화된 이 개념은 지금은 대부분의 주석가들에 의해 채택되었다. 그러나 이 침략에 대한 증거는 거의 없고, F. Wilke, "Das Scythenproblem im Jeremiabuch" (*Alttestamentliche Studien für Rudolf Kittel; Beiträge zur Wissenschaft des Alten und Neuen Testaments*, 13 (1913), 222-54)의 강력한 비판 이후로, 그 개념은 어느 정도 지지를 상실하였다. 그러나 비록 북왕국의 원수가 바벨론이라고 해도, 바벨론의 위협이 나타나기 전에 다년간 예레미야가 북왕국의 악을 미리 경고했다는 점을 우리는 망각해서는 안된다.

러나 무조건 그 답변은 "아니오!"이다. 그런 종교는 절대로 보루가 아니다.
성전의 단순한 임재를 믿는 믿음은 엄청난 거짓말이다(7:4). 그 성전은 하나
님의 눈으로부터 그 부패함, 그 무정함, 거기서 예배하는 백성들의 완악한
행위를 피할 수 있을 정도로 커다란 구조가 결코 아니다(7:8-10). 하나님은
분향 연기 때문에 앞을 볼 수 없을 정도로 눈이 머신 분이 아니다(7:11) 그
리고 만일 사람들이 찬송을 부르는 성전을 하나님이 파괴할 수 있다는 것을
너희가 믿지 못한다면, 옛날에 실로에 세워졌던 다른 성전 — 옛 지파동맹의
산당 — 을 회상해 보고, 거기에 어떤 일이 일어났는지를 확인해 보라. 하나
님은, 역사의 심판 속에서, 심지어는 교회들까지 멸망시킬 수 있다(7:12-15;
26:6)! 물론 그것은 커다란 신성모독이었다. 예레미야가 그렇게 말했을 때,
행악하는 제사장들에 의해 사주받은 폭도들이 그에게 사형(私刑)을 가하기
위해 몰려 왔다(26:8).[24] 일부 방백들 — 그 중에서도 요시야의 개혁의 추진
자 가운데 한 사람이었던 사반의 아들 아히감(24절; 참조. 왕하 22:12) —
이 없었더라면, 이때 예레미야는 생을 마감했을 것이다. 이들은 선지자가 하
나님의 말씀을 선포하는 것 때문에 죽임을 당할 수 없다는 옛 전통적 관념을
간직하고 있었던 사람들이었다.

　　그때부터 예레미야의 생애는 핍박의 역사였다. 그를 해하려는 음모에 대
한 세부적인 사실들을 여기서 추적할 수는 없다. 그러나 그 사실들은 상당히
많았다(예. 18:18-20; 20:10). 조롱거리와 추방이 그의 몫이었다(20:7;
15:10, 15-18). 그때가 언제인지 우리는 알지 못하지만, 어떤 경우에는 그
의 고향 사람들이 그를 죽이려는 음모를 꾸민 적도 있었는데(11:18-23)[25],
그때 그들은 좋은 말로 그 무서운 계략을 숨겼다(12:6). 예레미야는 자기가
"끌려서 잡히러 가는 순한 어린 양과 같다"고 느꼈다고 선언한다(11:19). 또

24) 7:2-15이 26장과 동일한 경우를 가리킨다는 것은 일부의 예외(예, Smith,
op. cit., p. 147)를 제외하고는 모든 학자들의 의견이다. 그러므로(26:1)
그 연대는 주전 605년이다. 그 두 본문의 본질은, 비록 저자(26장)가 요약형
식으로 그것을 우리에게 제시하기는 해도, 확실히 동일하다.
25) 만일 예레미야가 참으로 개혁의 적극적인 지지자였다면, 아나돗 사람들의 미
움을 받았을 것 — 그들의 지역적 산당이 무용지물이 되기 때문에 — 이라고
이해할 수 있다(예. Peake, op. cit., I, 182). 그러나 그 확신을 보장하기
에는 불확실성이 너무 크다.

다른 경우에는 토기장이의 오지병을 깨뜨리며(19:1-2, 10-13), 예루살렘이 다시는 회복할 수 없을 정도로 파하리라고 선언하였을 때, 그는 성전 관리에 의해 사로잡혀 밤새동안 착고에 채워졌던 일도 있었다(19:14-20:6). 얼마동 안 그가 성전 출입을 전적으로 금지당한 것은 충분히 가능한 일이었다 (36:5).

3. 여호야김은 609년에 보좌에 올라서, 4년 동안 애굽의 봉신으로 남아 있었다. 605년 이후에 사태는 급속도로 악화일로를 걸었다. 그 해에 세계의 권력의 균형이 극적으로 반전되었다. 바로(파라오) 느고는 고대의 애굽제국 을 재건하기를 소원하였다. 그래서 그는 앗수르가 지배력을 상실하였을 때, 유프라테스의 대만곡에 이르기까지 팔레스타인과 수리아를 점령하였다. 몇 년 동안 그는 그 점령지들을 다스릴 수 있었다. 그러나 605년에 느부갓네살 왕자 ― 바벨론 통치자 나보폴라살의 아들 ― 가 유프라테스 유역의 갈그미 스 전투에서 애굽 군대를 격파함으로써, 회복할 수 없는 치명적 타격을 입혔 다.[26] 그리고 때마침 발생한 그의 아버지의 죽음으로 느부갓네살은 바벨론으 로 급히 철수해야 할 상황이었기 때문에, 비록 그가 당장에는 그 유리한 입 장을 견지할 수는 없었음에도 불구하고, 그의 길은 열려 있었고, 아무도 그 를 멈추게 할 수는 없었다. 이런 사태로 말미암아 당시 팔레스타인과 수리아 전역이 얼마나 당황하였을지 우리는 쉽게 상상할 수 있다: 느부갓네살이 언 제 진격해 올 것인가? 그들은 어느 편이 되어야 하는가? 애굽의 봉신이었던 여호야김은 절박한 선택에 직면하게 되었다.

그 해에 예레미야는 그의 왕에게 마지막 경고를 가하는데 총력을 집중하 였다(36장). 성전 출입이 금지된(5절) 그는 자신의 메시지를 친구인 서기관 바룩에게 두루마리 책에 적도록 하고, 그것을 대중들 앞에서 낭독하도록 보 냈다(6절). 바룩은 그대로 실행했다. 왕의 모든 방백들이 그것을 듣고(12 절), 바룩을 청하여, 그것을 다시 읽어줄 것을 요청하였다(14-15절). 그들은 그것을 왕에게 고하는 것이 자신의 의무라고 생각할 정도로 그것을 감명깊

---

26) A. Dupont-Sommer (*Semitica*, I〔1948〕, 57ff.)는 느고가 609년에 죽 었다고 주장한다. 나는 통상적인 연대를 따른다: cf. W. F. Albright, "The Seal of Eliakim and the Latest preexilic History of Judah" (*Journal of Biblical Literature*, LI〔1932〕, 77-106).

게 들었다(16, 20절). 왕은 그것을 듣기를 청하였다(21절). 그러나 그것을 주목하지는 아니하였다! 삼편, 사편을 낭독했을 때(23절), 왕은 낭독하는 사람의 손에서 두루마리를 빼앗아 소도(칼)로 그것을 연하여 베어 화로 불에 던져서 온 두루마리를 태워버렸다.[27] 이같이 이 편협한 인간은 자기보다 훨씬 더 큰 것들을 멸시하였다. 바룩과 예레미야가 방백들이 요청하는 대로 몸을 숨기지 않았더라면(19, 26절), 그들의 목숨은 여기서 끝났을 것이다.

그 일과 함께 예레미야는 국가를 멸망으로부터 구할 의욕을 완전히 상실하였다. 그는 회개를 촉구하지도 않았고, 무엇을 기대하라고 선포하지도 않았다. 국가는 이제 기도를 해도 아무 소용이 없는 ─ 더 이상 기도해도 소용이 없다고 거듭 천명하고 있는 것으로 보아 예레미야는 기도하기를 결코 멈추지 않았다는 사실을 우리는 추측할 수 있다 ─ 나라가 되어버렸다(15:1; 7:16; 11:14; 14:11). 국가의 파멸은 확실하다. 국가는 진멸될 것이다 ─ 거기에는 아무 것도 남아있지 않을 것이다(8:13). 미래를 내다보는 예레미야는 마치 창조가 취소되어, 태초의 혼돈이 다시 지배하는 것처럼, 오직 철저한 파멸만을 볼 수 있었던 것이다.

> 내가 땅을 본즉 혼돈하고 공허하며
> 하늘들을 우러른즉 거기 빛이 없으며
> 내가 산들을 본즉 다 진동하며
> 작은 산들도 요동하며
> 내가 본즉 사람이 없으며
> 공중의 새가 다 날아갔으며
> 내가 본즉 좋은 땅이 황무지가 되었으며
> 그 모든 성읍이 여호와의 앞
> 그 맹렬한 진노 앞에 무너졌으니
> (4:23-26)

---

27) K.J.V.와 A.S.V.는 23절의 의미를 드러내지 못한다. 우리는 왕이 단지 삼, 사편까지 듣고는 분노에 차서 그 두루마리를 빼앗아 태워버렸다는 인상을 받는다. 히브리어 성경은 왕의 행동을 더욱 악랄한 입장에 둔다. "여후디가 삼, 사편을 읽었을 때, 그는(즉 왕은) 칼로 그것을 잘라버리고 불에 던져넣었다." 왕은 성질이 나서 그런 것이 아니라 고의적인 교만에서 그렇게 한 것이었다.

참으로 파멸은 이내 임하였다. 그러나 그것은 예레미야가 기대했던 만큼 총체적으로 즉각 임한 것은 아니었다. 주전 603/602년경 바벨론은 세력을 회복하여, 아시아로부터 애굽 권력의 최후 보루를 빼앗았다. 여호야김은 약삭빠르게 느부갓네살에게 항복하고, 그에게 충성을 다짐하였다. 그러나 여호야김은 오래 참는 성격이 못되었기 때문에, 3년 후에는 반역을 시도하였다 (왕하 24:1). 느부갓네살은 바벨론 군대가 도착할 때까지, 신속하게 이웃 종속 국가들은 파견하여(2절) 그 땅을 유린하도록 하였다. 바벨론 군대는 도착하자마자, 예루살렘을 즉각 포위하였다. 예전처럼, 애굽의 원병은 이루어지지 못했고, 그리하여 곧 그 성읍은 절박한 위경에 처하였다. 그러나 그 시점에서 여호야김은 편리하게도 세상을 떠났다(6절). 아마 그는 암살당했을 것이다(참조. 렘 22:18-19; 36:30). 18세된 그의 아들 여호야긴이 왕위에 올랐으나 곧 항복하고 말았다(왕하 24:8-17). 그리하여 느부갓네살은 왕족들, 궁정관리들, 그리고 핵심 국민들과 함께 그를 바벨론으로 강제로 이송시켰다. 그런 다음에 그는 그의 삼촌 — 여호야김의 동생, 시드기야 — 을 바벨론의 꼭두각시로서 남은 백성을 다스리는 지배자로 세워놓았다. 그 뒤로 유다는 11년 동안 존속하였다.

4. 유다의 마지막 왕은 바로 이 시드기야(598-587)였다. 우리는 맹목적인 애국주의에서 뭔가 배울 것이 있다고 생각하지만, 그것은 아무 것도 가르쳐주지 못했다. 4년이 채 안되어 반역 음모가 진행되었다.[28] 에돔, 모압, 암몬, 두로 그리고 시돈의 종속 왕들의 사신들이 반역 계획을 수립하기 위해 예루살렘에 모였다(27:3). 아마 애굽의 후원에 대한 약속, 또는 그에 대한 희망이 있었을 것이다. 그러나 그 이상의 것이 있었다. 낙관적인 선지자들은 하나님이 이미 바벨론의 멍에를 꺾으셨고, 포로로 잡혀간 왕 여호야긴과 강제로 이송된 모든 백성들을 성전의 모든 기구들과 함께 예루살렘으로 옮겨놓을 것이라고 — 그것도 2년 안에! — 선언함으로써(28:2-4), 백성들의 흥분을 부추겼다. 이들은 이사야에 의해 예언된 숙청은 이미 지나갔고, 남아있는

---

28) 27:1에 나오는 연대는 분명히 필사자의 오류이다(cf. A. S. V. 난외주). 27
   장의 사건들은 28장의 사건들과 동일한 연대 즉 시드기야 제4년에 속한다(참
   조. 28:1; 27:2; 28:10). 필경 27:1은 그 연대가 정확한 26:1을 실수로 필
   사한 것일 것이다. 헬라어성경은 그 구절을 완전히 빼먹는다.

사람들은 하나님이 짧게나마 자신의 나라를 구축하신 순수한 남은 자라고 생
각하는 환상적인 관념에 사로잡혔다는 설명 외에는, 이런 어리석음에 대한
마땅한 설명이 거의 있을 수 없으리라(참조. 겔 11:14; 33:24이하)!

　　에스겔에서와 마찬가지로, 예레미야에게도, 이것은 아무런 의미가 없는
억설이었다. 예레미야 자신은 언젠가 메시야로서의 왕이 다스릴 남은 자가
있으리라는 소망을 간직하고 있었다(23:5-6). 그러나 "여호와는 우리의 의"
라고 불리어져야 할 이 왕은 그 이름과는 너무 동떨어진 무가치한 삶을 살아
온 시드기야와는 아무 상관이 없다.[29] 시드기야와 그의 일당들에 관해 말한
다면, 그들은 너무 썩어서 먹을 수 없는 극히 악한 무화과이다(24장). 그들
은 하나님의 백성이 아니고, 하나님 나라는 그들 위에 수립되지 않을 것이
다. 598년의 재난으로 정화된 것은 아무 것도 없었고(6:27-30), 이런 조악
한 금속을 계속 제련하는 것은 무익한 일이다. 그래서 예레미야는 그의 목에
줄과 멍에를 메고 음모자들 앞에 나타나서(27:2-11), 그들에게 느부갓네살
의 멍에에 복종하라고 말하였다 — 왜냐하면 그것은 죄악된 백성들에 대한
하나님의 심판이고, 그것에 반하는 반역은 하나님에 대항하는 반역이었기 때
문이다. 동시에(29:1-14) 그는 바벨론에 있는 포로들에게 편지를 써서, 즉
각 해방될 것이라는 말로 그들을 선동하는 거짓 선지자들을 무시하고, 그곳
에서 오랫동안 머물러 있으라고 일러주었다.

　　예레미야의 말 때문인지 또는 시드기야의 방백들이 그렇게 전개되리라
고 이해한 권력정책들의 냉정한 논리 때문인지는 모르지만, 594년의 반역은
좌절되었고, 시드기야는 느부갓네살과 화평하게 되었다(29:3; 51:59). 그러
나 몇 년 안있어 다시 반역의 불길이 타올랐다. 프사메티쿠스 2세(594-588)
와 그의 아들 호브라(599-569)는 팔레스타인에서 반바벨론 동맹을 획책하려

---

29) 23:5-6에는 분명히 시드기야라는 이름에 관한 동음이의성 표현이 있다. 이상
　　적 왕에 관한 명칭은 "여호와는 우리의 의"라는 말이다. 이 말은 본질적으로
　　시드기야(sidqiyahu, "여호와는 나의 의")라는 이름과 동일하다. 그 구절의
　　진정성은 광범하게 논란이 되고 있지만, Peake, op. cit., I, 260에서 그것
　　을 옹호하는 유익한 내용을 볼 수 있다. 또한 W. Rudolph, *Jeremia*
　　(*Handbuch zum Alten Testament* (Tübingen: J. C. B. Mohr,
　　1947)), pp. 125ff을 보라. 나는 문제의 왕이 메시야라는 Peake에게 동조
　　하고, 그것을 반대하는 Rudolf에게는 대립한다.

는 시도를 버리지 않았다. 589년경에, 많이 알려져 있었던 것처럼 보이지만, 그의 방백들에게 충분한 권력을 갖지 못했던 시드기야는(참조. 38:5), 동맹에 가담할 것을 종용받았다. 바벨론은 대략 그 해 여름에 신속하게 대응하였다. 588년 1월에(52:4), 예루살렘은 완전히 봉쇄되었고, 단지 라기스와 아스가만을 남기고 나머지 견고한 성읍들은 다 무너졌다(34:7-8).[30] 시드기야는 애굽에 원병을 요청하였는데,[31] 그 원병은 588년 여름에 당도하였고 (37:5), 그 결과 바벨론은 어쩔 수 없이 포위를 풀게 되었다. 그러나 애굽의 원병은 보통 수준의 병력이어서 즉각 참패하였다. 그리하여 포위는 다시 계속되었다. 비록 그 성읍은 거의 그 다음 해까지 곧 587년 여름까지 지탱했으나(52:5-6), 그 운명은 마감이 되었다. 느부갓네살의 포위 공격으로 성벽이 무너지자 시드기야는 도망을 쳤고, 결국은 잡혀 심문을 당하고, 착고에 매이고, 눈이 뽑힌 채 포로로 끌려갔다. 그 성읍과 성전의 파괴, 그리고 더 나아가 국민들의 포로화가 수반되었다.

그 모든 과정을 통해 예레미야는 한결같이 최악의 재난을 예언하였다. 그는 선한 왕인 히스기야의 시대에서처럼 하나님이 간섭하시리라는 소망을 끝까지 버리지 않은 시드기야에게(21:2) 이적은 결코 일어나지 않을 것임을 강조하였다. 오히려(21:3-7) 하나님은 갈대아인들을 위해 적극적으로 싸우셨다. 애굽의 진격으로 포위공격이 풀리고(37:5-10), 희망이 고조되었을 때에도, 그는 원수가 다시 돌아올 것과 비록 갈대아 군대가 그저 부상병들로 이루어졌다고 할지라도, 심지어는 그들이 일어나서 성읍을 취할 것이라고 예언하였다. 그는 또한 백성들에게 항복하도록(이것은 지나친 말이었다) 충고하였는데(21:8-10), 많은 백성들이 그의 충고를 받아들였다(38:19; 39:9). 이 일로 그는 지하감옥에 던져져서(38장), 죽음에 버려졌다. 이때 그는 흑인 노예 에벳멜렉의 용감한 대처가 없었더라면 죽음을 면치 못했을 것이다. 그

---

30) 라기스와 아스가가 마지막까지 남아있었던 최후의 보루였다는 것은 도자기 조각들 위에 기록된 서신들의 묶음인 라기스 오스트라카(참조, IV:10)에 의해 극적으로 예증된다. 이것은 대부분 군대의 전방진지들로부터 그것들이 발견된 라기스의 수비대 지휘관에게 급송된 서신들이었다. 그것들은 예루살렘이 멸망하기 전 마지막 해부터 등장한다.

31) 라기스 서신 III:14-16은 그 해에 애굽으로 대표단이 파견된 사실을 말해준다.

는 예루살렘 성읍이 멸망했을 때 비로소 감옥으로부터 풀려났다.

우리는 여기서 그 이야기를 마쳐야 한다. 느부갓네살이 유다의 귀족 그 다랴를 그 황폐한 땅을 다스리는 총독으로 세웠음을(40:5) 말하는 것으로 충분하다. 정복자들이 예레미야에게 그 땅에 머물러 있든지 아니면 바벨론으로 가든지 선택하라고 요구했을 때, 그는 그 땅에 남는 길을 선택하였다(40:4-6). 그러나 가까스로 3개월이 지나자 어떤 극렬분자들이 바벨론에 협력했다는 이유로 그다랴를 쳐죽였다(41장). 비록 그다랴 주변의 무리들은 이 사건에 연루되지 않았다고 해도, 그들은 바벨론의 보복이 두려워 애굽으로 도망치게 되는 것을 본다(42-43장). 예레미야는 그것을 강력하게 반대했지만 결국에는 그들과 함께 애굽으로 가서 그곳에서 생애를 마쳤다.

Ⅳ

그러나 이 모든 것은 우리가 다루고 있는 주제와 별로 상관이 없다고 말하는 사람이 있을 것이다. 여기서 우리는 하나님 나라의 소망에 관해 말하고 있었다. 따라서 이같이 단호하게 심판을 외치는 사람은 확실히 하나님 나라에 아무 것도 공헌하지 못한 것처럼 보일 것이다. 그러나 그는 공헌하였다! 참으로 지금까지 그 이상으로 하나님 나라에 기여를 한 사람은 별로 없다. 후세인들은 예레미야를 "눈물의 선지자"로서 기억하지만 만일 그가 과연 그렇다면, 그의 눈물은 영혼의 정화를 위한 눈물이었다. 아마 이런 사람 곧 소망의 맨끝까지 다다르고, 인간들이 신뢰하는 모든 것에 대한 신뢰를 상실해 버린 사람은 하나님의 영속적인 구조를 분명히 바라볼 필요가 있었을 것이다.

1. 물론 예레미야의 메시지는 그 어느 것도 총체적일 수 없는 국가를 하나님 나라의 도구로서 보는 관점을 전적으로 거부하는 데 있었다. 이것은 국가와 왕정제도를 죄악된 제도로서 거부하도록 부르심을 받은 혁명가였다는 것을 의미하지 않는다. 반대로 ─ 그리고 이것은 모든 선지자들에게 해당된다 ─ 예레미야는 결코 기존제도 그 자체를 공격하고, 그것들을 다른 제도로 대체하도록 주장하지 않았다. 그는 왕정제도를 당연한 제도로 생각하였다. 그의 하나님은 정부의 형식을 신성화하지도, 그렇다고 정죄하지도 않으셨다.

참으로 그는 왕정제도는 땅위에서 하나님의 질서에 근접한 질서를 보장하기 위해 하나님 아래에서 그 존재의 본분을 갖고 있고(21:11-22:5), 만일 사실이 그러하다면, 그 제도는 정당화된다고 보았다. 그리고 요시야에게서 그는 하나님의 눈으로 보기에 가장 기뻐하실 만한 왕의 모습을 보았다(22:15하-16).

그러나 그가 알았던 국가는 여호야김과 시드기야의 국가로서 독신적(瀆神的)인 국가였다. 그 국가가 용납하고, 장려했던 불의 및 우상숭배와 함께 하는 한 그것은 결코 하나님의 백성의 나라가 아니었다. 하나님은 이런 나라를 옹호하지 않았다. 그것은 성난 맹수처럼 하나님께 달려들었다(12:7-8). 그러므로 하나님은 자신이 극진히 사랑하셨던 것을 미워하시고, 그것을 그 원수의 손에 넘기셔야 했다. 하나님과 그 사이에 맺었던 언약이 무엇이든 간에, 국가는 깨어지고, 끝장이 났다. 예레미야와 동시대인으로서 그보다는 젊은 에스겔도 정확하게 예레미야와 똑같은 신념을 간직하고 있었다. 이 새로운 선지자가 받은 그 기묘한 환상들 가운데 하나는(겔 10-11장), 그가 성전으로부터 나와서, 성전을 덮고, 사라지는 여호와의 진정한 영광 — 히브리 신학에서는 장엄한 여호와의 임재를 상징하는 — 을 본 것이었다. 여호와는 더 이상 이 백성들 및 이 성읍과 함께 하시지 않으리라!

이사야가 그랬던 것처럼, 예레미야의 슬픔은 국가 안에 현재의 비극을 정화시킬 수 있는 "거룩한 씨"가 있다는 확신에 따라 완화될 수 있는 것이 아니었다. 확실히 우리가 앞에서 확인했던 것처럼(23:5-6) 그리고 이후에 우리가 다시 살펴볼 것처럼, 예레미야는 남은 자 주제에 대해 커다란 역할을 담당하였다. 그의 슬픔에도 불구하고, 그는 하나님의 참된 백성의 영광스러운 미래에 관한 소망을 결코 포기한 적이 없었다. 그러나 현재의 상황을 바라볼 때, 그는 어떤 단일한 무리 위에 손을 얹고 "여기 순결한 남은 자가 있노라!"고 선언할 수 없었다. 어떤 무리도 파멸을 면할 수 없을 것이다. 여호야김과 그의 아첨배들에 대해 예레미야는 가장 신랄한 비난을 퍼부었다. 그리고 시드기야와 그의 방백들에 대해 그는 아무 열매도 맺지 못하는 썩은 무화과라고 책망하였다(24장).

비록 그가 국가의 참된 미래가 598년에 소년왕인 여호야긴과 함께 포로로 잡혀간 사람들에게 달려있다고(24장; 29:10-14) 느끼기는 했지만, 그것은 요원한 일이고, 철저한 마음의 변화를 전제로 하였다. 그가 알고 있었던 백성들에 관해 말한다면, 그들은 구속의 영역에서 벗어난 사람들이라는 생각이 그에게 있었다. 등불을 들고 다닌 디오게네스처럼(5:1-9), 그 역시 예루살렘 거리에서 정직한 사람을 찾아 다녔지만 한 사람도 찾을 수 없었다고 단언하였다. 순금이 이같이 형편없는 광석으로부터, 아니 이같은 용재로부터 추출될 수 있다는 것은 무모한 소망이었으리라(6:27-30)! 그들은 마음까지 썩고, 결코 회개할 수 없는 자들이다:

> 구스인이 그 피부를
> 표범이 그 반점을 변할 수 있느뇨
> 할 수 있을진대 악에 익숙한 너희도
> 선을 행할 수 있으리라
> (13:23)

예레미야를 국가에 대한 실질적 배신으로 이끌었던 요인은 국가의 도덕성에 관한 그의 총체적인 비관주의였다. 확실히 그는 반역자처럼 목소리를 높였다(21:8-10). 따라서 그의 동료 백성들은 그를 이해하였다(37:13-14; 38:2-4). 또한 그가 그들 편이라고 생각한 바벨론인들은 그를 이해하였다(39:11-12). 그리고 우리 역시 그를 이해한다고 인정되어야 한다. 그러나 예레미야는 절대로 겁쟁이도 아니었고, 평화주의자도 아니었으며, 바벨론의 첩자의 한 사람도 아니었다. 그는 하나님과 문제에 대한 명백한 도덕적 권리가 더 이상 그의 국가의 편에 있지 않다는 두려운 깨달음에 직면한 사람일 따름이었다. 이런 맥락 속에서 보면, 그는 어느 정도 자신의 나라를 할 수 있는 한 끔찍히 사랑하지만, 그럼에도 불구하고 어쩔 수 없이 그 국가와 결별하지 않으면 안된다고 느끼는 반나치 독일인이나 반공산주의자 러시아인과 같은 입장에 처해 있었다. 그의 국가의 지도자들은 분명히 그를 반역자로 낙인을 찍을 것이지만, 아마 그는 최고의 애국자로 인정받아야 할 것이다. 예레미야는 단지 바벨론을 죄악된 국가에 대한 하나님의 징벌의 도구로서 생각할 수 있었다. 국가는 그 심판에 복종해야 한다. 왜냐하면 거기에 반역하는 것은 하나님에 대해 반역하는 것이고, 어떤 파멸을 자초하는 것이기 때문이다

(27:5-11). 하나님은 유다왕국과 결별하고, 그 국가와 전쟁을 선포하였다.

2. 그의 "고백"이 우리에게 말해주는 것처럼, 이같은 과정을 걷기 위해 예레미야는 치열한 투쟁의 대가를 치렀다. 여기서 벗어나고 싶은 유혹은 불가항력적이었다. 그 까닭은 예레미야가 자신의 가장 깊은 영혼 속에서 우리에게 비추는 이 희미한 불빛은 값으로 따질 수 없기 때문이다. 여기서 우리는 자신과 그리고 하나님과 전쟁 속에 있는 한 영혼을 본다. 예레미야는 조금도 주저하지 않고 자신의 하나님을 향해 불공평함을 토로할 정도로 적극적이었다. 그에게는 그의 백성들을 비난하는 것이 기쁜 일이 아니었음이 너무나 분명하다. 그는 어쨌든 자신이 선지자 직분을 바라지 않았음을 하나님께 상기시켰다(17:15-16). 그는 그 직분을 벗어버리기를 원하였다(9:2). 그는 자신이 광야의 가장 비천한 오두막집에서 사는 것이 이같은 백성들 중에서 사는 것보다 더 낫다고 선언하였다. 그는 거의 불경스러운 말로 하나님께 조롱거리들을 털어놓고, 하나님이 자기를 "꼬여서"(20:7) 그 일에 끼어들게 했다고 반박하였다. 그는 자신의 운명에 대항하여 분투했지만, 하나님은 단순히 그를 압도하셨다. 그것은 그토록 전능하신 하나님을 위한 위대한 승리가 아니었는가! 다시 말해 예레미야는 추방당하고, 홀로 외로울 때, 치명적인 상처로 고통당하는 사람처럼 느꼈다(15:17-18). 그리고 힘을 얻기 위해 그의 하나님에게 돌아섰을 때, 그는 그가 언젠가 "생수의 근원"이라고 불렀던 (2:13) 진정한 하나님이 마른 내와 다를 것이 없다고 느꼈다. 그의 영적 자원은 완전히 고갈되었다. 그러나 그는 그 자리를 떠나려고 시도했지만, 결코 떠날 수 없었다. 하나님의 말씀이 그에게 임하여 그를 강제하였기 때문이다:

> 내가 다시는 여호와를 선포하지 아니하며
> 그 이름으로 말하지 아니하리라 하면
> 나의 중심이 불붙는 것 같아서
> 골수에 사무치니
> 답답하여 견딜 수 없나이다
> (20:9)

인간 영혼은 이런 긴장을 견뎌내지 못한다. 그 결국은 절망 — 비할 수 없는 절망으로서, 말로 표현할 수 없지만, 예레미야가 아주 감동적인 어조로 표현한 절망 — 이다. 그것들은 그 음악이 듣는 자에게 죽음을 예감할 수 있도록 할 만큼 애처로운 어떤 심포니 애상곡에 붙여져 있는 말들이다. 예레미야는 살기를 원하지 않았다:

> 내 생일이 저주를 받았더면
> 나의 어미가 나를 생산하던 날이
> 복이 없었더면
> 나의 아비에게 소식을 전하여 이르기를
> 네가 생남하였다 하여
> 아비를 즐겁게 하던 자가
> 저주를 받았더면
> 그 사람은 여호와께서 훼파하시고
> 후회치 아니하신 성읍같이 되었더면
> 그로 아침에는 부르짖는 소리
> 낮에는 떠드는 소리를 듣게 하였더면
> 이는 그가 나를 태에서 죽이지 아니하셨으며
> 나의 어미로 내 무덤이 되게 하지 아니하셨으며
> 그 배로 항상 부르게 하지 아니하신 연고로다
> 어찌하여 내가 태에서 나와서
> 고생과 슬픔을 보며
> 나의 날을 수욕으로 보내는고
> (20:14-18)

우리는 다음과 같이 말하려는 유혹을 받을 수 있다: 여기 한 겁많은 인간, 완전히 하나님을 믿는 신앙을 상실해버린 영혼이 있도다. 그러나 그것은 속단이리라! 만일 예레미야가 우리에게 털어놓지 않았다면, 우리는 그것에 관해 전혀 알지 못했으리라는 사실을 기억해야 한다. 우리가 다만 그가 공개적으로 한 말과 그의 행적에 대한 기록만 가지고 있었더라면, 우리는 절대로 이런 갈등이 있었다는 것조차 추측할 수 없었을 것이다. 일부에 지나지 않는 그의 원수들이 행한 일에 대해 말하는 것이 안전하다. 그의 행동 속에는 그것을 벗어날 만한 것은 아무 것도 없었다. 그의 내면 속에는 펄펄 끓는 소용돌이가 있었다. 그러나 외부적으로는 난공불락의 "놋성벽"이 있었다(1:18; 15:20). 내면적으로는 모든 두려움과 절망의 성격이 있었다.

그러나 외부적으로는, 우리가 아는 한, 한치도 뒤로 물러서지 않는 사람이었다. 참으로 여기서 우리는 참된 신앙이란 무엇인가를 배운다: 그것은 결코 어떤 질문도 묻지 않기 때문에 질문에 의해 문제가 일어나지 않는 그런 단순한 신앙이 아니다. 참된 신앙은 모든 질문들을 묻되, 답변들을 별로 수용하지 않으나 "단단히 준비를 갖추라! 너의 임무를 다하라! 너의 소명을 기억하라! 하나님께 자신을 투신하라!"는 명령을 듣는 신앙이다.

이런 맥락 속에서 예레미야는 종교의 목표는 그 공포, 그 의심 그리고 그 좌절감으로부터 해방된 통합된 인격에 있다는 인기있는 현대적 관념을 거부하는 것으로 보인다. 확실히 예레미야는 통합된 인격은 못되었다. 그의 피눈물나는 생애를 마칠 때까지 그가 "평화"라는 말의 의미를 알았는지 의심스럽다. 우리는 비록 그가 세월이 흐르면서 자신의 운명을 더욱 자연스럽게 받아들였다고 할지라도, 그의 내면적 갈등이 언제까지 계속되었는지에 대한 증거는 거의 없다. 만일 그의 "고백"이 어떤 지표가 된다면, 예레미야는 최악의 상태에서 목회심리학적 치료의 과정을 필요로 할 것이다. 물론 정신적 및 영적 건강을 창출하는데 있어서 신앙의 기능을, 또는 이 목적을 달성하기 위한 필수적인 요법을 소홀히 취급하려는 의도는 없다. 그러나 만일 예레미야가 통합된 인격의 소유자라면, 그것은 그가 예레미야이기를 멈추는 대가로 가지는 것이라는 감정을 피할 수 없으리라! 예레미야는 단순히 평화 속에 있는 사람일 수 없다. 영적 건강은 좋은 것이다. 정신적 확신도 좋은 것이다. 그러나 신앙의 요청은 통합된 인격에 대한 것도 아니고, 모든 의문들을 회피하는 것도 아니고, 하나님 아래서 그 의무와 운명을 다하기 위한 인격의 헌신 — 그 두려움과 의문들에도 불구하고 — 에 대한 것이다.

예레미야는 이 끝없는 영혼의 겟세마네로부터 신기하게도 그리스도를 닮은 모습을 보여주었다. 그렇다고 해도 우리가 예레미야를 기독교 성인으로 삼을 수는 없겠지만! 그는 겸손이 아니라 분노로 가득차 있었다. 그의 분노 속에서 그는 그의 원수들을 저주하는 법을 알고 있었다. 예를 들어 예레미야 18:18-23을 읽어보면 우리는 예레미야가 말할 수 있는 한 가장 분명하게 자

신의 대적들에 관해 말하고 있는데, 그것은 갈보리의 십자가상에서의 예수님
의 말씀에 대조되는 풍자처럼 보인다: "아버지여, 그들을 용서하지 마옵소
서. 그들은 자기들이 하고 있는 짓을 잘 알고 있사옵니다." 그것은 그리스도
의 것과는 전혀 다르고, 여러분이나 나의 것과 동일하다.[32]

그러나 그의 용솟음치는 인간적인 열정에도 불구하고 그리고 하나님과
운명에 대한 그의 처절한 불평에도 불구하고, 하나님 나라를 위하여 쓰라린
고통을 감내하고 있는 한 사람이 여기에 있었다. 그는 죽기까지 순종하였고,
그의 영혼이 꽁무니를 빼고, 부득불 꼬리를 감추고 줄행랑을 쳐야 할 때에
도, "내 원대로 마옵시고 당신의 원대로 하옵소서"(눅 22:42)라고 말하는 자
신을 발견하고, 자기 십자가를 졌다. 죄악된 백성들 때문에 고통을 당하고,
그 고통을 통해 모든 번영과 측량할 수 없는 유익을 제공한 한 선한 사람이
여기에 있었다. 그리고 엄밀히 말해 자신의 가장 깊은 고통 속에서 그가 비
난하지 않으면 안되는 죄악된 백성들에 대한 자신의 사랑을 발견한 한 사람
이 여기에 있었다:

> 슬프다 나의 근심이여
> 나의 중심이 번뇌하도다[33]
> 딸 내 백성의 심히 먼 땅에서

---

32) 어떤 학자들은, 순전히 감정적인 이유만으로, 예레미야가 이런 일을 말할 수
있었다는 사실을 믿지 않는다(예. Peake, op. cit., I, 234; Duhm, op.
cit., pp. 158-59). 그러나 그 점에 관한 Smith(op. cit., pp. 329 ff.)
와 Rudolph(op. cit., p. 107)의 언급을 보라. 우리는 우리 경견의 이상
들에 따라서 예레미야를 재구성할 수 없다.

33) 18절의 영어번역은 추측이다. 히브리성경의 첫번째 단어는 그 위치로 볼 때
번역이 불가능한 말이다. 아마(cf. Rudolph, op. cit., p. 54) 그것은 그
앞 구절의 마지막 부분으로 옮겨져야 할 것이다. 그 구절을 약간 수정하면, "
… 그들이 너희를 칠 것이고, 따라서 치유는 없으리라"로 끝날 것이다. 따라
서 18절은 "alay(=alah) yagon alay" ─ 슬픔이 나에게 임하였도다"로 시
작할 것이다.

34) 영어성경은 "meeres marhaqqim"을 "from a land far off"(개역성경:심
히 먼 땅에서)로 번역한다. 그러나 20절은 최후의 타격이 아직 임하지 않았
고, 여전히 구원을 소망하게 된다는 점을 지적한다. "far and wide
through the land"(문자적으로는, "from a land of distances") 로 읽
는 것에 대해서는 이사야 33:17을 참조하라.

부르짖는 소리로다[34]

여호와께서 시온에 계시지 아니한가
그 왕이 그 중에 계시지 아니한가
…… …… ……

추수할 때가 지나고 여름이 다하였으나
우리는 구원을 얻지 못한다 하는도다
딸 내 백성이 상하였으므로
나도 상하여 슬퍼하며 놀라움에 잡혔도다

길르앗에는 유향이 있지 아니한가
그곳에는 의사가 있지 아니한가
딸 내 백성이 치료[35]를 받지 못함은
어찜인고

어찌하면 내 머리는 물이 되고
내 눈은 눈물 근원이 될꼬
그렇게 되면 살륙당한 딸 내 백성을 위하여
주야로 곡읍하리로다
(8:18-9:1〔히브리성경은 8:18-23〕)

이런 사랑은 죄악된 예루살렘을 암탉이 그 새끼를 날개 아래 모음 같이 그의 날개 아래 기꺼이 모으려고 한(마 23:37) 또 한 사람의 사랑과 오직 비견할 수 있는 것이다 ― 그러나 그것은 허탄한 것이었다!

3. 이제 예레미야의 성격과 메시지 속에 담겨있는 이러한 요소들은 엄격히 이스라엘의 신앙의 존속에 크게 공헌한 요소들이다. 그러므로 아마 우리는 예레미야의 가장 심오한 영혼에 대한 우리의 지엽적인 설명은 전혀 지엽적인 것이 아니라는 점을 발견할 것이다.

예레미야와 에스겔이 국가를 그토록 전적으로 거부해야 했던 이유를 통

---

35) "치유"는 문자적으로는 상처를 덮고 돋아나는 "새 피부"이다.

해 우리는 하나님의 목적이 국가 없이도 이루어질 수 있음을 깨달을 수 있
다. 이것은 충격을 완화시키는 강력한 쿠션이었다. 그 당시에 종교의 유일한
목소리는 임박한 구원을 약속하는 전문적인 선지자들과 시온의 신성불가침을
선언하는 제사장들이었음을 상상해 보라! 그것은 완전히 환멸과 같은 것이었
다. 그같은 종교는 587년의 재난 당시에 국가와 함께 연기와 잿속으로 사라
졌다. 이스라엘의 신앙이 제공해야 했던 모든 것이 정당한 약속들이었다면,
국가와 성전의 몰락은 당연히 하나님의 패배와 이방종교의 승리를 의미했을
것이다. 우리가 앞으로 살펴보겠지만, 많은 사람들이 그것을 그렇게 보도록
유혹을 받았다.

그러나 비극을 하나님의 심판, 곧 그의 도덕적 목적의 도구로 선언하는
신앙에 대한 최고의 목소리가 여기에 있었다. 일격을 가하신 분은 하나님이
었다. 하나님은 과거와 현재와 미래 속에서 항상 역사의 지배자가 되실 것이
다. 예레미야와 에스겔의 입술을 통해서, 이스라엘의 신앙은 가장 극심한
재난 속에서도 충분히 존속될 수 있을 정도로 위대한 것임을 증명하였다. 그
리고 모든 역사의 비극을 그 체제 속에 포괄할 수 없고, 비극의 지옥의 최심
층에까지 내려갈 수 없는 종교, 그러나 그것을 일종의 거대한 비극으로서 남
겨두고 다만 물음표만을 읊어대는 종교는 떠나야 한다는 것을 잊어서는 안된
다 — 그같은 종교는 비극에 대해서는 단 한 마디의 말도 할 수 없다. 그것
은 비극에 대처할 수 없고, 바로 그렇기 때문에 그것은 역사에 대처할 수도
없고, 역사 속에서 살아남을 수도 없다. 이스라엘의 신앙이 전폭적으로 존속
할 수 있었던 것은, 즉 이스라엘이 어떤 상황 속에서도 소망을 가지고 살 수
있었던 것은 그토록 무자비하게 모든 거짓된 소망을 박멸시켰던 선지자들의
유익한 역할이 있었기 때문이다. 하나님이 세우시고자 한 나라는 유다왕국
및 그 성전과 동일한 것이 아니다. 따라서 그 국가와 성전의 파괴는 하나님
의 패배가 아니다.

더욱이 영혼의 고독 속에서 예레미야는 종교의 내적 및 개인적 성격을
크게 강조하였다. 교과서에서 그렇게 자주 말하는 것처럼, 지금은 확실히 예
레미야나 에스겔은 구약성경 신앙에 있어서 개인주의의 아버지라고 말해져서
는 안된다. 히브리인은 항상 사회의 연대적 본질에 강한 의미를 부여한 것은
사실이고 (우리에게는 과소평가하거나 망각하는 악습이 있다는 점에 진실이

담겨있다), 또 선지자들이 국가에 도전하고, 언약백성으로서의 그 위치에 따라 국가를 하나의 전체로서 보았다는 것도 사실이다. 그러나 국가는 개별적인 인간들로 구성되었고, 구약성경의 정신이 그 점을 자각하지 못한 적은 결코 없었다. 십계명의 "너희는 … 할 것이니라"는 표현은 개인의 의지 앞으로 보내어진 것이다. 선지자들의 전반적인 윤리적 공격은 개인들의 입장에서 그들을 압박하는 개인들의 양심에 대한 공격으로 선회하였다.

그러나 이것이 우리로 하여금 그의 하나님에 대한 관계의 내적 및 개인적 본질에 대해 예레미야만큼 비중을 둔 사람은 거의 없었다는 사실을 간과하도록 해서는 안된다. 아마 외적 상황들이 이것을 설명하는데 도움을 줄 것이다. 국가가 자신의 듣는 귀를 무시할 때, 국가 종교가 참여할 수 없는 혐오스러운 일에 가담했을 때, 예레미야 같은 사람이 자신의 최심층의 영혼의 프라이버시 속에서 그의 하나님을 만나야 하고, 그렇지 아니하면 하나님을 전혀 만나지 못하는 것은 불가피하였다. 누구도 예레미야만큼 종교를 열정적으로 내면의 문제로 다루지는 못하였다. 어떤 선지자도 예레미야 이상으로 회개의 내적 본질, 곧 마음의 변화를 크게 강조하지는 못하였다. 그의 선포는 단순히 국가에 대한 공격이 아니라 여호야김의 왕국에 반대하고, 하나님 나라를 위해 결단하도록 개인들을 부르시는 소명에 관한 것이었다. 그리고 그 자신의 삶은 그 결단의 무한한 대가에 대한 예증이었다. 에스겔 역시 그 나름의 방식에 따라 예레미야와 동일한 길을 걸었다는 사실이 부언될 수 있다(예. 18장).

그러나 이것은 국가 및 국가적 제사의식과는 분리된 신앙이 개인들의 마음 속에 살아있을 가능성에 대한 길을 제시하였다. 하나님의 백성의 관념은 예레미야 안에서 완전히 이스라엘 국가와는 상관없이 정립되었다. 그리고 비록 거룩한 남은 자가 어느날 출현하리라는 신앙이 보존된다고 하여도, 이사야가 가졌던 소망이 나타나는 것과 같은, 국민 중에서 정화된 소수의 택자들은 어쨌든 재난을 모면하고 계속 생존할 것이라는 소망을 가질 수 없었다. 왜냐하면 그 재난은 전면적이고, 아무도 그것을 피하지 못할 것이기 때문이다. 따라서 선민의 관념은 그때까지 존재했었던 관념과는 전혀 다르게 개인화의 문제가 된다. 철저하게 대가를 치르는 굴욕받는 잔류국민의 개인들이 하나님의 말씀을 듣고, 그의 뜻에 순종한다 ― 이들이 하나님의 백성들이다.

비록 국가는 멸망했지만, 그리고 성전은 훼파되었지만, 개인적인 백성들이 어디에서든 하나님을 만날 수 있다(예. 렘 29:10-14; 참조. 겔 11:6). 예레미야와 에스겔(예. 렘 24장; 겔 11:14-21)은 이 남은 자를 생각하면서, 모든 국민 중에서도 가장 심한 굴욕을 당한 부류인 바벨론 포로들을 특히 주목했던 것처럼 보인다. 이같은 극도의 시련 속에서 하나님은 순전한 백성들을 창조하실 것이다.

4. 그리고 이 참된 하나님의 백성은 언젠가 새 언약을 맺는다. 우리는 마침내 예레미야같은 사람만이 가질 수 있는 개념에 이르게 되었다. 왜냐하면 하나님 나라를 낳는데 있어서 지상적 질서의 전면적인 실패를 보고, 인간의 손으로 이룰 수 있는 것에 대해서는 최후의 소망마저 상실해버린 사람들이 더 높은 소망을 견지할 수 있고, 분명히 인간의 손으로 이룩되지 않은 성읍을 볼 수 있기 때문이다. 백성들 — 그들의 희망적 관측이 놀랍기만하다 — 이 모든 소망을 부여잡고 있을 때에, 예레미야는 어떤 소망도 가질 수가 없었지만, 그래도 희망을 버리지 않았다.

예레미야에게서 전혀 기대할 수 없는 것처럼 보이던 이 소망[36]은 그의 신학에 안전하게 기초되었다. 사실상 소망은 잘못된 말이다. 왜냐하면 현재 상황 속에서는 최소한의 소망이라도 가질 것이 아무 것도 없었기 때문이다. 그것은 오히려 하나님을 믿는 불굴의 신앙이었다. 예레미야의 하나님은 이스라엘의 하나님이었다. 그리고 이스라엘의 하나님은 한 분 곧 만물의 전능하신 창조주이자 지배자이신 분이셨다. 역사는 그분의 손 안에 있고, 역사 속에서 그분은 자신의 목적을 이루실 것이다. 예레미야가 소망을 포기했다는 것은 그가 이스라엘의 재난은 하나님이 좌절하시고, 패배하셨다는 것을 의미

---

36) 만일 예레미야가 미래에 대한 어떤 소망을 갖고 있었다면, 그것은 의심을 받았을 것이다. 우리는 여기서 그 문제를 거론할 수 없지만, 이런 입장을 취하는 것은 30-33장의 내용 대부분(다른 부분들과 더불어)은 비예레미야적 요소에 포함된다. 이 장들의 시편은 어느 정도 외연적 의미를 수용하지만, 그 기초는 예레미야적 요소로 간주되어야 한다. 소망에 관한 가장 고상한 표현들 가운데 어떤 것(예. 새 언약 31:31-34)은 산문형식의 설교 속에서 주어진다는 사실을 그 본질적 진정성에 이의를 제기하기 위해 사용할 수 없다. (cf. 나의 글 가운데, "The Date of the prose Sermons of Jeremiah," *Journal of Biblical Literature*, LXX [1951], 15-35).

한다고 말하는 것이나 진배없다. 그러나 그는 그럴 수 없었다. 그는 결코 그 렇게 말할 수 없었다. 더욱이 비록 이스라엘이 확실하게 언약을 깨뜨리고, 그것 때문에 그들의 국가생활을 대가로 지불했다고 할지라도, 하나님은 절대 로 언약을 파기하지는 않으신다는 사실은 무엇보다도 확실하다. 예레미야의 모든 세계는 산산조각이 난다고 해도, 요동하지 않는 하늘의 별보다 더욱 확 실한 것은, 하나님은 영영히 서 계신다는 사실이었다(31:35-37)!

아버지의 무한하신 사랑을 가지고 그의 사랑하는 아들 에브라임을 긍휼 히 여기시는(31:15-22) 이 하나님은 확실히 역사 속에서 이루실 그의 목적 을 망각하지 않으실 것이다. 그리고 그의 목적은 그가 다스릴 수 있는 의로 운 백성을 창조하는 것이다. 이것에 비추어 보면, 예레미야가 소망을 꼭 붙 잡고 있었던 것은 조금도 이상한 일이 아니다. 그가 그렇게 하지 않았더라 면, 그것이 오히려 이상했을 것이다. 따라서 예레미야가 믿을 수 없었던 것 은 바로 국가의 멸망이 끝이라고 하는 사실이었다. 참으로 그는 소망을 포기 할 이유를 발견할 수 없었다. 그는 하나님을 상실하지 않았기 때문에 결코 소망을 상실하지 않았다. 절망을 뛰어넘는 이 신앙은 그가 지하 감옥에 갇혀 있던(32:1-15), 예루살렘에서의 생애 마지막 해에 보여준 예레미야의 행위 에 의해 극적으로 예증된다. 그 땅이 분명히 심판을 받고, 갈대아 군대가 성 벽을 무너뜨리는 상황 속에서, 예레미야는 부동산 — 모든 것 중에서도 — 에 투자하였다! 이것은 그가 그 땅을 원해서도 아니고, 희망적인 낙관주의 때문도 아니고, 그 땅에 미래가 있다는 그의 신앙을 상징화하기를 원했기 때 문에 행한 일이었다(15절).

그러나 예레미야가 실제로 이런 일을 믿었던 것은 아니었다. 그에게 그 의 생동은 전적으로 어리석은 행동으로 생각되었고, 그의 모든 지혜로운 판 단에 역행하는 일이었다(32:24-25). 그는 하나님이 그가 그렇게 하기를 원 한다고 다만 느꼈을 뿐이다. 요약하면 예레미야에게 소망은 불가능하였지만, 하나님을 믿는 신앙(27절)이 그럼에도 불구하고 그로 하여금 소망 안에서 행 하도록 했다는 말이다. 예레미야는 너희가 믿지 못하는 것, 너희가 감히 소 망하지 못하는 것, 현재의 모든 상황이 부정하는 것 — 그것은 하나님과 함 께 가능하다는 것을 역설하는 것이었다!

그러나 그 희망은 예레미야가 그것을 형성시켰을 때 비로소 형성된다.

그것은 이스라엘 국가와는 상관이 없다. 왜냐하면 이스라엘은 언약을 파기했기 때문이다. 비록 그 개념이 정확하게 동일하다고 해도, 여기서 보존될 국민의 남은 자에 관해 말하는 것은 너무 늦다. 여기서 우리는 하나님이 언젠가 새 언약을 주시고, 새 출발을 이루실 새 이스라엘, 즉 영적 이스라엘에 관해 듣는다. 이스라엘이 개혁되었기 때문이 아니라(예레미야는 외적인 개혁이 얼마나 적게 이루어졌는지 알고 있었다) 법이 내면에, 곧 진정한 마음 속에 쓰여져 있기 때문에 하나님의 법에 전적으로 순종하는 이스라엘이 될 것이다. 외적인 복종은 보장할 수 없는, 그러나 그들의 마음을 하나님께 복종시키고, 그의 용서의 은총을 받아들이는 사람들에게 주어진 새 언약이 여기에 있다:

나 여호와가 말하노라 보라 날이 이르리니 내가 이스라엘 집과 유다 집에 새 언약을 세우리라 나 여호와가 말하노라 이 언약은 내가 그들의 열조의 손을 잡고 애굽 땅에서 인도하여 내던 날에 세운 것과 같지 아니할 것은 내가 그들의 남편이 되었어도 그들이 내 언약을 파하였음이니라 나 여호와가 말하노라 그러나 그날 후에 내가 이스라엘 집에 세울 언약은 이러하니 곧 내가 나의 법을 그들의 속에 두며 그 마음에 기록하여 나는 그들의 하나님이 되고 그들은 내 백성이 될 것이라 그들이 다시는 각기 이웃과 형제를 가리켜 이르기를 너는 여호와를 알라 하지 아니하리니 이는 작은 자로부터 큰 자까지 나를 앎이니라 내가 그들의 죄악을 사하고 다시는 그 죄를 기억지 아니하리라 여호와의 말이니라
(31:31-34)

에스겔 역시 자신의 방식에 따라 똑같은 주제를 표현한다. 한 환상에서 (37장), 그는 마른 뼈들로 덮여있는 골짜기 지면을 보았는데, 그는 그것들이 사라진 나라의 뼈들임을 알았다(3, 11절). 그러나 하나님은 선지자에게 말씀하셨고, 그의 환상 속에서 그는 하늘의 사방으로부터 하나님의 진정한 영을 불렀다. 그리고 그 영이 그 뼈들 위에 임하니 그것들은 "살아 일어나서 극히 큰 군대로 섰다"(9-10절). 그것은 그 죄로 인해 죽은 국가인데, 하나님의 은혜로 말미암아 다시 살아났다. 그것은 국가적 죽음의 십자가 속에서 그 죄를 정화시키고, 그 마음 속에서 하나님의 영으로 다시 살아난 국가이다. 여기에

하나님의 백성과 하나님 나라가 있다(37:23-28; 11:19-20)!

아마 다른 어디에서보다도 여기서 옛 언약은 새 언약에 대한 기대를 담고 있을 것이다. 여기서 우리는 인간의 구속에 대한 모든 거짓된 소망들을 배운다. 국가와 그 정책, 그 부와 그 번영, 심지어는 그 종교와 개혁에 대한 그 고상한 수고까지도 하나님 나라를 창조할 수 없고, 하나님이 지배할 백성들을 낳을 수 없다. 지상의 질서는 좋게 보면 하나님의 질서의 희미한 근사치이고, 나쁘게 보면 그것의 졸렬한 모조품에 지나지 않는다. 어떤 경우든 그것은 그 질서가 되거나 그 질서를 낳을 수 없다. 반대로 그것은, 지금 그런 것처럼, 역사의 심판 아래 살고 있다. 그러나 여기서 우리는 또한 참된 소망이 무엇인지를 배운다. 그것은 인간들에게 새 언약 ─ 인간의 마음 속에 씌어진 그 법 ─ 을 주시는 하나님의 은총 속에 있다. 이 언약의 백성들은 하나님 나라의 백성들이다. 왜냐하면 그들은 말하자면 거듭난 마음을 가진 순결한 자들이기 때문이다. 따라서 옛 언약은 그 자체 너머에 있는 해결책 ─ 새 백성의 창조 ─ 을 지시한다.

이에 대한 예레미야의 말들을 유념하자! 우리는 그 말들을 다시 들을 것이다. 우리는 그 말들을 조그마한 다락방에서 듣게 될 것이다. 우리는 그 주님과 함께 식탁에 둘러앉아 있을 때, 그 말들을 들을 것이다: "이 잔은 내 피로 세운 새 언약이니"(고전 11:25; 눅 22:20). "너희가 다 이것을 마시라"(마 26:27).

제5장

바벨론 포로와 새 출애굽

몰락한 유다의 집은 다시 일어서지 못했고, 동시에 하나님의 통치를 받고, 보호를 받는 나라가 될 수 있으리라는 모든 희망도 사라져 버렸다. 그러므로 그의 지배하에 있는 하나님의 백성의 확립에 대한 소망은 포기되거나, 국가가 아닌 다른 어떤 영적 및 영속적 실재의 견지에서 재해석되어야 했다. 물론 엄밀히 말하면, 각 세대의 선지자들의 선포 속에 담겨있던 — 곧 예레미야와 에스겔의 선포 속에 응축된 — 것은 후자였다. 참으로 바벨론 포로는 국민의 기대를 단번에 허물어버린 치명적인 타격이었다. 그러나 이스라엘의 신앙은 그 안에 영속할 수 있는 요소를 지니고 있었다. 그리고 장차 임할 하나님의 통치의 확립에 대한 희망이 그 신앙의 통합적 요소로서, 역사 속에서 자신의 목적을 이루시는 하나님에 관한 구약의 전반적인 관념과 불가분리적으로 연계되어 있었다. 그러므로 그것은 포기되지 않고, 오히려 시대가 어두워질수록 더욱 집착하여 놀라울 정도로 빛을 발하였다. 이제 우리는 그것을 고찰해야 한다.

I

1. 만일 이스라엘의 신앙이 꺼지지 않았다면, 그것은 국가를 멸망시킨

재난이 사소한 것이었기 때문이 아니다. 오히려 예루살렘의 멸망과 국가의 몰락은 백성들이 거의 생존할 수 없었을 정도로 이스라엘의 삶 속에 대파국을 초래하였다.

이제 우리는 바벨론 포로에 관한 어떤 잘못된 인식을 깨우쳐야 한다. 우리는 수만 명의 사람들이 쇠사슬에 묶여 끌려가서, 포로수용소에 감금되고, 거기서 극히 야만적인 박해를 받는 이스라엘 백성의 전반적인 포로 장면을 쉽게 상상할 것이다. 그러나 이런 관념 속에 사실은 거의 담겨있지 않다. 바벨론으로 강제 이송된 백성의 수는 그리 많지 않았다. 예레미야서 52:28-30을 보면, 세번에 걸친 강제이송이 언급되어 있고, 이 세번에 걸쳐 이송된 백성의 수는 고작 4,600명으로 되어있다. 비록 이것이 성인 남자들만을 계산에 넣은 수치라고 해도, 포로들의 총수는 그 숫자의 3배를 넘지는 않을 것이다.[1] 그리고 비록 이 대규모의 강제이송에 동반될 수밖에 없는 학대와 고난이 과소평가되어서는 안된다고 해도, 이 수많은 포로들이 부당하게 학대를 받았다는 증거는 어디에도 없다. 그들은 세계문명의 중심지인 바벨론 본국으로 이송되었다. 그들은 거기 그 성읍에 정착하여(예. 렘 29:7), 어느 정도 공동체로서의 삶을 유지하도록 허용되었고(참조. 겔 8:1; 14:1; 20:1), 분명히 그곳 주민들과 어울려 살면서, 무엇을 하든 생계를 유지하도록 허락되었다. 그들은 인종이나 종교로 말미암아 박해를 받지는 않았다. 여호야긴 왕은, 비록 나중에 감옥에 갇히기는 했지만, 처음에는 바벨론 궁정의 일원으로서 융숭한 대접을 받았다.[2] 세월이 흐르자 많은 유대인들이 무역을 시작했

---

1) 이 숫자와 열왕기서에 나타난 숫자는 어느 정도 조화를 필요로 한다. 예레미야 52:28은 첫번째 강제이송자 총수는 3,023명이라고 기록하고 있지만, 열왕기서(587년의 강제이송 당시의 총수는 기록하고 있지 않고, 세번째 강제이송에 대해서는 언급이 없는)는 10,000명(왕하 24:14) 또는 8,000명(왕하 24:16)으로 기록하고 있다. 아마 여기에 커다란 불일치는 없을 것이다. 열왕기서의 숫자는 대략 추산한 숫자로 보인다. 게다가 Albright ("The Biblical Period," p. 47)가 제시한 것처럼, 강제이송 행군으로 인해 많은 사망자가 생겼으리라는 사실이 그 차이를 어느 정도 설명해 줄 수 있을 것이다.

2) 열왕기하 25:27-30을 보면, 에윌-므로닥(느부갓네살(562-560)의 아들)이 여호야긴을 옥에서 풀어주었다는 사실을 우리에게 알려 주는데, 거기에는 그가 그렇게 하기까지 많은 번민을 했다는 내용이 함축되어 있다. 그러나 최근에 대략 592년(따라서 예루살렘의 최후의 멸망이 있기 전)에 기원을 둔 바벨론의 서판 하나를 보면, 여호야긴과 그의 다섯 아들들이 다른 포로들과 함께 궁정에

고, 그 중에서 큰 부자가 된 사람도 적지 않았다.[3] 우리는 참으로 바벨론에서의 삶이 팔레스타인에서는 결코 누리지 못했던 많은 기회들을 그들에게 부여했다는 사실을 생각할 수 있다.

그럼에도 불구하고 바벨론 유수(幽囚)는 이 소수민족에게는 총체적인 재난이었고, 그것이 유대인의 삶에 미친 결과는 적은 것이 아니었다.[4] 그 땅은 초토화되었다. 사실상 그 성전이 있던 예루살렘을 포함하여 모든 성읍이 바벨론 군대로 인해 파괴되어 폐허가 되어버렸다. 그것들 중 많은 성읍이 오랜 세월이 지난 연후에도 재건되지 않았다. 그리고 실제로 포로로 끌려간 사람들의 수는 많지 않았지만, 그들은 모두 국가를 이끌고 나갈 인재들이었다. 게다가 우리는 수천명의 백성들은 자신들의 생명을 보전하기 위해 도망을 갔던 반면에, 수천명의 다른 백성들은 전투에서 살육을 당했거나 가혹한 포위 공격으로 죽었다는 사실을 확신할 수 있다. 단지 분란을 일으킬 능력이 없다고 간주된 빈천한 농부들만이 곡식을 수확하도록 남겨졌다(왕하 25:12). 유다는 그 주민들이 현격하게 줄어든 땅이 되어버렸다.[5] 이 당시 남부 팔레스

서 식량배급을 받은 명단이 나와있다. 그는 "유다의 왕"으로 불리어진다. 따라서 여호야긴이 후에 투옥된 것은, 아마 어떤 반역음모에 연루되어 그랬던 것이 확실하다. 이 서판들은 E. F. Weidner ("Joachin, König von Juda in Babylonischen Keilschrifttexten," *Mélanges syriens offerts a M. René Dussaud* (Paris: Librairie Orientaliste Paul Geuthner, 1939), pp. 923-35)에 의해 처음 출판되었고, W. F. Albright ("King Joiachin in Exile," *The Biblical Archaeologist*, V-4 (1942), 49-55)에 의해 논의되고 있다. 번역문을 보려면 Pritchard, op. cit., p. 308을 보라.

3) 그 다음 세기 경에는 유다의 이름들이 점차 빈번하게 사업 문서 속에, 특히 니푸르 문서들 속에 등장하게 된다.

4) C. C. Torrey (*Ezra Studies* (Chicago: University of Chicago Press, 1910); *Pseudo-Ezekiel and the Original Prophecy* (New Haven: Yale University Press, 1930))와 다른 사람들은 바벨론 유수는 크게 과장된 사건이라고 주장하였다. 그러나 그들의 주장은 현재 최근의 발견들에 의해 철저히 거부당하였다. Cf. Albright, *From the Stone Age to Christianity*, pp. 246-50.

5) Albright는 "The Biblical Period," p. 49에서 에스라서와 느헤미야서에 나오는 명단들과 다른 증거를 기초로 제1차 귀환 이후의 유다의 인구를 대략 20,000명으로 추산한다. 그 중간 연간에 제시된 숫자는, 비록 이스라엘 인구가 그 나라의 다른 지역들에서는 감소되지 않고 계속 유지되었다고 할지라도, 참으로 적었음이 틀림없다.

타인 거의 전지역에는 사해 남동쪽에 거주하던 에돔족속(이후에 이두매라는
이름으로 불렸다)이 정착하기 시작했다. 75년 뒤에 유대인들이 다시 확보한
영역은 예루살렘을 중심으로 한 주변의 작은 지역에 불과하였다.

사실상 팔레스타인은 다시 대다수의 유대인들의 물리적 본거지가 되지
못하였다. 우리는 지금 유대인이 대분산을 시작한 출발점에 서있다. 죽음과
포로를 면했던 유대인들 가운데 대부분이 그들의 황폐화된 조국으로부터 등
을 돌리고, 다른 지역에서 살 길을 찾았다. 애굽으로 향하는 이민객들의 행
렬은 엄청났다. 예레미야가 살던 시대의 초기에 이미 상당히 많은 백성들이
그곳에 가 있었고(렘 40-44장), 페르시아(바사) 시대에는 유대인 거주의 성
읍들이 그곳에 존재했던 것으로 알려졌다(참조. 사 19:18).[6] 그것은 희랍시
대에 애굽이 세계에서 유대인 사회의 중심지가 될 때까지 제약을 받지 않았
다. 이와 같은 이민의 행렬은 다른 지역으로도 이어졌다. 급기야 해외에서
사는 유대인들의 수가 본국에 남아있는 유대인들의 수를 훨씬 넘어섰다. 결
국 유대인 공동체가 세계 도처에서 발견될 때가 도래하였다. 그리고 비록 팔
레스타인이 그들의 영적 본향으로 새겨져 있고, 성읍 예루살렘은 그들의 감
정과 기억 속에 남아있기는 하였지만, 그들 대부분은 귀국할 생각이 전혀 없
었다. 바벨론에 거주하던 백성들에게 귀국할 수 있는 기회가 주어졌음에도,
그들 대부분은 그렇게 할 수도 없었고, 또 그렇게 하지도 않았다.

2. 이와 같이 바벨론의 유다 정복은 유다에게는 총체적인 재난이었다.
그것은 국가의 파멸과 그 국민의 분산을 초래하였다. 그러나 그것은 그 이상
의 것이었다. 그것은 심각한 영적 위기를 가져왔다: 우리가 그것을 굳이 언
급한다면 그것은 신학의 위기였다. 이스라엘의 종교는 국가의 지원을 받고,
국가와 사회의 복지를 장려하기 위해 존재하는 국가교회를 더 이상 유지할
수 없었다. 그것은 조정되어야 하고, 자체를 재해석해야 하고, 그렇지 아니

6) 특별히 나일강의 첫번째 분류지역인 엘레판틴 지역에서 그리하였다. 5세기 중
엽에 아람어로 기록되고, 이 지역 공동체로부터 나온 파피루스들이 발견되었
눈데, 그것들은 그 지역의 환경, 관습, 그리고 종교적 풍습등에 관해 가치있는
빛을 던져준다. Cf. Albright, *Archaeology and the Religion of
Israel*, pp. 168-74. 번역 발췌문을 보려면, cf. Pritchard, op. cit., pp.
222-23, 491-92.

하면 사라져야 한다.

국가와 성전의 몰락은 이 기관들에 대해 그토록 집착하고, 선지자들이 별로 성공하지 못하면서도 신랄하게 비난했던, 모든 백성의 자만심을 땅에 떨어뜨렸다. 그것은 깊은 환멸을 낳았을 뿐이다. 직업적인 선지자나 제사장에 의해 외쳐지고, 소망적 사고를 지향하는 사람들에 의해 쉽게 받아들여졌던 백성의 신학은 그런 일은 일어날 수 없다 — 하나님이 그렇게 하시지 않을 것이다! — 고 역설하였다. 이것은 그의 백성들이고, 이것은 그의 성전이다. 그의 기름부음받은 "아들" 곧 왕이 좌정하고 있는 다윗의 영원한 보좌가 여기 있다: 하나님은 이 국가가 결단코 멸망하도록 그냥 두시지는 않으리라! 아니 반대로 역사의 드라마의 절정에서 그분은 국가를 영화롭게 할 것이다 — 왜냐하면 그것은 그의 나라이기 때문이다!

그러나 그것은 그렇게 되지 않았다. 역사는 그 극적인 하나님의 개입과 그의 나라의 확립으로 인도되지 않았다. 역사는 이방신들을 섬기는 이방 군대의 손으로 그 "나라"를 멸망시켰다. 그것은 이방종교의 승리가 아닌가? 많은 이스라엘인들이 바벨론의 승리는 바벨론 신들이 여호와보다 더 전능하다는 증거 외에는 다른 결론을 끌어낼 수 없었다. 이것은 그들이 전적으로 그들의 전통적인 고대적 신앙으로부터 이탈하게 하는 심각한 유혹이 되었다. 그렇게 생각하지 않는 다른 사람들은, 하나님은 조상들이 범한 죄에 대한 벌을 후손들에게 허용하셨기 때문에 공평하시지 않다고 한탄하였다.[7] 나머지 다른 사람들 — 선지자의 선포를 진지하게 받아들인 사람들 — 은 선지자들에 의해 선언된 심판이 참으로 임하였고, 언약적 유대관계는 깨어졌으며, 하나님의 백성으로서의 운명은 끝장이 났다고 결론을 내릴 수밖에 없었다: "우리의 뼈들이 말랐고 우리의 소망이 없어졌으니 우리는 다 멸절되었다"(겔 37:11).

유대인들이, 그들 대부분이 그때까지 꿈꾸었던 것보다 훨씬 더 방대한

---

7) 하나님의 공의의 문제가 과거와 달리 이 당시에 전면에 부각되었다는 것은 놀라운 일이 아니다. 참조. 렘 12:1-4; 합 1:1-2:4; 겔 18장. 고대세계가 우리에게 제기한 주제 중에서 가장 진지한 논란의 대상이 되었던 욥기서의 연대는 아주 불확실하지만, 그것은 우리가 관심을 두고 있는 시기의 세기 안에서 그 현재적 양식을 받아들였다는 것이 합당하다.

세계와 접촉하였을 때, 이 환멸은 더욱 크게 부각되었을 것이다. 그들의 국가는 자그마하고, 빈약하고, 단절된 국가였다. 그리고 그들 중의 일부는 그때까지 그 국경 너머로 여행해본 적이 별로 없었다. 그들은 필연적으로 지방색을 띤 백성들이었다. 그러나 그들은 그들의 성읍이 우주의 한 중심이라고 자부하였다. 왜냐하면 만군의 하나님 여호와가 그 성읍의 한 가운데 있는 땅위에 그 거룩한 처소를 두고 있다고 생각했기 때문이다. 그러나 이제 그들은 쫓겨나서 조국과 유산을 버리고, 세계 각지로 흩어졌고, 그 자랑스러운 성읍과 성전은 폐허가 되었다. 그 세계 속에서 그들은 예루살렘이 그 나라의 자그마한 성읍들 만큼이나 작다는 것을 보았다. 그들은 거기서 솔로몬이 누렸던 부와는 비교도 안되는 엄청난 부를 보았으며, 저항할 수 없는 엄청난 군사력을 보았으며, 마르둑 또는 나부(참조. 사 46:1-2) 또는 아문-레(Amun-Re)신(神)의 그 찬란한 형상들을 안치해 놓은, 시온산에 있는 것을 초라하게 하는 거대한 성전들을 목격하였다. 그것은 지평선이 넓혀진 광대한 세계였다. 단지 파괴된 성전만이 유다의 산 위 허공에 입을 벌리고 있는 그 안에 이전에 폐허가 된 작은 국가의 보호자인 여호와를 모실 어떤 자리가 있을까?

신앙을 완전하게 상실할 수 있는 길이 크게 열려 있었다. 물론 그 길은 무신론으로 전환하는 길은 아니고(그것은 고대 동방 세계에서는 전혀 알려지지 않은 사상이었다), 보다 성공적인 신들에 대한 예배로 전환하는 길이었다. 예나 지금이나, 이방종교는 그의 신에게 예배를 드리면 그 신이 눈에 보이는 복으로 보답한다는 것을 종교의 기능으로 이해하였다. 이방신을 섬기는 자는 그의 신에 대해 이같이 익숙한 결과를 원할 것이다: 그의 기도는 그를 보호하는 것으로 보답을 받을 것이고, 그의 돈은 돈을 낳을 것이다. 따라서 그는 이같이 해주지 않는 종교에 대해서는 충실하지 않는다. 그러므로 유대인 ─ 그 이방적 정신 속에서 여호와는 유대인을 실망시켰다 ─ 이 단순히 그 환경 속에 잠겨서, 유대인이기를 멈춰버리는 것은 커다란 유혹이었다. 확

---

8) 직접적 증거는 없다. 그러나 바벨론 신들을 공격하는 이사야 40-48장의 격렬한 논박은, 많은 사람들이 이 신들의 숭배에 떨어지지 않았다면, 별로 필요하지 않았을 것이다. 약간 후대의 증거를 보려면, cf. A. T. Olmstead, *History of the Persian Empire* (Chicago: University of Chicgo Press, 1948), p. 192.

실히 그런 유대인들이 많이 있었다.[8]

이스라엘의 신앙은 그 많은 지지자들이 그렇게 생각한 것처럼 지방적 사실로서 더 이상 지속될 수는 없었다. 세계는 방대하였고, 그 비극은 심각하였다. 신앙은 그 세계와 그 비극을 충분히 넓게 그리고 충분히 깊이 포괄할수 있음을 보여주어야 했다 — 그렇지 아니하면 그것은 사라질 것이다. 그것은 더 이상 자체 안에서는 변화를 기대할 수 없었고, 그 자체의 사소한 일들을 실천하는 것으로는 존속할 수 없었다. 그리고 비록 그 진정한 본질상 그것이 유다 백성들과 분리될 수 없다고 해도, 이전에 답습했던 길로 되돌아가는 것은 영원히 닫혀졌고, 막혔으며, 따라서 되돌아갈 방도가 전혀 없었다.

3. 이것이 바벨론 포로에 의해 야기된 도전이었다. 그 도전의 비중은 거의 과장될 수 없다. 그러나 이스라엘의 신앙은 그것을 만족시키기 위해 일어난 것이 아님이 분명하다. 바벨론 포로는 이스라엘의 영적 소멸이 결코 아니었다: 생명력이 있었다. 그 안에 남은 자가 있었다. 이것이 그렇게 된 것은 거의 기적으로 간주될 수 있을 것이다. 그러나 기적은 이스라엘 신앙 자체의 진정한 본질 속에 내재해 있었다. 그것은 최소한 이스라엘의 하나님이 역사의 주님이시기 때문에, 하나님을 그렇게 이해하는 한, 하나님은 결코 역사의 패배자가 될 수 없다는 것을 말한다. 그리고 대다수가 그 신학을 아무리 크게 오해했다고 해도, 그렇게 오해하지 않은 사람들은 남아있게 마련이었다.

선지자들, 특히 예레미야와 에스겔은 다가올 세대에 순응하는 길을 예비하였다. 다른 사람들이 하나님이 정말 통치하시는지 의심하거나 아니면 하나님이 공평하지 않다고 투덜거리든지 하는 동안에, 이 선지자들은 하나님은 통치하시는 분이시며, 공평하신 분이라고 꾸준히 역설하였다. 그들은 재난은 하나님의 행하심의 결과이고, 또 그것이 정당한 역사임을 주장하였다: 그것은 국가의 죄악 곧 당대의 세대가 충분히 연루된 죄악에 대한 하나님의 심판이었고, 따라서 이것을 일찍 깨달으면 깨달을수록 이스라엘에게는 그만큼 좋았을 것이다(예. 렘 16:10-13; 겔 14:12-23, 18장). 그들의 목소리에 열왕기서를 우리에게 제공한 역사가의 목소리가 더하여졌다.[9] 그는 정확하게 동일한 용어로 최후의 재난에 대해서 설명했을 뿐 아니라 몰락한 이스라엘이 가졌던 모든 불행에 대해서도 설명하였다. 이것은 확실히 그 타격에 대한 완충 역할을 하였다. 그들의 예언이 사건들에 의해 증명이 되고, 이스라엘의 고대적 신앙의 맥락 속에서 엄격하게 비극을 설명한, 참으로 신실한 사람들이 여기 있었다 — 신앙에 따라 설명되어진 비극이 그 신앙을 파괴할 수는 없다. 그러므로 신실한 이스라엘인들은 국가의 몰락으로 격심한 절망이나 하나님에 대한 원망으로 이끌리지 아니하고, 그들 자신의 마음을 살피는 방향으로 나아갔다.

선지자들은 또한 종교의 외적 형식이 일소되고, 신앙이 그 형식 없이 존속되어야 하는 날을 예비하였다. 그들 대부분의 동시대인들에게는 하나님이 희생제물 없이, 제사의식 없이, 성전 없이 섬겨지는 것은 상상할 수도 없는 일로 생각되었다. 이것들이 제거되면, 예배도 사라진다. 왜냐하면 하나님은 그것들 없이는 경배받을 수 없고, 또 외국에서는 대체 성전을 건축하는 것이 법으로 금지되어 있었기 때문이다.[10] 이러한 대중의 관념이 올바르다면, 이스라엘의 예배는 포로기 이후에는 참으로 그리고 당연히 사라졌을 것이다. 그러나 선지자들은 항상 대중의 관념이 잘못되었다고 선언하였다. 희생제사와 성전의식은 예배의 중심이 아닐 뿐더러 예배의 본질적 부분도 아니라고 그들은 역설하였다(렘 7:21-23). 예배의 본질은 순종과 정직에 있다. 이것이 없는 외적 예배는 커다란 죄가 된다. 순종하는 사람들이 마음 속에서 하나님을 만나고, 그들의 기도는 그들이 어디에 있든 응답을 받을 것이다(렘 29:11-14; 31:31-34; 겔 11:16-20; 참조. 신 4:29-31). 마음이 청결하고, 순종하는 사람들에게 하나님은 미래를 약속하신다 — 그들은 하나님의 백성들이고, 하나님은 그들의 하나님이기 때문이다. 따라서 선지자들이 존속시킬 수 있는 종류의 참된 소망을 생명력 있게 할 수 있었던 것은 모든 거짓된 소

---

9) 열왕기상하 — 여호수아, 사사기 그리고 사무엘상하와 마찬가지로 — 는 신명기 율법의 관점에 따라 기록된 역사로 구성된다. 그것은 신명기가 주장하는 원리들이 실제 사건들에 의해 진실로 증명되었다는 사실을 예증하려고 한다. 이 모든 책들이 한 사람의 손에 의해 우리에게 주어졌다고 보는 것이 합당하다 (cf. M. Noth. *Ueberlieferungsgeschichtliche Studien I* 〔Halle: M. Niemeyer. 1943〕). 이 역사가는 예루살렘이 멸망하기 마지막 몇십년 사이에 작업하였고, 이 작업은 포로기에 후속적으로 보충되었으리라는 것이 나의 견해(Noth와는 반대)이다.

10) 참으로 엘레판틴 지역의 유대인들은 성전을 건축하였다. 그러나 예루살렘의 공동체가 그것을 불법으로 간주할 수밖에 없었음은 파피루스 문서들로 보아 분명하다(cf. 앞의 각주 6).

망을 물리쳤기 때문이었다.

그래서 역설적으로 포로기는 이스라엘 신앙의 무덤이 아니라 위대한 영적 생명력의 시기였다. 여기서 우리는 그 사실들을 세부적으로 추적할 수 없다. 참으로 그것들은 대부분 불분명하다. 그것들이 영원히 상실되지 않도록 하기 위해서, 과거의 역사 기록들을 보존하는데 주의가 집중되었다. 선지자들의 어록은 구전을 통해 그리고 단편적인 수집문헌들을 통해 상기되고, 전해졌다. 비록 우리가 세부사실들을 파악하고 있지는 못해도, 우리가 현재 알고 있는 바와 같은 선지서들이 우리에게 주어졌던 수집과 편집의 과정은 상당히 진전되었다.[11]

결국 선지자들의 예언들은 그것들이 정확하게 하나님의 말씀임을 스스로 증명하고, 또한 인간이 견지할 수 있는 유일한 소망을 담지 않았는가? 특별히 거기에는 점차 율법에 대한 관심 곧 율법을 조문화하고, 율법을 탐구하고, 율법을 마음 속에 두는 것 등이 비등하였다.[12] 국가도 사라지고, 성전과 그 제사의식도 폐기된 지금 율법 외에 유대인에게 무엇이 남아있는가? 아마 율법을 지킴으로써 이스라엘은 하나님이 항상 그들에게 의도하시던 바 곧 스스로 거룩한 백성이 되는 것(레 19:2; 20:22-26, 기타; 참조. 출 19:5-6)을 행하였을 것이다. 이 포로기에 다가오는 시대에 계속해서 표현되었던 — 참으로 많은 수정의 단계를 거쳐 그것이 오늘날까지 존속하게 된 — 이스라엘

---

11) 우리가 그렇게 생각하기 쉬운 것처럼, 포로기 이전의 위대한 선지자들은, 비록 우리가 어떤 경우에는 그들이 자신들의 예언을 쓰거나 구술했음을 알고 있기는 하지만(예. 렘 36장), 실제로 자기들의 이름이 들어가 있는 책들을 "쓰지는" 않았다. 선지자들은 그들의 예언을 입술로 구술하였다. 선지자가 자신의 예언을 기록하지 않은 곳에서, 우리는 그 예언들이 들은 사람들에 의해 기억되었다가, 길든 짧든 어느 정도 기간이 지난 다음에 기록되었다고 추정할 수 있다. 이 예언들은 처음에는 개별적으로 또는 소규모적으로 유포되다가, 길고 복합적인 과정을 거쳐 우리가 현재 가지고 있는 책들로 편집되었다고 생각할 수 있다. 그러므로 이 책들은 선지자들이 직접 기록한 책들이기보다는 오히려 선지자의 선포를 모은 선집(選集)의 성격에 속한다. 구어전승은 확실히 한 역할을 담당했지만, 그 중요성이 과장되어서는 안된다: G. Widengren, *Literary and Psychological Aspects of the Hebrew Prophets* (Uppsala Universitets Arsskrift 1948:10 [Uppsala: Lundequistska Bokhandeln, 1948])을 보라.

12) Cf. 6장, pp. 210ff.

신앙의 형식이 형성되었다. 이스라엘은 국가적 제사의식을 보유한 국가로부터 유대교의 율법 공동체로 변천되었다.

그 중에서도 종국적 회복에 대한 소망은 여전히 포기되지 않았다. 우리는 선지자들이 그 소망을 영속시키기 위해 행했던 노력을 살펴보았다. 많은 유대인들이 국가의 재건 이상으로 고대했던 것이 없는 것은 확실하지만, 선지자의 소망은 그것을 초월했음이 분명하다. 우리가 확인한 것처럼, 예레미야는 이것을 크게 강조하였다. 에스겔 역시 비록 국가의 부활을 염두에 두고는 있었지만(37장), 옛 방식에 따라 유지되는 옛 국가의 소생을 고대한 것이 아니라 그 중심에 하나님의 영을 간직하고 있는 새 국가의 탄생을 고대하였다. 아마 이 소망에 대한 가장 웅장한 표현은 에스겔서 40-48장에서 발견될 것이다. 이 본문은 당연히 에스겔의 신국(神國:Civitas Dei)[13]이라고 불리어질 수 있는 구절들이다. 여기서 우리는 여호와의 영광이 그 가운데 다시 한 번 임재하고 있는(43장; 참조 10-11장) 재건된 성전과 함께, 그 땅에 백성들이 거주하고, 그 땅이 지파 별로 분배되는 것을 본다. 그리고 성전으로부터 생수가 강같이 흘러나와 모든 땅을 윤택하게 한다. 지금까지 오직 신앙 안에서만 존재했던 그 새 예루살렘과 그 성전을 포로로 잡혀간 많은 유대인들의 눈이 응시하고 있었다는 사실을 우리는 확신할 수 있다. 이스라엘 안에서 소망은 결코 사라질 수 없었다. 왜냐하면 소망은 신앙의 중심이고, 신앙은 결코 파괴될 수 있는 것이 아니기 때문이다.

4. 의심할 여지 없이 소망은 외적 요소들에 의해 더욱 장려되었다. 561년에 여호야긴이 감옥으로부터 방면된 사건(왕하 25:27-30)은 많은 백성들에게 유다의 왕정제도를 결정적으로 다시 수립할 수 있다는 꿈을 불어넣은

---

13) 40장에 묘사된 성전문이 후기 시대에는 그 증거가 보이지 않는 건축양식인 솔로몬 성전의 양식이라는 사실로 보면, 많은 학자들이 주장하는 것처럼, 이 장들의 자료를 후기연대에 귀속시키는 것은 극히 위험스럽다. 우리는 그 기원을, 에스겔처럼 포로기 이전 성전을 실제로 기억했던 사람에게 귀속시켜야 한다. Cf. C. G. Howie, *The Date and Composition of Ezekiel* (Philadelphia: Society of Biblical Literature, 1950), pp. 43-46; idem, "The East Gate of Ezekiel's Temple Enclosure and the Solomonic Gateway of Megiddo," *Bulletin of the American Schools of Oriental Research*, 117 (1950), 13-19.

것처럼 보였다. 극도로 불안에 빠진 바벨론 제국은 확실히 이 소망의 불길에 부채질을 하였다. 사실상 위대한 느부갓네살왕이 죽은(주전 562년) 이후로, 바벨론 제국은 다시는 세력을 회복하지 못했다. 제국은 북과 동으로 거대한 메대 세력에 의해 위협을 받고 있으면서 또한 내부 분열이 겹쳤다. 느부갓네살왕이 죽은지 7년 동안에 보좌는 3번이나 바뀌었고, 그 중 두번은 폭동에 의해 이루어졌다. 느부갓네살의 아들, 아멜마르둑(그는 여호야긴을 석방시킨 자로서 성경에서는 에윌므로닥으로 나온다)은 즉위한지 2년만에 그의 처남, 네르갈-사르-우스르(아마 예레미야 39:3, 13에 바벨론 왕의 방백으로 등장하는 네르갈사레셀일 것이다)에게 암살당하였다. 그러나 네르갈-사르-우스르는 4년만에 죽고, 그의 어린 아들이 왕위를 물려받았으나 즉각 나부-나이드(나보니두스)라는 사람에 의해 암살하였다.

나보니두스의 통치(555-539)를 끝으로 짧았던 바벨론의 세계권력은 종말을 고하였다. 사실상 그것은 이미 그 이전부터 기반이 흔들리고 있었다. 분명히 상부 메소포타미아의 제사장 가문 출신인 나보니두스는 우리가 세부적으로 관심을 가질 필요는 없지만, 철저하게 그리고 광범하게 미움을 자초하는 한 정책을 시행하였다. 특히 그는 바벨론의 최고신인 마르둑의 유력 제사장들의 미움을 삼으로써, 그들의 눈 밖에 났다. 몇년 동안, 명백히 드러나지 않은 이유로, 그는 바벨론을 떠나 아라비아 사막에 있는 테이마의 오아시스로 은둔하였고, 본국의 정사는 그의 아들, 벨-사르-우스르(우리가 다니엘서를 통해 벨사살이라고 알고 있는)에게 일임되었다.

우리가 살펴본 것처럼, 이제 국가에 대한 가장 위험스러운 외적 위협은 메대족속들에게 있었다. 이들은 이전 세기에 앗수르 제국을 멸망시키기 위해 바벨론과 동맹을 맺은 적이 있었음을 상기할 것이다. 그들은 그 이후로 소아시아의 중앙으로부터 멀리 현재의 이란 지역에까지 미치는 광범한 영역을 지배하게 되었다. 따라서 메대의 종속국 가운데 하나인 페르시아(바사)의 고레스가 메대에 대항하여 반란을 일으켰을 때, 나보니두스는 그를 회유하여 동맹을 맺을 정도로 메대를 크게 두려워하였다. 국가의 우두머리는 큰 잘못을 저질렀다. 고레스는 승리했을 뿐만 아니라 메대 국가를 점령하였고, 결국에는 일련의 치열한 전쟁을 통해서 거대한 제국을 건설하였다. 막강한 크로수스를 이겼을 때(546)에, 그는 에게해 연안까지 영토를 확장하였다. 그 이후에 그는 바벨론을 공략하였다. 한 격렬한 전투에서 그는 바벨론 군대들을 통렬하게 제압하였고, 그리하여 539년에는 그의 장군이 싸우지 않고 바벨론에 입성할 수 있었다. 바벨론은 끝장이 났고, 페르시아의 고레스는 세계를 장악하였다.

집권 초기에(538) 고레스는 유대인들에게 귀환령을 내렸다. 에스라서는 그것에 관해 두 가지 언어로 우리에게 전해주고 있는데, 하나는 히브리어로 (1:1-4), 다른 하나는 아람어로(6:3-5) 되어 있다. 그것의 역사성은 의심될 수 없다.[14] 사실상 그것은 독자적인 아량이 아니라 고레스의 일반적인 관용 정책의 일환이었다. 그는 성전 기물들을 되돌려주고, 백성들이 고국으로 돌아가도록 조치하였다. 왕실의 도움이 약속되었다(6:4). 그 계획은 세스바살에게 책임이 주어졌다(1:8). 그는 바로 유다의 최후의 합법적인 왕인 여호야긴의 아들이었다.[15] 세스바살이, 우리에게는 알려지지 않은 이유 ― 아마 죽음 때문이 아닌가 싶다 ― 로, 그 계획에서 손을 떼자, 그의 조카이자 여호야긴의 손자인(대상 3:19) 스룹바벨이 그 일을 이어받았다(2:2; 3:2). 이 사건들이 유대인의 가슴 속에 최고의 희망을 불러일으켰다는 것은 말할 것도 없다.

Ⅱ

그 절망에도 불구하고, 소망을 일깨우는 이런 상황에 대해 전해지는 또 하나의 위대한 구약성경의 예언이 있다. 여러 가지 면에서 그것은 그것들 중 그 어느 것보다도 가장 위대한 것으로 지적될 수 있을 것이다. 그것은 이사

---

14) 히브리어 역본의 진정성은 아람어 역본의 진정성에 비해 크게 떨어지지만, 그 것에 관한 유력한 변증을 확인하기 위해서는 E. Bickerman, "The Edict of Cyrus in Ezra 1." *Journal of Biblical Literature*, LXV (1946), 244-75를 참조하라. 어쨌든 이 칙령이 발효되었던 것은 확실하다.

15) Cf. Albright, "The Biblical Period," p. 49 and note 119. 세스바살 은 거의 확실하게 역대상 3:18에 언급된 여호야긴의 아들인 세낫살이다. (충분한 논의를 위해서는, cf. idem, *Journal of Biblical Literature*, XL [1921], 108ff.). 스룹바벨과 마찬가지로, 그 이름은 분명히 바벨론식 이름이다.

야서 후반부(40-66장)에서 발견된다. 세심한 독자들은 이 장들이 그 책의 나
머지 다른 장들과 아주 날카롭게 구분된다는 사실을 분명히 느낄 것이다. 의
심없이 그들은 또한 이사야 40장 이하는 아모스의 아들 이사야의 말들이 아
니라 바벨론 포로 말기에 살았던 사람으로서, 편의상 제2이사야라고 불리는
한 익명의 선지자의 글들이라고 하는데 사실상 학자들의 의견이 일치하고 있
음을 깨달을 것이다. 물론 여기서 그 문제를 거론하는 것은, 비록 그렇게 많
은 식자들이 선호하는 견해를 낳은 이유들이 참으로 중요하다고 말해져야 하
지만, 우리의 주제를 벗어나는 일이다.[16] 그러나 하나님의 말씀은 모든 학자
들의 논쟁 너머에 서있다. 하나님의 말씀은 고대 선지자의 입술을 통해 말하
고, 우리로 하여금 듣고, 순종하도록 다시 부르신다. 그리고 이 장들은, 통
상적으로 인정하는 바에 따르면, 포로기와 회복기의 상황에 관한 내용들이기
때문에, 이 맥락 속에서 그 부분들을 다루는 것이 필수적이다.[17]

---

16) 역사적 언급들은 예외없이 6세기 후반의 사실들이다. 예루살렘이 멸망하고
(44:26; 49:19; 51:3; 52:9; 54:3; 63:18; 64:10-11), 많은 세월이 흘렀
다(58:12; 61:4). 백성들은 바벨론 포로들이다(47장; 48:14; 20장; 51:14;
52:11-12). 페르시아의 고레스가 무대에 등장한다(44:2; 45:1). 이 사실들
은 결코 예언된 것이 아니라는 점이 주목되어야 한다. 그것들은 현재적 사실
로 추정된다. 게다가 40-66장은 이사야에 의해 말해진 것이라고 주장될 여지
가 전혀 없다. 그의 이름도, 어떤 8세기 인물의 이름도 언급되지 않는다(확
실히 1-39장과는 반대로). 나아가 문체와 개념에 있어서도 현격한 차이가 있
다. 신약성경 저자들이 40-66장을 "선지자 이사야의 책"으로 언급하는 것
(예. 마 3:3; 눅 3:4; 4:17)은 전혀 문제가 되지 않는다. 이런 문제들에 관
해 그 당시의 믿음을 확고하게 공유한 이 저자들은 단지 성경 구절에 대한 언
급을 의도했을 따름이었다. 비평적 문제를 논하는 것은 그들의 안중에 없었
다. 성경의 영감론이 그 문제로 인해 전혀 손상되지 않는다는 것이 나의 단호
한 확신이다. 하나님은 누구든 자신이 원하시는 자를 통하여 말씀하실 수 있
다.
17) 55-66장은 더 심각한 문제를 담고 있다. 나는 제3 이사야에 대해서는 생각하
지 못한다. 많은 사람들이 그렇게 생각하는 것처럼, 다양한 시대의 많은 저자
들의 자료를 편집하여 구성했다는 것도 당연하지는 않다. C. C. Torrey의
40-66장의 통일성에 대한 변증(The Second Isaiah (New York: Chas.
Scribner's Sons, 1928))은 아주 탁월하지만, 그리고 그 예언을 5세기 후
반으로 연대를 잡으려는 그의 노력은 거부되어야 하지만, 전체의 근본적인
통일성은 옹호될 수 있다. 이 장들에서는 그 연대를 대략 540년 이전으로 잡
을 필요는 없고, 대략 516년 이후로 시기를 잡을 필요도 거의 아니 전혀 없
다.

이 위대한 예언을 정당하게 다루기란 확실히 불가능하다. 어떤 사람은 그 앞에 겸손하게 서있고, 또 어떤 사람은 그가 응당 말해야 하는 바의 10분의 1도 말하지 못했다는 감정을 가지고 그것을 무시한다. 그것은 마치 선지자가 이스라엘의 신앙의 절대 불변의 요소에 의존하고 있는 것처럼, 그리고 탁월한 능력과 미적 안목을 가지고, 그 궁극적 의미들을 그것들 속에 함축해 놓은 것처럼 생각된다. 거보를 내딛는 것처럼, 이스라엘이 역사적으로 믿는 믿음의 하나님 곧 전능하시고 구속하시기에 충분하신 한분이 우리 눈 앞에서 움직이신다. 역사의 주님으로서 그분은 자신의 통치의 승리를 위해 사건들을 운행하신다. 이스라엘 역시 역사 속에서 하나님의 목적을 수행하도록 오래 전부터 부르심을 받은 자들이었다. 즉 그들은 여기 가장 비천한 처지에서 가장 먼 꿈들 너머의 운명으로 부르심을 받은 자들이었다. 그러나 이제 이스라엘이 가장 고상하고, 가장 심오하게 하나님의 종이 된다는 것이 무엇을 의미하는지를 말해야 한다.

그러나 그것과 함께 참으로 구약성경에 이미 암시되었고, 고대세계의 정신 속에서 그렇게 생소하지는 않은 개념들로부터 시작한다. 그럼에도 불구하고 그 개념들은 새로운 형식을 취하고, 계시의 능력을 통해 완전히 전개되었다. 우리는 어느 정도 그것들을 파악할 수 있다. 그러나 정직한 심령은 빌립이 했던 "읽는 것을 깨닫느뇨?"(행 8:30)라는 질문을 피할 수 없다. 그리고 그 에디오피아 사람의 "지도하는 사람이 없으니 어찌 깨달을 수 있느뇨"라는 답변 외에는 어떤 답변이 주어질 수 있겠는가? 그것은 마치 7백년에 걸친 히브리의 역사가 말하려고 시도했던 모든 것이 드디어 말해진 것처럼 보이고, 다른 사람이 "내게 하라고 주신 일을 내가 이루어"(요 17:4)라고 말씀하실 때까지 말할 것이 아무 것도 남아있지 않은 것처럼 보인다.

1. 이 장들 속에는 비약적인 소망이 담겨져 있다. 처음(40:1-11)부터 마지막(65:17-25; 66:10-14)까지 승전가의 선율처럼 기쁨의 소리가 그것들을 통해 울려퍼진다. 페이지마다 빛 — 태양이 솟아오르는 것 같은 빛 — 으로 가득하다(60:1-3). 그것은 마치 지옥과 공포는 뒤에 남겨지고, 사람이 하나님 나라의 문턱을 향해 높고, 햇빛이 환하게 비치는 정상을 향해 나아가는 것과 같다. 말할 만한 기쁜 소식이 있다(40:9-11; 52:1-12) : 굴욕의 밤은 끝이 났고, 영광스러운 미래가 열려 있다.

고레스의 등장과 바벨론의 임박한 멸망이 이 소망을 부추긴 것은 분명하다. 그러나 우리가 만일 그것을 단순히 세계사건들의 운좋은 변화라는 풍성한 낙관주의로서 이해하려고 하면, 그것은 커다란 잘못일 것이다. 오히려 그것은 하나님의 능력과 목적을 믿는 불굴의 신앙에 의거하였다. 여기에 이스라엘의 하나님이 있다. 하나님은 이스라엘을 위대한 성공으로 이끄시고, 그분 외에 다른 모든 것은 아무 것도 아닌 분이시다. 그분은 땅 위의 자리와는 비견할 수 없는 고도의 엄위의 보좌에 좌정해 계신다. 열국들은 그분 앞에서 참으로 무력하다. 모든 별들이 그분에게 복종하고(40:21-26), 아무 것도 그분과 감히 비견할 수 없다:

> 누가 손바닥으로 바다 물을 헤아렸으며[18]
> 뼘으로 하늘을 재었으며[19]
> 땅의 티끌을 되에 담아 보았으며[20]
> 명칭으로 산들을
> 간칭으로 작은 산들을 달아 보았으랴
> 누가 여호와의 신을 지도하였으며
> 그의 모사가 되어 그를 가르쳤으랴
> 그가 누구로 더불어 의논하셨으며
> 누가 그를 교훈하였으며
> 그에게 공평의 도로 가르쳤으며
> 지식을 가르쳤으며
> 통달의 도를 보여주었느뇨
> 보라 그에게는 열방은 통의 한 방울 물 같고
> 저울의 적은 티끌 같으며

---

18) 이 독음(mayim 대신 mê yām)은 "사해사본"의 이사야서에서 새롭게 발견된 것을 따른다. Cf. *The Dead Sea Scrolls of St. Mark's Monastery*, M. Burrows, ed. (New Haven: The American Schools of Oriental Research, 1950), Vol. I, Pl. XXXIII.
19) 문자적으로는, "뼘으로" 즉 한껏 펼친 엄지 손가락와 새끼 손가락 사이의 거리의 길이를 말한다.
20) 이것은 솔직히 의역이다. 히브리어 성경은 "shalish(즉 3분의 1의 도량)에 담다"로 되어있는데, shalish는 보통 한 에바의 3분의 1을 가리키며, 한 에바는 한 되보다 약간 많은 분량과 같다.

섬들은 떠오르는 먼지 같으니
레바논 짐승들은 번제 소용에도 부족하겠고
그 삼림은 그 화목 소용에도 부족할 것이라
그 앞에는 모든 열방이 아무 것도 아니라
그는 그들을 없는 것 같이 빈 것 같이 여기시느니라

그런즉 너희가 하나님을 누구와 같다 하겠으며
무슨 형상에 비기겠느냐
(40:12-18)

참으로 무엇과 비교할 것인가? 하나님은 너무 위대하시기 때문에 어떤
것과도 비견될 수 없다는 것은 분명하다. 이방신들에 관해 말한다면, 그것들
은 존재하지 않는다. 그것들은 나무토막이나 금속조각에 지나지 않는다
(46:5-7). 그것들은 역사 속에서 아무 것도 결과할 수 없다. 왜냐하면 그것
들은 아무 것도 아니기 때문이다(41:21-24). 오랜 세월에 걸친 우상들에 대
한 논쟁은 결국 비웃음을 받는 커다란 웃음거리로 끝나고 만다. 신랄한 풍자
와 함께 선지자는 이방신들의 부존재성을 힐책하고, 나무 ― 자신의 식사를
요리하는 연료를 제공하는 똑같은 나무로! ― 로 신상을 조각한 어떤 사람의
허탄한 어리석음을 힐난하였다(44:12-20). 그러나 이것은 가장 순전한 유일
신론이다. 모세 이래 이스라엘의 신앙 속에 함축되어 있고, 지금까지 오랜
세월에 걸쳐 명시화되어온 유일신론은(예. 렘 2:11; 신 4:35) 이제 자명한
교리가 되었다: 그분 외에 다른 신은 결코 존재하지 않는 오직 한분 하나님
이 존재하신다(예. 44:6; 45:18, 22; 46:9).

그러나 오직 한분 하나님이 존재하신다면, 그분은 역사를 절대적으로 지
배하시는 분이실 것이다. 역사의 주인이신 하나님에 관한 구약성경의 관념이
여기서 만큼 분명하게 표현된 적이 결코 없다. 만물을 창조하신 이는 그분이
시고(45:12, 18), 만물은 그분의 손 안에 있다. 그분은 본래의 목적을 형성
하셨고, 아브라함과 야곱을 그 목적의 종으로 부르셨다(41:8-10; 51:1-3).
역사의 과정 속에서 하나님이 그 목적을 실패로 끝나게 하는 경우가 있다는
것은 결단코 상상할 수 없다. 그것은 참으로 그분의 이름을 욕되게 하는 것

이기 때문이다(48:11). 그분은 계획을 세우시고, 그것을 이루실 것이다. 그분은 처음이요, 마지막이시다(44:6; 48:12). 그분은 창조의 주님이시자 만물의 마지막이시다. 그러므로 그분은 하실 수 있고, 또 하실 것이다. 이스라엘을 몰락케한 재난은 죄에 대한 당연한 처벌이라는 사실을 이스라엘은 상기해야 한다(42:24-25; 48:17-19). 그것은 하나님의 패배가 아니지만, 하나님이 행하신 일이다. 그분은 충분한 지배력(예레미야와 에스겔이 끊임없이 역설했던 것)을 갖고 계시기 때문이다. 지금도 물론 그분은 다스리고 계신다. 자신은 몰랐겠지만, 심지어는 권력자 고레스까지도 하나님의 목적의 수행자이다(44:28-45:4). 하나님은 그를 부르시고, 하나님은 그가 승리하도록 보내셨으며(41:2-4, 25; 46:11), 그의 사적은 하나님의 영광에 기여할 것이다(45:6). 이 모든 것이 그러하기 때문에, 이스라엘은 불평을 그쳐야 하고(40:27-31), 하나님이 세계를 창조하시고, 아브라함을 부르시고, 이스라엘을 출애굽시킨 목적 곧 하나님의 백성의 확립으로 하나님이 역사를 인도하신다는 신앙을 가져야 한다(51:1-16).

2. 하나님, 오직 하나님만이 역사의 주님이시라는 이 불변의 신앙에 비추어 볼 때, 모든 예언은 다음과 같은 진지한 기대로 충만하게 된다: 하나님은 그의 백성을 위한 미래를 갖고 계신다. 과거의 위대한 일들을 완전히 압도할 정도의 엄청난 "새 일"이 앞날에 있을 것이다(42:9; 43:19; 46:9; 48:3, 6-8).[21] 이 새로운 일 속에 이스라엘은 그들의 어떤 유익을 위해서가 아니라 — 이스라엘은 하나님의 부르심에 눈이 멀고, 귀가 먹었으며(42:19), 철저하게 반항적이었다(48:1-8) — 하나님의 진정한 영광과 목적을 위해서 참여하는 것이다.

그러나 이 "새 일"은 무엇인가? 바벨론으로부터의 해방에 대한 전망이 그 전경 속에 있다는 것은 분명하다(48:14, 20-21; 52:11-12). 그러나 그것

---

21) 이 개념에 관한 최근의 논의를 위해서는, cf. C.R.North, "The 'Former Things' and the 'New things' in Deutero-Isaiah," *Studies in Old Testament Prophecy*, H.H.Rowley, ed. (Edinburgh: T. & T. Clark, 1950), pp.111-26; A Bentzen, "On the Ideas of 'the Old' and 'the New' in Deutero-Isaiah," *Studia Theologica* (Lund: C.W.K.Gleerup, 1947), vol I, Fasc. I-II, pp. 183-87.

은 또한 그 이상의 것을 의미한다는 것도 분명하다. 독자는 광야 곧 생수의 물줄기로 흘러넘치는 광야를 달리는 길에 대한 거듭된 모티프(40:3-5; 41:18; 43:16-19; 48:21; 49:10-11)가 떠오를 것이다. 이것은 이스라엘의 그 경이로운 고국으로의 귀환에 대한 문자적 예언 이상의 것이라는 사실을 조망하기 위해서는 약간의 반성을 필요로 한다. 때에 따라서는(51:9-11), 출애굽에 대한 언급과 연계되어 있고(10절), 신(바벨론 언어로는 마르둑)은 세계를 창조하기 위해 혼돈의 신(바벨론 언어로는 티아맛, 그러나 여기 서방 셈어 표현으로는 라합)을 갈래갈래 갈라놓았다는 고대의 창조신화에 대한 암시와도 연계되어 있다(9절).[22]

원시적 혼돈과의 투쟁이 태초에 시작되었고, 하나님이 스스로 백성들을 창조하셨던 출애굽에서 취해진 혼돈과의 투쟁이 다시 한번 반복되어진 것은 선지자가 시적인 언어로 말하기를 원했기 때문으로 보인다. 이스라엘은 새로운 출애굽을 경험하게 되리라! 그러나 출애굽은 모든 이스라엘 백성들에게는 국가의 시작으로 간주되었다. 그러므로 새로운 출애굽에 관해 말하는 것은 단지 새로운 시작을 의미할 수 있었다. 그렇다면 이스라엘에게 새로운 국가의 시작 즉 과거보다 훨씬 더 영광스러운 미래가 있다.[23] 하나님은 그의 통치 아래에서 그의 백성들을 세우실 것이다 ― 그것이 창조의 투쟁과 전체 역사 과정의 목적이었다(51:16).

그러나 옛 출애굽은 이스라엘을 백성으로 만드는 언약의 무대였다. 그러므로 언약에 대한 언급이 없이 새로운 출애굽에 관해 말하는 것은 불가능하다. 이제 이스라엘은 그 옛 언약을 분명히 파기하였고, 하나님이 그들을 버리셨다고 믿을 만한 충분한 이유가 존재하였다(49:14; 겔 37:11). 그러나 예레미야가 언젠가 새 이스라엘과 더불어 맺어질 새 언약에 관해 말했던 시

---

22) Cf. J. Pedersen, *Isarael: Its Life and Culture* (Copenhagen: Povl Branner, 1940), III-IV, 602; C. R. North, *The Old Testament Interpretation of History* (London: Epworth Press, 1946), pp. 48-49. 문제의 바벨론 사본의 번역을 보려면, cf. Pritchard, op, cit., pp. 60-72.

23) 새 출애굽 이념은 전적으로 새로운 것만은 아니다. 호세아서(2:14-20), 예레미야서(31:2-6, 15-22) 그리고 에스겔서(20:33ff.)는 다양하게 그것을 다루고 있다.

점에서(렘 31:31-34), 제2이사야는 부활된 언약에 관해 말하였다. 이스라엘과 하나님 사이의 "이혼"은 절대로 없었다: "내가 너희 어미를 내어 보낸 이 혼서가 어디 있느냐 내가 어느 채주에게 너희를 팔았느냐"(50:1). 감정을 듬뿍 담은 어조로, 그는 호세아에 의해 그렇게 감동적으로 묘사된 "이혼"은 오직 덧없는 별거에 지나지 않았다고 선언한다. 하나님은 그의 무한하신 자비 안에서 그의 "아내" 이스라엘을 다시 데리고 와서, 그녀와 영원한 평화의 언약을 체결하였다:

> 두려워 말라 네가 수치를 당치 아니하리라
> 놀라지 말라 네가 부끄러움을 보지 아니하리라
> 네가 네 청년 때의 수치를 잊겠고
> 과부 때의 치욕을 다시 기억함이 없으리니
> 이는 너를 지으신 자는 네 남편이시라
> 그 이름은 만군의 여호와시며
> 네 구속자는 이스라엘의 거룩한 자시라
> 온 세상의 하나님이라 칭함을 받으실 것이며
> 여호와께서 너를 부르시되
> 마치 버림을 입어 마음에 근심하는 아내
> 곧 소시에 아내되었다가 버림을 입은 자에게 함같이 하실 것임이니라
> 네 하나님의 말씀이니라
> 내가 잠시 너를 버렸으나
> 큰 긍휼로 너를 모을 것이요
> 내가 넘치는 진노로 내 얼굴을
> 네게서 잠시 가리웠으나
> 영원한 자비로[24] 너를 긍휼히 여기리라
> 네 구속자 여호와의 말이니라
> 이는 노아의 홍수에[25] 비하리로다

---

24) 히브리어로는 hesed이다. 이 말의 영어번역 "lovingkindness"(A. S. V),
   "kindness"(K. J. V.)는 부적절한 번역이다. Cf. 1장, 각주 18.
25) 이것은 아주 오래된 고대역본과 분명히 새로운 사해사본에 따른 번역이다.
   (cf. Burrows, op. cit., Pl. XLV). " … 의 홍수들"과 " … 의 날들"은
   히브리어에서는 동일한 자음들을 갖는다.

내가 다시는 노아의 홍수로 땅 위에 범람치 않게 하리라 맹세한 것같이
내가 다시는 너를 노하지 아니하며
다시는 너를 책망하지 아니하기로 맹세하였노니
산들은 떠나며
작은 산들은 옮길지라도
나의 인자는 네게서 떠나지 아니하며
화평케 하는 나의 언약은 옮기지 아니하리라
너를 긍휼히 여기는 여호와의 말이니라
(54:4-10)

이 "새 일" 속에 이스라엘의 모든 소망은 하나로 결집될 것이다. 그 안
에서 다윗 계열에 관해 집중되었던 기대들이 그 성취를 발견할 것이다(55:3-
5). 그 안에서 마음이 청결한 백성들에 대한 예레미야와 에스겔의 기대는 실
현될 것이다. 그때에 여호와는 그의 영을 이스라엘 위에 부어주실 것이고,
그들은 그의 백성으로 서기 위하여 그의 영을 받을 것이기 때문이다(44:1-
5). 또한 그 안에서 하늘의 별들보다 더 많은 후손을 주시겠다고 아브라함에
게 주신 고대의 약속도 실재가 될 것이다. 하나님이 아브라함으로부터 한 강
한 나라를 일으키신 것처럼, 이 미천한 소수의 남은 자에게 믿을 수 없을 정
도로 수많은 후손들을 주실 것이다(51:1-3; 49:20-21; 54:1-3). 정치적 회
복에 대한 단순한 꿈보다 훨씬 더 큰 것이 여기에 있다. 그것은 장차 그의
백성들을 다스리시는 하나님의 지배가 확립되면, 모든 세계 앞에서 이스라엘
은 영광을 받으리라는 것이다:

일어나라 빛을 발하라 이는 네 빛이 이르렀고
여호와의 영광이 네 위에 임하였음이니라
보라 어두움이 땅을 덮을 것이며
캄캄함이 만민을 가리우려니와
오직 여호와께서 네 위에 임하실 것이며
그 영광이 네 위에 나타나리니
열방은 네 빛으로
열왕은 비취는 네 광명으로 나아오리라

네 눈을 들어 사면을 보라
무리가 다 모여 네게로 오느니라
네 아들들은 원방에서 오겠고
네 딸들은 안기워 올 것이라[26]
그 때에 네가 보고 희색을 발하며
네 마음이 놀라고 또 화창하리니
이는 바다의 풍부가 네게로 돌아오며
열방의 재물이 옴이라

....

저 구름 같이 비둘기가 그 보금자리로 날아 오는 것같이
날아 오는 자들이 누구뇨
곧 섬들이 나를 앙망하고
다시스의 배들이 먼저 이르되[27]
원방에서 네 자손과
그 은금을 아울러 싣고 와서
네 하나님 여호와의 이름에 드리려 하며
이스라엘의 거룩한 자에게 드리려 하는 자들이라
이는 내가 너를 영화롭게 하였음이니라
(60:1-5, 8-9)

선지자는 도래할 하나님의 승리와 그의 나라의 확립이 요원하다고 믿을
수가 없었다. 오히려 그것은 바로 문앞에 이르렀다. 역사는 그 완성을 향해
진행되고 있다. 위대한 종말론적 드라마는 바야흐로 시작될 즈음에 있다. 그
것은 마치 선지자가 새로운 피조물의 해산의 고통을 현재 겪는 경험 속에서
증거하고 있는 것처럼 보인다(66:7-9). 거의 충격적인 어조로 그는 하나님이

---

26) 문자적으로는, "옆에서 안기다": 이것은 분명히 어린 아이들의 엉덩이를 안는
   관습을 언급한 것이다. cf. 66:12; 49:22.
27) 아마 "Tarshish boats first of all"로 읽는 것(영어성경: 히브리성경을 좇
   아)이 선호될 것이다. 이상과 같이 읽는 것은 수많은 MSS와 수리아 역본의
   지지를 받고 있고, 단지 한 글자의 첨가를 포함한다. 그렇다면 다시스의 배
   는 이전에 솔로몬이 가졌던 것(왕상 10:22)과 같다는 사실이 언급될 수 있을
   것이다.

예비하신 새 일을 황급히 선포하기 위해, 전능하신 하나님 자신이 산고의 고통 속에 있는 상황을 묘사한다(42:14-16).

모든 예언을 통해 두 가지 평행적 주제가 작용한다. 한편으로는 심판 곧 여호와의 날의 상(像)이 있다. 그것은 34장의 끔찍한 표현 속에서 보여진다. 거기에는 파멸, 피, 불, 연기, 악취, 그리고 폐허가 언급되어 있다.[28] 우리는 결코 벌레도 죽지 않고, 불도 꺼지지 않는 상태에 남겨진다(66:24; 참조. 63:1-6; 49:26; 50:2-3; 51:6). 이와는 반대로 새로운 피조물 곧 소생되는 자연에 관한 상이 있다(35:1-2; 41:19; 55:13; 60:13). 장수와 평강이 있을 것이고(65:20-23), 자연의 전쟁도 끝날 것이며(65:25), 하나님과의 교제도 회복될 것이다(65:24). 태초의 에덴동산에서의 평화(51:3)가 다시 한번 땅에 임할 것이고, 죄에 의해 오랫동안 분쇄되었던, 하나님의 통치가 다시 확립될 것이다. 모든 역사가 향해서 움직이는 장차 임할 이 하나님의 승리 속에서, 하나님의 백성은 구속을 얻을 것이다. 참으로 선지자는 위대한 신약성경 묵시의 저자 곧 요한이 악의 모든 세력들을 물리치는 하나님의 궁극적 승리에 관해 말하면서(계 21:1-4), 선지자가 한 똑같은 말을 빌어 사용할 정도로 아주 웅변적인 어조로 새 하늘과 새 땅에 관해 노래하고 있다(65:17-19).

3. 이것은 영광스러운 환상이자 영광스러운 소망이다. 그러나 그것은 이스라엘의 국가적 영광에 대한 꿈의 변형과 다른 것인가? 얼핏 보면 다를 것이 없지만 한 가지 다른 것이 있다. 선지자는 유일신론적 신앙의 논리적 결론을 내리고, 그 결론에 비추어 하나님 나라의 전체 소망을 해석하였다. 만일 오직 한분 하나님이 존재하신다면, 만일 이 하나님이 모든 인간들과 모든 역사를 다스리신다면, 만일 하나님의 심판이 모든 백성들 위에 임한다면,

28) 이 맥락 속에서 인용된 많은 구절들이 제2이사야 저작설을 크게 부정하지만, 그 증거가 이것을 보증하는지에 대해서는 의문이 있다고 나는 생각한다. 나는 34-35장은, Torrey (op. cit., pp. 122-26, 279-301)가 그렇게 한 것처럼, 예언의 통합적 부분들이라고 생각하지 않지만, 그것들에 대한 Torrey의 해석에는 동조한다. 그것들은 선지자의 사상에 잘 부합하고, 또한 강력한 문체적 연관성도 존재한다(cf. R.B.Y.Scott, *American Journal of Semitic Languages*, 52 [1935-36], 178-91; A.T.Olmstead, idem, 53 [1936-37], 251-53; Marvin Pope, *Journal of Biblical Literature*, LXXI [1952], 235-43).

— 그러면 오직 모든 백성들을 위한 한분 하나님만이 존재하실 것이다. 하나님의 지배영역은 범세계적이다. 이방 민족들은 우상숭배의 오류를 심사받아야 하고, 구원하시는 한분 하나님께 돌아와야 한다:

> 열방 중에서 피난한 자들아 너희는 모여 오라
> 한 가지로 가까이 나아 오라
> 나무 우상을 가지고 다니며
> 능히 구원치 못하는 신에게 기도하는 자들은 무지한 자니라
> 너희는 고하며 진술하고
> 또 피차 상의하여 보라
> 이 일을 이전부터 보인 자가 누구냐
> 예로부터 고한 자가 누구냐
> 나 여호와가 아니냐
> 나 외에 다른 신이 없나니
> 나는 공의를 행하며 구원을 베푸는 하나님이라
> 나 외에 다른 이가 없느니라
>
> 땅 끝의 모든 백성아 나를 앙망하라
> 그리하면 구원을 얻으리라
> 나는 하나님이라 다른 이가 없음이니라
> 내가 나를 두고 맹세하기를
> 나의 입에서 의로운 말이 나갔은즉
> 돌아오지 아니하나니
> 내게 모든 무릎이 꿇겠고
> 모든 혀가 맹약하리라 하였노라
> (45:20-23)

그것과 함께 유일신론이 마지막으로 함축하고 있는 결론이 도출된다. 이스라엘의 신앙은 홍수가 터진 강물처럼 그 제방을 무너뜨리고, 세계 종교의 매체가 되기에 적합하였다. 물론 제2이사야가 범세계적인 종교를 고안했다거나 그에 대해 독점권을 가지고 있다고 상상할 수 없다. 반대로 이것은 유일신론 자체에 내재하는 원리이다. 그것은 고대의 족장들의 서사시에 암시되어

있었고(창 12:1-3; 18:18), 아모스에 의해 분명히 표현되었으며(암 9:7),
열왕기서 저자에 의해 명확하게 선언되었다(왕상 8:41-43). 그러나 그것은
결코 백성들의 관념은 아니었다. 백성들은 하나님 나라를 그들 자신과 동일
시하는데 너무 익숙해져 있었고, 그리하여 이방국가들 ― 그들의 원수들이자
하나님의 원수들로서 ― 은 단지 심판의 목적을 위해서만 존재한다고 생각하
였다. 이러한 교만은 여호와의 날에 대한 고대 백성들의 소망에서 잘 예증되
었다. 그들은 하나님이 이스라엘을 확립하시고, 그 원수들을 벌하시기 위해
역사 속에 간섭하실 여호와의 날을 대망하였다. 아모스는 그같은 환상을 대
상으로 싸우면서(암 5:18-20), 여호와의 날은 또한 죄악된 이스라엘에 대한
심판의 날임을 선언하였음을 우리는 상기할 수 있다.

그러나 여기서 더 깊이 나아가 취해야 할 단계가 있다. 고대적 관념의
상징과 이념이 보존되면서, 그 관념은 그 민족적 성격을 벗어나 크게 확대된
개념이 되었다는 것이다. 가시적인 이스라엘 국가와는 결코 동일시되지 않는
하나님 나라는 이스라엘 안에서도 그에게 복종하는 그의 종들만으로 한정되
고(65:13-15), 동시에 하나님을 인정하고, 하나님께 돌아서는 모든 민족의
백성들을 포함하는 데까지 미친다.

하나님은 모든 땅을 지배하시기를 바라시고, 외국인들도 그 지배를 받아
들이도록 초청된다(45:22-23; 49:6). 그리고 비록 유대인들이 그들의 특별
한 위치를 상실하지 않았을지라도, 외국인들의 예배는 똑같이 수용될 것이
다:

내가 그를 나의 성산으로 인도하여
기도하는 내 집에서 그들을 기쁘게 할 것이며
그들의 번제와 희생은
나의 단에서 기꺼이 받게 되리니[29]
이는 내 집은 만민의 기도하는 집이라
일컬음이 될 것임이라

---

29) 맛소라 히브리성경에는 빠져있는 동사(받게되다)가 사해사본으로부터 보충된
다(cf. Burrows, op. cit., Pl. XLVI). Torrey (op. cit., p. 429)는
이미 그 추측을 하였다.

이스라엘의 쫓겨난 자를 모으는
주 여호와가 말하노니
내가 이미 모은 본 백성 외에 또 모아
그에게 속하게 하리라
(56:7-8)

하나님은 외국인들의 봉헌과 그들의 기도를 받으실 뿐 아니라 그들 중에
서 어떤 이들은 제사장과 레위인으로 섬기도록 선택될 것이다(66:18-21).[30]
참으로 마음 중심의 신학이 여기에 있다. 그 다른 인물이 "너희에게 이르노
니 동서로부터 많은 사람이 이르러 아브라함과 이삭과 야곱과 함께 천국에
앉으려니와"(마 8:11)라고 선언할 때까지, 그와 같은 말을 들어보지 못했을
것이다. 하나님의 참된 이스라엘은 인종적으로 결정되지 않고, 그에게 순종
하는 모든 인종의 사람들을 포함한다. 선지자는 신약성경이 재확인하고 있는
사실을 이미 역설하였다.

Ⅲ

따라서 하나님 나라는 그 승리를 향해 진행하고 있다. 그 승리는 하나님
이 역사를 지배하시기 때문에 확실하고, 모든 세계를 다스리는 자신의 통치
를 확립하시는 것이 역사의 과정의 마지막에 있을 그의 목적이다. 기다려야
할 시간이 많지 않다. 사건들은 그 결론을 향하여 진행된다. 대전환점이 멀
지 않다. 영광스러운 "새 일"이 곧 임할 것이다. 우리가 예언에 가득차 있는
그 벅찬 기쁨을 이해할 수 있는 것은 바로 임박한 승리에 대한 이같이 활력
적인 기대에 비추어 볼 때이다.

---

30) 그 말씀은 유대인이 의도된 것인지 아니면 외국인이 의도된 것인지 의심을 남
   겨놓지만, 이 해석은 Torrey (op. cit., p. 471), J.Skinner (Isaiah;
   The Cambridge Bible [Cambridge: The University Press, 1922],
   Ⅱ, 254)와 다른 사람들에 의해 옹호된다. 만일 유대인만 언급한 것이라면,
   그것을 말할 이유가 하등 없을 것이다. 다른 지역에서 살던 많은 유대인들이
   이미 출생으로 제사장과 레위인이 되었다. 놀랍기는 하지만, 이 개념은 확실
   히 선지자의 신학의 노선에 입각해 있다.

이 기쁘고, 승리적인 길을 가도록 이스라엘은 초청을 받는다. 그러나 이 스라엘의 승리는 그 기쁨을 어떻게 표현해야 할지 모를 만큼 기이한 승리가 될 것이다. 분명히 그것은 값싸게 얻어지는 승리도 아닐 것이며, 총애를 받고 있는 방관적인 백성들에게 아무 수고없이 주어지는 승리도 아닐 것이다. 제2이사야는, 모든 선지자들이 그랬던 것처럼, 선민에의 부르심은 운명에의 부르심으로서, 보답의 의무를 요청한다는 사실을 알고 있었다. 따라서 모든 역사를 의미있게 해석하는 이 승리의 신학에 비추어 볼 때에 하나님이 이스라엘을 하나님의 종으로서의 그의 운명으로 새롭게 부르셨다는 사실을 이해하게 된다.

1. 그러나 이 운명은 무엇이고, 그것은 어떤 종류의 승리를 낳을 것인가? 그 승리는 세계가 이해하는 것과 같은 승리가 절대로 아니다! 반대로 그것은 굴욕, 고난, 패배의 운명이다 — 그러나 그럼에도 불구하고 그것은 승리의 운명이다. 우리 앞에는 가장 이상한 인물, 이스라엘의 조상이나 후손에게는 거의 없는 인물, 이스라엘이나 우리가 그 인물에 관해서는 전혀 모를 정도로 크게 고통으로 괴로워하는 인물이 있다. 그는 바로 고난당하는 여호와의 종이다. 여태까지는 그의 고상한 개념들에도 불구하고, 선지자(제2이사야)가 본질적으로 새로운 것을 전혀 전개시키지 않았다고 말하는 것이 아마 옳을 것이다. 히브리 신학에서 가능한 가장 커다란 체계는 바로 그의 신학체계이다. 그러나 그것은 다른 사람들이 그 기초를 닦아 놓은 것이었다. 그러나 고난받는 종은 완전히 독특한 개념이다. 선지자는 그 종의 개념에 따라서 하나님의 백성의 운명과 승리를 선포하고, 하나님이 그의 나라를 수립할 수단을 선포한다.

고난의 종의 모습은 예언을 통해 도처에서 등장하지만, 우리는 소위 "고난의 종의 시편"에서 특별히 명확하게 그를 발견한다.[31] 고난의 종은 자신이

---

31) 먼저 B. Duhm (*Das Buch Jesaja: Handkommentar zum Alten Testament* [4th ed.; Göttingen: Vandenhoeck and Rupprecht, 1922])에 의해 구별된, 고난의 종의 시편들의 제한(42:1-4 [5-7]; 49:1-6; 50:4-9; 52:13-53:12)과 그것들의 나머지 예언과의 관계가 크게 논란이 되고 있다. 그것들이 그 선지자의 사상의 통합적 부분이라는 것이 내게는 확실해 보인다. 마찬가지로 고난의 종은 분명하게 다른 곳에서도 나타난다: 예. 61:1-3.

어떤 목적을 위해 오래 전부터 택함을 받았으며, 때가 찰 때까지 기다리고
있었다고 선언한다(49:1-2). 분명히 그것은 세상에서 하나님의 영광을 나타
낼 도구이자, 이스라엘의 영광이었다(49:3). 그리고 단지 그의 모든 수고가
헛된 것처럼 그에게 보였던 바로 그 순간에(49:5), 그의 사명의 충만한 의미
가 그에게 계시된다. 그 사명의 의미는 하나님 아래 그들의 운명을 돌리도록
이스라엘을 부르시는 것일 뿐 아니라 전세계에 참된 신앙을 선포하는 것이
다:

> 나는 여호와의 보시기에 존귀한 자라
> 나의 하나님이 나의 힘이 되셨도다
> 다시 야곱을 자기에게로 돌아오게 하시며
> 이스라엘을 자기에게로 모이게 하시려고
> (내가 여호와의 눈에 온전하면
> 나의 하나님이 나의 힘이 되시리라)
> 그가 가라사대
> 네가 나의 종이 되어
> 야곱의 지파들을 일으키며
> 이스라엘 중에 보전된 자를 돌아오게 할 것은 오히려 경한 일이라
> 내가 또 너로 이방의 빛을 삼아
> 나의 구원을 베풀어서 땅끝까지 이르게 하리라
> (49:5-6)

다시 한번 42:1-7에서 우리는 이방인들에게 빛과 해방을 주는(6-7절)
고난의 종의 세계에 대한 사명이 언급되어 있음을 본다. 하나님 자신의 영
(신)을 받고(1절), 하나님의 도움을 받아, 그가 그 사명을 성공적으로 감당
하리라는 것은 분명하다. 그러나 그의 길은 정복과 영광의 길이 아니고, 조
용한 수고와 무한한 인내의 길이다(2-3절). 그러나 고난에도 불구하고, 그는
승리를 얻을 때까지 포기하지 않을 것이다(4절). 그는 하나님의 구속의 기쁜
소식을 선포할 것이며(61:1-3), 그의 목적의 승리를 위해 한 동안도 쉬지 않
고 밤낮으로 중재할 것이다(62:1, 6-7). 그는 그의 사명 때문에 고난을 받을
것이지만, 하나님의 학교의 모범학생으로서 학교에 다니는 그는 그것을 기꺼

이 감당할 것(50:4-5)이 확실하다. 따라서 우리는 얻어맞고, 수욕을 당하며, 얼굴에 침뱉음을 당하는(50:6) 수난주간의 한 인물 ― 그러나 하나님이 그를 변호하리라는 확신을 가지고 끝까지 견디는(50:7-9) ― 로서 그를 바라본다.

그러나 52:13-53:12에는, 고난의 종의 궁극적인 참된 모습에 관해 언급되어 있다. 여기서 말해지는 것은 다른 곳에서 말해지는 것과 논리적으로 연계성을 갖고 있는 것이 사실이다. 그러나 그것은 아주 독특하다. 만일 우리가 여기서 그것을 읽지 않았더라면, 우리는 선지자가 지금까지 이런 관념을 간직하고 있었다고 추론할 만한 권리를 갖지 못할 것이다. 여기서 우리는 고난과 승리에 관해 읽게 된다. 여기서 우리는 마침내 고난의 종이 가리키는 바를 이해하게 된다. 그것은 한번도 들어본 적이 없는 새로운 선언 ― 목격자들이 "우리의 전한 것을 누가 믿었느뇨"라고(53:1; 참조. 52:15) 외칠 정도로 참으로 새로운 ― 이다. 여기에 사람들의 멸시를 받고, 겉으로 보기에는 하나님의 저주를 받은, 아름다운 모양이 없는 사람이 있다(53:2-4).

이 흠모할 만한 것이 없는 곳에서, 이 "마른 땅에서 나온 줄기" 속에서 (2절), 하나님의 진정한 구속의 능력이 현현되리라는(1절) 것은 믿을 수 없는 일처럼 보인다. 그는 사람들을 대신하여 자신은 범하지도 않은 죄를 담당할 정도로 처절한, 참으로 처절한 핍박을 견디신다(4-6절). 그들은 그가 다른 사람들을 위해 대신 고난받은 사실을 이해한다. 그는 그들의 죄를 담당하신 것이다. 결국 우리는 죽기 위해, 그러나 잠잠히 도수장으로 끌려가는 어린양과 같이 끌려가는 그를 본다(7-9절). 그가 죄없이 고난을 받고, 참으로 그의 진정한 삶이 다른 사람들의 죄악을 위한 속건제물이 되는 삶이 되었음이(10절) 분명하다. 그것은 철저한 수욕이요, 패배이다. 그러나 고난의 종이 자신을 죽음에 내놓았을 때에만, 하나님은 승리를 선포하신다. 그때 고난의 종은 높이 들려질 것이며(12절), 자신의 희생이 많은 열매를 맺었음을 알고 만족할 것이며(11절), 그의 "씨" ― 그가 하나님의 나라 속에 낳은 수많은 후손들 ― 를 보게될 것이다(10절). 고난의 종의 승리는 고난 너머에 있다. 참으로 그의 사명의 수행은 고난 없이는 불가능하다. 고난이 그 사명을 달성하는 수단이기 때문이다.

2. 따라서 이것은 구약성경에서나 고대동방의 사고방식에서는 발견할 수 없는, 확실히 유례가 없는 개념이다. 그것은 외형적으로는 그것들에 관한

논리적 발전이 설명될 수 없는 참으로 독특한 개념이다. 물론 이것은 그것이 선례가 전혀 없다는 것을 말하지 않는다. 참으로 그것에 관한 개념을 예비할 수 있는 많은 개념들이 이스라엘과 그의 주변민족들 속에 있다.[32] 여기서 우리는 특별히 희생제사제도를 생각한다. 그 제도는 그것의 배후에 있는 많은 이념들처럼, 복합적이고, 심지어는 원시적인 제도로서, 가장 어리석은 형식주의로 전락하기 십상이다. 그러나 그것은 백성들에게 거대한 죄를 끊임없이 상기시킨다. 죄는 속죄를 요청한다. 죄는 죽음을 수반한다. 그리고 하나님이 무죄한 동물의 피를 충분히 은혜로 수용하시지 않았더라면, 죄인의 생명은 박탈되었을 것이다.[33]

또 우리는 고대세계에서 크게 만연했던, 사회의 연합성에 관한 강력한 감정을 생각한다. 개인의 죄가 무리에 대한 죄와 저주를 낳는 것처럼(예. 수 7장), 개인의 의 역시 무리에 대한 의를 낳는 것으로 기대되었다(예. 창

---

32) 그 주제에 관한 논의는 다양하였다. 최근의 논란은 다음과 같은 자료들 속에 포함되어 있다: J.P.Hyatt, "The Sources of the Suffering Servant Idea" (*Journal of Near Eastern Studies*, III-2 [1944], 79-86); A Bentzen, *Messias-Moses redivivus-Menschensohn* (Zürich: Zwingli Verlag, 1948), pp. 42-71; I. Engnell, "The Ebed Yahweh Songs and the Suffering Messiah in Deutero-Isaiah" (*Bullentin of the John Rylands Library*, 31-1 [1948]); A.R.Johnson, "The Role of the Kings in the Jerusalem Cultus" (*The Labyrinth*, S.H.Hooke, ed. [London: S.P.C.K., 1935], pp. 73-111) 충분한 참고문헌과 함께 탁월한 개요를 담고 있는 H.H.Rowley, *The Servant of the Lord and Other Essays* (London: Lutterworth Press, 1952), pp. 3-57을 보라.

33) 물론 이것은 고대세계의 희생제사제도를 이같은 동기나 어떤 다른 하나의 동기로 환원시킬 수 있음을 의미하지 않는다. 그러나 그 다양한 측면에서 보면, 희생제사는 그것이 없으면 개인이나 무리나 결코 살아갈 수 없는 하나님과의 "평화"를 회복하거나 유지하는데 기여하였다. 그러므로 그것은 죄로 인한 하나님과의 분리의 위험성을 끊임없이 상기시켰다. 탁월한 논의를 담고있는, cf. Pedersen, op. cit., III-IV, 299-375.

34) 수많은 다른 실례들이 주어질 수 있다: 예. 이스라엘은 사울의 죄로 말미암아 기근을 겪는다(삼하 21:1-9); 이스라엘은 다윗의 인구조사로 인해 역병을 경험한다(삼하 24장); 모세는 백성들의 죄를 위해 자신의 생명을 속죄물로 내놓는다(출 32:32). 똑같은 개념이 렘 15:1-4; 겔 14:12-20에서도 지지된다.

18:22-33).[34] 아마 우리 역시 고대동방의 왕이 심지어는 백성들의 죄를 제의적으로 떠맡을 정도로, 그의 백성들에 대한 제의적 대표자로서 행했던 역할을 이러한 맥락 속에서 생각해야 할 것이다. 그리고 확실히 많은 다른 일들역시 존재하는데, 그것들은 증명보다는 의심이 더 쉬울 수밖에 없는 것들이다. 무엇보다도 먼저 우리는 이스라엘 백성들은 의로운 개인들의 고난에 대해서 뿐 아니라 국가적 고난과 국가의 운명의 의미에 관해서도 아주 깊은 성찰이 있었음을 확신해야 한다. 왜냐하면 이것은 답변이 요청되는 문제였기 때문이다.

그러나 우리는 어디에서도 전체는 그 부분들의 종합과 같다는 불가피한 감정을 발견하지 못한다. 이 모든 이념들은 병행하는 것도 아니고, 히브리 신앙에 모두 적용되는 것도 아니며, 그렇다고 선지자 자신의 민감한 통찰력이 논리적으로 당연하게 이곳으로 이끌리는 것도 아니다. 우리는 선지자가 하나님의 영감을 받아 하나님에 관한 진정한 신비를 들여다본 것으로 결론지을 수밖에 없다. 어떤 사람이 논리적 분석이 충분하지 않은 곳, 곧 신비가 임재한 곳에 자신이 서있음을 인식하고, 그의 신발을 벗고 맨발로 서있는 것은 가당한 일이다.

여기서 우리는 모든 만국의 사람들이 참여하도록 부르심을 받는 범세계적인 하나님 나라를 통치하는 것이 하나님의 목적임을 배우게 된다. 그러나 하나님이 확실하신 분인 것처럼 확실한 그 나라의 승리는 힘이나 웅장한 권력에 의해서가 아니라 하나님의 고난의 종의 희생적 노력에 의해 얻어질 것이다. 여기서 우리는 그 나라에 대항하는 인간의 저항, 곧 그것이 고난의 종의 피를 흘리게 할 정도로 처절한 저항을 배우게 된다. 그러나 여기서 우리는 인간의 구속의 도구로서 제의적인 속죄나 외적 율법을 제공하시는 하나님이 아니라 그 동일한 종의 고난을 제공하시는 하나님을 본다. 하나님은 그의

---

35) 단순히 관련문헌들을 열거하는 것은 지면만 낭비할 것이다. 여기서 표준서는 C. R. North, *The Suffering Servant in Deutero-Isaiah* (Oxford: Oxford University Press, 1948)이다. 이 책은 실질적으로 그 출판 당시까지 그 주제에 관해 논란이 되었던 모든 것을 아주 철저하면서도 간명하게 검토하고 있다. 간단하지만 포괄적인 논의를 원하는 독자에게는 각주 32에 인용된 H. H. Rowley의 작품을 추천하는 바이다.

고난의 종의 대리적 희생을 통해 그의 나라의 승리를 의도하신다. 여기서 구약성경의 신앙은 확실히 그 자체를 넘어서고, 신약성경의 신앙과 병행한다.

3. 그러면 누가 고난의 종인가? 아니 오히려 그는 무엇을 대표하는가? 그것이 가장 중요한 문제이다. 그리고 구약성경 주석의 문제에 있어서 이 이상 더 어려운 문제는 없다.[35] 물론 교회는 항상 특별히 그리스도에 관한 예언인 53장에서, 고난의 종을 보았다. 이것이 참된 의미에서 사실이라는 것은 의심할 여지가 없다. 왜냐하면, 우리가 살펴보겠지만, 그리스도는 고난의 종의 모범을 따르셨기 때문이다. 그러나 그것을 단순하게 도래하실 구속주에 관한 예언으로 볼 수는 없다. 고난의 종의 모습은 아주 유동적인 모습이다. 그것은 이렇게 보면 어떤 하나의 사실을, 또 저렇게 보면 또 다른 사실을 가리키는 것처럼 보이기 때문에, 너무 고지식하게 그것을 해석하려고 시도하면, 그 증거를 벗어나고, 거의 확실하게 선지자가 말하려는 의도를 왜곡시킬 것이다.

고난의 종이 누구인가에 관해서는 개인과 무리 사이에서 갈피를 못잡는다. 이사야서의 여러 곳에서 고난의 종은 선지자가 고난의 종을 소경이요 귀머거리로 부를 만큼(42:19) — 왜냐하면 그것은 정확하게 이스라엘이 행했던 바이기 때문에 — 단순히 이스라엘이다(예. 41:8; 43:10; 44:21; 45:4). 다른 곳에서는, 비록 고난의 종이 여전히 이스라엘과 동일시되고 있기는 해도(예. 49:3), 그가 가시적인 백성이 아닌 다른 어떤 존재라는 것이 분명하다. 왜냐하면 그의 첫번째 임무(49:5)는 이스라엘을 하나님 아래 있는 백성이라는 그 본분으로 다시 돌아오도록 이끄는 것이기 때문이다. 여기서는 고난의 종이 이스라엘 자체가 아니고, 이스라엘 안에 있는 의로운 "남은 자" 곧 하나님의 부르심에 순종하고, 세계에 그분의 능력을 증거하는(49:1-6, 8-13; 42:1-7), 참 이스라엘이라는 사실이 분명하다(예. 44:1; 51:1, 7). 그러나 언제나 고난의 종은 개인을 가리키는 용어로 묘사된다.

그리고 때로는 이 인물이 모든 이스라엘, 모든 참 이스라엘, 이스라엘 안에 있는 어떤 개인들의 총수를 넘어서서, 어떤 이상적 인물을 묘사하는 것이 분명하다. 그는 자신의 고난을 통해 이스라엘의 과업의 성취를 가능하게 하는 참 이스라엘의 장차 도래하실 구속주이다. 그는 조만간에 일어날 "새 일"의 중심 행위자이다. 그러므로 우리는 그를 이제 곧 시작될 새 출애굽의

"새 모세"로 부를 수 있다. 과연 고난의 종은 누구인가? 그는 이스라엘이다. 그는 참되고, 충성된 이스라엘이다. 그는 종된 백성들의 지도자가 될 위대한 종이다 ― 이 모두가 하나 속에 있다![36]

그러나 가장 중요한 요점이 여기에 있다: 고난의 종이 어떻게 묘사되든, 심지어는 도래하실 구속주로 생각될지라도, 고난의 종의 사명은 항상 이스라엘의 소명과 운명으로 그들 앞에 놓여있다. 다음과 같은 소명을 지적하는 것으로 고난의 종을 충분하게 묘사할 수는 없다: "너희 중에 여호와를 경외하며 그 종의 목소리를 청종하는 자가 누구뇨 … "(50:10). 이스라엘은 고난의 종의 백성이 되는 자들이다. 오직 그때에만 이스라엘은 하나님의 백성이 될 것이다. 고난의 종은 선지자처럼 하나님의 의를 세상에 선포하고, 이스라엘 역시 그렇게 해야 한다. 고난의 종이, 제사장처럼 하나님의 구원을 자신의 고난을 통해 사람들에게 중보하는 것처럼, 이스라엘도 역시 그렇게 해야 한다. 고난의 종이 자신의 희생을 통해 승리와 나라를 얻는 것처럼, 이스라엘도 다른 충성의 길을 걸어가서는 안된다. 이스라엘은 고난의 종을 따르고, 고난의 종의 십자가를 지고, 고난의 종의 구속적 사명을 분담하는 자들이다. "아무든지 나를 따라오려거든 자기를 부인하고 자기 십자가를 지고 나를 좇을 것이니라"(막 8:34)고 말씀하신 것에서 보는 것처럼, 그리스도가 그의 교회와 분리될 수 없는 것과 마찬가지로, 고난의 종은 이스라엘과 결코 분리될 수 없다. 더욱이 이스라엘은 옛 입장으로 되돌아가는 것이 항상 금지된다. 이스라엘은 고난의 종의 발자취를 따라 선교적 고난의 길을 걸어가야 한다 ― 그 이유는 이것만이 오로지 하나님의 나라의 길이기 때문이다.

4. 여기에 드디어 국가적 굴욕에 대한 해명의 깊이와 그것에 대해 말하는데 충분히 도달할 수 있는 말이 있다. 여기에, 세계가 광대한 것만큼, 백

---

36) 고난의 종은 유동적 개념이라는 것이 Franz Delitzsch (*Biblical Commentary on the Prophecies of Isaiah*, English translation by James Martin [Edinburgh: T. & T. Clark, 1881], II, 174. etc.)에 의해 오래 전에 설득력있게 주장되었고, 그 이후로 최근에는 Torrey (op. cit., pp. 135-46), North (op. cit., pp. 207-19), Rowley (op. cit.), Bentzen (op. cit., pp. 42-67)을 포함한 많은 학자들이 세부적인 많은 변화들을 인상깊게 정리하였다. 비록 다른 설명들이 주어졌다고는 해도, 그 증거는 어떤 다른 해석을 인정하지 않는 것처럼 보인다.

성들로 하여금 본분과 방향을 잃게 하고 흐리게 할 수 있는 광대한 말이 있다. 그 말은 확실히 지금까지 들었던 어떤 말보다 고난에 대한 아주 심오한 해석이다. 인간들은 항상 비극에 대한 해명을 원하였고, 그 당시의 유대인들에게 임했던 고난들은 결단코 그 해명이 요청되었다. 일반적인 유대인의 신앙은 욥의 친구들이 그랬던 것처럼, 고난을 죄에 대한 벌로 설명하는 경향이 있었다(참조. 53:4하). 선지자들은 엄밀히 이러한 맥락 속에서 국가적 재난을 설명하였고, 제2이사야도 그 설명을 견지하였다(참조. 42:24-25). 그러나 그때에도 이것이 완전히 만족스러운 답변이 될 수 없었음은 분명하였다. 하박국이 국가의 입장에서, 욥이 개인의 입장에서 보았던 것처럼, 응분과 보상이 항상 균형을 이루었던 것은 아니었다. 유대인은 그의 백성들이, 아무리 죄악되었다고 할지라도, 그들의 응분의 행위에 비하여 더 큰 벌을 받았다고 느끼기가 쉬웠다. 이스라엘은 "그 모든 죄를 인하여 여호와의 손에서 배나 받았다"(40:2). 그 지나침은 어떻게 설명되는가?

이제 이스라엘의 신앙은 사실상 비록 모든 것에 대한 산뜻한 설명을 좋아하는 유치하고, 독단적인 정신들이 지극히 완고하게 인과응보에 집착한다고 할지라도, 이미 고난과 죄에 대한 인과응보의 사상을 뛰어넘었다. 고난이 있었던 것은 죄를 범해서가 아니라 엄격히 하나님의 뜻이 이루어진 결과임이 분명하였다. 선지자들은 하나님의 말씀에 순종하고, 그것을 선포하는 것은 정확하게 고난의 대가를 치르는 일이라는 사실을 보여주는 생생한 실례였다. 예레미야는 유다 왕국보다 하나님 나라를 선택함으로써 고난의 대가를 치러야 했던 최적의 본보기였다. 그는 스스로 표현하기를 "나는 끌려서 잡히러 가는 순한 어린 양과 같다"(렘 11:19. 참조. 사 53:7)고 할 정도로, 고난의 종과 같이 되었다. 이스라엘 안에서 지각이 있는 사람들은 이것을 알고 있었다. 그러나 여기에는 이보다 훨씬 더 고상한 내용이 담겨 있다. 왜냐하면 고난은 단순히 고난의 종의 과업의 결과가 아니기 때문이다 — 고난은 그것의 중심기관이다. 그의 구속사역과 범세계적 승리는 모든 전쟁이 재난의 대가를 치르는 것처럼, 고난의 대가를 치러야 할 것이다. 그것은 고난을 거치지 않고서는 완전히 성취될 수 없다. 하나님의 나라의 승리는 고난의 종의 대리적 희생을 통해 성취된다.

이보다 더 강력한 백성들에 대한 요청을 이스라엘로서는 상상할 수 없을 것이다. 그것은 바로 하나님의 백성으로서의 그들의 본분에 대한 완전한 재해석이었다. 그것은 참으로 위로의 메시지였다. 그러나 우리가 그 말을 쉽게 이해해버리는 그런 의미에서의 위로는 아니었다. 왜냐하면 여기에는 진정제도 없고, 두려움을 제거하는 안정제도 없고, 그 좌절된 감정을 다스리는 요법도 없으며, 불평섞인 질문들에 대한 논증이나 답변들도 없기 때문이다. 여기서는 하나님의 백성으로 다시 서고, 위대한 과업을 성취하라는 소청들만이 있다. 사람들을 하나님의 백성으로 만드는 것은 바로 이러한 종류의 소청들이다. 왜냐하면 그것이 그들을 그들 자신보다 더 위대한 어떤 일에 봉사하도록 요구하기 때문이다.

선지자는 이스라엘을 고난의 종의 백성으로 주목한다. 그는 이렇게 말하였다: 너희는 항상 하나님의 목적을 위해 택함받은 하나님의 백성이라고 스스로 생각하였는데, 과연 그렇다. 그러나 너희는 그 운명을 망각했고, 그 결과 너희가 그것을 이해하지 못하고, 너희가 믿어왔던 모든 것을 의심할 정도로 참으로 쓰라리고, 쓰라린 벌을 받았다. 이제 정신을 차려라! 아직은 모든 것이 끝나지 않았다! 너희는 지금 새로운 출발과 더 큰 운명 앞에 서 있다. 하나님은 자신을 위해 참된 백성들 곧 고난의 종의 백성들을 부르시고 있다. 그분은 너희가 그 백성이 되고, 그의 목적을 섬기도록 너희를 부르신다. 너희는 그의 구속의 그릇들이 되어야 하고, 이스라엘을 그 본연의 자리로 되돌아오도록 인도하며, 그의 구원을 온 세계에 선포하여야 한다. 확실히 너희는 고난이 없이 이 운명을 수행하지는 못한다. 엄밀히 말해 너희는 오직 고난으로 요청을 받을 것이다. 그러나 고난은 다음과 같이 변할 것이다: 더 이상 너희에게는 의미 없이 쓰라린 고통이 임하지는 않겠고, 오직 구속의 진정한 도구로서만 고난이 임할 것이다. 그 안에서 너희는 하나님의 종의 진정한 인격 속에 들어갈 것이며, 그의 구속의 목적을 공유할 것이다. 너희의 고뇌를 통해, 아브라함 안에서 모든 인류에 대한 축복으로 주어진 너희의 원래의 운명이 지금 너희 앞에 있다. 그리고 승리는 확실하다. 왜냐하면 하나님은 확실하신 분이기 때문이다.

분명히 이 이상으로 고난에 대해 주어진 심원한 답변은 없을 것이다. 고난은 설명되는 것이 아니다. 그것은 하나님 나라의 백성으로서의 운명 속에서 초월된다.

IV

그러나 우리는 약간 진정을 하고 점강법에 입각하여 결론을 내려야 한다. 이 점강법에 대한 변증은 전혀 없을 것이다. 왜냐하면 그것은 우리의 구상이 아니고, 역사 속에 기록된 것이기 때문이다. 고난의 종은 후손이 별로 없다. 고난의 종의 빛은 인간의 눈에는 너무 눈이 부셔서 보지 못할 정도로 밝고, 그래서 인간들은 그것을 바라볼 수 없다고 우리는 생각할 수도 있다. 확실히 선지자의 위대한 선교의 메시지는 상실되지 않았다. 우리는 그것이 후대의 기록들(특히 요나서 속에서) 속에 반영되어 있음을 발견한다. 분명히 유대교는 개종자들을 낳았다. 그러나 유대교는 결코 바람직한 선교의 종교가 되지 못했다. 오히려 그것은 그 자체 안으로 단단히 문을 잠가버리는 경향이 있었다.

고난의 종은 백성의 환상을 충족시켜주는 개념이 결코 못되었다. 참으로 고난의 종의 모습은 이스라엘의 고난과 관계되었다. 그것은 후기의 문헌 속에서, 특별히 어떤 시편 속에서 "가난하고 궁핍한" 자는 사실상 하나님의 참된 백성과 동의어가 되었을 정도였다(우리는 "온유한 자"는 땅을 기업으로 받을 것이라는 말씀을 읽게 된다. 마 5:5). 그러나 유대교는 고난의 종을 메시야로서 볼 수 없었다. 후기 문헌 속에서(예. 슥 9:9; 12:10), 낮아지고, 고난받는 메시야에 관한 희미한 암시들이 나타나 있기는 하지만, 그것들은 극히 드물다. 유대인들은 고난받는 메시야를 원하지 않았다. 그들은, 우리들처럼, 다른 일들을 기대하였다.

따라서 고난의 종은, 말하자면, 지하로 숨어들어갔고, 거기서 언 땅 아래 있는 씨앗처럼 동면하였다. "때가 차면" "이 글(성경)이 오늘날 너희 귀에 응하였느니라"(눅 4:21; 참조. 사 61:1-2)고 말씀하실 분이 오실 것이다. 그분은 자신의 희생적 수고 속에서, 고난받으시고, 죽으시고, 확실히 문자 그대로 "종의 형체를 가졌다"(빌 2:7). 그리고 이 동일한 예수님이 그의 제자들에게 "땅 끝까지 가라"고 말씀하셨을 때, 그분은 다름아닌 종의 운명을 그들에게 짊어주셨다.

참으로 그것이 우리가 생각할 부분이다. 그리스도의 교회의 구성원들로서 우리의 소명은 고난의 종의 소명이다. 우리는 그것을 얼마나 심각하게 생각하는가? 우리는 그것을 완전하게 이해하고 있는가? 교회의 범세계적 선교의 사명을 우리는 받아들인다. 우리는 그의 나라가 온 땅에 임한다는 사실을 선포한다. 우리는 땅끝까지 복음을 선포하기 위해 선교사들을 파송한다. 그러나 우리는 그 위대한 신학의 결과들을 얼마나 적게 이끌어내고 있을까! 한 분 하나님은 그분이 부르시는 모든 사람들에게 똑같은 하나님이라는 사실을 믿으면서, 우리는 얼마나 자주 분파적, 국가적, 또는 인종적 편견 — 그리스도의 교회 안에서 우리와 함께 평안하게 교제를 나누는 사람들 외의 사람들은 거부하는 — 에 따라 하나님의 나라를 제한하고 마는가!

우리가 제공하는 하찮은 의를 가지고, 우리는 얼마나 자주 삶의 방대한 영역들을 하나님 나라의 영역으로부터 후퇴시키고 말며, 심지어는 하나님의 말씀은 거기서 말할 권리가 없다고 선언하고 마는가! 오랜 세기를 걸쳐 고난의 종은 우리에게, 이 조준점에 일직선으로 시선을 집중하도록 요구하고 있다: 하나님 나라는 인간이 만든 제한들을 전혀 모른다. 고대 이스라엘이 그랬던 것처럼, 하나님 나라를 그 민족 자체로 제한하려고 추구하는 교회는 — 그 공식적 신학이 무엇이든 간에 — 단순히 순수 유일신론을 견지하는 것이 아니라 그 자신의 형상으로 만든 하찮고, 희한한 우상을 섬기는 것이다.

고난의 종의 십자가에 관해 말하면, 그것은 우리에게 전혀 생소한 것이 아니다. 우리는 수난받은 구세주를 고백한다. 그 안에서 우리는 처음부터 계속 기독교 신앙의 주류와 함께 서있고, 그렇게 하는 것이 좋다. 우리는 그 수난받은 구세주를 채색된 유리, 나무, 그리고 돌 속에 — 그리고 교리 속에 — 박제처럼 새겨놓고 있다. 그같은 십자가에게서 우리는 구원을 고대한다. 그러나 우리는 그런 십자가를 전혀 원하는 것이 아니다. 참으로 우리는 십자가를 아득히 저쪽으로 치워버리는 것을 종교의 주업무로 삼고만다. 우리는 우리가 고난받지 않도록 하기 위해서 고난받는 그리스도, 즉 우리의 평안이 방해받지 않도록 하기 위해서 자신을 낮추시는 그리스도를 원한다. 다시 생명을 얻기 위하여 목숨을 버리고, 십자가를 지고, 따르라는 소명은 우리에게는 신비이자 걸림돌이다.

확실히 우리는 사람들을 그리스도에게 이끌기 위해 수고하고, "나라이 임하옵시고"라고 기도한다. 그러나 우리는 그 수고를 정복과 성장, 성공적인 프로그램과 돈의 수고로서 본다. 그것이 우리가 고난의 종의 나라를 세우려

고 추구하는 — 고난의 종을 따르지 아니하고 — 것일 수 있는가? 만일 그렇
다면, 우리는 의심없이 커다란 교회를 세울 수 있을 것이다 — 그러나 그것
이 하나님의 나라와 무슨 상관이 있을 것인가?

그러므로 교회의 임무는 고난의 종의 임무와 다를 것도 없고, 또 다를
수도 없다는 사실을 유념하자. 우리는 우리가 가르침을 받은 대로 "나라이
임하옵시며"라고 기도한다. 그리고 우리가 하는 답변은 고난의 종의 답변이
다: "아무든지 나를 따라오려거든 자기를 부인하고 자기 십자가를 지고 나를
좇을 것이니라." 우리는 새롭게 "나라이 임하옵시며"라고 기도한다. 왜냐하
면 우리는 이 외에 기도해야 할 다른 기도를 갖고 있지 못하기 때문이다. 그
러나 우리는 "우리는 무익한 종이오니 우리에게 자비를 베푸소서"라는 죄에
대한 가장 깊은 고백과 함께 그것을 새롭게 한다!

제6장

거룩한 국가공동체와 묵시적 왕국

우리는 어떻게 바벨론 유수가, 고레스의 등장과 포로로부터의 희망찬 해방이 그 너머에 하나님의 승리와 나라를 간직한 "새 일"의 여명을 신호한다는 폭발적인 기대로 귀착되었는가를 살펴보았다. 우리는 또한 제2이사야로 알려져 있는, 당시의 위대한 한 선지자가 어떻게 그 소망을 승화시켜, 이스라엘 앞에 새 출발에 대한 약속을 내놓고, 위대한 새 사명을 가지고 이스라엘에게 도전을 주었는가를 확인하였다. 이스라엘은 선교의 수고와 땅 끝까지 그의 통치를 확립하는 대행자로서의 기꺼운 희생을 통해 하나님의 종이 되어야 한다. 이스라엘은 땅의 모든 국가의 사람들을 하나님 나라로 인도해야 한다. 여기서는 회복기의 활기없는 현실들에 직면했을 때, 무엇이 그것을 넘치는 소망으로 만들었는가를 탐구하는 것이 우리의 임무가 된다.

I

회복기에는 제2이사야가 확대시켰던 열렬한 약속이 성취되지 않았다는 것이 분명하다. 당시 이스라엘은 고난의 종의 운명을 수용할 정도로 깨어있지 않았다.

1. 확실히 우리는 고레스의 칙령이 그 약속의 성취의 시작이었을 것이

라고 상상할 수 있다. 고레스는 참으로 고대시대의 위대한 지도자 가운데 한 사람으로서, 역사의 페이지를 통틀어 그 이전에 등장했던 야만적인 정복자들의 답답한 계통에 서있는 사람들과는 대조적으로 시원한 계통에 서있는 사람이었다. 그의 정책은 놀랄 만큼 온건한 정책이었다. 확실히 앗수르가 펼쳤던 정책과는 반대로 그는 전리품 축제, 추방령, 그리고 무자비한 억압정책으로 국민생활을 파멸시키는 조치를 취하지 아니하였다. 반대로 그는 그들의 풍습들을 관례적으로 유지하고, 그에게 지배를 받는 민족들의 신을 존중하였다. 그는 할 수 있는 한, 그들의 토착 지도자들을 신뢰하였다. 페르시아 정부는 전체계를 확고하게 장악하고, 그것을 종합행정기구, 유력한 군대, 그리고 잘 발전된 통신제도를 통해 통솔하는 동안에도, 피정복 민족들은 제국의 구조 안에서 그들 고유의 삶을 가능한 한 크게 허용받았던 것이 분명히 고레스의 공식정책이었다.

우리는 고레스가 바벨론인들 자신들을 향해서도 이같은 계몽정책을 실시한 것을 알고 있다.[1] 바벨론뿐 아니라 그 땅의 어떤 다른 도시들도 피해를 입지 않았다. 페르시아 군사들은 거민에 대해 약탈이나 폭력을 금하도록 가장 엄격한 명령을 하달받았다. 참으로 고레스는 권력남용을 감소시킴으로써, 백성들의 물리적 복지에 적극적으로 관심을 두었다. 바벨론의 최고신인 마르둑에 대한 예배는 방해 없이 지속되었고, 고레스 자신도 심지어 공개적으로 마르둑을 예배하는 경향이 있었다. 각지에서 추방되어온 사람들은 그들의 신들과 함께, 그들의 고향으로 돌아가 평화롭게 재정착할 수 있게 되었다. 나보니두스가 바벨론으로 가져온, 외지의 신들은 그들의 성소를 되찾게 되었다. 정말로 고레스의 조치는 너무 친화적이어서 많은 바벨론 백성들은 악랄하게 평판이 나빴던 나보니두스보다 그를 훨씬 더 선호하였으며, 그를 해방자로서 환영하였다.

그러므로 그가 유대인들에 대해서도 동일한 정책을 보여주었다는 사실을 우리가 읽는다고 해서 그리 놀랄 일은 아니다. 우리가 이미 살펴보았던 것처럼, 그는 느부갓네살이 취해온 성전기물들을 되돌려주라고 명령하였고,

---

1) 고레스의 조치와 그가 취한 열심은 그 자신의 석인(石印)과 소위 "나보니두스의 운문기사"(특히 pt. vi)에서 묘사되고 있다. Cf. Pritchard, op. cit., pp. 314-16.

많은 사람들이 예루살렘으로 귀환하도록 조치했으며, 성전의 재건을 지시하였다(스 1:1-4; 7:11; 6:2-5). 그는 심지어 왕실 경비를 그 비용으로 사용하도록 허용하였다(스 6:4). 더욱 좋은 것은 — 그리고 이것 역시 그의 일반정책과 병행하여 — 그는 모든 계획의 책임을 여호야긴의 아들이자 유다왕가의 후예인 세스바살에게 맡겼다는 것이다. 이후에 그 책임은 그의 조카로서 똑같이 왕가의 후예인 스룹바벨이 이어받았다. 고레스의 유대인들에 대한 조치는 단지 자신의 국민들을 다루는 그의 전체정책의 일환에 불과했지만, 우리는 많은 유대인들이 그를 하나님이 보내신 구원자(참조. 사 44:24-45:7)로 간주했을 것이라고 당연히 상상할 수 있다. 어쨌든 예루살렘의 유대공동체의 재건은 현실이 되었다.

2. 그러나 그 재건의 실제 사건들은 철저하게 실망스럽게 전개되었다. 처음에 바벨론 거주 유대인들의 고레스의 조치에 대한 반응은 무조건적인 환영이 결코 아니었다.[2] 그것은 단지 기대했던 일일 뿐이었다. 팔레스타인은 아주 나이가 많은 노인들이나 기억하고 있는 멀고 먼 땅이었다. 그 먼 곳으로의 여행은 길고도 위험한 여정이었고, 모든 유대관계의 포기와 미래에 대한 완전한 도박을 의미하였다. 이 시점에서 유대인들은 바벨론에 그들의 뿌리를 내리고 있었다. 그곳에는 그들의 가족들과 가정이 있었고, 그들의 살림이 있었다. 귀환에의 요청은 많은 사람들에게 매혹적인 희망이 될 수 없는 고난과 위험에의 초대였다. 따라서 제일차로 귀환을 했던 사람들에게는 말할 수 없는 어려움이 뒤따랐다. 그들은 생소한 땅, 그것도 황량한 땅에서 완전히 새출발을 해야 했다. 그들은 계속되는 악천후와 흉작으로 고통을 받았다(학 1:9-11; 2:15-19). 그들 주위에는 악의를 가지고 대하는 이웃들이 있었고, 모든 경우에 있어서 예루살렘 안과 주변에서 계속 살아왔던 일부 유대인

---

2) 고레스의 칙령이 있는지 약 1세기 이후의 상황으로 생각되는 에스라 2장과 느헤미야 7장에 기록된 인구수는 유대공동체의 인구를 기껏해야 5만명 이하로 잡고 있다. Albright (cf. Chap. V, note 5)는 제1차 귀환 이후의 인구를 대략 2만명 이상으로 집계한다. 만일 이 숫자가, 귀환한 포로들과 이미 그 땅에 정착하고 있었던 유대인을 포함한 숫자로서, 어느 정도 정확하다면, 고레스의 칙령에 대한 반응은 전체적인 것이 아니었다는 점을 충분히 증거한다. Josephus (*Antiquities*, XI, I, 3)가 많은 사람들이 "그들의 소재지를 기꺼이 떠나지 못했다"고 말한 것은 참으로 옳았다.

들이 이주자들의 유입을 환영했을지 의심스러웠다. 이 외에도 그들은 적절한
군사적 대비가 결여되어 있었고, 그 결과 공공안전이 유지될 수 없었다.

여하튼 성전이 건축되기까지는 20년이 넘게 걸렸다. 주전 538년 제1차
귀환 직후에 성전 건축 역사는 시작되고, 그 기초가 놓인 것은 사실이다(스
3:8-10). 그러나 약 18년이 지난 이후에도, 우리가 학개서에서 확인하는 것
처럼, 이루어진 것은 거의, 아니 전혀 없었다. 이 실패의 이유는 충분히 있
었고, 그것은 거의 변명할 수 있는 근거가 될 수 있었다. 백성들은 극도의
가난에 시달렸고, 분명히 초근목피로 연명해야 할 만큼 생존경쟁에 시달렸
다. 우리는 페르시아 정부로부터 약속된 원조(스 6:4)가 없었다고 의심할 수
도 없다. 반대로 예루살렘을 자기들의 영역의 한 부분으로 간주하고, 성전
건축 계획에 대해 철저하게 반감을 보였던 그들의 이웃들 — 부분적으로 사
마리아의 지배자들과 고관들 — 이(예. 스 4:1-5) 그들의 길을 가로막았고,
끊임없이 페르시아 법정에 고소하여 그들을 괴롭혔다. 다만 주전 520년에
학개와 스가랴의 지극히 열렬한 권면으로 다시 역사를 시작하게 되었다(스
6:14; 학 1:1, 14-15; 슥 1:1). 그로부터 4년 후에 성전은 비로소 건축되었
다(스 6:15). 하지만 그렇다고 하더라도, 많은 사람들이 그것을 보고 실망을
할 만큼 그것은 아주 빈약한 성전이었다(학 2:3). 우리는 그 기초가 처음 놓
였을 때, 솔로몬의 성전을 기억하고 있던 노인들이 감정을 주체하지 못하고,
기쁨에 겨워 대성통곡했다는 기사를 읽는다(스 3:12).

3. 그것을 보고 크게 실망했다는 사실은 의심할 여지가 없다. 그것은 다
른 반응을 거의 보일 수가 없었다. 여기에는 하나님 나라도 없고, "여호와의
전의 산이 모든 산꼭대기에 굳게 서고"(사 2:2), 하나님이 그 모든 원수들로
부터 방어하실 전도 없다. 여기에는 가장 거대한 제국의 한 작은 부분인, 페
르시아의 예루살렘 성지가 있을 뿐이다. 참으로 그것은, 우리가 말했던 것처
럼, 최소한의 안전도 확보하지 못했고, 그래서 계속해서 원수의 군대에 의해
습격을 받았다(예. 스 4:23). 약 75년 후에 느헤미야가 아닥사스다 1세로부
터 예루살렘 성벽을 중건하도록 허락을 받았을 때에도(느 1:1-2:8), 상황은
여전히 불안하였다(느 4:15-20). 그리하여 그는 어쩔 수 없이 절반의 인력으
로는 군대를 세우고, 다른 절반의 인력으로 성벽 중건의 역사를 해야 했다.

어쨌든 공동체의 사기는 위험스러울 정도로 저하되었다. 우리가 학개,

말라기, 그리고 느헤미야서를 읽어보면, 모든 일들 중에서 하나님 나라를 섬기기 위해 순종하는, 정화되고, 순화된 하나님의 백성들이 얼마나 적었는지 확인할 수 있다.[3] 우리는 그들이 각자 자기 자신의 일들에 너무 분주했으며, 서로 앞장서서 다투었으며, 그러는 사이에 하나님의 집을 황무하도록 방치하였던 사실을 보게 된다(학 1:2-4). 우리는 그들이 자기들의 장사에 너무 바빠서 장사를 쉬는 일을 싫어했기 때문에 안식일을 완전히 무시하였음을 본다(느 13:15-18). 우리는 그들이 병들고, 온전치 못한 희생제물을 속여 바치는 것을 본다(말 1:6-14). 우리는 그들이 하나님을 순종하지 않는 사람들보다 물질적인 번영의 보상을 받는 것으로 보이는 증거가 없기 때문에 결국 하나님이 불의하다고 푸념하는 소리를 듣는다(말 2:17). 그러므로 하나님을 섬길 만한 유익이 전혀 없다(말 3:14). 따라서 항상 사람들은 하나님을 그들의 사소한 관심들의 종, 그들의 처분에 따르는 도구, 피해나 손해에 대한 일종의 신적 보험으로 삼을 수 없을까 하고 말한다. 이런 사람들은 항상 하나님에 대해 실망할 것이다. 왜냐하면 그들은 하나님이 그들의 섬김을 전혀 받지 못하고 있고, 확실히 지엽적인 다른 방식이 하나님 나라에 대한 그들의 섬김을 대신하고 있음을 모르고 있기 때문이다.

그러나 이같이 문란한 풍기는 결국 아주 심각한 위험을 초래하였다. 만일 어떤 조치가 취해지지 않는다면, 그 작은 공동체는 완전히 이방세계 속으로 포섭 흡수되어버릴 실제적인 가능성이 존재하였다. 결국 그것은 이방 사람들의 바다 한가운데 떠있는 가련한 섬과 같은 신세였다. 제1차 귀환이 있은 후로 한 세기가 지난 다음에도 그들의 총인구는 5만명을 넘지 않을 정도였다.[4] 이웃민족들과의 통상 과정은 당연히 피할 수 없었고(참조. 느 13:16), 그로 인해 외국인들과의 통혼도 더욱 빈번하게 되었다. 에스라와 느헤미야는 이 사실들을 크게 우려하였다(느 13:23-31; 스 9-10장). 그 이유

---

3) 학개서는 정확하게 520년에(1:1; 2:1, 10, 20)에 씌어졌다. 말라기서는 연대가 나타나있지 않지만, 그 내적 증거에 따르면, 느헤미야가 도착하기 직전인 주전 5세기 중엽으로 대략 그 연대가 정해질 것이다. 느헤미야서는 위대한 역대기 저자가 쓴 역사서(역대상하, 에스라, 느헤미야)의 한 부분이다. 그러나 그것은 그 원천들 가운데 하나로서 느헤미야의 직접적 회상들을 포함하는데(1-7, 12(부분), 13장), 그 진정성이 심각하게 문제된 적은 없었다.
4) 각주 2를 보라.

는 그들에게는 그것이 하나님의 백성으로서의 이스라엘의 종말의 전조처럼
보였기 때문이다. 특별히 느헤미야는 그 자녀들 곧 잡혼을 통해 출생한 자손
들이 여러 가지 면에서, 심지어는 전통적인 히브리말을 말할 수 조차 없다는
사실을 발견하였을 때, 크게 질색하였다(느 13:23-25).

사실상 페르시아 제국의 통용어인 아람어에 의해 압도됨으로써, 히브리
말이 구어로서 완전히 자취를 감추기까지는 그리 많은 세월이 걸리지 않았
다. 이스라엘은 그 언어와 함께 사라졌는가? 그 위험은 실재하였고, 그 점이
망각되어서는 안된다. 포로기 후기 공동체를 그토록 추하게 보이도록 하는
그 편협한 배타성이 우리에게 크게 부각되었던 것은 엄밀히 말해 이같은 동
화에 대한 두려움 때문이다.

4. 소망에 대한 실망, 풍기의 문란, 그리고 지속적인 동화에 대한 우려
와 더불어, 고난의 종의 세계선교의 위대한 이상이 불투명해졌다는 것은 그
리 놀랄 만한 일이 아니다. 그래도 확실히 그것은 완전하게 사라진 것은 아
니었다. 유대교는 단호하게 유일신론을 견지하였고, 계속해서 견지하였다.
이스라엘의 하나님이 온 땅을 다스린다는 것을 결코 의심하지 않았다. 성전
예배의식에서는, 마치 종말론적 승리를 자축하고, 확인이라도 하는 것처럼,
여호와는 왕이라고 거듭하여 선언하였다(예. 시 47장; 93장; 96-99장).[5] 회
복기의 선지자들은 하나님이 그의 나라 안에 외국인들도 포함하도록 의도했
다는 사실을 강력한 의식을 가지고 견지하고, 역설하였다(슥 2:11; 8:23; 말
1:11). 독선적 배타성에 대한 준열한 공격, 세계선교를 감당하라는 이스라엘
에 대한 강력한 도전이 요나서라는 작은 책에서보다 더 크게 진동하고 있는
책을 상상할 수 없을 것이다.[6] 이스라엘은 그의 본분을 저버려서는 안된다.

---

5) 이 시편 양식의 연대와 제의적 상황은 논란이 많은 문제이다. 주석들을 보라:
   예. W.O.E.Oesterley, *The Psalms* (London: S.P.C.K., 1939), I,
   44-45. 가장 최근의 논의를 다룬 책으로는 H.J.Kraus, *Die Kö
   nigsherrschaft Gottes im Alten Testament* (Tübingen:
   J.C.B.Mohr, 1951).
6) 요나는 역사적 실존인물로서 주전 8세기에 생존했던 선지자이다(왕하 14:25).
   그러나 요나서는 그에 의해 씌어지지 않았다(요나서도 그것을 주장하지 않는
   다). 하지만 그가 중심인물이다. 내적 증거의 기초에 의하면, 비록 정확한 연
   대는 결정될 수 없다고 해도, 그 저작 연대는 포로기 이후로 정해지는 것이 적
   당하다.

이스라엘은 그것이 아무리 싫다고 해도, 참된 하나님을 만국에 선포할 책임
이 있다. 왜냐하면 하나님은 이방인들 역시 사랑하시기 때문이다(욘 4:11).
율법 ― 우리가 특수주의의 진정한 도구로 생각하기 쉬운 ― 은 항상 개종자
들을 받아들이도록 규정하고 있으며, 이들을 유대인들과 똑같이 취급하도록
요구된다는 사실이 무시되어서는 안된다(레 24:22). 우리는 유대교는 실제
로 개종자들을 받아들였다는 사실을 조금도 망각해서는 안된다. 수세기 후
그가 로마제국을 왕래하였을 때, 바울은 개종자들을 도처에서 발견하였다.
많은 경우에 그들은 바울의 선교적 성공의 기반이 되었다. 확실히 일부 유대
인들은 고난의 종의 소명을 들었고, 그 소명에 순종하였다!

그러나 유대교는 사실상 선교의 종교가 되지 못했다. 그의 하나님을 섬
기는 개종자를 낳기 위해 분투하는 많은 헌신된 유대인들이 있었던 것은 틀
림없지만, 하나의 종교로서의 유대교가 그렇게 하기 위해 어떤 공식적 시도
를 했다는 증거는 전혀 없다.[7] 개종자들이 받아들여지고, 환영받기는 했지
만, 그들은 별로 발견되지 않았다. 그리고 이런 개종자들을 이스라엘의 공동
체 속에 받아들였다고 해도, 그들을 혈통적 유대인들과 똑같은 수준에 두는
것에 대해서는 강렬한 반감이 있었던 것으로 생각된다. 유대교 안에는 개종
자들의 문제에 관해 일치된 견해가 없었던 것처럼 보이는 것이 사실이다. 그
리고 어떤 이들은 개종자들을 얻기를 원하고, 그 목적을 위해 수고하기는 했
지만, 전체 유대교는 엄중한 특수주의로 빨려들어간 경향이 있었다.

그렇게 보편적인 하나님과 함께 하는 백성과 그렇게 영광스러운 운명의
식이 그들 민족의 범주 안으로 후퇴해버린 것은 모순이 아닐 수 없다. 진실
로 그것은 이율배반이었고, 유대교가 결코 해결하지 못한 것이었다. 그것은
오늘날 교회에서도 해결되지 못한 모순이라고 덧붙일 수 있다. 왜냐하면 교
회가 가장 포괄적인 신학들을 승인하고, 그렇지만 오염으로부터 자신을 보존
하는 것이 유일하게 참되고, 정통적인 교회의 제일차적인 업무라는 확신 속
에서, 혐오스러운 자기만족의 종교로 전락해버리는 것이 가능하기 때문이다.
유대교의 경우에 있어서, 이 배타주의적인 경향은 엄밀히 말해 이같은 오염

---

7) 개종자에 대한 유대교의 태도에 관한 탁월하고도 간략한 논의를 위해서는 충분
   한 참고문헌이 곁들여진, cf. H. H. Rowley, *The Biblical Doctrine of
   Election* (London: Lutterworth Press, 1950), pp. 87-94.

에 대한 두려움에서 연원한 것임을 우리는 말하였다. 이것은 포로기 이후로
계속 성행했던 두려움이었고, 따라서 그것은 무시당할 일이 아님을 우리는
또한 말하였다. 그러나 그것은 불가피하게 점진적으로 이방인들에 대한 불만
을 낳고, 세계선교에 대한 사명을 거의 열심히 감당할 수 없는 민족적 교만
을 가중시키는 결과를 낳았다.[8] 신약성경을 읽어보면, 우리는 이방인들에 대
한 유대인들의 편견을 잘 확인하게 된다. 초대교회가 가장 극복하기 어려웠
던 것이 바로 이 편견이었다.

　이런 풍토 속에서 고난의 종의 사명이 일반적으로 받아들여질리는 만무
하였다. 참으로 이스라엘은 그 소명을 알고 있었다. 당연히 유일신론적 신앙
은 논리적으로 그 사명을 요청하였다. 그러나 그와는 반대로 항상 이 사명을
수행했을 때, 이스라엘 자체가 치러야 할 대가에 대한 두려움이 있었다. 그
러므로 하나님 나라에 이방인들 전체가 참여한다는 사상과 그들을 얻기 위해
감당해야 할 고난의 선교에 대한 사상은 광범한 지지를 확보할 수 없었다.
하나님 나라에 대한 소망은 다른 표현의 길을 찾아야 했다. 특별히 그것은
율법 준수에 대한 관심과 궁극적으로 묵시문학에서 연원하는 종말의 도래에
대한 대망 속에서 찾아졌다. 우리는 여기서 이 문제들에 대해서 적절한 논의
를 시작할 수도 없고, 또한 평범한 사람들은 여기서 교감있는 주제들을 발견
하지도 못한다. 그러나 우리가 적어도 그것들 속에서 몇 가지 개념들을 다루
는 것은 아주 중요하다.

II

　바벨론 포로 이후 예언은, 우리가 알고 있는 것처럼, 지금까지 점차 사
라지고, 그 대신에 묵시문학으로 알려진 현상이 나타나기 시작하였다.[9] 그
안에서 도래할 하나님 나라를 믿는 신앙이 표현되었다.
　1. 묵시는 "계시"를 의미한다. 특별히 그것은 중대한 종말사건들에 대해

---

8) 물론 이방인들에 대한 유대인 개인들의 태도는 다양하였다. 어떤 사람들은 철
　저하게 적대적이고, 모독적이었지만, 다른 사람들은 그렇지 않았다. 공평한 논
　의와 언급들을 위해서는 *The Jewish Encyclopedia* (1916), V, 615ff.에
　서 "Gentiles" 조항을 보라.

신비적 언어로 은밀히 표현된 계시이다. 그것은 하나님이 이 땅의 사건들을 종결시키기 위해, 그의 원수들을 심판하시고, 그의 나라를 세우시기 위해 어떻게 간섭하시는지를 말한다. 그 용어의 적절한 의미에서 볼 때, 묵시문학은 구약시대 후기에 발전된 것으로 주전 2세기와 주후 1세기 사이에 가장 성행하였다. 충분하게 묵시적 양식을 취하고 있는 성경은 두 권에 불과하다. 그것은 신약과 구약에 각각 하나씩 위치한다. 구약에서는 다니엘서, 신약에서는 요한계시록이 그것이다. 그러나 중간사 시대와 신약시대의 비정경적 문헌을 어느 정도 알고 있는 사람들은 많은 다른 문헌들이 성경으로 공인받지 못했다는 것을 알 것이다. 이러한 문헌 양식은 그 당시에는 크게 인기가 있어서 확실히 살아있는 신앙의 산물이기는 했지만, 현재의 상황에 대한 그 거듭된 좌절과 깊이 뿌리박힌 비관주의가 그 시대의 특징이었다.

그러나 비록 묵시문학이 주전 2세기에 그 첫번째 전성기를 구가하기는 했지만, 그것을 완전히 새로운 현상으로 간주하는 것은 잘못된 일이다. 하물며 우리가 그것을 그 정신 속에서 그것이 능가했던 예언과 본질적으로 적대관계에 서있는 예상치 못한 현상으로 간주하는 것은 더욱 그렇다. 오히려 묵시는 실질적 의미에서 볼 때, 예언의 소산이다. 구약성경 자체의 신앙과 마찬가지로, 구약성경의 예언은 항상 종말론적 방향을 지녔다. 말하자면, 그것은 역사 속에서 목적을 수행하시는 하나님을 믿기 때문에 그 지정된 결말 — 신적 계획의 승리 — 을 향하여 진행되는 사건들을 믿었다. 그 신앙이 우리가 정의하는 개념의 종말론과 별로 일치하는 것이 없다고 하더라도, 그럼에도 불구하고 그것은 종말론적이었다. 그것은 "마지막 일들" 곧 역사가 향해 움직이는 유효한 결말을 바라본다. 물론 묵시문학이 주로 관련되는 것은 사

---

9) 신약성경과 구약성경 사이의 유대교의 신학과 문헌을 다루는 작품들은 말할 것도 없고, 심지어 묵시문학을 다루는 중요한 작품들까지도 여기서 열거하기는 전혀 불가능하다. 어쨌든 그렇게 많은 목록을 열거함으로써 본서의 독자를 당혹스럽게 하는 것은 바람직하지 않을 것이다. 충분한 참고문헌을 담고 있는 H. H. Rowley의 자그마한 책, *The Relevance of Apocalyptic* (London: Lutterworth Press, 1944)은 입문서로서 크게 추천할 만하다. 물론 열심있는 독자는 E. Schürer, W. Bousset, G. F. Moore, R. H. Charles, E. Meyer, P. Volz, J. Bonsirven, M. J. Lagrange 및 다른 학자들의 고전 작품을 보는 것이 좋을 것이다.

건들의 이러한 결말이다.

그러나 예언자들은, 그들의 종말론적 소망에도 불구하고, 현재에 ― 현재의 죄악을 공격하기 위해, 현재의 회개를 촉구하기 위해, 현재적으로 임하는 사건들 속에서 하나님의 심판을 선언하기 위해 ― 초점을 맞추었다. 그러나 후기 선지자들에게서 우리는 한층 강화된 종말론적 드라마에 대한 관심과 병행하여, 현재에서 미래로, 역사적 사건에서 우주적 사건으로 어느 정도 그 초점이 변화된 것을 발견할 수 있다. 묵시문학이 태어난 것은 이같이 생생한 소망이 새로운 양식으로 채색되었을 때이고, 그때 그것들 중 많은 것들이 근본을 벗어난 것들로부터 채용되었다. 따라서 묵시문학은 하나님의 법의 승리 속에서 이스라엘의 역사적 신앙을 심화시키고, 재구축하는 것이다. 그것은 신비적 언어, 무서운 짐승들과 함께 사는 기이한 환상들, 단지 최초의 전수자만이 알 수 있는 신비로운 숫자들로 특징화된다. 그것은 말하자면 기묘한 프로그램 문서, 즉 위대한 종말 드라마의 각본을 제공한다. 그리고 그것은 현재 사건들이 지금 그 정점에 다다르고 있는 하나님과 악 사이의 격렬한 우주적 전쟁을 예시하고, 반영한다고 선언한다. 그러나 곧 하나님의 나라가 임하리라!

비록 다니엘서가 구약성경에서는 유일하게 충분한 묵시문학이기는 해도, 이와 유사한 경향을 보여주고, 그래서 성격상 묵시문학으로 불릴 자격이 있는 다른 문헌들이 많이 있다. 참으로 묵시문학의 핵심을 이루는 도래할 종말에 대한 관심은 포로기 이후 전시대의 특징으로서, 그같은 많은 문헌들 속에서 증거된다. 우리는 에스겔 38-39장[10]에서 그 초기의 실례를 발견한다. 그 부분은 어떤 사람들이(확실히 그릇되게!) 현재의 소비에트 러시아에 의해 성취될 것이라고 믿고 있는 예언이다. 여기서 우리는 세워진 하나님의 백성을 대적하여 신비스러운 북방으로부터 무수한 이교도들을 이끄는 마곡의 땅 출신의 곡을 본다. 그러나 하나님은 끔찍한 살육을 통해 곡을 멸망시키려고 개입하신다. 이렇게 하여 하나님 나라는 온 세상 앞에 옹호되고, 수립된다.

---

10) 이 장들에 관한 해석을 보려면, 주석들을 참조하라: G. A. Cooke, *The Book of Ezekiel* (*International Critical Commentary* [New York: Chas Scribner's Sons, 1937]) II, 406-24. 간단한 논의를 위해서는, Rowley, *Relevance of Apocalytic*, pp. 31-32.

그것은 모든 이방세력 곧 이 땅의 악의 세력들을 제압하는 하나님의 최종적 승리이다. 그의 원수를 물리치고, 그의 나라를 세우시기 위해 세상 속에 돌연히 개입하시는 하나님에 대한 대망이, 우리가 말한 것처럼, 묵시적 소망의 진정한 핵심이다. 그러나 그 이상으로 그것은, 아무리 그 종말론이 취하는 양식들이 다양하다고 할지라도, 포로기 이후로부터 유대교의 전반적인 종말론을 두루 관통한다.

분명히 이것은 본질상 새로운 현상은 아니다. 그러나 그 기원은 여호와의 날에 대한 고대의 대망에 기인한다. 우리가 지적했던 것처럼, 이것은 이스라엘 신학의 참된 근원적 사실로서, 이스라엘 역사의 초기부터 계속 백성의 정신 속에 하나의 교리로서 자리잡고 있었다.[11] 그것은 이스라엘의 미래는 보장되어 있다는 어리석은 신념을 낳았는데, 그 신념은 이스라엘의 민족적 양심을 갑옷처럼 둘러쌈으로써, 심판에 관한 선지자의 선포를 무디게 하였다. 이같은 상황 속에서 심판에 관해 말하는 것은 얼마나 무의미한 일인가! 하나님은 우리의 하나님이시고, 우리는 그의 백성들이며, 그의 위대한 날에 그분은 개입하셔서, 우리를 위해 모든 사태를 공의롭게 하실 것이리라! 아모스 — 그리고 모든 선지자들도 — 는 전적으로 그같은 교만을 거부하고, 하나님의 백성들 역시 심판 아래 있다고 선언하였음을 우리는 기억한다(암 5:18-20).

그러나 그 교만은 수그러들지 않았고, 급기야는 폐허가 된 예루살렘이 파편 속에 떨어질 때까지도 수그러들지 않았다. 어떤 사람은 그것은 예루살렘의 멸망으로 사라졌을 것이라고 말할 것이다. 그러나 그것은 역사의 주님을 믿는 이스라엘의 신앙의 주류의 산물 — 실패로 끝난 산물이지만 — 이었기 때문에 극히 완강한 교만이 되었을 것이다. 그것은 예루살렘의 멸망에도 불구하고 유지되었다. 우리는 제2이사야가 그것을 어떻게 취하고, 그것에 새로운 임박의식을 주었으며, 또한 그렇게 하면서 그것을 어떻게 확대시키고, 민족적 혈통의 한계를 벗어나도록 도덕화했는지 상기한다.

포로기 이후에 종말론이 이러한 맥락 속에서 처음에 그랬던 것처럼 될 때까지, 전통적인 대중신학의 많은 부분이 사라질 것을 염려하게 된다. 그

---

11) Cf. 제2장, p. 69.

위대한 날에 대한 열렬한 기대는 그대로 보존되었고, 절망으로 인해 크게 심화되었지만, 선지자의 도덕적, 범세계적 정신에 대해서는 거의 무관심하였다. 이스라엘이 비참한 재난 속에서 그 죄의 대가를 치르는 것 이상으로 자체를 정화시켰다는 감정이 강하였다. 동시에 그것은 이교의 세력들을 결국 하나님의 백성과 하나님 나라의 진정한 원수들이라고 쉽게 판단하였다. 물론 이것이 하나님 나라에 이방인들을 포함시켜 확대시키라는 사명이 거의 상실되었다는 것을 의미하지는 않는다. 그러나 일반적으로 그의 원수들을(예. 이방 국가들)에 대한 하나님의 심판과 그의 백성들을(예. 유대인들)을 통치하는 하나님의 나라의 확립에 대한 끊임없는 대망을 가지고 있었다.

2. 임박한 하나님 나라의 도래에 대한 소망은 회복기 공동체에서 처음 불타올랐지만, 결국은 비참한 절망으로 끝이 났다. 만일 그 소망이 완전히 불타오를 수 있었다는 것이 믿을 수 없다면, 우리는 그저 그 당시의 사고방식을 고려하기만 하면 된다. 종말론적 소망은 항상 그 전망을 원근법적으로 조망하고, "때가 가까왔다"고 느끼는 경향이 있다. 그리고 바벨론의 멸망, 고레스의 관용정책 그리고 그 사건에 결부된 "새 일"에 대한 희망은 그 때가 곧 임할 것이라는 기대를 낳았다. 그와 함께 구약성경의 예언적 종말론의 지배적인 특징 속에는 남은 자 사상이 들어있었다. 이런 저런 방식으로 모든 선지자들은 순수한 남은 자를 지적하였다: 하나님의 참된 백성은 불같은 시험 속에서 단련되며, 그 위에 하나님은 그의 나라를 세우신다. 이사야 이후로 항상 유대인의 마음 속에는, 말하자면 하나님의 총독으로서 그 나라를 다스리는 다윗 계열의 메시야 왕으로서 장차 임할 인물이 이 소망과 연계되어 있었다.

그러나 이제 여기 자그마한 회복기 공동체에 이르자, 남은 자에 관한 조건들이 충족된 것처럼 보였음에 틀림없다. 오직 다윗 가문의 잘라진 그루터

---

12) K.Galling ("The 'Gola List' According to Ezra 2=Nehemiah 7," *Journal of Biblical Literature*, LXX (1951), 149-58)은 에스라 2장과 느헤미야 7장에 있는 명단의 형식으로부터 회복기 공동체는 그 조직에 있어서 고대의 지파동맹을 회상하여 구축되었다고 주장하였다. 이것은 그들이 자신들을 "참된 이스라엘" 곧 남은 자로 간주했다는 사실을 분명히 증거하였다.

기와 극도의 시련 속에서 연단받은 백성들을 제외하고는 가공할 만한 정화가 일어났다. 그 정화는 지나갔고, 우리는 남은 자이다![12] 그리고 우리는 우리의 지도자로서 다윗 왕가의 후손인 여호야긴의 손자, 스룹바벨 외에 다른 사람을 갖고 있지 않다! 그래서 스룹바벨에 대해서는 메시야적 언어로 서술된다. 그는 이사야에 의해 선언된 것처럼(11:1), "이새의 줄기에서 난 한 싹이며, 그 뿌리에서 결실한 한 가지"이다: "보라 순이라 이름하는 사람이[13] 자기 곳에서 돋아나서 여호와의 전을 건축하리라 그가 여호와의 전을 건축하고 영광도 얻고(즉 왕적 위엄도 갖추고) 그 위에 앉아서 다스릴 것이요"(슥 6:12하-13; 참조. 3:8).[14]

다르게 말하면 하나님 나라는 바야흐로 남은 자 중에서 수립될 것이라고 믿어졌다! 냉정하게 보면, 확실히 이것은 참으로 환상적인 소망처럼 보였다. 왜냐하면 페르시아의 권력은 무너지지 않았고, 확실히 자그마한 예루살렘 공동체는 그것을 무너뜨릴 만한 힘을 갖고 있지 못했기 때문이다. 그러나 그것은 별로 문제가 아니다. 하나님은 그의 사자 "묵시적인 기마인"을 보내어 땅을 두루 살펴보게 하셨고, 그리하여 하나님은 그들이 보고하는 바 곧 온 땅이 평온하고 정온하다는 사실을 알고 계셨다(슥 1:7-11). 그런데 하나님은 그것을 기뻐하지 않으시고, 그 평화를 뒤엎고, 자신의 목적을 이루기로 하셨다(슥 1:12-17). 하나님은 곧 만국을 진동시킬 것이다(학 2:4-5). 그것은 새 출애굽의 시기로서(학 2:4-5), 위대한 종말의 드라마가 시작되는 시점이다:

---

13) 스가랴 3:8, 6:12에서 "순"(즉, 어린 가지, 싹)으로 사용된 말은 semash이다. 확실히 이것은 이사야 11:1에서 사용된 말(hoter, neser)과는 다른 말이지만, 그 개념이 똑같다는 점은 거의 의심될 수 없다. semash라는 말은 스가랴에 의해 메시야를 지칭하는 전문술어로서 사용된다. 똑같은 단어가 예레미야 23:5에서도 사용된다. 그것은 또한 이사야 4:2에서도 나타나지만, 여기서는 분명히 전문적인 의미에서 씌어진 것은 아니다.
14) 스룹바벨이 명백하게 "순"이라고 지칭하지 않은 것은 사실이지만, 그것이 그가 의도한 바라는 것은 의심의 여지가 있을 수 없다. 스룹바벨은 성전을 건축한 사람으로서(슥 4:9; 학 1:12-2:9), 왕족의 후손이었다. 주석가들이 동의하는 것처럼, 스룹바벨이라는 이름이 원래는 스가랴 6:9-15에도 등장했지만, 제거된 것이 틀림없다. 13절의 마지막 말씀(이 두 사이에)은 이름이 알려지지 않은 다른 지도자가 대제사장 여호수아 외에 있었음을 보여준다.

너는 유다 총독 스룹바벨에게 고하여 이르라 내가 하늘과 땅을 진동시킬
것이요 열국의 보좌를 엎을 것이요 열방의 세력을 멸할 것이요 그 병거들과
그 탄 자를 엎드러뜨리리니 말과 그 탄 자가 각각 그 동무의 칼에 엎드러지리
라 나 만군의 여호와가 말하노라 그 날에 내가 너를 취하고 너로 인을 삼으리
니 이는 내가 너를 택하였음이니라 만군의 여호와의 말이니라   (학 2:21-
23) [15]

물론 이 소망은 무참하게 깨어졌다. 스룹바벨은 결코 메시야 왕이 아니
었다. 스룹바벨이 자기 주변에서 일어나고 있던 대중의 소망을 성취시켰는지
에 관해 우리는 아는 바가 없다. 우리는 그가 그랬다는 증거를 갖고 있지 못
하다. 하물며 그가 페르시아에 대항하는 적극적인 폭동에 가담했다는 증거는
더욱 없다. 스룹바벨에 관한 일은 신비이다. 우리는 이 시기 이후의 스룹바
벨에 관해 듣는 바가 아무 것도 없다. 그것은 마치 그가 뚜껑문을 열고 역사
로부터 빠져나가버린 것처럼 보인다. 심지어는 그의 이름까지도 스가랴 6:9-
15의 명단으로부터 삭제된 것처럼 보인다. [16] 어떤 사람들은 이것 때문에 스
룹바벨이 반역을 모의했거나 아니면 그에 관한 소문들이 페르시아 정부 당국
자들을 극히 곤혹스럽게 했기 때문에 그들이 그를 제거해버렸을 것이라고 추
정하기도 한다. 어쨌든 메시야 시대는 열리지 않았고, 하나님 나라는 임하지
않았다. 그리고 페르시아의 권력은 2백년 동안이나 흔들림없이 유지되었다.
　　3. 어떤 이는 이런 좌절로 인해 소망은 완전히 사라졌을 것이라고 생각
할 것이다. 그러나 그것은 그렇지 않았다. 참으로 궁극적인 신적 승리에 대
한 확신은 이스라엘 신앙에게는 아주 기본적인 것이었기 때문에 신앙 자체를
포기하지 않는 한 포기될 수 없었다. 신앙은, 그 참된 본질상, 지속적으로
그 성취를 갈구해야 했다. 좌절과 절망은 오히려 그 갈구를 심화시킬 따름이
었다. 그래서 현실의 상황, 곧 세상 자체는 모든 소망을 계속 부정했기 때문

15) 학개와 스가랴에 의해 표현된 소망 곧 땅의 권세들이 곧 전복될 것이라는 소
　　망은 522년 다리오 1세의 즉위를 기해 일어난 반란에 대한 연쇄반응에 비추
　　어서 읽혀져야 한다. 두 선지자는 520년에 그들의 선포를 시작했을 때, 마치
　　바벨론에서 반역이 성공한 것처럼 보았다. Cf. Albright, "The Biblical
　　Period," p. 50.
16) Cf. 각주 14.

에, 소망은 세상 이외의 곳으로 돌려졌고, 파국적인 하나님의 간섭을 필사적으로 갈망하게 되었다.

이같이 기대되는 종말의 사건은 후기 문헌들 속에서 실질적으로 관심의 중심을 차지하게 되었다 — 아니 거의 장악하게 되었다. 그 절정은 묵시문학 속에서 도달했고, 거기서 전체적인 관심사는 종말의 드라마로 이전되었으며, 그 드라마의 시작의 징후들을 현재의 상황 속에서 발견하려는 시도를 하게 되었다. 정경에 포함되지 않은 묵시문학들 속에서, 이것은 다만 가장 폭넓은 환상적, 이국적, 비유적 사변의 미궁 속에서 연원하는 것이었다. 이 종말의 드라마에 대한 단일한 묘사는 가능하지 않다. 왜냐하면 유대교는 결코 체계적이고, 일관적인 종말론적 교리가 아니고, 그것에 관해 상상할 수 있는 가장 다양한 측면들을 우리에게 제공하기 때문이다. 그러나 하나님의 개입이 있기 전에 형언할 수 없는 엄청난 고통 곧 열방의 모든 세력들의 공격(예. 겔 38-39장; 슥 14:1-3; 욜 3:9-11) 및 하늘의 이적과 땅의 고통(예. 욜 2:30-31; 3:15)이 임할 것이라는 감정이 점차 심화되었던 것으로 생각된다. 그러나 하나님은 신실한 사람들을 다스리는 그의 나라를 수립하시기 위해 승리자로 개입하실 것이다(욜 2:32; 3:14-16; 슥 14장).[17] 그러므로 현재의 어둠은 소망을 멈추게 할 수 없었다 — 왜냐하면 우리는 그 어둠 속에서 엄밀히 도래할 하나님 나라의 징조들을 분별하는 것이 가능하기 때문이다. 아마 이것은 여명이 오기 전에 있어야 할 어둠이리라!

이것이 유대교의 병리가 되었다는 것은 두말할 필요가 없다. 끊임없이 도래할 종말의 징후들에 대해 시대를 면밀히 검토하고, 말하자면 그 종말이 어떻게 임할지에 대한 도표를 그리면서, 하나님 나라의 도래가 구름과 영광 속에서 순식간에 임하는 상황을 그리는 꿈의 세계 속으로 빨려들어갔다. 아니면 만일 다윗 가문의 메시야를 고대하였다면(비록 진정한 묵시문학이 유대교 안에 끊임없이 살아있었던 소망인 메시야 왕에 대해 거의 생각하지 않는다고 해도), 그것은 그 소망을 계속해서 한 거짓된 왕위 계승자들에게서 구

---

17) 이 주제들은 후기 문헌, 특히 위경(예. 에녹1서 37-71)에서 가장 충분하게 전개된다. "메시야의 고난"이 확고한 신념이 되었다(" … 이것을 배우고, 마음에 새겨라. 얼마나 많은 고난이 그 시대의 전환점에 있을 것인가" — 예언집 3:562-63).

했을 것이다. 그 열광적인 질문은 다음과 같은 것이었다: "주여 주께서 이스
라엘 나라를 회복하실 때가 이때니이까"(행 1:6). 어떤 경우도 그것은 그의
나라가 "이 세상에 속한 것도 아니며" 또 "보라 여기 있다" 또는 "보라 저기
있다고 못하리라"(눅 17:21)고 말하는 종을 위한 여지는 전혀 없었다. 그것
에 관해 어떻게 말해지든 간에, 사람들이 종말의 일들에 사로잡힐 때에는,
거의 다른 모든 일에는 관심을 두지 않는 것처럼 보이는데, 거기서 신앙의
병폐가 나타난다.

　　4. 그러나 이에 대한 우리의 평가는 일방적이어서는 곤란하다.[18] 그 병
리현상을 지적하기란 아주 쉽다. 예나 지금이나 일상적인 소식들 속에서 종
말에 관한 징후들을 보고, 처음에는 이 속에서, 나중에는 현재의 사건들의
그 행위자 속에서 대원수(the arch-Foe)의 인격을 발견하는 것을 공허한 사
변으로 웃어넘기기는 쉽다. 종말에 관한 도표를 그리고, 심지어는 그리스도
께서 "그 날과 그 때"는 자신도 모르고, 하늘의 천사들도 모르며, 오직 아버
지만이 아신다고 친히 말씀하셨음에도 불구하고(마 24:36; 막 13:32; 행
1:7), 그 날짜까지 계산하는 사람들의 뻔뻔함에 대해 역겨움을 느끼기란 아
주 쉽다. 또 그 구속을 위해 수고하는 모든 노력의 근원을 잘라버릴 수 있
는, 아니 때로는 잘라버린 이 세상에 관한 극도의 근본적인 비관주의가 여기
이 속에 잠복되어 있다고 지적될 수도 있을 것이다. 심지어 어떤 이는 여기
에는 전혀 도덕적인 것은 없다고, 다시 말해, 그것은 사랑은 전혀 나타내지
못하고, 오히려 일부 의로운 자만을 구원하고, 사실상 수많은 악인들은 왕창
파멸시키기를 고대하는 것처럼 보인다고 말할지도 모르겠다.

　　그러나 이 "묵시적 정신"이 우리에게는 크게 이상하게 보일지라도, 우리
는 그 안에 그것을 무시하는 사람들도 본받을 만한 위대한 신앙이 살아있음
을 망각해서는 안된다. 세상에 대한 그 근본적인 비관주의에도 불구하고, 그
것은 그 심원한 의미에서 보면 낙관주의였다. 현재의 상황이 단지 절망일 뿐

18) 여기서 다룰 수 있는 이상으로 충분하게 묵시문학의 가치에 관한 평가를 위해
　　서는 Rowley, *The Relevance of Apocalyptic*과 또 소책자인
　　R.H.Charles, *Religious Developments between the Old and New
　　Testaments* (Oxford University Press, 1914, 11th reprinting
　　1948)를 보라.

인 때에도, 즉 그것을 깨뜨리려는 인간의 힘을 넘어서서 악의 세력은 꿈쩍도 하지 않을 때에도, 그럼에도 불구하고 하나님의 승리는 확실하다고 믿는 신앙이 여기에는 살아있었다: 하나님은 역사의 사건들을 지배하시고, 그분은 그의 나라를 임하게 하시는 하나님이다. "나라이 임하옵시며"라는 기도를 아무 의미없이 줄줄 암송하기 위한 하나의 형식으로 전락시키고, 묵시문학을 재미 정도로 생각하지만, 그러면서도 공산주의자가 연설할 때마다 전율을 느끼는 우리 모든 사람들에게 그 신앙을 상기시키자 ― 그것을 정말 유념하자.

나아가 묵시문학은 세계전쟁은 정치적이거나 군사적인 것이 아니고, 본질적으로는 영적이며, 범주적으로는 우주적이라고 주장한다. 지상의 모든 갈등의 배후에 선과 악, 빛과 어둠, 창조주 하나님과 파괴적인 혼돈의 세력 사이의 끊임없는 전쟁이 있는데, 여기서 인간들은 어느 한편에 가담하도록 요청받는다고 묵시문학은 주장한다. 중립적 입장이 있을 수 없다. 아무리 그가 비천할지라도, 의의 편에 가담하기로 결정하는 자는 결정적으로 중요한 전투 속에서 하나님 나라를 위해 일격을 날린 것이 된다. 어쨌든 묵시문학 속에는 수많은 하찮은 사람들에게 죽음까지 불사하는 순종과 그 보상은 하나님과 함께 하는 것이라는 확신을 강화시키는 신앙이 있었다(단 12:1-4). 묵시문학을 비웃는 사람들은 자기들의 그 고상한 종교가 과연 그와 같이 할 수 있는지를 자문해 보아야 한다.

더욱이 묵시문학 속에는 우리가 간과해버리기 쉬운 잘못에 대한 아주 건전한 안목이 있다: 그것은 하나님 나라는 인간이 만드는 것이 아니라 하나님이 만드시는 것이라는 사실이다. 아마 이 종말론자들이 인간의 능력을 무시하는 견해는 너무 전폭적이고 심지어는 순진하기도 하다 ― 그들이 이렇게 주장하는 이유는 하나님이 인간들을 사용하시기 때문이다.[19] 그러나 그들은 우리가 반드시 들어야 하는 필수적인 요점으로 우리를 인도한다: 그것은 우리는 하나님 나라를 단순히 무력으로 차지할 수 없고, 오직 하나님이 그렇게

---

19) 주석가들이 동의하는 것처럼, "약간의 도움"이라는 말이 마카베오 반란에 적용되는 다니엘 11:34에서 이같은 태도에 대한 한 실례가 보여지고 있다. 아무리 크게 참된 묵시론자가 유다와 그의 형제들에게 공감하고, 심지어는 돕도록 강요받는다고 해도, 그는 자신의 구원을 인간들에게서 찾을 수는 없을 것이다. 인간들이 할 수 있는 것이란 기껏해야 "약간의 도움"일 뿐이다.

하실 때에만 그 안에 들어갈 수 있다는 사실이다. 그러므로 묵시문학은 끊임없이 정치적 수완, 사회적 계획, 그리고 군사적 장비에 따라 — 하나님을 의존하지 않고 — 완전한 세계질서를 추구하는 인간의 교만(hybris)을 반박한다. 그것은 단지 설교, 종교회의 그리고 잘 구비된 프로그램들을 통해 "그리스도를 위해 세상을 이기고" 그 나라로 인도하는 하나님의 교회의 불경스런 교만을 비난한다. 하나님의 백성은 우주적 전쟁 속에서 하나님 나라의 편에 서도록 부르심을 받는다. 그러나 그들은 그들 자신의 활동에 의해서 그 나라를 창출할 수 없다. 참으로 일부의 사람들만이 구원받을 수 있다는 묵시적 기대는 당연히 귀에 거슬리는 얘기일 것이다. 그럼에도 불구하고 관용과 선량한 마음 때문에 하나님 나라는 오직 그의 백성이 되고, 그에게 순종할 사람들에게만 임한다는 단호한 결론을 무시하도록 유혹을 받아서는 안된다. 하나님 나라는 다른 시민들이 차지할 수 없다. 진실로 "그 문은 좁다"(마 7:14).

따라서 묵시문학은 우리에게는 기이하게 보이기는 해도, 역사의 주님이 되시는 하나님을 믿는 신앙의 합법적인 산물이다. 이 세상의 나라들이 그들의 전제적인 법률을 가혹하게 적용하던 그 극도의 흑암의 시기에, 그것은 승리하는 하나님 나라에 대한 이스라엘의 역사적 확신을 확증하고, 살아있게 한다. 그것은 하나님의 개입에 의거하여 인간의 딜레마의 해결을 구하였다. 이스라엘의 모든 소망과 함께, 그 자체를 초월한 지점에서 이루어지는 해결책을 지적하였다.

Ⅲ

그러나 이스라엘의 신앙은 똑같이 중요한 또 다른 발전을 보았다: 그것은 거룩한 국가공동체는 율법의 준수에 기초를 두고 있다는 것이었다. 우리는 이제 이 점에 대해 관심을 기울여야 한다. 왜냐하면 그것 역시 그의 백성들을 다스리는 하나님의 공의에 대한 이스라엘의 감정의 한 표현이기 때문이다.

포로기 시대와 그 이후에 경건하지만 아주 현실적인 일련의 사람들이 이스라엘의 신앙을 주도하였고, 그것이 결국 유대교가 되었다. 그들의 이상은 율법의 엄격한 준수에 의해 거룩한 하나님의 백성으로 이루어진 공동체를 만드는 것이었다. 묵시문학이 오직 하나님만이 낳을 수 있는 나라를 소망했다면, 거룩한 국가공동체는 인간의 의가, 비록 그것을 낳을 수는 없다고 해도, 적어도 촉진시킬 수는 있는 하나님 나라를 기대하였다고 말할 수 있을 것이다.

1. 포로기 이후의 유대교가 율법공동체가 되었던 것은 결코 우연이 아니다. 그것은 실패의 결과가 결코 아니며, 당연한 논리적 발전이다. 하나님의 율법에 순종하는 것은 모세 이래로 이스라엘 신앙의 중추적인 문제였다. 우리는 언약이 백성들에게 부과한 두 가지 핵심적인 의무는 하나님을, 오직 하나님을 예배하고, 언약 공동체 안에서 언약의 율법을 충실하게 순종하는 것임을 보았다. 우리는 또한 선지자들의 윤리적 공격은 엄격히 언약적 유대 관계가 요청하는 순종을 백성들이 지키지 못한 실패를 겨냥한 것이었음을 확인하였다. 선지자들은 언약적 사랑은 의로운 행위 속에서 확립된다는 사실을 주장하였고, 그것이 지켜지지 않을 때에는 심판이 임할 것이라고 선언하였다.

포로기는 불가피하게 이같은 종교의 특징에 관심이 높았던 시기였다. 그 시기가 그럴 수밖에 없었다는 점을 충분히 이해할 만하다. 만일 신명기 율법 및 역사들과 마찬가지로, 선지자들이, 특히 예레미야와 에스겔이, 국가적 재난을 언약의 요청들을 진지하게 취하지 못한 실패 — 요약하면 하나님의 율법에 순종하지 못한 실패 — 의 결과로서 설명했다면, 그리고 그 재앙이 엄습하고, 선지자의 말씀이 정당화되었다면, 신실하고 사려깊은 사람들은 그 교훈을 마음에 새겼을 것이라고 보는 것이 자연스럽다. 우리가 적어도 그것으로부터 교훈과 유익을 얻어서는 안되는가? 그렇다면 우리는 지금부터 율법을 지키면 안되는가? 이것과 더불어 국가와 성전은 파괴되었기 때문에, 오직 율법만이 유대인의 표지로 남아있게 되었다.

유대인은 더 이상 이스라엘 국가의 시민이 되는 것이 이스라엘의 구성원이 되는 것이 아니다 — 왜냐하면 그 국가는 이제 존재하지 않기 때문이다. 또 시온산에서 여호와를 예배하는 사람도 이제는 이스라엘의 구성원이 되는 것이 아니다 — 왜냐하면 성전 역시 이제는 폐허화했기 때문이다. 유대인은 할례의식을 치름으로써 언약 안에서 그의 구성원됨을 표시하고, 율법 — 특별히 안식일의 율법 — 을 지키는 이스라엘 사람이다(예. 사 56:2, 4, 6).
어쨌든 포로기 동안에는 서기관들이 율법을 수집하고, 조문화하고, 연구하는
데 심혈을 기울였고, 그럼으로써 이스라엘이 현실적으로 하나님의 거룩한 백
성임을 보여줄 수 있는 양식을 제시하였다.

따라서 회복기 공동체에서는 그의 나라를 수립하기 위한 하나님의 대파
국적 간섭에 대한 열망 및 갈망들과 병행하여, 율법의 준수를 강조하는 점진
적인 경향이 있었다. 이제 우리는 이 두 가지 발전 노선 — 하나는 묵시문학
에서 연원하는 노선, 다른 하나는 율법 공동체에서 연원하는 노선 — 이 서
로 본질적으로 대립되는 것이 아님을 깨달아야 한다. 그것들은 유대교 안에
서 서로 대립하는 진영이나 파당을 표상하지 않았다.[20] 참으로 그것은 개인
이 그 두 관점을 충분히 공유하는 것이 가능하였다. 양자는 동일한 소망의
표현들이기 때문이다. 만일 묵시문학이 하나님의 직접적 행동에 의해 하나님
나라를 수립하려고 기대했다면, 율법은 하나님은 그의 율법을 지키지 않은
사람들 위에 그의 나라를 축복하거나 세우시지 않는다는 강한 감정을 담고
있었다. 우리는 이 감정이 성전, 희생제사, 십일조 등에 대해 관심이 많았던
포로기 이후 선지자들 — 특히 학개와 말라기 — 에게 강하게 나타나는 것을
본다. 학개는 사실상 성전 재건을 신적 간섭의 전제조건으로 삼는 것처럼 보
인다(참조. 슥 8:9-11). 신국(神國)을 정화된 성전과 그 제사의식에 집중된
종교공동체로서 묘사하는 에스겔서 마지막 부분(40-48장)은 이미 이러한 하
나님의 거룩한 백성의 이상에 대한 전조가 나타나 있다.

2. 거룩한 국가 공동체를 형상화하는데 있어서 다른 누구보다도 지대한
공헌을 한 자는 서기관 에스라였다. 우리는 여기서 그의 생애를 세부적으로
재구성할 시도를 시작할 수 없다. 이것은 구약성경의 연대기 문제에 있어서
가장 논란이 구구한 것 가운데 하나이다. 그의 동시대인인 느헤미야와 에스
라의 사역의 관계에 관해서 학자들 사이에 일치된 점이 거의 없다. 또한 에

---

20) 이것은 많은 파당들이 유대교 내에서 일어났고, 적어도 어떤 파당들은 강한
종말론적 경향(예. 사해사본을 가지고 있었던 무리)을 띠고 있었다는 사실을
부정하는 것이 아니다. 또 이것은 바리새인들이 점차 메시야 대망의 유행에
대해 신중해졌다는 것을 부인하는 것도 아니다. 모든 유대인들과 마찬가지
로, 바리새인들 역시 종말론적 기대를 가지고 있었다. 하지만 종말론적 종파
들(앞에서 언급된 것과 같은)은 율법에 크게 관심을 두었다.

스라가 살았던 당시의 왕 아닥사스다(스 7:1-5)가 아닥사스다 1세인지 아니면 2세인지에 대해서도 일치하지 않는다.[21] 에스라는 율법에 정통한 서기관으로서(스 7:6), 대략 회복기 공동체가 세워진지 한 세기 후에 왕의 허락을 받아 바벨론으로부터 예루살렘으로 향했다고 말하는 것으로 충분하다. 그는 "모세의 율법책을 끼고 있었고, 마음 속으로 개혁을 다짐하고 있었다"(스 7:10; 느 8:1).

그의 사역은 긍정적으로 볼 때, 모세오경의 율법을 그 실존의 진정한 강령으로 공동체에 정착시킨 것에 있었다.[22] 에스라의 개혁의 그 극적인 이야기는 느헤미야 8-10장에서 확인할 수 있다. 그 목적을 위해 특별히 성문 안

---

21) 에스라가 아닥사스다 1세 즉위 제7년(주전 458; 스 7:7-8)에, 느헤미야는 제20년(주전 445; 느 2:1)에 예루살렘에 돌아왔다는 전통적 견해는 많은 옹호자들이 있다. 그에 관한 최근의 명확한 진술을 보기 위해서는 J. Stafford Wright, *The Date of Ezra's Coming to Jerusalem* (London: Tyndale Press, 1947)을 보라. 그러나 그것은 적지않은 문제를 일으킨다. van Hoonacker에 의해 처음으로 반대 견해가 제기되었다. 그 견해는 에스라는 아닥사스다 2세 즉위 제7년(주전 397 — van Hoonacker는 이것을 제2차 귀환으로 생각하였다)에 귀환했지만, 느헤미야는 아닥사스다 1세 즉위 제20년에 귀환했다는 것으로서, 후에 상당히 광범한 지지를 받았다. 최근의 유익한 제안을 보려면, cf. H. H. Rowley, "The Chronological Order of Ezra and Nehemiah" (*Ignace Goldziher Memorial Volume* [Budapest: 1948], pp. 117-49; reprinted in *The Servant of the Lord and Other Essays* [London: Lutterworth Press, 1952], pp. 129-59). 이 견해가 많은 문제들을 해소시키는 것은 사실이지만, 그것 역시 그 자체로 다른 문제들을 일으킨다는 사실이 말해져야 한다. 초기에 A. Bertholet와 다른 사람들에 의해 전개된 것과 유사한 제3의 견해가 최근에 W. F. Albright ("The Biblical Period" p. 53 and note 133)에게서 발견되었다. 이 견해에 따르면, 에스라는 아닥사스다 1세 통치 후반(대략 주전 428년, 만일 "제7년"[스 7:7]이 "제37년"의 오류라면)에 예루살렘에 도착하였다. 나는 이 점에 관해 나의 견해를 결정할 수 없다는 사실을 고백하여야 한다.

22) 에스라에 의해 소개된 율법책이 모세오경 전부인지(예. Albright, "The Biblical Period" p. 54) 또는 단지 제사법으로 알려진 부분인지(예. H. H. Rowley, *The Growth of the Old Testament* [Lonon: Hutchinson's University Library, 1950], pp. 34-35)에 대해서는 문제가 있다. 분명한 답변을 할만한 증거는 없다. 어쨌든 모세오경은 일찍부터 유대공동체의 규범이 되었다.

에 세워진 나무 강단에서(8:4), 에스라는 백성들에게 율법책을 읽어주었다. 그 낭독은 새벽부터 오정까지 계속되었다(8:3). 에스라가 읽으면 — 분명히 분할적으로 — 레위사람들은(8:7-8) 그것을 백성들이 이해할 수 있도록 설명해 주었다. 그 낭독은 지도적 백성들을 앞에 두고 그 이튿날에도 계속되었다(8:13). 그 후로 거기서 기록을 따라 초막을 짓고 초막절의 축제를 지켰으며(8:16-18), 매일 율법을 낭독하였다. 그 결과 성대한 공개적 죄의 고백이 일어났고(9장), 율법을 지키자는 준엄한 약속을 행하였다(10장). 에스라의 사역이 "부흥"의 감정을 일으켰다는 것은 다른 사건에서도 분명히 증거된다. 거기서 보면 이방인과의 결혼으로 책망을 받았던 백성들이 에스라가 그들에게 동정을 베풀고, 그들을 돌려보낼 때까지 에스라에게 듣기 위해 비가 쏟아지는 중에서도 성전 앞 광장에 서있었다(9, 13절). 에스라와 그가 좁은 길을 가도록 도움을 준 유대교를 발견하고, 날씨가 좋은 날에만 주일에 교회에 다니는 사람들은 필히 주목하라!

그 개혁은 또한, 실질적으로 그렇게 하지 않으면 안되었기 때문에, 분리주의 운동이었다. 그것은 이방인들을 거부하는 것으로 특징지워졌다. 이제 이 이방인 혐오증은 실제로 그리고 제일차적으로 동화에 대한 두려움 때문이었다는 사실을 너무 자주 반복할 필요는 없다. 이것은 정당한 두려움이었다. 우리는 동화가 무방비 상태로 진행되었다면, 유대 공동체는 그 귀중한 유산과 함께 사라져버릴 가능성이 있음을 반성해 보는 것이 좋다. 이미 말했지만 느헤미야는 그들이 히브리 말을 잊어버린 현실을 발견하고 충격을 받았다(느13:23-24). 정직을 강조하는 구절(느 13:25-28)에서, 느헤미야는 크게 화가 나서 저주하고, 견책하고, 번번히 죄를 범하는 사람들의 수염을 잡아당기기도 하였다고 우리에게 전해 준다. 그는 냉정을 되찾고, 더 이상 이방인들과의 결혼을 금지하도록 경계하였다. 에스라는 더욱 격렬한 — 분명히 좀 더 온건했으면 할 정도의 — 성격이었다. 그는 이방인과의 결혼을 금지시켰을 뿐 아니라 이미 결혼한 사람들에게도 헤어지도록 명령하였다(스 10:2-5). 공동체 속에 남아있는 감정은 "유대인들을 위한 예루살렘"이라는 감정이었다. 스룹바벨은 이미 이웃 사마리아인들의 도움을 거절하였고(스 4:2-3), 느헤미야의 강력한 정책은 단지 적대감만을 일으킬 뿐이었다.[23] 오직 여기서 유대인과 사마리아인 사이의 그 건널 수 없는 간격이 시작된 것으로 보는 것이 정확하다.

에스라는 탁월한 인물이었다. 그를 둘러싼 전설들이 그의 사역을 크게 과장시켰지만,[24] 그를 유대교의 아버지로 보는 것은 잘못이 아니다. 그는 물론 율법을 고안하지는 않았지만, 유대 백성들의 삶에 대한 율법의 충분한 영향력은 그가 주도적 역할을 담당했던 운동으로부터 기원한다. 그때부터 유대교는 율법공동체가 되었다. 율법을 지키는 자가 참된 이스라엘의 구성원이다. 그 위대한 선지자는 순종해야 할 하나님의 언약을 거룩한 국가공동체 속에서 준수할 것을 요청하였다. 제일차적으로 업무의 질서가 모든 경우에 정당하게 행해야 하는 곳은 바로 거룩한 국가공동체였다.

3. 우리가 유대교의 이 국면을 객관적으로 조명하기란 아주 어려운 일이다. 그것은 우리와는 전적으로 생소한 정신의 태도이기 대문이다. 그것은 우리의 공감대를 자극하지 않는다. 그렇지만 그것은 전적으로 건전한 발전의 양태가 아니라고 부정할 만한 이유는 전혀 없다. 어떤 면에서 그것은 히브리 정신의 가장 찬란한 꽃의 마지막 — 예언운동 — 을 분명히 표상하였다. 참으로 율법은 예언의 기능, 즉 하나님의 말씀을 진술하는 기능을 이어받았다. 하나님의 말씀이 모두 읽을 수 있도록 명백히 기록되던 곳에서, 그것을 말하는 선지자의 목소리가 필요하거나 자리를 차지할 여지는 거의 없다. 율법 역

---

23) 느헤미야의 대적들 — 산발랏과 도비야 — 은, 비록 우리가 그들의 여호와 숭배가 크게 혼합주의적인 경향에 속한다고 주장할 수 있기는 해도, 자칭 여호와 숭배자들이었음을 망각해서는 안된다. 도비야가 여호와주의자였다는 것은 그의 후손들이 몇 세기 후에도 유대인들로 알려졌다는 사실로 보아, 그리고 그의 이름과 그의 아들 요하난이라는 이름과 그의 다른 가족들의 이름으로 보아 분명하다. Cf. Albright, "The Biblical Period," p. 52 and note 129. 물론 사마리아인들은 오늘날까지 율법의 사람들로 남아있다.

24) 예를 들면, 분명히 외경인 제2에스드라서(라틴역 불가타에서는 제4에스드라서)에서 연원하고, 수많은 교부들에 의해 반복되었던 전설에 의하면, 율법책이 예루살렘 멸망으로 불타버렸기 때문에, 에스라는 신적 영감에 의해 그 책을 다시 만들 수 있었다. 반면에 에스라가 역대기 저자였다는 유대 전통은 대부분의 학자들에 의해 오랫동안 부정되었지만, W. F. Albright ("The Date and Personality of the Chronicler," *Journal of Biblical Literature*, XL [1921], 104-24; 그때 Albright는 에스라를 약 397년에 놓았다.)는 옹호하였다. cf. idem, "The Biblical Period," p. 54 and note 138.

시 선지자의 정신이 거의 찬성할 수 없었던 종교 외식화의 길 — 비록 이것
이 율법 자체의 의도로부터 그리고 그 가장 훌륭한 교사들의 의도로부터 가
장 먼 것이기는 하지만 — 을 열었다. 왜냐하면 만일 하나님의 전체 의지가
평이한 계명의 형식으로 진술된다면, 종교는 주로 이 계명들을 준수하는 것
속에 있기 십상이기 때문이다. 그렇게 되면 누가 사소한 일과 중요한 일을
구분하여 말할 수 있으며, 기계적 맹종과 헌신된 정신을 구분하여 말할 수
있겠는가? 회복기 공동체 안에서도 전통적인 예언의 분명한 강조점들을 가지
고 말하는 목소리는 여전히 있었다(예. 58:1-12; 66:1-4; 슥 7:1-14; 8:14-
23). 그리고 외식주의의 위험성을 의식하고, 그것에 대항하여 싸웠던 랍비들
도 항상 있었다. 그러나 율법공동체는 예언이 번창할 수 있었던 공동체는 아
니었다. 이스라엘에서 예언자들이 더 이상 일어날 수 없었던 시기가 곧 도래
하였다.

세월이 흐르면서 율법은 급속도로 번창하였다. 그것은 영원부터 하나님
에 관해 규정된 것으로 주장되었다(예. 요벨서 39:6; 49:8; 기타). 그것은
모든 특수규정들 속에서 하나님의 뜻을 충분히 진술하였다. 율법의 모든 글
자는 영원하고, 변하지 않는 것이다.[25] 율법을 넘어서서 가는 것은 단지 죽
음과 방불한 이단으로 조명될 수 있다. 따라서 유대교는 기이하고, 역설적인
입장을 향해 나아갔다. 유대교는 그 죽은 선지자들을 공경하였다 — 참으로
선지자의 저작들을 보존하고, 그것들을 후손들에게 물려준 것은 바로 유대교
였다. 그러나 그것은 살아있는 자들에 대해서는 별로 귀를 기울이지 않았다
(마 23:29-36). 그 이유는 선지자의 시대는 이미 지나갔기 때문이다.

율법 역시 유대교의 병폐가 되었다. 종교는 율법으로 요약된다. 즉 종교
적인 것은 율법을 연구하고, 율법을 논하고, 율법을 가르치고, 율법을 지키
는 것이다. 그리고 모든 율법은 인간이 주어진 상황 속에서 어떻게 행동해야
하는지를 알도록 하기 위해서 정의를 필요로 하기 때문에, 그리고 만일 이것

---

25) 이것은 확실히 신약시대의 유대교의 입장이었다. Strack-Billerbeck,
Kommentar zum Neuen Testament aus Talmud und Midrasch
(Munich: C. H. Beck; Vol. I: Das Evangelium nach Matthaeus,
1922)에서 마 5:18에 관한 주석을 참조하라. 또한 *The Jewish
Encyclopedia* (1916), XII, 196-97에서 "Torah" 조항을 보라.

이 주어지지 않는다면, 율법을 불시에 범할 수 있기 때문에, 요구되는 명확화를 제공할 수 있는 더욱 세심한 판결들을 필요로 한다. 랍비들이 이것들을 제공하여, 율법 주위에 "울타리"를 만들어놓았다. 세월이 흐르면서 그 규칙들이 너무 복잡화되었기 때문에 삶은 문자 그대로 수백 가지의 규칙들로 에워싸였고, 율법은 관점을 유지하기가 아주 어려운 거대한 궤변들로 압박을 받았다. 영은 글자 밑으로 잠겨버리기 쉽상이었다.

지극히 비대해진 율법은 물론 누구나 통달할 수 있는 것이 아니었다 ― 평범한 사람은 시간도, 재능도 없었다. 그러나 그것은 서기관들과 율법사들의 몫이었다. 그들은 지식을 소유하고 있고, 따라서 대부분의 사람들은 가질 수 없는 정확성을 가지고 있었기 때문에, 그것을 자랑하는 교만에 빠지는 경향이 많았다. 율법이 최고였다. 심지어는 하나님도 율법의 연구를 위해 시간을 내야 한다는 희한한 관념이 등장하기도 하였다.[26] 또 만일 이스라엘이 하루의 안식일을 완전히 지킬 수 있다면, 메시야가 도래할 것이라고 하는 생각도 나타났다.[27] 이런 병적인 풍토 속에서는 "모세는 율법에서 말하기를 … 그러나 나는 너희에게 말하노니 … "라고 선언하는 사람을 위한 여지는 전혀 마련될 수가 없었다.

그것은 이런 병폐를 비판할 기교를 전혀 갖고 있지 않다. 참으로 그리스도인은 가능한 한 신랄하게 비판하기 위해서는 신약성경으로(예. 마 23장) 눈길을 돌리기만 하면 된다. 그것은 종교적 신앙의 외식화이다. 사람이 의롭게 되는 것은 율법의 행위에서 난 것이 아니다(갈 2:16; 3:11). 유감스럽게도 그것은 기독교 교회에서까지도 사라진 병폐가 절대로 아니다. 왜냐하면 여전히 종교적 신앙은 주로 규칙들의 문제라고 생각하고, 종교의 기본 요점은 죄악된 것이라고 생각되는 어떤 습관과 저속한 오락을 금하고, 어떤 경건

---

26) Cf. in the Talmud, Rab Judah in'Abodah Zarah, 3b. 보다 자세한 논의를 참고를 위해서는 각주 25에 언급된 *The Jewish Encyclopedia*의 조항을 보라.

27) 확실히 우리는 비교적 후기 시대에서 이런 감정의 실례를 발견하게 된다. 즉 탈무드에서 "안식일"에 있어서 랍비 요하난을 참조하라. 그는 두 안식일을 완전히 지키는 것은 직접적 구속을 임하게 하는 원인이라고 선언한다. 유대교의 안식일에 관한 중요개념을 파악하기 위해서는 *The Jewish Encyclopedia* (1916, X, 587 ff)에서 "Sabbath" 조항을 참조하라.

한 습성들을 배양하고, 정규적으로 교회에 출석하는 데 있다고 생각하는 사람들이 있기 때문이다. 그리고 이런 일들을 통해 그들은 커다란 자부심을 갖는다. 왜냐하면 이런 일들이 죄인들과는 구별시키는 의라고 알고 있기 때문이다.

4. 그러나 여기서 다시 한번 우리의 평가가 일방적이서는 안된다.[28] 목사가 흔히 그러는 것처럼, 서기관과 바리새인을 단순히 설교의 희생자로 만들기는 너무 쉽지만, 그것은 너무 값싸게 취급하는 것이다. 율법은 커다란 이상을 간직하고, 표현하며, 그것을 실제적인 것으로 만들기 위해 시도했다는 사실을 절대로 망각해서는 안된다. 율법은 하나님이 그의 법을 세울 수 있는 참된 하나님의 백성을 만들고자 하였다. 율법의 목적은 법칙 자체를 위하여 지켜지는 법칙이 아니었다. 그 목적은 하나님이었고, 하나님에 대한 총체적인 순종이었다. 진지한 도덕적 범죄와 함께 사소한 기술적인 범죄를 그것이 강조하는 것은 후자를 전자와 똑같은 위치에 두려고 하기 위한 것이 아니라, 아무리 적은 것이라도, 하나님에 대항하는 범죄는 심각한 것이라는 것을 분명히 하기 위해서였다(예. 마카베오4서 5:20). 율법의 세상으로부터의 분리는 단순한 속물근성의 표현이 아니라 — 이것이 현재적이기는 하지만 — 엄격한 순종은 온갖 종류의 관습들의 관용과 타협할 수 없다는 깨달음의 표현이다(예. 솔로몬의 시편 17:27-28; 요벨서 22:16).

유대교가 율법의 멍에를 기꺼이 짊어진 국외자들을 환영했고, 그들을 평등하게 대하였다는 사실이 망각되어서는 안된다(레 24:22; 겔 47:22). 율법 속에는 "제사장 나라와 거룩한 백성이 되며"(출 19:6), 하나님의 통치에 합당한 신민이 되고자 하는, 이스라엘의 원래적인 이상이 살아있었다. 율법 속에는 또한 남은 자에 대한 갈망 — 모든 선지자들이 이스라엘의 소망의 실현을 고대했던 참된 이스라엘 — 이 더욱 발전되고, 개별화되어 있었다. 인간은 단순히 혈통적으로 유대인이라는 이유로 하나님의 백성의 일원이 되는 것이 아니다. 율법에 순종하는 무거운 짐을 기꺼이 감수하는 자가 하나님의 백

---

28) 물론 여기서 완벽한 평가는 불가능하다. 독자는 간략하지만 탁월한 평가를 Rowley, *The Rediscovery of the Old Testament*, ch. vii에서 발견할 것이다.

성의 참된 일원이다.

그리고 인간적으로 말해서, 율법은 이스라엘의 신앙을 충분히 살아있도록 역할을 하였다는 사실이 언급되어야 한다. 율법은 신앙이 소멸하지 않도록 보존하는 갑옷과 같았다.[29] 율법에 의해 보호받음으로써, 선지자들의 전체 유산은 존속이 가능하였다. 선지자들의 저작들을 보존했던 것은 유대교였다는 점을 잊지 말자. 유대교가 없었다면, 우리는 그것들을 물려받지 못했을 것이다. 유대교는 선지자의 선포의 열매들 역시 보존하였다. 율법은 확고하게 유일신론을 고수하였다. 그것은 이방종교에 조금도 양보하지 않았다. 그것은 심지어 ─ 적어도 그 가장 고상한 표현에 따르면 ─ 황금률의 수준에 이를 정도로(레 19:18) 고도로 윤리적이었다. 율법은 때가 찰 때까지 씨를 보호하는 눈으로 덮인, 언 땅이었다. 그것은 참으로 견고한 갑옷이었다. 그러나 만일 그 갑옷이 덜 견고하였다면, 이스라엘은 이방세계에 동화되어버렸을 것이며, 마치 모래 위에 물을 붓는 것처럼 이스라엘의 유산은 소진되었을 것이다.

또한 율법공동체는 우리가 배우기를 원하지 않았던 것을 우리에게 가르치는 교훈을 가지고 있다는 사실을 언급할 가치가 있다. 지금 우리는 그리스도인으로서 율법으로 거슬러 올라가 살 수는 없다. 우리는 마치 의가 산술적으로 가감셈을 통해 헤아릴 수 있는 것처럼, 행하거나 행하지 않는 일들에 입각하여 의를 잴 수는 없다. 그러나 어떤 의미에서 이 율법 박사들은 우리에게는 우리가 우리의 무한한 상처를 무시하고 있다는 한 본보기이다. 모든 율법주의를 물리침으로써, 우리는 종교가 내포하고 있는 것처럼 보이는 어떤 의무를 변증할 위치에 처해 있고, 그렇지 아니하면, 의무에 대한 요청이 전혀 없는 종교를 제공하고 있는 것이다. 모든 종교적 의무를 무시함으로써 우리는 모든 의무를 인정하지 않게 되는데 ─ 우리 자신에 대한 것을 제외하고 ─ 그럴 수 있는가? 지금은 우리가 거룩한 국가공동체의 교훈에 주의를 기울

---

29) 이것은 오래 전에 J. Wellhausen의 *Geschichte Israels I* (*Prolegomena zur Geschichte Israels* [Berlin: G. Reimer, 1878])의 마지막 부분에서 고전적 표현이 주어졌다. 그러나 우리가 아무리 Wellhausen의 전반적인 입장을 무시한다고 해도, 그의 이 안목은 ─ 많은 다른 사람들처럼 ─ 확실히 옳다.

일 때이다. 그것이 인간을 위해 행하는 모든 것과는 별개로, 종교는 인간이 그것을 이행할 의무와 요청들을 그 앞에 둔다. 기독교는 의무를 포함하고 있다. 그리고 그 의무는 대체적으로 그리고 편의에 따라서가 아니라 모든 세부적 사실에 있어서 그리고 예외없이 철저하게 하나님께 순종하는 것이다. 이 점에 관해서는 서기관과 바리새인이 우리보다 앞서서 하나님 나라에 들어갈 자격이 있다는 염려가 생긴다.

유대교의 거룩한 국가공동체는 구약성경신학에 그 지배적인 특징 곧 그의 백성을 다스리시는 하나님의 통치가 표현되어 있다. 참으로 묵시와 율법은 하나님의 날의 관념에 있어서 불가피한 역설을 지적한다. 전자는 그 나라가 인간의 행함을 초월한다고 주장하고, 후자는 그럼에도 불구하고 그 나라는 인간의 모든 것을 요구한다고 답변한다. 율법은 오직 하나님만이 순종하고, 의로운 백성들을 다스릴 것이라는 깊은 확신을 표현한다. 참된 이스라엘 곧 남은 자를 현실적으로 등장시키는 것이 거룩한 국가공동체의 목표였다. 따라서 그토록 얻기 위해 인간적으로 투쟁했던 그 의는 도래할 하나님 나라를 향한 몸부림이었다. 그러나 그 나라와 그 의는 율법공동체를 뛰어넘는 것이었다. 그러므로 율법은 그 자체를 초월한 해결책 — 새로운 의 — 을 지시해야 했다.

Ⅳ

어쨌든 아무리 율법공동체가 둔감한 관찰자 눈에 편협하고, 광신적인 것으로 보일지라도, 그것을 아주 철저하게 시험해 보면, 그것은 그 안에 존속할 수 있는 나름대로의 근거를 지니고 있음을 보여준다. 우리는 우리의 극히 세련되고, 고상하고, 멋있는 종교가 과연 그러한지 심각하게 자문해 보아야 한다. 여기저기서 그 시험은 이미 시작되었고, 적어도 그 자문은 적절하다.

1. 여기서 우리는 급히 약 3백년 정도를 뛰어넘어야 한다. 그 시작부터 몰락까지(539-332) 유대인들은 여전히 페르시아에 예속되어 있었다. 우리는 그 시기 동안의 그들의 부침을 추적하려고 하지는 않을 것이다. 어쨌든 많은 사실들이 불분명한 것은 사실이다.[30] 페르시아 제국은 그 절정의 권력을 통해 에게해 연안으로부터 인더스 계곡에 이르는, 즉 애굽으로부터 현재는 소

런의 영토에 속해있는 저 먼 트랜스카스피에 이르는 거대한 제국이었다.[31] 페르시아인들은 일찍이 그리스 본국에 대해 탐욕스러운 눈길을 보내었고, 한 번 이상 그 나라를 정복하려고 시도하였다. 그러나 마라톤, 더모빌래 그리고 살라미스와 같은 지역 등지에서는 용감한 그리스인들이 그들을 물리쳤기 때문에, 그 야욕을 채울 수가 없었다. 4세기 후반에는 정세가 급격하게 변화되어 페르시아는 마케도니아의 알렉산더의 혜성과 같은 등장에 직면해야 했다. 주전 334년에 알렉산더가 어떻게 헬레스폰트 해협을 건넜는지를, 그리고 일련의 혁혁한 승전 ― 그라니쿠스 해협에서, 이수스에서, 그리고 아르벨라에서 ― 의 과정 속에서, 그의 방진(方陣)이 다리오 3세의 거대한 군대를 어떻게 산산이 무찔렀는지를 누구나 알고 있다. 전설에 전하는 것처럼, 즉위한지 3, 4년도 안되어 인더스강의 둑 위에 서서 더 이상 정복할 땅이 없음을 슬퍼하고 있는 그 젊은 영웅을 우리는 발견한다.

그러나 알렉산더 대왕의 제국은 전체 역사상 가장 단명했던 제국이었다. 이수스에서의 대승리 후 10년이 지난 323년에, 알렉산더는 세상을 떠났다. 그의 제국은 결국 4인의 그의 장군들에 의해 각각 분할되었다. 이들 중 두 사람이 우리의 관심을 끈다: 하나는 메소포타미아와 수리아를 차지한 셀류코스이고, 다른 하나는 애굽의 지배자가 된 프톨레마이오스였다. 셀류코스 왕국의 수도는 궁극적으로 새로 건설된 안디옥이었고, 반면에 애굽의 수도는 알렉산드리아 ― 프톨레마이오스왕가에 의해 세워지고, 물론 알렉산더의 이름을 딴 ― 였다. 팔레스타인 ― 역사는 모든 것을 변화시키는 방법을 지니고 있는것 같지만, 사실은 아무 것도 변하지 않은 ― 에 관해 말하면, 그곳

---

30) 최근까지도 다른 어떤 지역의 역사보다 페르시아 제국 시대 동안의 유대인들에 관해서는 비교적 덜 알려졌다. 주전 5세기는 현재 새로운 발견들로 인해 급속도로 조명되고 있지만, 4세기는 거의 완전한 백지 상태로 남아있다. 그 당시의 세계에 관한 세부사실을 위해서는, cf. A. T. Olmstead, *History of the Persian Empire* (Chicago: University of Chicago Press, 1948).

31) 그 최대의 판도에 이르렀을 때, 페르시아 제국은 현재 그리스와 발칸반도, 소비에트 러시아, 아프가니스탄 그리고 파키스탄을 비롯하여 이란, 이라크, 시리아, 레바논, 이스라엘, 요르단왕국, 이집트, 터키 등을 포함하는 거대한 제국이었다.

은 유프라테스강의 권력과 나일강의 권력 사이에서 항상 분쟁의 불씨로 남아
있었다.

그 분쟁의 세부사실들에 대해서는 우리가 간과해도 괜찮을 것이다.[32] 몇
번의 부침을 겪은 다음에 팔레스타인은, 셀류코스 왕국이 그곳에 대한 권리
나 그곳을 정복하려는 노력을 포기하지 않았지만, 4세기 말엽에 프톨레마이
오스 왕국의 손 아래 들어간 이후로 1백년 이상 그 상태를 유지하였다. 대부
분의 유대인들은 그 상태에 대해 다소간 수동적인 방관자로 남아있었던 것처
럼 보인다. 비록 그 감정은 두 편으로 확실히 갈라져, 동요가 심했음에도 불
구하고, 대다수의 유대인들은 아마 어느 편이 승리하든 크게 개의하지는 않
았던 것으로 보인다. 프톨레마이오스 왕국은 유대인들이 그들 자신의 일들을
처리하는데 있어서, 참으로 그들이 종속적 신민으로 반발하지 않는 한, 그들
에게 독자적인 활동이 가능하도록 상당한 자유를 허용했던 것으로 생각된다.
그러나 안티오쿠스 3세(대제: 223-187)가 셀류코스 왕으로 즉위하면서, 프
톨레마이오스 왕국의 권력은 팔레스타인에서 종지부를 찍었다. 이 왕은 팔레
스타인에 대한 권리를 갱신하고, 주전 198년 — 오랜 동안의 밀고 밀리는 시
소전 끝에 유리한 위치를 차지한 — 에 요단강 상류의 파니움(바니아스)에
서, 프톨레마이오스 5세의 군대를 완전히 물리치고, 그들을 그 땅으로부터
내쫓았다. 그리하여 유대인들은 안디옥의 지배 아래 놓이게 되었다.

2. 여기서 우리는 그 분쟁에서 정치적 국면들보다는 훨씬 더 중요한 문
화적 국면들에 대해 관심을 기울일 필요가 있다: 이제 헬레니즘 문화의 보급
이 동양 전역에 급속도로 이루어지고 있었다. 세계는, 예전에는 결코 없었

---

32) 그 당시의 표준역사서는 오래 동안 E. Schürer, *Geschichte des jüdischen
Volkes im Zeitalter Jesu Christi*, 4 Vols. (3rd and 4th eds.; Leipzig:
J. C. Hinrichs, 1901-11); English translation by Macpherson,
Taylor and Christie, 5 Vols. (Edinburgh: T. & T. Clark, 1890;
New York: Chas. Scribner's Sons, 1891)이었다. 그런데 이제 이것은
F. M. Abel, *Histoire de la Palestine: depuis la conquete
d'Alexandre jusqu'a l'invasion arabe* (Paris: J. Gabalda, 1952,
Vol. I)로 대체되었다. 영어로 된 간략한 최근의 개요를 보려면,
R. H. Pfeiffer, *History of New Testament Times with an
Introduction to the Apochrypha* (New York: Harper & Bros.,
1949).

던, 하나의 세계였다. 고대 동양문명은 오랜 세월 동안 그들끼리 서로 죽이고 죽는 상잔의 전쟁으로 얼룩진 문명이었다. 그 무대에 새롭게 등장한 페르시아는 그 파편 속에서 익히 알려진 최대의 정치적 통일을 이룩하는데 성공하였다. 그러나 이것은 곧이어 대부분의 발달된 문명세계를 포괄한 알렉산더제국으로 넘어갔다. 알렉산더는 단순히 탁월한 전략가나 아주 야심많은 젊은이가 아니었다. 그는 자신을 희랍문화의 사자로 생각하였다. 희랍문명과 동양문명을 조화있는 전체로 결합시키는 것이 그의 목표였다. 그의 정책 때문에 그리고 그가 창출한 정치적 통일 때문에 예전의 문화적 경계들은 허물어졌고, 이전에는 보지 못했던 자유로운 상호 교통이 가능해졌다.

그 결과 헬레니즘 문화 — 이미 동양에서 느끼고 있었던 — 는 놀라운 속도로 파급되기 시작했다.[33] 더욱이 알렉산더는 그의 방대한 점령지들에 흩어져 있는 식민지 안에 그의 퇴역군인들과 다른 희랍인들을 정착시키는 정책을 추진함으로써, 곧 어디에서나 헬레니즘의 작은 섬이 존재하게 되었다.[34] 그리고 비록 알렉산더제국을 계승한 국가들이 알렉산더가 이룩한 정치적 통일을 상실하기는 했어도, 모든 국가들이 희랍인들에 의해 통치되었고, 그들 모두 자신들이 희랍문화를 확장시키는 사명을 가지고 있다고 확신하였다.

유대교 역시 그 문화의 영향을 벗어나서 존재할 수 없었다. 물론 이것은 지중해 연안에 살고있는 유대인들 — 수적으로 다수를 차지하는 — 에게는 두배로 해당되었다. 이들은 히브리 말을 잊어버린지 오래 되었고, 그래서 그때는 희랍어를 그들의 모국어로 삼고 있었다. 그들은 여전히 히브리어로 되어있는 그들의 성경을 전혀 접하지 못했다. 주전 3세기 중엽에 알렉산드리아

---

33) 헬라문화의 동방에 대한 영향에 관해서 우리는 Albright, *From the Stone Age to Christianity*, ch. vi.를 참조해야 한다. 또한 이전의 각주에 언급된 작품들을 참조하라.

34) 신약성경의 독자는 이러한 도시의 부류로서 데가볼리(마 4:25; 막 5:20; 7:31)를 생각할 것이다.

35) 물론 비정경인 아리스테스 서신에 주어진 것처럼 그 번역에 관한 기사는 아주 그럴듯한 허구이다. 헬라역본에 관한 유익한 논의를 위해서는, cf. H. M. Orlinsky, "The Septuagint-Its Use in Textual Criticism" (*The Biblical Arcaeologist*, IX-2 [1946], 22-42; Bleddyn J. Roberts, *The Old Testament Text and Versions* (Cardiff: University of Wales Press, 1951), pp. 101-87.

에서 헬라어로 성경번역이 이루어짐으로써(소위 70인경) 이 필요성을 충족시키게 되었다.[35] 확실히 헬라어를 말하는 많은 유대인들이 유대교를 상실해버릴 커다란 위험성은 상존하였다. 그런데 그토록 많은 사람들이 그렇지 않았다는 것은 그 신앙의 불굴성을 강력하게 증거한다.

팔레스타인에서도 아주 심각한 긴장이 존재하였다. 한편으로는 헬레니즘과의 교통을 원하지 않고, 그들의 유대인됨(Jewishness)을 보여주기 위해 율법에 대한 열심을 강조하는 사람들이 있었다. 다른 한편으로는 유대교를 포기하기를 전혀 바라지 않으면서도, 헬라문화와 교통했던 사람들이 있었다. 심지어 종교지도자들도 유행에 따라 동요되었다. 우리는 그럴 듯한 헬라의 이름을 가지고 있는 대제사장들을 알고 있다(예. 야손, 메넬라우스). 헬라의 모든 것들을 모방하는 일반적인 경향이 있었다. 우리는 예루살렘 거리에서 헬라인들과 같은 옷차림을 한 사람들을 발견하고, 그 연무장(演武場)에서 유대의 젊은이들이 온갖 종류의 헬라 스포츠를 즐기는 것을 발견할 수 있을 것이다(마카베오 1서 1:15; 마카베오 2서 4:10-15).

안티오쿠스 4세(에피파네스:175-164)가 안디옥에서 왕위에 올랐을 때, 사태는 절정에 달하였다. 이 왕은 유능하고, 교활하고, 복합적인 성격의 소유자였다. 그 왕만큼 광적으로 헬라화를 추진한 왕은 없었다. 확실히 이것은 부분적으로는 왕 자신의 헬라화에 대한 열심 때문에 일어난 현상이지만, 또 부분적으로는 점점 강성해지는 로마 세력 ― 이 당시 근동의 내부문제들에 강력한 영향력을 가지고 충분히 간섭할 만한 힘을 가진 ― 의 완강한 위협에 대응하여 그의 이질적인 백성들을 통합시키려는 필요성에서 야기된 현상이었다. 물론 많은 유대인들은 헬라화정책에 전혀 거부감을 가지지 않았다. 그러나 여기에는 그 이상의 문제가 있었다. 알렉산더와 그 이전의 다른 왕들처럼, 안티오쿠스는 자신을 에피파네스 신(theos epiphanes) ― 올림피아 제우스신의 가시적인 화신 ― 으로 선언하고, 경배를 요청하였다.

그렇다면 가장 위험한 유형, 곧 역사가 우리에게 결코 우습게 생각해서는 안된다고 가르쳤던 유형의 인간이 여기 있었다: 그는 신이었고, 문화(Kultur)의 신의 사신이었다. 아마 이교도는 그것을 염두에 두지도 않았을 것이다. 왜냐하면 제우스신을 예배하도록 요구하는데 있어서 안티오쿠스는 다른 제사의식들을 전혀 억압하지 않고, 그대로 용납했기 때문이다 ― 그리고 이교도에게는 신이 하나이든 둘이든 무슨 상관인가? 그러나 유일신론을 견지하는 유대인에게는 천년이 넘는 역사를 통하여 우상들을 섬기는 것이 금지되어 왔기 때문에 제우스신에게 엎드려 절하는 것은 단순히 상상도 못할 일이었다.

이로써 유대인들에 대한 안티오쿠스의 정책은 혹독해졌다.[36] 처음에는 부드러운 정책을 취하였으나 완강한 저항에 부딪히자 철저한 억압정책으로 전환하였다. 그러나 자기들에게 일어난 억압에 대해 유대인들이 져야할 책임이 전혀 없다고 말할 수는 없다. 반대로 그 시대의 특징이었던 파벌 다툼은 유대 역사에 부끄러운 페이지로 남아 있다. 대제사장들의 개인적 알력과 부정으로 예루살렘은 계속 소란에 빠졌고, 의심할 여지 없이 그것은 안티오쿠스가 가혹한 조치를 취할 수 있는 명분을 제공하였다.

그것은 그가 그의 군대를 이끌고 예루살렘으로 진격하였을 때(주전 168) 절정에 달하였다. 그는 제단 위에 돼지고기를 제물로 드림으로써 성전을 더럽히고, 사실상 유대교의 전례를 정지시키는 상황이 벌어졌다(마카베오 1서 1:41-43). 율법의 사본들은 폐기하도록 명령이 내려졌고, 안식일 준수는 금지되었다. 할례의 시행과 심지어는 성경의 사본을 소지하는 것까지도 중대한 범죄로 간주되었다. 그리고 올림피아 제우스신을 예배하기 위한 제단이 성전 안에 세워졌고, 백성들은 그 앞에 예배하도록 명령을 받았다. 이것은 다니엘서(9:27; 11:31; 12:11)와 마카베오 1서(1:54)에 언급되어 있는 "멸망케 하는 미운 물건"이다.[37]

그것은 참으로 처절한 박해로서, 역사상 유대인들이 받았던 많은 박해 중에서도 첫째가는 박해였다. 그것은 성전과 율법에 대한 모독 및 철저한 우

36) 세부사실을 보려면, 각주 32를 보라.
37) 안티오쿠스의 제사의식의 본질에 관해서는, cf. E. Bickermann, *Der Gott der Makkabäer* (Berlin: Schocken-Verlag, 1937). 그것은 분명히 유대교와 수리아-헬라적 양식들을 혼합시키려는 시도였다. 자유주의적 유대지도자들도 그 안에 포함되었다. 다니엘서에 나오는 말(hashshiqqûs meshêmēm, 즉 "멸망케 하는 미운 물건")은 Ba'al hashshāmayim(하늘의 바알[즉, 주])의 곁말처럼 보인다. Cf. e.g., J. A. Montgomery, *Daniel* (*International Critical Commentary* [Edinburgh: T. & T. Clark, 1927]), p. 388.

상숭배에 동참해야 할 정도로 양보를 해야 하는 문제였다 — 그렇지 않으면
죽음이 있을 뿐이었다. 물론 단지 인간이기에 어떤 사람들은 유대교를 포기
하고, 부인하였다(마카베오 1서 1:43). 그러나 많은 사람들은 그렇게 하지
않았다. 그들은 제우스신에 대한 희생제사를 거부하고, 그들의 자녀들에게
할례를 계속 시행하며, 할례 때문에 죽음을 불사하기도 하였다. 그들은 최소
한의 음식법도 위반하기를 거절하였다(마카베오 1서 1:62-63). 심지어 어떤
사람들은 안식일에 전쟁이 일어났을 때, 그 날에 자신들을 방어하기보다는
차라리 적들에 의해 죽는 길을 택할 정도로 엄격하게 안식일을 준수하였다
(마카베오 1서 2:29-38). 그것으로 "전쟁 기간 동안"에는 율법의 부분을 정
지시키는 것이 필요하게 되었으리라! 처음에는 수동적이었지만 나중에는 영
웅적인 불굴의 정신을 가지고 안티오쿠스의 요구에 저항했던 이들 가운데 두
드러진 사람들이 하시딤(즉, 경건한 자, 충성된 자)으로 알려진 무리들이었
다. 이 사람들이 바리새인들의 조상들이 아닌가 싶다 — 고귀한 전통이리라!

　3. 유대인들에게 저항의 용기를 불어넣어준 신앙은 다니엘서에서 가장
분명하게 보여질 수 있다. 이 책은 그 구성 및 그 해석과 관련하여 우리가
여기서 다룰 수 없는 숱한 문제들을 야기한다. 다니엘에 관한 기사들이 바벨
론 포로기에 살았던 한 인물에 관한 이야기라는 것은 사실이고, 아람어로 기
록된 기사(단 2:4하-7:28은 아람어로, 나머지는 히브리어로 기록되어 있다)
는 그 책의 나머지 기사들보다는 확실히 더 오래된 것으로 짐작된다.[38] 그러
나 우리가 지니고 있는 현재의 다니엘서는 안티오쿠스 에피파네스의 박해 시
대에 속하는 것이라는 데 일반적으로 학자들의 견해가 일치한다. 다니엘서
기사의 기원이 어떠하든, 그 책의 구성의 역사가 어떠하든, 이 시대의 저자

38) 이것은, 이런 저런 형식에 있어서, 대다수의 학자들의 견해이다. 그러나 중요
　한 학자들 — 예, R.H.Charles (*A Critical and Exegetical
　Commentary on the Book of Daniel* [Oxford University Press,
　1929]; H.H.Rowley ("The Bi-lingual Problem of Daniel,"
　Zeitschrift für die alttestamentliche Wissenschaft Neue Folge 9
　[1932], 256-68), 최근의 "The Unity of the Book of Daniel"
　(Hebrew Union College Annual, XXIII [Cincinnati: 1950-51], pt.
　i, pp. 233-73; 개정된 *The Servant of the Lord*, pp. 237-68) — 은
　다니엘서 전체가 마카베오 시대의 저자의 산물이라고 주장하는 사람들로 발
　견될 수 있다.

가 전체를 함께 묶어 극도로 비참한 처지에 빠져있는 유대인들에게 용기를 불어넣는 메시지로 그것을 형성시킨 것으로 생각된다.

다니엘서는 완전한 묵시문학 양식으로 된 최초의, 그리고 가장 뛰어난 책 가운데 하나이다. 그러나 그것은 유감스럽게도 오해되고 있는 책이다. 많은 사람들이 그렇게 생각하고 있는 것처럼, 그것은 만일 어떤 사람이 그 책 속에서 열쇠를 발견하기만 하면, 그는 그것을 통해 미래에 대한 청사진을 그릴 수 있을 만큼 사건들에 대한 비밀도식을 담고 있는 책은 결코 아니다. 다니엘서로부터 이것을 추구하는 사람은 성경해석에 중대한 오류를 범하게 된다. 그렇게 되면 그는 다니엘서 저자가 말하고자 하는 바를 완전히 무시하게 될 것이다. 오히려 다니엘서는 저자 당시의 시대를 향해 주어진 것이고, 묵시문학의 용어로 용기와 신앙을 촉구하는 강력한 탄원을 담고 있다. 그 책은 이렇게 역설한다: 율법을 굳게 지켜라! 너희의 유대교를 확실하게 고수하라! 그리고 너희의 하나님을 견고하게 의지하라! 하나님은 존재하느니라! 하나님 나라는 인간들의 하찮은 나라들을 능가하느니라! 하나님은 지금도 이 땅의 악한 세력들을 멸망시키시기 위해, 신실한 그의 백성들 사이에 그의 나라를 세우시기 위해, 간섭할 준비를 하고 계시느니라!

율법에 대한 충성이 다니엘서의 내용을 관통하고 있다 ― 이것은 묵시문학의 이상들과 거룩한 국가공동체의 이상들 사이에 차이가 거의 없다는 것을 보여주는 예증이 된다. 우리는 그것을 그 기사(1장) 곧 수려한 젊은이들이 왕의 진미로 자신들을 더럽히지 않는 용기를 가지고 있고(8절), 하나님은 그들의 충성심에 보답하시는(15, 17-20절) 기사에서 본다. 그리고 우리는 그것을 흠없는 다니엘에 관한 기사(6장) 곧 오직 왕에게만 기도하도록 명령을 받았지만(5-9절), 그렇게 하지 않고, 비록 사자밥이 될지언정 자신의 하나님께 기도하고, 그리하여 하나님은 그를 구원하셨던(20-22절) 기사에서 본다. 또 우리는 그것을 사드락과 메삭과 아벳느고의 기사(3장) 곧 느부갓네살의 신상 앞에 절하기 보다는 차라리 극렬히 타는 풀무에 던져졌던 기사에서 본다. 왕에 대한 그들의 답변(16-18절)은 하나님을 경외하는 모든 사람들에게 하나의 도전으로서 경종을 울려준다: "느부갓네살이여 우리가 이 일에 대하여 왕에게 대답할 필요가 없나이다 만일 그럴 것이면 왕이여 우리가 섬기는 우리 하나님이 우리를 극렬히 타는 풀무 가운데서 능히 건져내시겠고 왕의 손에서도 건져내시리이다 그리 아니하실찌라도 왕이여 우리가 왕의 신들을 섬기지도 아니하고 왕의 세우신 금 신상에게 절하지도 아니할 줄을 아옵소서." 그것은 명백한 도전이다! 그것은 하나님의 형상으로 지음받은 인간이 국가의 거짓된 신에 대해 아니 심지어는 에피파네스에 대해 거부로 답변해야 하는 무조건적인 부정(the categorical no)이다!

여기에는 하나님의 권세는 모든 지상의 권세들을 압도한다는 사실에 대한 전적인 확신이 또한 담겨 있다. 느부갓네살의 꿈의 기이한 환상에 대한 기사(2장)가 있다. 그의 환상에는 정금으로 된 머리, 은으로 된 가슴, 놋으로 된 배, 철로 된 종아리 그리고 철과 진흙이 혼합되어 있는 발을 가진 신상이 나타났는데(31-33절), 그것은 각각 땅을 다스리는 일련의 권세들을 상징하였다(36-45절). 그리고 사람의 손으로 하지 아니하고, 뜨인 돌이 신상의 철과 진흙의 발을 쳐서 부숴뜨림으로써 우상을 친 돌이 태산을 이루어 온 세계에 가득하였다(34-35절). 그 돌은 바로 하나님 나라이다: "이 열왕의 때에 하늘의 하나님이 한 나라를 세우시리니 이것은 영원히 망하지도 아니할 것이요 그 국권이 다른 백성에게로 돌아가지도 아니할 것이요 도리어 이 모든 나라를 쳐서 멸하고 영원히 설 것이라"(44절). 이어서 (4장) 온 땅의 지배자인 교만한 느부갓네살은 그가 참으로 인간의 일들을 다스리는 왕이 누구인지를 배울 때까지(25절), 소처럼 풀을 먹고 있다. 그리고 벨사살왕이 나온다(5장). 그는 자기보다 더 큰 자가 가지는 주재권을 인식하지 못하기 때문에 사람의 손가락이 나타나서 벽 위에 그의 운명을 선언하는 글을 쓴 것을 본다 (23절).

그 묵시문학 곧 다니엘서는 그 동시대인들에게 큰 소리로 이렇게 외친다: 용기를 가지라! 현재의 고난 속에서 너희는 위대한 종말의 드라마가 바야흐로 시작되는 표적을 볼 것이다! 하나님 나라는 인간들의 나라를 압도하는 권세와 영광을 가지고 임하고 있다! 기이한 짐승들의 형식 속에서 세상의 권세들은 희미한 행렬로 사라진다. 8장에는 두 뿔을 가진 수양(메대-페르시아; 3-4, 20절)이 억센 한 뿔을 가진 수염소(알렉산더; 5-7, 21절; 참조. 11:2-4)에 의해 죽는 기사가 있다. 이어서 그 한 뿔이 꺾이고, 네 뿔이 되며 (후속 4국가들; 8, 22절), 그 중 하나로부터(9-12절) 하늘 군대에 미칠 만큼 커진 한 작은 뿔(즉 안티오쿠스)이 나온다. 다시(7장) 기이하고 무시무시한

4짐승(알렉산더 제국의 4분할국가)이 있고,[39] 그중 네째 짐승(7-8절)은 열
뿔이 있는데, 그 사이에서 뻗내는 다른 작은 뿔이 나왔다(안티오쿠스). 이것
이 안티오쿠스를 가리킨다는 것은 거의 의심할 여지가 없다. 그는 대원수 곧
적그리스도의 진정한 표상이다. 그는 지존자를 모독하고, 성도들을 핍박하
고, 성전을 더럽히고, 희생제사를 중지시키고, 율법을 멸절시키는데 광분하
였다(예. 7:25; 8:9-13; 11:36).

그러나 두려워 말라! 하나님이 주장하신다! 이 미천한 작은 인간이 만왕
의 왕을 거역하여 서있었고, 그것은 그에게는 너무나 과도한 일이다! 그는
사람의 손으로 말미암지 않고 깨어지리라(예. 8:23-25)! 신앙의 눈으로 안디
옥의 보좌보다 더 위대한 보좌를 볼 수 있지 않는가? 그것은 비견할 수 없는
높은 엄위를 가지고 옛적부터 항상 계신 이(하나님)가 좌정하신 보좌이다
(7:9-12). 옛적부터 항상 계신 이가 이 짐승을 죽일 것이다. 그리하여 "인자
같은 이가 … 하늘 구름을 타고" 오실 것이고(7:13),[40] 옛적부터 항상 계신
이는 결코 멸망하지 않을 나라로서, 모든 인간들을 다스리는 나라를 그에게
주실 것이다. 그의 나라에서 하나님의 백성의 승리가 곧 임하리라! 용기를
가지라! 그 나라를 위해 죽는 것을 두려워하지 말라 — 왜냐하면 하나님은
너희를 영생으로 이끄실 것이기 때문이다!(12:1-4).

---

39) 7장의 짐승들에 관한 이같은 해석은 2장에서 일련의 세상권력들을 보는 주석
가들의 해석과는 반대된다. 그러나 그것은 H. Gressmann (*Der Messias*
(Göttingen: Vandenhoeck & Rupprecht, 1929), pp. 344-45, 367)
에 의해 설득력있게 옹호되었다.
40) 본서에서 인자의 기원과 본질에 관해 길게 논의하는 것은 무리일 것이다. 여
기의 인자가 개인인지 아니면, 대부분의 사람들이 생각하는 것처럼, 하나님
의 승리하는 성도들을 상징하는 집단적 무리인지에 관해서는 논란이 많다.
그러나 약간 후기의 비정경인 에녹1서를 보면, 그는 승리적인 하나님 나라를
다스릴 선재적인 하늘의 구원자로 등장한다(반대 견해를 보려면,
T. W. Manson, "The Son of Man Daniel, Enoch and the Gospels"
(*Bulletin of the John Rylands Library*, 32-2, Mar., 1950)).
Albright (*From the Stone Age to Christianity*, pp. 290-92)가 주장
하는 것처럼, 그리스도의 시대 이전에, 인자가 특별히 다윗적 메시야와 동일
시되는지의 여부가 또한 논란을 일으키는 문제이다. 그러나 유대교의 신학에
있어서, 종말론적 구세주로서의 인자는 메시야적 인물 — 적어도 그 말의 광
의의 의미에 있어서 — 이었다.

4. 그러나 여기서 우리는 마지막으로 덧붙일 말이 있다. 그것은 역사상 거의 유례가 없는 원초적인 용기에 관한 이야기이다. 안티오쿠스는 자신의 정책을 적극 시행하였고, 사람들은 더 이상 하나님을 기대하지 않았다. 그들은 몸소 실행에 나섰다. 그 왕의 관리는 모딘(Modin) 지역까지 이르러 그곳의 제사장 마타디아스에게 신상에 대해 희생제사를 드리는 모범을 보이도록 강요하였다(마카베오 1서 2:15-19). 마타디아스는 단호하게 거부하였다. 한 유대인이 신상 앞으로 절하기 위해 걸어나가자, 마타디아스는 달려가 그를 그 왕의 관리와 함께 칼로 찔러 죽였다. 그런 다음에 그는 이렇게 외쳤다(마카베오 1서 2:27): "율법에 대해 열심이 있고, 언약을 지키기 원하는 자는 누구든지 나를 따르라!" — 그는 산으로 달려갔다.

그리하여 마타디아스는 유다, 요나단, 시몬 그리고 다른 사람들과 같은 과격한 사람들의 무리를 규합하였다. 마카베오('망치'?)라는 이름을 취하고, 그들은 셀류코스 군대들에 대항하는 게릴라전 — 그들을 습격하고, 약탈하며, 치고 도망가는 — 을 시작하였다. 그들의 깃발 아래 모여든 유대인의 수는 계속 증가하였다. 심지어는 하나님이 그들을 구원하실 것으로 기대하고, 인간의 행동을 무시하는(참조. 단 11:34) 경건한 사람들까지도 그들에게 기꺼이 가담하였다. 패배하면, 그들은 다시 일어섰다. 어떤 환상이 없었음에도 불구하고, 결연한 용기와 영웅적 애국심을 가지고, 그 수효가 늘어난 그들은 계속 투쟁하였다. 결국 그들은 승리하였다! 4백여년만에 처음으로 유다는 자유를 외칠 수 있었다.

그러나 하나님 나라 — 그것을 그들이 창조했는가?[41] 절대로 아니다! 그들은 하스모네 왕조를 만들었을 뿐이다. 그것은 하나님 나라가 아니었다. 그것은 음모, 살인 그리고 인간의 자기중심적 책략에 의해 특징화되는 한 마디로 불의한 국가였다. 그 국가의 결국은 크네우스 폼페이와 "저 여우" 헤롯 군대의 말발굽 아래 무참하게 짓밟히는 신세였다. 더더욱 하늘이 열리고, 인자가 영광 중에 임하는 일은 일어나지 않았다. 그 소망은 다른 성취가 있을

41) 메시야 대망이 마카베오 형제들(하스모네 가문)에게 집중되었다는 것은 레위 가문 메시야에 대한 소망(12족장들의 언약 속에서)의 출현으로 주장될 수 있다. 이 당시의 문헌 속에는 다윗적 메시야에 대한 언급이 별로 없다. 하스모네가는 레위지파에 속하였다.

때까지 유예되어야 했다.

　참으로 하나님 나라는 곧 도래할 것처럼 보이지 않았다. 얼마나 자주 인간들은 모든 전쟁을 마감시키고, 새로운 평화와 정의와 사랑의 세계가 임하리라고 ― 가장 심한 환멸로 끝나기는 해도 ―　생각하는가! 역사와 우리의 최심층의 감정은 똑같이 우리는 자유를 위해, 양심을 위해 그리고 우리가 소중하게 간직하고 있는 모든 것을 위해 기꺼이 싸워야 하고, 죽어야 한다고 우리에게 가르친다. 오직 그렇게 했을 때에만 이런 일들이 유지될 수 있다. 그러나 우리는 또한 하나님 나라는 확실히 다른 문제라는 경고를 받는다. 그것은 싸워서 얻어질 수 있는 것이 아니다. 그것은 평화회의 탁상에서 만들어질 수도 없다. 하나님 나라는 완전히 다른 방식으로 온다. 따라서 여기서 우리는 바로 그 점에 대해 관심을 돌려야 한다.

제7장

하나님 나라가 가까왔느니라: 메시야 예수

지금까지 우리는 구약성경 전체를 하나님의 백성이라는 단일한 주제를 통해 살펴보았다. 우리는 그 주제를 모세시대 신앙 속에 있는 그 뿌리에서부터 추적하였다. 우리는 그것이 어떻게 역사의 재난들과 선지자의 말씀에 의해 형상화되었는가를 고찰하였다. 우리는 그것이 유대교의 신앙과 실천들로 승화되어가는 과정을 확인하였다. 또 우리는 하나님의 목적 및 그의 나라의 확립의 완성에 대한 소망이 그것과 항상 병존하였다는 사실도 살펴보았다. 비록 극히 다양한 형식들을 취하고 있기는 해도, 그것은 언제나 하나의 소망이었다. 그리고 여러 번에 걸쳐 무참하게 짓밟힌 적이 있음에도 불구하고, 그것은 결코 포기되지 않았다. 그것은 이스라엘 신앙의 진정한 본질 — 참으로 그 신앙의 핵심 — 이었기 때문에 결코 포기되지 않았다. 따라서 그것을 포기했다는 것은 신앙 자체를 포기했다는 것을 의미하였다. 이스라엘이 하나님의 백성으로서 소명의식을 보유하고 있는 한, 또는 역사의 주님이신 그 하나님의 성실하심과 권세를 믿는 신앙을 간직하고 있는 한, 그들에게는 두고 두고 그의 도래할 나라에 대한 생생한 기대가 살아있을 것이다.

우리는 여기서 구약성경에서 신약성경으로 관심의 초점을 바꾸게 된다.

우리는 지금 "때가 차매" 그리스도라고 불리는 나사렛 예수 앞에 서있다. 그렇게 함으로써, 우리의 하나님 나라의 성경적 개념에 관한 논의가 그 절정의 국면에 돌입하게 될 것이 분명하다. 왜냐하면 이 예수는 그토록 오랫동안 기다려왔던 바로 그 메시야이고, 그분 안에서 이스라엘의 모든 소망은 그 성취를 발견하고, 현재적 사실이 될 것이라는 결론이 신약성경의 예외없는 증언이기 때문이다. 그러므로 이것이 어떤 의미에서 그러한지를 탐구하는 것이 우리의 과제가 된다.

I

이 과제로 인해 우리는 신약성경 자체가 가지는 방대한 주제에 직면하지 않을 수 없다. 그러나 우리는 무엇보다도 먼저 우리의 탐구영역을 어느 정도 제한하는 것이 필요하다. 비록 우리가 사건들의 맥락을 따라 성경의 메시지를 파악하는데 크게 관심을 두고 있다고 해도, 우리는 신약성경 당시의 정치사를 검토하려고 시도할 수는 없다. 예수님이 태어나기 반세기 전에(주전 63년), 폼페이가 팔레스타인을 로마에 병합시켰고, 그 결과 유다의 독립은 막을 내렸다고 말하는 정도로 충분하다. 그 이후로 그 땅은 부분적으로는 가이사(시저)에게 종속된 헤롯 왕가의 지배를 받았고, 또 부분적으로는 로마의 총독에 의해 직접 다스림을 받았다. 동시에 사실상 신약성경이 언급하고 있는 모든 다른 땅은 다른 방법으로 로마에 예속되어 있었고, 따라서 그에 관한 기사들은 전적으로 로마제국의 체제 안에서 펼쳐진다. 그러나 여기서 우리는 그 세부사실들에 대한 언급은 간과해야 한다. 그리고 가이사의 영향력이 신약성경 각 내용 속에 두루 미치고 있다고 할지라도, 신약성경은 일반적으로 구약의 선지자들이 말하는 것보다는 정치적 변화에 대해서는 훨씬 관심을 덜 가지고 있다는 사실이 언급되어야 한다. 신약성경의 정신에 따르면, 종말론적 사건이 정치적 사건보다 훨씬 더 실제적인 문제였다.

나아가 우리는 예수님의 생애와 사역을 세부적으로 재구성할 엄두를 낼 수 없다는 것이 확연하다. 이것은 복음서 기사들에 관한 상세한 분석과 우리의 주제의 범위를 훨씬 벗어나 있는 수많은 비판적 문제들에 관한 논의를 포괄하고 있다. 그럼에도 불구하고 우리는 우리의 눈이 나아가는 대로 바라보기 전에, 역사적 예수의 모습을 변함없이 주목할 것이다. 왜냐하면 그분 없이는 우리가 말하는 모든 것에 의미나 실존성이 주어지지 않기 때문이다. 그리고 비록 여기가 연루된 심원한 문제들을 상세하게 논할 지점은 아니라고 해도, 특별히 우리는 신약성경의 내용 속에서 파악하는 예수가 실제적으로 삶을 살았던 예수와 얼마나 충실하게 일치하는지의 문제는 깨닫고 있어야 한다. 비록 이것이 일반 성경독자의 정신에는 아주 생소하고, 심지어는 보수적 정신을 지닌 그리스도인이 반발하는 그런 문제라고 해도, 우리는 그럼에도 불구하고 그것이 존재함을 자각하고, 그것과 관련해 어떤 입장을 취하도록 예비되어야 한다. 주님에 대한 우리의 전반적 이해는 주어진 그 답변에 의존할 것이다.[1]

우리의 관심은 주로 다음과 같은 근본적인 문제에 집중된다: 이 그리스도는 누구이며, 그는 무엇을 하기 위해 오셨는가? 이제 만일 어떤 사람이 임의로 오늘날 그리스도인에게 그 질문을 한다면, 그는 아마 사람들이 질문받은 횟수만큼 다양한 답변들을 얻게 될 것이다. 모든 사람이 어떤 면에서는 그리스도를 구주와 주님으로 높이고 있지만, 각자 그들은 자신의 개인적 체험에 의해 형성된 결과에 따라 그를 믿는 신앙을 표현할 것이다. 그리스도의 의미는 어떤 하나의 공식으로 환원될 수 없다. 그것은 지극히 다양하다. 그러므로 우리는 신약성경에 시선을 돌릴 때, 비슷한 양상의 표현들을 다수 발견한다고 해서 놀라서는 안된다. 특별한 상황 속에서 저술한 신약성경의 각

1) 따라오는 결과에 따라 분명해지겠지만, 여기서 취해지는 입장은 교회의 복음의 그리스도는, 그 모든 본질에 있어서, 역사의 예수와 일치한다는 것이다. 만일 이것이 안전하게 취할 수 있는 보수적 입장으로 보인다면, 그것은 제멋대로 취해지는 입장이 아니라 현대 신학에 있어서 최고의 경향으로 생각되는 입장에 부합하는 것이라고 오직 말해질 수 있다(이에 대한 탁월한 입문서로는 A. M. Hunter, *Interpreting the New Testament*: 1900-1950 [London: S. C. M. Press, 1951]이 있다). 양식비평이 처음부터 예수는 신앙의 대상이었다는 사실을 우리에게 가르쳐준 것은 사실이다. 그리고 교회의 신앙에 의해 형성된 복음전승은 교회는 예수를 믿었다는 사실을 우리에게 제시한다. 그러나 그것이 표현된 형식이 아무리 다양하더라도, 실제 존재했던 예수가 자기에 관한 신앙을 창출했다고 믿는 것보다는 그 신앙이 예수를 그 나름의 형상으로 창출했다고 믿는 것이 훨씬 더 어렵다. 복음서 자료들은 본질적 요점들에 있어서 한결같이 일치한다. 그리고 사건들과 최초의 복음서 작품들 사이의 시간적 간격이 별로 없기 때문에 이같은 주요 왜곡은 믿을 수 없는 것이다.

저자들은 자기 자신에게만 고유한 특성들과 경험들을 지니고 있고, 자기 나름의 방식에 따라 그리스도를 믿는 신앙을 표현하였다. 신약성경의 독자는 신속하게 이것을 간파한다. 독자가 아주 단순한 필치의 공관복음서로부터 바울의 그 특이한 문체와 복합적인 추론을 간파하고, 나아가 요한문헌의 그 독특한 사상세계를 파악했을 때, 그는 거기에 어떤 차이가 있다고 굳이 말할 필요는 없을 것이다. 신약성경은 그리스도를 중심으로 한다. 그러나 그것은 다양한 방식으로 그 그리스도를 믿는 신앙을 표현한다.

그러면 신약성경은 "그리스도는 누구이며, 그는 무엇을 하기 위해 오셨는가"라는 질문에 어떻게 답변하는가? 그것은 우리가 다양한 답변들을 만족시켜야 할 만큼 단일한 답변은 전혀 제공하지 않는가? 절대로 그렇지 않다! 우리가 하나로 획일화시키기에는 어려운 명백한 차이점들이 신약성경 안에 존재하기는 하지만, 우리는 그 안에는 근본적인 통일성이 존재한다고 확신을 가지고 말할 수 있다. 그리고 이 통일성은 엄밀히 말해 그 복음 속에 놓여있다.

이 복음 즉 초대교회의 이 선포(케리그마)는 신약성경의 가장 중요한 요소로 말해질 수 있다.[2] 우리는 그것을 특별히 사도 바울이 초대 그리스도인들의 신앙고백을 반영하고 있는 바울서신의 일부 구절들에서 볼 수 있고(예. 롬 1:1-3; 10:9; 고전 11:23-25; 15:3-7; 빌 2:6-11), 또한 사도행전에 수록되어 있는 어떤 설교에서도 볼 수 있다(예. 10:36-43; 3:12-16). 그것은 아주 단순한 복음이자 아주 명쾌한 복음이다. 그것은 선지자들에 의해 선포된 하나님의 새 시대가 시작되었음을, 그리고 그토록 오랫동안 대망했던 메시야가 오셨는데, 그는 다름아닌, 성경대로 강한 권능으로 사시고, 죽으시고, 다시 사신 이 예수라는 것을, 그리고 이 예수는 이제 하늘로 높이 올리우셔서, 하나님 보좌 우편에 앉아 계시다가, 곧 "산 자와 죽은 자를 심판하시기 위해" 다시 오시리라는 것을 선언하였다. 이제 사람들은 죄를 사함받기 위해서는 회개하고 세례를 받음으로써 이 새 시대를 위해 결단해야 한다!

---

2) 이 안목에 대한 감사는 특별히 C. H. Dodd, *The Apostolic Preaching and Its Developments* (London: Hodder & Stoughton, 1936, 1944)에게 돌린다. Hunter, op. cit., pp. 34-36에 편리하게 요약되어 있다.

이 초기의 선포는 진정한 의미에서 신약신학을 하나로 묶는 통합적 요소이다.[3] 그것에 대한 흔적들은 신약성경 전반에서 두루 발견될 뿐 아니라 최초의 복음서인 마가복음에서도 발견되는데, 여기서는 그 동일한 주제를 의식적으로 전개하고 있다고 말할 수 있을 것이다. 그것은 마가가 예수의 사명을 소개하고 있는 말씀 속에 요약되어 있는 주제이다(1:14-15): "때가 찼고 하나님 나라가 가까웠으니 회개하고 복음을 믿으라." 따라서 이것은 신약성경이 이구동성으로 선포하고 있는 기쁜 소식이다. 즉 그것은 예수는 사람들 사이에 하나님 나라를 세우기 위해 오신 분으로서, 참으로 이스라엘의 모든 소망의 성취인, 약속된 메시야라는 것이다.[4] 신약성경의 메시지가 다채롭게 구성되어 있고, 특히 이스라엘의 소망을 전혀 모르는 이방인들에게 그것이 채택되었을 때에도, 교회의 복음의 그 진정한 중심 속에는 그 주장이 농축되어 있었던 것이다.

1. 그 주장은 우리에게 특별한 관심의 대상이다. 그 이유는 그 안에서 모든 성경의 통일성이 명백하게 보장되고, 또 그 안에서 신약성경이 구약성경과 끊을 수 없는 연계성을 가지게 되며, 모든 성경신학이 종합되기 때문이다. 예수는 메시야라는 주장 속에서 신약성경은 구약성경 신앙이 고대하고, 주목하던 모든 것이 그분 안에서 주어졌음을 확증하였다. 즉 그는 율법공동

---

3) Dodd, op. cit. 신약성경 메시지에 본질적인 통일성이 있다는 사실은 점차 인정받고 있다. 이 사실을 입증하는 최근의 책들 가운데 다음과 같은 책들을 열거할 수 있다: V. Taylor, *The Atonement in New Testament Teaching* (2nd ed.; London; Epworth Press, 1945); F. V. Filson, *One Lord, One Faith* (Philadelphia: Westminster Press, 1943); A. M. Hunter, *The Unity of the New Testament* (London: S. C. M. Press, 1944).

4) 하나님 나라에 관한 신약성경의 개념에 대해 더 깊이 논의하기 위해서는 "Basileus, etc." in *Theologisches Wörterbuch zum Neuen Testament*, G. Kittel, ed. (Stuttgart: W. Kohlhammer, 1933), I, 562-95을 보라. 다른 유용한 작품으로는 다음과 같은 것들이 있다: R. N. Flew, *Jesus and His Church* (2nd ed.; London: Epworth Press, 1943); R. Otto, *The Kingdom of God and the Son of Man* (translated from the revised German edition by F. V. Filson and Bertram Lee-Woolf (London: Lutterworth Press, 1943)); E. F. Scott, *The Kingdom of God in the New Testament* (New York: The Macmillan Co., 1931).

체가 의도했던 모든 것과 선지자의 소망이 품었던 모든 것의 성취이다.[5]

지금 구약성경은, 우리가 지금까지 그것을 해온 대로 조명한다면, 아주 참된 의미에서 볼 때, 미완성의 책이다. 그것은 그 모든 부분에 있어서 그의 백성을 다스리는 하나님의 통치에 대한 자각으로 가득차 있다. 그것은 아주 다양한 형식으로 표현된, 도래할 하나님 나라의 확립에 대한 소망과 기대로 유지되고 있다. 그리스도의 시대가 임할 즈음에 이 소망은 몇 가지 주요 양식으로 결정화되었다고 우리는 말할 수 있을 것이다. 이 양식들은 상호간 전혀 배타적이거나 모순적이지 않고, 동일한 기대와 신앙을 표현하고 있다고 이해되어야 한다. 정치적 회복에 대한 소망 곧 메시야에 의해 주도되는 군사적 활동에 따른 로마제국으로부터의 독립에 대한 소망이 있었다. 우리는 이 소망을 특별히 유대교 내의 민족주의자 당파인 열심당들로서 알려진 무리들에게 연결시킨다.

또한 특별히 바리새인들 사이에 만연된 거룩한 국가공동체에 대한 이상이 있었다. 이들 역시 메시야의 통치 아래 하나님의 백성들의 광명을 고대하였다. 그러나 그들은 이것을 인간의 행위가 아니라 하나님의 행위에 의해 이루어질 것으로 기대하였고, 그리하여 결과적으로 로마제국에 대항하는 투쟁 속에서 메시야를 자처하는 인물들을 쉽게 따르지 않았다. 그들은 엄격한 율법의 준수를 통해 하나님의 거룩한 백성이 되는 이상을 구현하는 것을 그들의 의무로 생각하였고, 그래서 만일 그렇게만 된다면, 하나님이 그의 메시야를 보내서, 그들을 높이실 것이라고 확신하였다. 마지막으로 묵시적 소망(다니엘서와 에녹1서에 가장 잘 표현된 것과 같은)이 있었다. 그것은 하나님의 대파국적 개입과 영원한 나라를 세우시기 위해 구름을 타고 영광 중에서 임하시는 인자에 대한 소망이었다(참조. 단 7:13-14).

물론 이러한 기대들 중에 어느 것도 실현된 것은 없었고, 그들 각자의 입장에서 보면, 참으로 그것들이 그렇게 될 수도 없었다. 정치적 회복에 대한 소망은 가장 커다란 몽상이었고, 또 몽상으로 남아있어야 한다. 이스라엘

---

5) 사도행전 13:16-41에 있는 바울의 설교가 복음 메시지를 그 약속들 특별히 다윗에 관한 약속들에게 어떻게 연결시키는지를 주목하라. Cf. G. E. Wright, *God Who Acts: Biblical Theology as Recital* (London: S. C. M. Press, 1952), p. 70.

은 모든 제국 중에서도 가장 강력한 로마제국의 권력의 수중에 있었다. 그들
이 소망한 나라는 임하지 않았다 ─ 가이사는 그것을 절대로 허용하지 않았
다! 그러나 그에 대한 소망은 치유가 불가능한 고질병이었다. 그것은 신체부
위에 빈발하는 뾰루지처럼, 거짓 메시야를 양산하였다. 열심당과 암살단이
그 나라를 위해 거듭 반란을 일으켰지만, 그것은 다만 그들이 처음에는 디도
의 손에 의해 예루살렘과 성전이 멸망하고, 나중에는 하드리안 군대가 오기
전에 국민적 자살사건이 있을 때까지(주후 132-35), 더욱 가혹해진 로마제
국의 보복을 초래할 뿐이었다. 로마를 패배시킬 메시야적 왕은 전혀 없었던
것이다.

　　물론 묵시주의자들이 소망했던 현실은 전혀 임하지 않았다. 하늘은 옛적
부터 항상 계신 이의 나라를 맞이하기 위해 구름을 타고 임하시는 인자를 보
여주기 위해 열려있지 않았다. 더욱이 앞으로도 그렇지 않을 것이다. 그러나
우리는 복음서의 기록의 배후에서 그것에 대해 광분하는 병적인 태도 곧 도
래할 종말의 표징들을 열렬하게 고대하면서, 현재의 상황 속에서 거대한 종
말의 드라마가 시작되려고 한다는 것을 보여주는 어떤 전조나 징조를 자세히
탐구하는 사람들을 발견한다(예. 마 12:38-42; 16:1-4; 24:3; 막 8:11-12;
13:4). 탐욕스럽게도 그들은 사소한 징조라도 보이면 무조건 달려들어서,
"보라 여기서 너희는 그것을 볼 수 있으리라! 보라 그것이 멀지 않다는 것을
보여주는 증거가 저기 있다!"고 외쳐댄다(눅 17:21). 그러나 그들은 항상 잘
못을 범하였다 ─ 그것은 그들이 바랐던 것이 잘못되었기 때문이다.

　　그 고상한 정신과 부지런한 실천에도 불구하고, 거룩한 국가공동체의 이
상에 관해 말하면, 그것은 하나님 나라를 촉진시키지도 않았고, 심지어는 진
정한 거룩한 백성들을 낳지도 못하였다. 기독교적 관점에 따르면, 적어도 그
것은 단순히 그렇게 될 수는 없었다. 그러나 그것은 그 노력을 포기하지 않
았고, 오히려 그 노력을 강화시켰다. 그리고 유대국가의 잔류자 중에 규범적
인 유대교를 창출하는데 성공한 사람은 바로 이 율법의 랍비들이었음이 인정
되어야 한다. 그들이 창출한 것은 영속적이고 결코 가볍게 평가될 수 없는
가치를 지닌 구조로서, 그들이 그것을 수립했다는 것은 결코 작은 성취가 아
니었지만, 그들이 추구한 하나님 나라는 전적으로 다른 문제였다.

　　구약성경의 신앙은 엄청난 생명력을 가진 강력한 기대를 낳았다. 그러나

그 소망은 결실을 맺지 못하였다. 그것은 항상 그 자체를 뛰어넘어 승리하시는 하나님의 통치를 미리 지적해야 한다. 그러나 그 열매는 주어지지 않았고, 이스라엘은 그것을 얻는 방법을 알지도 못했다. 그러므로 구약성경은 말하자면 미완성의 책이다. 그것은 그 저자가 아직 그 결말을 기록하지 못한 책이다. 그것은 그 목적지 ─ 그리고 그 목적지는 확실히 하나의 도성 곧 하나님의 성(히 11:10, 16)이다 ─ 가 많은 굴곡으로 보이지 않는 길을 가리키고 있는 표지판이다. 그것은 참으로 고귀한 건물이다 ─ 그러나 그것은 지붕이 없는 건물이다!

2. 그 자체의 주장에 따르면, 신약성경이 그 지붕을 제공한다: 그리스도 안에서 이스라엘의 소망의 성취를 선언하는데 있어서 신약성경은 구약성경의 완결편으로 서있다. 그러나 그렇게 말하는 것은 동시에 신약성경은 구약성경을 제쳐두고 그 자체만으로는 이해될 수 없다는 것을 말하는 것이다 ─ 이것이 망각되어서는 안된다. 만일 구약성경이 지붕이 없는 하나의 건물이라면, 신약성경 단독으로는 건물이 없는 지붕과 같다고 바로 말할 수 있다 ─ 하지만 그것은 이해하고, 지지하기가 아주 어려운 구조이리라! 그것은 온갖 종류의 용도들에 이용될 수 있고, 온갖 종류의 사물들을 덮어줄 수 있는 구조이지만, 아주 쉽게 무너질 수 있는 구조이기도 하다. 확실히 이것은 신약성경은 단순히 구약성경의 부속물이라고 말하는 것을 의미하지도 않고, 또는 그리스도 자신은 견고한 건물의 모퉁이돌임을(고전 3:11; 벧전 2:4-7) 부정하는 것을 의미하는 것도 아니다.

그러나 그것은 단지 이스라엘의 신앙과 상관없이 신약성경을 따로 정립하거나 순수 신약성경의 종교를 구축하는 것은 완전히 불가능하다는 점을 주장할 따름이다.[6] 신약성경은 구약성경에 의존하고, 거기에 뿌리를 두고 있다. 이 사실을 무시하는 것은 방법론상 심각한 오류이고, 성경의 메시지에 대한 심각한 오해를 불러일으키는 잘못이다. 그 잘못을 범하는 사람은 신약성경 복음 자체의 핵심주장, 즉 그리스도는 구약성경이 소망하는 것을 파괴시키고, 그것을 새롭고, 더 나은 신앙으로 대체시킨 것이 아니라 바로 그것

---

6) Wright, op. cit., pp. 111-12의 탁월한 언급을 보라. 이것은 내가 참으로 동의하고 있는 내용이다.

을 실현시키기 위해 오신 분이라는 사실을 무시하는 것이다.

확실히 이와 같이 말하는 것은 얼핏 보면 아주 놀라운 일처럼 보일 수 있다. 왜냐하면 신약성경과 구약성경은 서로 구별되는 것을 많이 지니고 있고, 독자는 그것을 쉽게 감지할 수 있기 때문이다. 그것들 사이에는 상당한 시간적 간격이 존재한다. 그것들이 완전히 상이한 언어로 기록된 것도 사실이다(신학생들은 그것을 얼마나 잘 알고 있는가!). 또한 구약성경은 거의 전적으로 이스라엘 백성들의 부침에 관심을 두고 있지만, 신약성경은 그 제한적 지평을 신속하게 뛰어넘어, 아주 광대한 배경 속에서 바라보고 있다. 한걸음 더 나아가 신약성경은 그리스도를 가지고 있다 — 그리고 이 사실은 신약성경을 구약성경과 아주 날카롭게 구별시키기 때문에 우리가 구약성경을 더 이상 필요로 하지 않는다고 쉽게 생각할 수도 있다. 우리는 그리스도를 유대교와는 상응할 수 없는 존재로 보고, 낡은 부대에 부어진 새 포도주처럼(막 2:22), 유대교의 구조를 무시해 버린다. 우리는 그리스도를 유대교에 의해 거부당한 존재로 보고, 그리하여 새로운 교회를 출범시킨 것으로 본다.

분명히 신약성경 안에는 "새 일"이 있다. 그리고 우리는 거기서 발견되어지는 어떤 새로운 윤리, 어떤 새로운 신학이나 종교 속에서 그것을 기대하도록 유혹을 받는다. 사실상 이것은 정확하게 말해 소위 "자유주의" 기독교가 범했던 많은 잘못이었다. 이러한 관점을 공유하는 사람들은 성경을 인간의 윤리적 및 영적 과정(또는 유신론적으로 말하면, 계시의 과정)에 대한 기록 즉 그리스도와 그의 가르침 속에서 발견되어져야 하는 것의 정수로서 조명하는데 익숙해져 있었다. 신약성경의 특징적인 메시지는 이전에 정립되었던 것보다 더 고상한 어떤 윤리 체계 속에서 또는 고도의 어떤 신(神) 관념 속에서 추구되었다. 그리스도는 위대한 윤리교사가 되었다.

구약성경에 관해 말하면, 비록 그것이 어느 정도 역사적 관심을 견지하고, 도덕적 가치를 포함하고 있다는 사실이 허용될 수 있다고 할지라도, 그것은 오직 인간의 수고스러운 영달의 차원낮은 단계들과 주로 폐지된 종교의 단계를 반영하였다. 많은 그리스도인의 마음 속에서 보면, 이것은 단순히 구약성경은 무용지물이라는 것을 의미하였다. 그러나 이같이 두 성경을 분리시킴으로써 소실되는 희생이 너무 크다는 것을 확증하기 위하여 우리는 성경적 신앙에 있어서 과정의 요소를 무시해서는 안된다. 다른 무엇보다도 그것은

신약성경의 "새로움"을 잘못된 곳에서 찾도록 함으로써, 그 근본의미를 왜곡
시킬 위험을 가중시켰다.

따라서 어떤 분명한 사실이 있다면, 그것은 그리스도는 절대로 새로운
윤리를 주기 위해 오신 것이 아니라는 사실이다. 그의 윤리보다 더 고상한
윤리는 결코 없었다. 그러나 그것은 본질상 유대교의 윤리였다.[7] 우리가 예
수님의 가르침 속에서 발견하는 고상한 윤리적 교훈들에 대한 중심사상을 랍
비들 중에서는 어디에서도 발견하지 못한다는 것은 사실이다. 여기서 예수님
의 도덕적 요청은 유대교가 그렇게 강조했던 수많은 제사의식 규정들을 확실
히 배제하고 진술된다. 참으로 예수는 이러한 하찮은 의식적 규정들을 무시
하였다. 그러나 더욱 중요한 것은 그가 유대의 교사들 사이에서는 우리가 거
의 아니 전혀 발견하지 못하는 근본적 순종에 대한 요청과 함께 자신의 윤리
적 규정들을 선포했다는 것이다.

그럼에도 불구하고, 세부적으로 비교해 보면, 예수님의 윤리적 가르침들
은 유대교 및 고대 이스라엘의 신앙과 평행선상에 있음을 발견하게 된다. 예
수님은 우리에게 "네 이웃을 네 몸과 같이 사랑하라"(막 12:31)고 말씀하셨
는데, 이것은 레위기 율법에도 있는 말씀이다(레 19:18). 또 예수님은 "원수
까지도 사랑하라"(마 5:44; 눅 6:27; 참조. 롬 12:20)고 명하셨는데, 그것
은 고대 유대의 지혜문학에도 있었다(잠 25:21).[8] 예수님이 "서기관들과 바
리새인들 곧 위선자들"의 외식적 의에 대해 퍼부었던 그 신랄한 공격(예. 마
23장)은 현재의 의는 하나님 나라의 고상한 의에 의해 심판받을 것이라고 외

7) 우리는 이 말이 예수의 윤리적 가르침과 랍비들의 윤리적 가르침 사이에 취할
만한 것이 아무 것도 없다는 사실을 의미하지 않음을 강조해야 한다. 이 점에
관해서는, J.W. Bowman, *The Intention of Jesus* (Philadelphia: The
Westminster Press, 1943), pp. 100ff. 그러나 예수의 윤리는 본질상 새
로운 윤리가 아니고, 기존 윤리를 재정립한 것이었다. 그의 가르침은 세부적으
로는 랍비들의 가르침과 평행될 수 있다. 이를 분명히 다루고 있는 자료로는
다음과 같은 것들이 있다: Strack-Billerbeck (*Kommentar zum Neuen
Testament aus Talmud und Midrash*, 4vols. 〔Munich: C.H. Beck,
1922-28〕), G.F. Moore(*Judaism in the First Centuries of the
Christian Era*, 3vols. 〔Cambridge: Harvard University Press,
1927-30〕), 기타
8) 심지어는 주전 7세기경 앗수르에도 이와 평행되는 윤리가 있었다. Cf.
Albright, *From the Stone Age to Christianity*, p. 303, note 77.

친 고대의 선지자 — 아모스와 미가가 다시 살아나서 — 의 공격이기도 하였
다. 참으로 그리스도는 기존도덕에 대해 근본적인 재방향을 제시하였다. 그
러나 그가 단순히 유대교를 더 고상한 윤리로 가르치기 위해 오신 것이 절대
로 아니라는 사실과, 신약성경의 메시지를 그 빛에 따라 이해하는 것은 근본
적으로 그것을 오해하는 것이라는 사실은 거듭 강조되어야 한다.

그리스도의 사명은 그의 백성들에게 하나님에 관한 어떤 새롭고, 고상한
이념을 가르치는데 있는 것도 아니었다. 적어도 그리스도도 그의 교회도 그
문제를 결코 그렇게 이해하지 않았다. 우리는 그리스도 안에서의 하나님의
성격과 목적이 구약성경 어디에서도, 그밖에도 계시되지 않았다는 사실을 단
한 마디로 부정해버릴 의도는 없다. 그리스도인으로서 우리는 예수 그리스도
의 모습 속에서 하나님을 보지 못했다면, 하나님을 알지 못할 것이라고 말해
야 한다. 그러나 예수는 유대인들에게 좀더 고상한 하나님에 관한 관념은 지
금 입수할 수 있다고 선언하지 않고, 그들의 하나님이 행하신다고 선언하셨
다.

신약성경 계시의 탁월성을 축소시키지 않고서는, 우리는 두 성경을 신학
적으로 따로 분리시킬 — 종종 강단에서 그러는 것처럼 — 수 없다. 우리는
구약성경은 공의와 진노의 하나님을 계시하고, 반면에 신약성경은, 그리스도
안에서, 사랑의 아버지 하나님을 보여준다고 말할 수 없다. 이런 대조를 이
끌어내는 것은 구약성경의 하나님을 오해하는 것이다. 나아가 하나님에 대한
이 두 가지 국면은 구약성경에서 그러는 것만큼이나 확실히 신약성경에서도
균형을 이루고 있다(심지어는 예수님의 가르침 속에서도! 예를 들면, 마
8:12; 13:36-43; 22:13; 24:51).

확실히 신약성경은 거듭해서 옛 언약을 새 언약과 대조시키고(예. 갈 3-
4장; 히 7-9장), 새 언약이 "더 나은" 것이라고 선언한다(히 7:22; 8:6). 그
러나 우리는 마치 하나님은 본질적으로 다른 두 가지 방식으로 그의 백성들
을 다루시는 처분법을 갖고 계신 것처럼, 그리스도가 행위언약을 은혜언약으
로 대치시키기 위해 오셨다고 말함으로써, 두 성경의 관계를 파괴시켜서는
안된다. 두 언약 사이의 이같은 대조에 대한 강력한 논증에도 불구하고, 예
를 들어 신명기를 읽어보면, 우리는 옛 언약 자체는 엄밀히 하나님의 무조건
적인 은혜에 대한 감사의 반응으로 간주되었다는 것을 충분히 확신할 수 있

다.[9] 더 나아가 모든 선지자의 공격은 근본적으로 바울의 공격과 마찬가지로 외적 및 의식적 "행위"에 대한 안타까움에서 비롯되었다. 성경적 신앙의 발전이 있었다는 것은 아무도 부인하지 못할 것이다. 그리스도가 계시의 면류관이라는 것을 부인할 그리스도인은 없을 것이다.

그러나 우리는 신학을 대조시킴으로써, 두 성경 사이의 관계를 말할 수는 없고, 또는 하나님에 관한 이해에 있어서 오직 신약성경만을 최후의 및 최고의 단계로 간주할 수는 없다. 참으로 그리스도는 하나님의 결정적인 구원행위를 선언하고, 그것을 수행하기 위해 오셨다. 그러나 그분은 유대교에 생소한, 미지의 하나님을 알리기 위해 오신 것이 아니었다.

따라서 신약성경은 구약성경과는 상관없이 따로 연구할 수 있는 새로운 종교를 우리에게 제시하지 않는다. 우리는 여기서 조심스럽게 표현해야 한다. 왜냐하면 기독교 교회는 유대교 분파가 아니고, 또 설령 그렇다고 할지라도, 그 기간은 길지 않았기 때문이다. 반대로 그것은 유대교와는 현격하게 차이가 있는 분리된 실재로 등장하였고, 세월이 흐르면서 그것은 그 고유의 교리들, 성례들, 전통들, 그리고 의식들을 발전시켰다. 유대교와 기독교는 비록 밀접하게 관련되어 있기는 해도, 초기부터 두 개의 뚜렷이 구별된 종교였다. 그러나 우리는 예수님과 초기의 그의 제자들이 모두 유대인이었음을 망각해서는 안된다. 그리고 예수님은 새로운 종교를 창건하기를 원하지 않았다는 사실은 분명하다. 그의 사명은 엄밀히 말해 "이스라엘 집의 잃어버린 양들"에게 있었다(마 10:6; 15:24). 그는 이스라엘의 신앙을 파괴하고, 그것을 다른 것으로 대체시키기 위해 오신 것이 아니고, 오히려 그것을 완성시키기 위해 오셨다(마 5:17).[10]

그의 제자들 역시 새로운 종교를 창건하려고 하지 않았다. 오히려 그들은 어쩔 수 없을 때에만 참으로 마지 못해 유대교와 단절하였다. 진실로 참된 유대교를 견지하고, 이스라엘의 소망의 진정한 성취를 이룩한 자들은 바로 그들이라는 것이 신약성경 저자들의 주장이다. 교회가 그 메시지를 이방 세계에 적용시켜야 했을 때, 새로운 어법과 새로운 표현형식들이 발전된 사

---

9) Cf. 1장, p. 29.
10) Cf. F. V. Filson, *The New Testament Against Its Environment* (Chicago: Henry Regnery Co., 1950), pp. 15-16.

실에도 불구하고, 신약성경은 유기적으로 구약성경 신앙에 관련되어 있는, 근본적으로 유대적 성격을 간직한 책으로 남아있었다.[11] 사실상 신약신학은 신약성경만 가지고는 이해될 수 없고, 다만 이스라엘의 모든 소망의 빛에 따를 때에 바로 이해될 수 있다.

3. 두 성경은 서로 유기적으로 연계되어 있다. 그것들 사이의 관계는 상승적 발전의 관계도 아니고, 대립의 관계도 아니다. 그것은 시작과 완성의 관계이고, 소망과 성취의 관계이다.[12] 그리고 양자를 하나로 묶는 결속력은 하나님의 다스림이라는 역동적 개념에 있다. 참으로 신약성경에는 "새 일"이 있지만, 그것은 엄밀히 구약성경에도 있다. 구약성경은 도래할 하나님의 나라의 소망으로 빛나고 있고, 그 동일한 나라가 신약성경에서도 심장부에 자리잡고 있다. 그러나 신약성경은 참으로 의미심장한 시제의 변화를 드러내었다. 구약성경에 있어서 하나님 나라의 결실과 승리는 항상 미래의 일 곧 참으로 종말론적인 사실이었고, 그래서 항상 미래시제로 말해지지 않으면 안되었다: "보라, 그날이 다가오고 있다.", "그때에는 그것이 이루어지리라."

그러나 신약성경에 있어서 우리는 변화를 접한다: 그 시제는 철저하게 현재직설법이다 — 그 나라는 여기 있다! 그것은 참으로 "새 일"이다: 그것이 복음 — 하나님이 행하신 기쁜 소식! — 이다. 신약성경의 모든 저자들에게는 그 나라에 관한 현재사실이 얼마나 현실적이고, 얼마나 완전하게 중심적이었는지를 조금 더 진행하면 분명해지리라고 나는 확신한다. 마가가 예수님의 사역에 관한 기사를 시작하면서 언급하고 있는 예수님의 말씀에서보다 그것을 분명하게 드러내고 있는 곳은 없다. 아마 그 말씀이 다른 어느 곳보

---

11) 이 진술은 신약학의 최근 동향과 일치한다. 바울사상의 유대교적 배경에 관해서는 W. D. Davies, *Paul and Rabbinic Judaism* (London: S. P. C. K., 1948); C. A. A. Scott, *Christianity According to St. Paul* (Cambridge University Press, 1927)을 참조하라. 제4복음서 곧 요한복음에 관해 말하면, 비록 아람 기원설(C. F. Burney, C. C. Torrey)은 인정을 받지 못해도, 그 유대기원설 — 그리고 제1세기 연대설 — 은 광범하게 인정되고 있다. "신약성경에서 철저하게 헬라적 또는 헬레니즘적인 책은 없다.": Filson, op. cit., p.31. 그러나 유대교 자체는 헬레니즘에 의해 강하게 영향받았다는 사실이 망각되어서는 안된다.

12) W. Zimmerli의 탁월한 논문인 "Verheissung und Erfüllung" (Evangelische Theologie 1952, Heft 1/2, pp. 34-59)을 보라.

다도 그분의 가르침의 진정한 본질을 보다 명확하게 드러내고 있을 것이다: "때가 찼고 하나님 나라가 가까왔으니 회개하고 복음을 믿으라"(막 1: 15).[13] 모든 시대가 보기를 원했던 것이 바로 여기에 — 바로 이 예수 안에 (눅 10:23-24) 있다. 그분 안에서 옛 질서는 끝이 나고, 새 질서가 시작되었다.[14]

따라서 구약성경과 신약성경은 하나의 드라마의 두 막으로 함께 서있다. 제1막은 제2막에서 등장할 그 결론을 지시하고, 그것이 없으면 드라마는 불완전하고, 불만족스러운 것이 되고 만다. 그러나 제2막은 제1막에 비추어 읽혀져야 한다. 그렇지 않으면 그 의미는 상실될 것이다. 그 이유는 그 드라마는 유기적으로 하나이기 때문이다. 성경은 하나의 책이다. 우리가 그 책에 제목을 붙인다면, "도래할 하나님 나라에 관한 책"이라고 부르는 것이 정당할 것이다. 다시 말해 참으로 그 중심주제는 성경 모든 부분에서 발견된다. 그러나 신약성경에서는 다음과 같은 차이가 있다: 하나님 나라는 또한 그리스도의 나라가 되며, 그 나라는 실제로 가까이 임하였다는 것이다. 나사렛 회당에서(눅 4:16-21) 예수님은 이사야서로부터 고난의 종에 관한 구절 가운데 하나(사 61:1-2)[15]를 읽으신 다음에 "이 글이 오늘날 너희 귀에 응하였느니라"고 말씀하셨을 때, 그 드라마의 최후의 막이 언젠가 시작될 것이라든가 또는 그것이 이제 막 시작될 것이라고 선언하시지 않고, 그것이 이미 실

---

13) engidzō라는 동사는 하나님 나라가 다가왔고, 곧 임할 것이라는 것을 의미하는가, 아니면 이미 임했다는 것을 의미하는가? 나는 C. H. Dodd(*The Parables of the Kingdom* (London: Nisbet & Co., 1935), pp. 44-45) 및 다른 사람들과 함께 후자를 취할 것이다. cf. W. R. Hutton, (*Expository Times*, LXIV (1952), 89-91). 그러나 이것이 우리를 완전히 "실현된 종말론"으로 이끌고 가서는 안된다.

14) 이 구절(cf. 마 11:12-13)의 해석에 관해서는 주석들을 보되, 편의상 T. W. Manson in Major, Manson and Wright, *The Mission and Message of Jesus* (New York: E. P. Dutton & Co., 1938), pp. 425-27을 보라. 덧붙여 말한다면, 이 책은 4복음서를 연구하는데, 전문적이지는 않지만 철저하게 도움을 받고자 하는 사람들에게 추천할 만한 책이다.

15) 나는 이사야 61:1-3을 C. C. Torrey(*The Second Isaiah* (New York: Chas. Scribner's Sons, 1928) 및 다른 사람들과 함께 고난의 종의 구절로서 간주한다. Cf. 5장, p. 181과 각주 31. 어쨌든 예수님은 그것을 분명히 그렇게 이해하였다.

제로 시작되었다고 선언하셨다: 고난의 종은 여기 있고, 그의 사역을 시작하
였다. 신약성경은 예수를 그리스도 즉 그의 나라를 수립하시기 위해 오신 약
속된 메시야로서 ─ 우리가 믿고 있듯, 그가 자신을 본 것처럼 ─ 보았다.
신약성경은 그분을 율법과 예언의 완성으로 찬미하였다. 그것은 그 다양한
형식을 취하고 있던 이스라엘의 모든 소망이 그리스도와 그의 나라 안에서
그 실현을 발견하였다고 한 목소리로 증언하였다.

Ⅱ

그러나 만일 신약성경이 예수를 메시야로서 찬미한다면, 유대인들은 그
분을 그렇게 간주하지 않았다는 것이 분명하다. 참으로 그들은 그분을 노골
적으로 배척하였고, 죽이기까지 하였다. 그들이 왜 그분을 수용할 수 없었는
지를 확인하기란 그리 어려운 일이 아니다. 그분은 그들이 기대했던 메시야
가 전혀 아니었기 때문이다. 비록 스스로 그 직분을 주장하고, 다양한 메시
야적 칭호를 사용했다고 할지라도, 그분은 그 직분을 이해하고, 자신의 거부
를 확인하기 위해서 그 칭호들을 사용하였다. 분명히 그분은 새로운 부류의
메시야였다.

1. 확실히 그분은 로마제국에 대항하여 독립투쟁을 주도하거나 또는 어
떤 식으로든 자신을 유대인들의 지상적 왕국의 지배자로서 세우는 메시야를
기대한 사람들을 만족시킬 수는 없었다.

예수님의 메시야 의식의 본질은 여기서 우리가 다룰 수 없는 논란이 구

---

16) 예를 들면 최근에 나온 R. Bultmann, *Theologie des Neuen
Testaments* (Tübingen: J. C. B. Mohr, 1948) I, 25-33을 보라. 예수님
의 메시지에 대한 불트만의 주장은 항상 탁월하고, 때로는 감동도 주지만, 우
리는 여러 가지 면에서 그것을 근본적으로 거부한다. Cf. F. C. Grant, *The
Gospel of the Kingdom* (New York: The Macmillan Co., 1940).
그는 예수님이 자신에 관해 명확한 주장을 하지 않았다고 주장한다. 나는 여
기서 거론될 수 없는 이유들로 말미암아 예수님의 메시야 의식을 옹호하는
최근의 많은 학자들에게 동조하는 바이다: 예, Bowman, op. cit.,; Wm.
Manson, *Jesus the Messiah* (Philadelphia: The Westminster
Press, 1946); Filson, op. cit., ch. 1; Albright, op. cit., pp.
304ff.

구한 주제이다. 많은 학자들이 예수님이 자신을 메시야라고 주장했다는 것을 의심하고 있는 것은 사실이다.[16] 나는 그들에게 동조하기가 어렵다고 생각한다. 오히려 메시야 의식이 그의 사역의 진정한 핵심사실이었다. 비록 성경에 따르면 다윗 후손에 속하기는 했어도, 그분은 결코 그것을 선전하지 않았다는 것은 사실이다(비록 때로는 다른 사람들이 그렇게 하는 것을 허용하기는 했어도: 예. 막 10:47-48). 그분은 그의 재판에서 항상 그런 주장을 했었다는 사실을 단호하게 결론짓기 어려울 정도로 자신의 메시야권을 공개적으로 선언하는 것을 싫어했다는 것 또한 사실이다 — 참으로 그분은 그의 제자들이 그렇게 하는 것을 금지시켰다(막 8:29-30; 눅 9:20-21; 마 16:15-20). 그러나 그분이 자신을 메시야로서 생각했던 것은 확실해 보인다. 물론 교회도 그분을 그렇게 생각했다는 것은 의심할 여지가 없다.

처음부터 계속 교회는 한결같이 그분을 예수 그리스도("그리스도"는 헬라어로서 히브리어 "메시야" 즉 "기름부은 자"라는 말에 상응하는 말이다)로서 높였다. 이같은 교회의 확신은 교회 자신의 고안이 아니라 예수님 자신의 자의식과 주장에 기초한 것이 틀림없다고 우리는 믿고 있다. 빌라도가 단도직입적으로 "네가 유대인의 왕이냐?"고 물었을 때, 그의 유일한 답변은 "네 말이 옳도다"(막 15:2; 마 27:11; 눅 23:3; 요 18:33-37)라는 간결한 한 마디였다는 것 — 그런데, 비밀로 할지언정, 확실히 부정하지는 않은 — 이 복음서의 한결같은 증거라는 사실은 의미가 깊다. 동일한 질문에 대한 공회원들 앞에서의 그의 답변 역시 "내가 그니라"(막 14:62)는 단호한 한 마디였다.

이것은 예수님이 이스라엘의 남은 자를 평화 속에서 다스려야 할 다윗 계열의 왕에 대한 고대의 소망이 자신에게서 성취되었음을 깨달았다는 것을 의미하였다. 이 소망은 이사야에 의해 그 고전적 표현이 주어진 이후로(예. 9:2-7; 11:1-9), 오랫동안 신실한 이스라엘인들의 가슴 속에 사무쳐 있었음을 우리는 상기할 수 있다. 그러나 예수로서는 자신이 고대하던 다윗의 자손, 유대인의 왕이라는 사실을 어떤 식으로든 인정하는 것에는 어떤 위험성이 내포되어 있었다. 메시야 대망은 정치적 독립에 대한 소망으로 철저하게 굳어져 있었다. 그것은 자신이 오직 그 소망을 이룰 수 있는 약속된 메시야라고 주장하는 자칭 메시야들로 인해 아주 자주 비극적으로 우롱을 당하였다. 예수님에게는 자신을 그 소망과 연결시키는 것이 수많은 추종자들을 쉽게 얻을 수 있는 길이었다. 그러나 그들은 그분이 할 수 없었고, 또 의도하지 않았던 어떤 구원을 그분에게서 기대하였던 자들이다. 실제로 그분에게는 그런 추종자들이 있었다. ·우리는 그들이 그분을 왕으로 삼으려고 하였음을 본다(요 6:15). 심지어는 그의 제자들조차 십자가 수난과 부활의 교훈을 배운 다음에도 "주께서 이스라엘 나라를 회복하심이 이때니이까"(행 1:6)라고 질문하였다.

이런 소망을 간직하고 있던 사람들은 예수를 단순히 받아들일 수 없었다. 그분은 결코 군사적 활동을 통해 다윗 왕국을 재구축하거나 이스라엘의 12지파를 회복할 것이라는 말은 한 마디도 하지 않았다. 따라서 이런 일이 그의 의도와는 너무나 먼 세계의 일이었음은 분명하다. 자신을 정치적 지도자로 세우려는 모든 시도를 그분은 거부하였다. 빌라도에 대한 우리 주님의 말씀 "내 나라는 이 세상에 속한 것이 아니라"는 말씀을 기록하면서, 요한은 메시야 왕국에 대한 예수님의 관념이 대중의 관념과는 전혀 다르다는 심원한 진리를 표현하고 있다. 의심없이 그것은 엄격히 말해 예수님이 메시야 직분에 대한 자신의 이해가 대중의 기대와는 얼마나 다른지를 알고 있었기 때문이었다. 그리하여 그분은 자신이 오해받지 않도록 하기 위해서 자신을 메시야로서 선언하는데 아주 소극적이었던 것이다.

확실히 그는 대중적 메시야는 아니었다. 참으로 그것이 쳐놓은 올무로부터 "가이사의 것은 가이사에게"(막 12:17; 마 22:21)라는 말씀으로 교묘하게 벗어난 그의 태도가 많은 유대 애국자들에게는 문제에 대한 비겁한 회피로 보였을 것이 틀림없다. 여하튼 예수님이 지상적 왕국을 세울 의도가 전혀 없었던 것은 명백하다. 반대로 그분은 이 땅에 보물을 쌓아두는 것이 함정임을 거듭 경고하고, 하늘에 영적 보화를 쌓으라고 권고하였다(예. 마 6:19-34; 10:23-25; 눅 12:16-21).

게다가 그분은 자신을 유대인의 왕이라고 주장하는 것이 고난을 필수적으로 가져온다는 사실을 이해하였다. 우리가 잠시 살펴보겠지만, 이것은 완전히 신기하고, 기이한 조화였다. 고난을 받고 죽어야 하는 메시야 왕은 유대 민족주의가 기대하거나 원하는 메시야가 절대로 아니었다. 그러나 예수님이 자신의 왕권을 전투적 직분이 아니라 겸손과 평화의 직분으로 이해했던

것은 분명하다. 승리의 입성에 관한 기사(마 21:1-11)는 확실하게 예수님의
메시야 주장과 나귀를 타고 오는 비천한 왕의 모습(슥 9:9)을 동일시한다.
따라서 예수님이 자신의 행동이 그렇게 이해되기를 바라지 않았다는 것은 믿
기가 어렵다.[17] 어쨌든 그분은 자신을 십자가에 못박도록 내어주심으로써 자
신의 메시야적 권리를 은닉했으며, 십자가 위에는 "예수, 유대인의 왕"이라
는 조롱어린 명패가 붙어 있었다. 애국적인 유대인은 이 사람은 메시야가 전
혀 아니라는 사실과 이미 숱하게 일어났던 거짓 메시야들 가운데 한 사람이
라는 사실을 이보다 확실하게 부각시켜주는 증거가 없기를 바랐다.

2. 묵시적 소망을 키워온 사람들에게 시선을 돌리면, 우리는 예수는 그
들이 기대했던 것을 아무 것도 구비하고 있지 못한 메시야라고 말할 수밖에
없다. 이들은 하나님 나라가 하늘의 구름을 타고 돌연히 임하는 모습을 고대
하였다. 이 소망은 인자라는 인물과 밀접하게 연계되었다.

우리는 다니엘서(7:9-14)에서 처음 인자를 접했었던 것을 기억할 것이
다. 거기서 우리는 옛적부터 항상 계신 이(하나님)의 나라를 받기 위해 하늘
에서 오신 그를 본다. 다니엘서에 나타나는 인자가 한 개인인지, 승리적인
하나님 나라의 대표자나 지도자인지, 아니면 어느 정도 그 나라에 대한 연합
적 상징이나 의인화인지에 대해서는 상당한 논란이 야기되었다. 그러나 외경
인 에녹 1서에 보면, 분명히 그는 마지막 때에 하나님이 보내시는 구원자로
등장하는 분으로서 영원전부터 하늘에서 하나님과 함께 계시는 선재적 존재
로 생각된 것으로 보인다. 그리스도의 시대 이전에 유대신학에서 이 인물을

17) Cf. H. D. A. Major in Major, Manson and Wright, op. cit., pp.
138-40; A. H. McNeile, *The Gospel According to St. Matthew*
(London: The Macmillan Co., 1915) p. 297.
18) Cf. 6장, p. 229, 각주 40. 이런 동일화가 있다고 주장하는 학자들 중에 다
음과 같은 이들이 있다: Albright, op. cit., pp. 290ff; W. D. Davies,
Paul and Rabbinic Judaism (London: S. P. C. K., 1948), pp. 279-
80; Wm. Manson, op. cit., pp. 144-45; Bowman, op. cit., p.
125. H. H. Rowley는 누구보다도 가장 강력하게 반대의견을 피력하였다:
The Biblical Doctrine of Election (London: Lutterworth Press,
1950), pp. 156-57; "The Suuffering Servant and the Davidic
Messiah" (*Oudtestamentische Studiën* VIII [Leiden: E. J. Brill,
1950], p. 127 and note 107.

다윗적 메시야의 인물과 동일시한 것을 어떻게 규정할지에 대한 논쟁적 문제
를 제쳐두더라도, 우리는 인자 — 적어도 그 말의 광범한 의미에서 볼 때 —
는 메시야적 인물이라고 말할 수 있다.[18]

그러나 그 인자라고 주장한 인물이 여기 있었다. 사실상 이것은 그가 다
른 어떤 칭호보다 더 빈번하게 자신에게 적용시킨 칭호였다.[19] 비록 복음서
에서는 "인자"라는 말이 때때로 단순히 "인간적 존재" 또는 "사람"(에스겔서
에서는 종종 그런 것처럼)의 인격을 가지고 있기는 해도, 그 말은 우리 주님
이 자신에 대해 붙인 칭호로 빈번하게 등장한다.[20] 대제사장이 그에게 그가
그리스도(즉 메시야)인지를 물었을 때, 그는 "내가 그니라 인자가 권능자의
우편에 앉은 것과 하늘 구름을 타고 오는 것을 너희가 보리라"(막 14:61-62)
고 답변하셨다.[21] 따라서 예수는 참된 이스라엘 곧 하나님의 백성의 고대하
고, 영원히 현존하는 대표자(그 진정한 구현은 아니라고 해도)임을 주장하였
다. 그는 하늘에서 온 사람이라고 주장하였다.

---

19) Bowman, op. cit., p. 131에 있는 표가 보여주는 것처럼, 아주 압도적이
   다. 마찬가지로 놀라운 것은 복음서 저자들은 항상, 심지어 예수님을 부를 때
   에도, 어떤 다른 사람의 입술 위에 그 말을 두지 않는다. 확실히 예수님이 그
   말을 사용했다는 사실을 부정하는 사람들이 있다: 예, B. H. Branscomb,
   The Gospel of Mark (*The Moffatt New Testament Commentary*
   [New York and London: Harper & Bros., n.d.]), pp. 146-59.
20) 복음서에 나오는 "인자"라는 말의 다양한 의미에 관한 간략한 논의를 위해서
   는 다음 자료를 참조하라: Bowman, op. cit., pp. 121ff, 142ff; Wm.
   Manson, op. cit., pp. 158-67; T. W. Manson, "The Son of Man in
   Daniel, Enoch and the Gospels" (*Bulletin of John Rylands
   Library*, 32-2 [1950], 171-93). 여기서 후자는 인자를 항상 하나님 나라
   의 연합적 실재를 표상하는 것으로 보지만, 복음서에서는 특히 예수 안에서
   구현되었다고 주장한다.
21) 이 구절과 다른 수많은 구절(예. 마 16:28; 참조, 막 9:1)에서, 예수님은 인
   자를 마치 자기를 아직 오지 않은 다른 사람인 것처럼 객관적으로 말씀하는
   것으로 보인다. Bultmann(op. cit., pp. 4, 26ff, 34ff)과 다른 사람들은
   예수는 자신을 인자로 간주하지 않고, 인자의 도래를 기대했다고 주장하였
   다. 그러나 만일 T. W. Manson의 주장(op. cit.)이 타당성이 있다면 — 나
   는 그렇다고 믿는다. — 인자(고난받는 종과 같이)는 개인이 될 수도 있고,
   무리가 될 수도 있다. 따라서 인자(승리의 하나님 나라와 그 지도자)가 영광
   중에 임할 때까지는 (고난의 종처럼) 고난을 받아야 한다. Cf. Rowley,
   The Relevance of Apocalyptic, pp. 114-15.

그러나 예수는 분명히 이스라엘이 고대하던 인자는 아니었다. 그분은 하나님 나라의 대적들을 멸망시키기 위해 하늘문을 열고, 천사들의 군대를 쏟아붓도록 요청하지 아니하였다. 확실히 그분은 그렇게 할 수 있는 권세를 갖고 있다고 선언하셨다(마 26:53-54). 그러나 만일 그렇게 했더라면, 그분은 성경을 이루지 못했을 것이다. 오히려 인자는 고난을 받아야 한다는 주장이 항상 반복하는 주제처럼 그의 가르침 속에 스며들어 있었다(예. 막 8:31;9:12, 31; 10:33, 45).[22] 인자는 결국 승리할 것이다. 그러나 그것은 가장 비참하고, 자기희생적인 겸비를 통해서만 얻는 것이다. 묵시적 꿈을 키우고 있는 사람들에게 그것은 전혀 성경을 이루는 것이 아니었다.[23] 그가 고난을 받고 죽어야 한다는 바로 그 사실은 예수님이 인자가 절대로 아니라는 사실을 충분히 입증하는 것이었다.

3. 이런 모든 사실들과 함께 예수님이 서기관과 바리새인들에게 받아들여질 수 없는 인물이었음은 두말할 필요가 없다. 우리가 말한 것처럼, 그들이 실수한 것도 있지만, 이것들은 하나의 고상한 이상에 의해 동기화되었다: 그 이상은 다름 아닌 율법의 엄격한 준수를 통하여 "제사장의 나라와 거룩한 백성"(출 19:6) 곧 하나님의 참 백성을 실현하는 것이었다. 만일 이것이 이루어질 수 있다면, 하나님은 그의 나라를 수립하시기 위해 그의 메시야를 보

---

22) 어떤 사람은 이 구절들의 말씀이 수난에 관한 지식을 계시하고, 따라서 그것들은 예언적 사건들에 관한 구절들이라고 주장할 것이다. (예, Bultmann, op. cit., pp. 30-31; Branscomb, op. cit., p. 153, etc.). 그 점을 거론하지 않는다면, 우리는 그리스도는 자신이 고난받을 것이고, 또 어떤 말을 사용했든 간에, 그럴 것이라고 말한 것을 실천했다는 사실을 의심할 만한 이유가 없다. cf. A. E. J. Rawlinson, *St. Mark* (*Westminster Commentaries* [7th ed.; London; Methuen & Co., 1949]), p. 113.

23) 비록 어떤 사람들이 반대로 주장한다고 할지라도, 유대인들이 고난받는 인자의 관념을 예비했다는 사실은 성경에서나 유대교 신앙에서나 거의 아니 전혀 없었던 것처럼 생각된다. 충분한 참고문헌과 함께 신뢰할 만한 주장을 다루고 있는 자료를 보려면 각주 18에 인용된 Rowley의 논문(*The Suffering Servant and Other Essays* [London: Lutterworth Press, 1952], pp. 61-88)을 보라. 확실히 Wm. Manson(op. cit., pp. 235-36)이 지적한 것처럼, 고난의 종, 인자 그리고 다윗적 메시야는 공통적으로 예언되었고, 따라서 우리는 이 모든 것들은 메시야 이념(넓은 의미에서)의 국면들이지만, 이것이 3개념의 동일화는 절대로 아니라고 주장할 수 있다.

내실 것이라고 그들은 확신하였다.

물론 메시야는 체계화가 불가능할 정도로 다양한 양식들에 따라 생각되었다. 그러나 적어도, 어떤 진영에서는, 새 시대를 이끄는 자 또는 적어도 그것의 전달자를 모세와 같은 선지자 — 만일 모세가 부활하는 것이 현실적으로 불가능하다면, 새로운 모세 — 로 생각하는 강력한 흐름이 있었던 것으로 보인다. 확실히 이것은 부분적으로 유대인들의 마음 속에 모세를 압도적으로 중요하게 생각하는 사상이 있었기 때문에 일어난 흐름이었다. 모세는 위대한 인물이었다. 유대 사상은 하나님에 관한 비밀을 타의 추종을 불허할 만큼 탁월하게 지니고 있었던, 가장 위대한 위인으로 그를 찬미하였다.[24] 사람이 그 이상의 어떤 말로 도래할 구원자를 생각할 수 있었겠는가? "새 출애굽"(특히 제2이사야서에서)과 "새 언약"(특히 예레미야서에서)을 고대하던 선지자가 한 역할을 담당했으리라는 것 또한 가능하다. 만일 구속이 새 출애굽이라면, 거기에는 그것을 인도할 새 모세가 있어야 하지 않겠는가? 만일 그것이 새 언약을 포함한다면, 그것을 줄 새 모세가 필요하지 않겠는가? 그러나 부분적으로 그 소망은 신명기 18:15-19에 나오는 예언에 의해 길러진

---

24) 유대문헌으로부터 발췌한 내용들이 편리하게 P. Volz, *Die Eschatologie der jüdischen Gemeinde im neutestamentliche Zeitalter* (Tübingen: J.C.B.Mohr, 1934), pp. 193-95에 있다. 거기에는 모세의 모습들, 엘리야의 모습들(참조. 말 4:5), 양자 모두의 모습들 또는 어떤 다른 인물들의 모습들이 나타난다.

25) Cf. 요 1:21, 25; 6:14; 7:40의 주석들: 예. E.C.Hoskyns, *The Fourth Gospel*, F.N. Davey, ed. (London: Faber & Faber, 1947), pp. 169, 281, 324; R.H.Strachan, *The Fourth Gospel* (3rd ed.; London: S.C.M. Press, 1941), pp. 112-13, 180-81.

26) 그 고대하던 선지자는 반드시 필연적으로 종말론적 인물은 아니다(예. 마카베오1서 4:44-46; 14:41 〔?〕; 참조. 9:27; 시 74:9). 그러나 우리는 출애굽 시대를 재창조하기로 약속된 거짓 선지자들에 관한 수많은 실례를 요세푸스를 통해 갖고 있다. Theudas란 자(*Antiquities*, XX, V, 1)는 자신을 선지자로 선언하고, 백성들이 발에 물을 적시지 않고 요단강을 건너게 하겠다고 약속하였다. 어떤 애굽인(*Ant.* XX, VIII, 6; 참조. 행 21:38)은 예루살렘 성벽을 무너뜨리겠다고(여리고성처럼?) 약속하였다. 또 다른 사람(*Ant.* XX, VIII, 10)은 자기를 따라 광야로 나아오는(새로운 출애굽으로?) 모든 사람들에게 구원을 약속하였다. 사도행전 21:38은 유사한 사건을 일으킨 애굽인을 다루고 있다.

것으로 생각된다. 거기에 보면, 모세와 "같은" 선지자가 약속되고 있다.[25] 어쨌든 예수님 당시에는 그의 도래가 그의 백성들의 구속의 신호가 되는 "그 선지자"에 대한 생생한 소망이 널리 퍼져 있었다(예. 요 1:21, 25).[26]

우리는 많은 사람들이 예수님을 그 선지자로 맞이할 준비가 되어 있었음을 본다(요 6:14; 7:40). 확실히 처음부터 그의 추종자들은 그분을 그와 같이 생각하였다. 사도행전에 기록된(3:22-26) 그의 초기 설교에서, 베드로는 예수님을 신명기 18:15에 나오는 그 고대하던 선지자와 분명하게 동일시하였다. 특히 마태는 예수님이 새 모세라는 사실을 명백히 하는데 관심을 둔 것으로 보인다. 그분은 모세가 시내산에서 그런 것처럼, 산상에서 그의 가르침을 주지 않았는가(마 5-7장)? 그리고 그분은 그때에 모세 율법을 재해석하여, 새로운 율법에 이르도록 한 것이 아닌가(예. 마 5:17, 21-22, 27-28, 33-37, 38-39, 43-44)? 심지어 마태는 복음서를 저술할 때, 고대의 모세 5경에 의도적으로 평행시키기 위해 예수님의 가르침을 5가지 주요부분(마 5-7장; 9:36-11:1; 13:1-53; 18:1-19:1; 24-25장)으로 세분하였다고 주장되기도 하였다.[27]

그리스도의 사역을 모세의 사역과 비교하는 것은 바울의 사상을 보면 눈에 띄게 많이 나타난다. 참으로 바울에 따르면, 그리스도와 함께 죽고 다시 산 그리스도인은 새 출애굽에 동참했고, 예수님의 가르침에 직면한 그리스도인은 새 시내산의 언저리에 서있는 것이라고 우리는 말할 수 있을 것이다.[28] 그러나 똑같은 사상이 다른 신약성경 저자들에게서도 발견된다. 그리스도는 사실상 새롭고, 더 나은 모세이다(예. 히 3:1-6). 그분은 그의 백성들에게 새롭고, 더 나은 만나를 주신다. 왜냐하면 그분은 생명의 떡이기 때문이다

---

27) 이 5편의 강화에 관해서는 B. W. Bacon, *Studies in Matthew* (New York: Henry Holt & Co., 1930), pp. xv-xvii를 보라: cf. F. W. Green, *The Gospel According to Matthew* (The Clarendon Bible [Oxford: Clarendon Press, 1936]), p. 5. "기독교 5경"이란 말은 파피아스 시대(주후 2세기경)만큼 오래되었다.

28) 이같은 바울사상의 특징에 관한 아주 철저한 고찰을 위해서는 Davies, op. cit., p. 146. Cf. ibid., pp. 111-76을 보라. 또한 동일저자의 *Torah in the Messianic Age and/or the Age to Come* (Philadelphia: Society of Biblical Literature, 1952)를 보라.

(요 6:48-51). 그분은 그들을 새롭고, 더 영광스러운 출애굽으로 인도하고, 그들에게 새롭고, 더 나은 언약을 중보하신다(예. 히 12:18- 24).

그러나 만일 유대 공동체 안에 새 모세를 고대하는 사람들이 있다면, 예수님은 그들의 기대를 어떻게 만족시킬 수 있었겠는가? 확실히 그분은 누구보다도 율법을 잘 알고 있었기 때문에 그분이 율법에 얽매인 존재가 되는 것은 불가능하였다. 참으로 그분은 "랍비"(선생)로 불릴 만한 자격이 있었다. 그러나 그분은 율법으로부터 자유하였다. 그분은 안식일을 그리 엄격하게 지키지 않았다(예. 막 2:23-28; 마 12:1-14). 그분은 정결예식으로 고민하지 않았다(막 7:1-15; 눅 11:37-41). 그분은 가장 천한 부류의 사람들 — 세리들, 창녀들, 그리고 다른 죄인들 — 을 친구로 삼았다! 그리고 예레미야 이후로 성전 안에서 공식종교를 그토록 신랄하게 비난한 사람은 아무도 없다(예. 마 23장). 사실상 그분은 거룩한 국가공동체에 대한 전반적인 소망을 환상적인 것으로 선언하셨다. 그것은 그 율법을 준수함으로써 하나님 나라에 참여할 수 있도록 하는 것도 아니고, 그렇다고 사람이 들어가기에 충분한 고상한 의를 낳을 수 있는 것도 못되었다: "너희 의가 서기관과 바리새인보다 더 낫지 못하면 결단코 천국에 들어가지 못하리라"(마 5:20).

요약하면 그분은 진실로 새 모세와 같이 말했다. 그러나 그 새 모세는 "율법을 폐하러" 오셨다(마 5:17)! 자신을 따르는 자들의 무례함에 대해 그분은 거듭 말씀하시기를 "모세는 율법에서 … 라고 말하였으나, 나는 너희에게 … 라고 말한다"라고 하였다! 참으로 그분은 율법 전체를 하나님에 대한 사랑과 이웃에 대한 사랑의 문제로 압축시켰다(막 12:28-31). 바리새인들은 그분이 그같이 말한다고 해서 단순히 거부하지는 않았다. 왜냐하면 그들의 많은 율법교사들이 동일한 것을 말했기 때문이다. 그들은 왼편 뺨을 돌려대며, 십리를 동행하며, 속옷을 가지고자 하는 자에게 겉옷까지 벗어주는 것에 관한 그의 가르침(마 5:38-42)이 공허하고, 비현실적인 것이라고 반대하지 않았다. 그들은 이같이 율법을 재조정함으로써 그분이 율법의 세부적인 규정들을 비본질적인 것으로 만들고, 사실상 그것들을 폐기시켰다고 반박하였다. 그래서 그들은 이것을 율법의 파괴로 볼 수밖에 없었다.

확실히 그리스도는 율법을 폐하지 않고, 그것을 완전케 하려고 했다고 선언하였다(마 5:17).[29] 그분은 율법의 의에 대한 요청들을 폐하기는 커녕,

그것들을 절대적으로 세우려고 하였다. 의는 율법을 지키는 문제가 아니고, 아버지의 뜻에 전적인 헌신을 드리는 문제이다. 그리고 아버지의 적극적인 뜻은 그 참으로 난해한 단어인 "사랑"이라는 말 속에 요약되어 있다(막 12:28-31; 참조. 롬 13:8-10; 갈 5:14; 약 2:8). 그러므로 의는 더 이상 외적인 복종에 있는 것이 아니라 율법을 "이루는" 내적으로 동기화된 순종에 있다. 아니, 그리스도는 율법이 지향하는 바를 결코 폐하지 않으셨다. 그러나 한 가지 면에서 보면, 확실히 바리새인들은 옳았다. 그들은 예수님의 가르침은 유대교의 의식법과 근본적으로 단절되어 있다는 것과 그리스도의 "멍에"가 율법의 "멍에"를 대신했다고 보았다(마 11:29-30).[30]

사도 바울이 확실히 정확하게 본 것처럼, 여기서는 율법은 없고, 율법의 폐기와 율법 대신, 신자의 마음 속에 그리스도의 법이 있다. 그래서 그는 "너희 안에 이 마음을 품으라 곧 그리스도 예수의 마음이니"(빌 2:5)라고 말했던 것이다. 바울의 사상 속에서, 그리스도는 모세의 자리를 차지하였는데, 그것은 의식법을 폐한 것이다. 그리고 바리새인들에게 율법을 파괴한 자는 "그 선지자" 곧 새 모세가 아니라 죽어 마땅한 거짓 선생과 거짓 선지자이다.

4. 더욱 중요한 것은 예수님은 신성모독의 경계를 범하고, 스스로 신적 존재임을 주장하였다는 사실이다. 확실히 예수님은 어디에서도 자기가 하나님이라고 말하거나 또는 조직신학자가 형성시킨 것처럼, 신성에 대한 주장을 형성시키지 않았다. 그러나 그분이 다른 사람에게는 전혀 허용되지 아니한 하나님의 자녀권에 대해 자신이 특별한 관계 속에 있다고 느꼈다는 것은 우리의 모든 복음서 자료들이 증거하는 사실이다. 확실히 그분은 우리가 감히

29) 어떤 사람(예. Bultmann, op. cit., p. 15)은 마태복음 5:17-19의 진정성을 인정하지 않는다. 그러나 나의 견해로는, 18-19절로부터 어떤 문제들이 제기될지는 모르지만(그것들은 다른 맥락 속에 속할 수 있다), 17절에서는 아무런 문제가 제기될 수 없다. Cf. McNeile, op. cit., p. 58; W. C. Allen, *The Gospel According to St. Matthew* (*International Critical Commentary* [New York: Chas. Scribner's Sons, 1907]) p. 45-46.

30) 예수님의 자신의 "멍에"를 메라는 요청은 벤 시락서 및 지혜서의 "멍에"(집회서 51:26)와 비견된다. 또한 "천국의 멍에", "계명의 멍에", "율법의 멍에" 따위가 미쉬나에서도 발견된다(예. Berakoth 2, Pirke Aboth 3).

그 말을 사용하는 것보다 훨씬 더 친밀하게 하나님을 자신의 아버지로 부르셨다(예. 막 8:38; 마 10:32; 11:27; 눅 10:22; 22:29). 그분은 다른 사람들은 결코 그렇다고 주장할 수 없는 그런 의미에서, 하나님의 아들이었다. 그리고 하나님은, 다른 사람은 자신에게 결코 그렇게 적용시킬 수 없는 그런 의미에서 그의 아버지였다. 하나님을 그의 아버지로 보는 것은 그분이 사용한 말인 아바(Abba:아빠)라는 아람어 단어를 심지어는 희랍어권 교회의 예배의식에서도 사용할 정도로 아주 특징적이었다(참조. 막 14:36; 롬 8:15; 갈 4:6-7).[31]

그분의 특징적인 전달양식은 새롭고, 교묘한 방식으로 신적 권위를 가지고 말하는 자신의 주장을 명백히 한다. 왜냐하면 구약의 선지자들은 습관적으로 "주께서 말씀하시기를"이라는 말을 그들의 예언의 서두에 놓았던 반면에, 예수님의 입술 위에서 그 전달의 양식은 "진실로 진실로 내가 너희에게 말하노니"라는 것으로 변형되었다. 여기서 그것은 마치 하나님이 자신의 인격 안에서 직접 말씀하시는 것과 같다.[32]

어쨌든 신약의 교회는 이구동성으로 예수님을 주님과 하나님의 아들로 높였다. 비록 이러한 칭호들이 구약의 왕의 칭호들에 그 기원을 두고 있다손 치더라도, 교회가 처음부터 예수님을 인간 이상의 존재로 간주했다는 것은 명백하다. 그분은 하나님의 권능이 독특하게 계시되어 있는 하나님의 아들이시다(공관복음에서는 이 사실을 아주 빈번하게 언급하고 있다). 그분은 그의 부활의 이적을 통해 하나님의 아들임을 보여주셨다(롬 1:3-4). 아니, 그분은 "자기를 비워" 인간의 형체를 취하신 선재하시는 아들이시다(빌 2:6-8). 그분은 하나님의 본체의 진정한 형상으로서, 천사들보다 뛰어나시고, 하나님의 위엄의 우편에 앉아계신 분이시다(히 1:1-4). 그분은 영원 전부터 하나님과 함께 계신 우주적 로고스이시다(요 1:1-3). 아니, 그분이 바로 하나님이시다

---

31) Cf. E.D. Burton, *The Epistle to the Galatians* (*International Critical Commentary* [Edinburgh: T. & T. Clark, 1921]), p. 224.

32) 그 표현은 랍비들 사이에서는 비견할 만한 것이 없었던 것으로 보인다. cf. Strack-Billerbeck, op. cit., I, 242-44. 예수님의 신성 주장에 관한 지적들을 살펴보려면 예컨대 J. Bonsirven, *Theologie du Nouveau Testament* (Paris: Aubier, 1951), pp. 39-41을 보라.

(요 1:1; 20:28; 딛 2:13; 벧후 1:1). 이것이 교회의 신앙이었다. 그리고 이
것은 예수님 자신이 표현하신 것보다 훨씬 더 정밀하게 교의적 표현을 한 것
으로서, 후세의 정통 기독교신학의 기초를 이룬 것이지만, 우리는 그것이 교
회의 창작이라고 믿을 수는 없다. 반대로 교회는 그렇게 믿음으로써 오직 메
시야 왕이라는 예수님 자신의 주장을 정확하게 발전시켰던 것이다.33)

그러나 유대교로서는 이것이 용납할 수 없는 주장이었다. 유대교가 이방
세계에서 성행했던 신-인(神-人), 신적 왕, "살아있는 메시야"를 거부한 것
은 정당하였다. 참으로 주전 한 세기 반 전만 해도 유대인들은 그런 인물(안
티오쿠스 에피파네스)에게 절하기 보다는 차라리 싸우고, 죽는 길을 택하였
다. 확실히 유대인들이 대망했던 메시야는 단순한 인간으로 생각되지 않았
다. 분명히, 예를 들어, 에녹1서에 나타난 것처럼 인자는 세상이 창조되기
이전부터 하나님과 함께 선재하고, 따라서 신적인 또는 반(半)신적인 하늘의
존재로 생각되었다. 구약성경에도 이스라엘 왕이 하나님의 (택함받은) "아
들"로서 일컬어지는 구절들(예. 시 2:7; 89:27)이 있고, 이 구절들은 메시야
에 관한 의미를 함축하고 있었다. 이사야서에 묘사되고 있는 자와 같은 메시
야(9:6)는 분명히 신적 특질을 부여받았고, 보통 인간과는 다른 존재이다.
그러나 고대 이스라엘의 신앙처럼, 유대교는 참된 의미에서 구속하시는 하나

33) 심지어는 바울 이전에도, 예수님을 주님이자 하나님의 아들로 높였다는 사실
은 광범하게 인정되고 있다(예, Bultmann, op. cit., pp. 120-32). 그러
나 나는 헬레니즘 사상의 영향에서 그 호칭들의 기원을 찾는 사람들
(Bultmann, Dibelius 등)에게 동조할 수 없다. 위의 두 칭호는 구약성경
의 왕적(메시야적) 칭호로부터 연원하고, 따라서 만일 예수가 전적으로 메시
야임을 주장했다면, 그것들은 자연적으로 유대인 제자들에 의해 그에게 적용
되었을 것이다. Cf. Wm. Manson, op. cit., pp. 146-54.
34) 비록 유대교가 시편 2:7; 89:27과 같은 구절들을 메시야적으로 해석했다고
할지라도, 그것은 "아들"이라는 말을 비유적으로 이해하였다. Wm.
Manson, op. cit., pp. 149와 탈굼으로부터의 실례를 참조하라. 마찬가지
로 랍비문헌은 메시야에 관해 말하면서 "하나님의 아들"이라는 호칭을 피한
다(cf. Strack- Billerbeck, op. cit., III, 15-21). 그러나 아마 부분적으
로는 그 말의 기독교적 용법에 반대하는 반응으로 그럴 것이다. 외경과 위경
속에서도 그 칭호가 발견되지만(예. 에스드라2[4]서 7:28; 13:32; 에녹1서
105:2), 많은 사람들이 이 구절들을 기독교적 해석구로 생각한다. 어쨌든 이
런 실례들은 많지 않다.

님과 메시야로서의 구속자를 균형관계 속에서 보았던 것으로 생각되었다. 즉 유대교는 양자를 체계적으로 하나님-메시야(God-Messiah)로 유도하지는 않았던 것이다. 우리는 유대교가 메시야를 하나님의 아들로 말하는데 익숙했다고 볼만한 증거를 거의 아니 전혀 갖고 있지 않다.[34] 아무튼 유대인들은 예수를 단지 하나의 인간으로 인식했지, 선재하시는 신적 인물로 인식하지는 않았다. 그래서 그들에게는 단순한 인간이 자기를 메시야나 신적 존재라고 주장하는 것이 신성모독으로 비쳤다. 그것 때문에 그들은 오직 한 가지 답변 밖에 가질 수 없었다: "우리에게 법이 있으니 그 법대로 하면 저가 당연히 죽을 것은 저가 자기를 하나님의 아들이라 함이니이다"(요 19:7).

그리고 메시야요 하나님의 아들이라고 주장한 그가 실제로는 고난을 받고 죽었다는 것 이상으로 그들의 옳음을 증명해주는 것이 어디에 더 있겠는가? 그것은 그가 신성모독죄를 범한 자임을 보여준다! 왜냐하면 만일 그가 정말 자신의 주장대로 메시야이거나 신적 존재라면, 그는 그런 일이 자기에게 일어나도록 하지 않았을 것이기 때문이다. 그런데 그는 십자가에 달려 죽어버렸다(마 27:41-43)! 사실상 유대인에게는 살아계신 하나님의 아들이 고난을 받고 죽어야 한다는 주장보다 더 불합리한 일이 없었던 것이다.

그렇다면 결론적으로 말해서, 우리는 그리스도가 메시야 개념들을 취하여 자신에게 적용시킨 것을 본다. 그러나 그것들 모두를 그분은 고난의 개념으로 채색시켰다. 그리고 이것만으로 그분은, 다른 아무 것도 하지 않았어도, 배척을 받았다. 진실로 십자가는 "유대인에게는 거리끼는 것"이었다(고전 1:23).

Ⅲ

그러나 유대인들이 그것을 그렇게 볼 수 없었다는 사실에도 불구하고, 예수님이 적절한 메시야 전통 속에 — 특별히 고난받는 종의 전통 속에 — 단호하게 자신의 위치를 두고 있었다는 사실은 분명하다. 사실상 그분은 의식적으로 고난의 종의 양식을 채택하여, 그것을 모든 다른 메시야 양식들 속에 채우고 있는 것처럼 보였다.

1. 예수님이 행하신 참으로 새로운 사실 가운데 하나가 이 속에 들어있

다. 그리고 어쩌면 그분이 배척당한 가장 핵심적인 이유도 바로 여기에 있었을 것이다. 왜냐하면 유대교는 결코 고난의 종을 메시야적 인물로 이해하지 못했기 때문이다. 확실히 이사야 40-66장에 나타나 있는 것처럼, 고난의 종의 인물은, 우리가 앞서 살펴보았던 것같이, 단순히 메시야적 인물로 해석될 수는 없다. 아니 오히려 그것은 때로는 이스라엘 백성을 표상하고, 또 때로는 이스라엘 중에서 택함받은 자 곧 참된 이스라엘을 표상하는 아주 복합적인 개념이었다. 그러나 우리가 또한 확인한 것처럼, 그것은 다른 시대의 선지자가 고난의 종을 하나의 개인으로, 즉 그의 백성들의 구원자, 다시 말해 참 이스라엘의 지도자로서 — 따라서 적어도 그 말의 광의의 용법에 따라서 메시야적 인물로서 — 해석했다는 결론을 피하기는 어렵다.

그러나 유대교는 그것을 그렇게 이해하지 않았다. 비록 유대인들이 의인은 종종 고난을 받아야 하고, 또 그 고난은 유익하다는 사실을 예민하게 의식하고 있었다고 해도, 그들은 항상 고난의 종을 국가의 고난 또는 국가 안에 있는 의로운 개인들의 고난의 유형으로 해석하였다. 그리스도의 시대 이전의 유대인들은 고난받는 메시야에 대해 어떤 기대를 갖고 있었다는 사실을 보여주는 신빙성있는 증거는 거의 없다.[35] 그러므로 고난의 종을 메시야 양식에서 제외시킴으로써, 그들은 그것으로 가득차 있는 그분을 거부하였다.

물론 고난의 종의 인물과 우리가 복음서를 통해 알고 있는 그리스도 사이에 두드러진 평행성이 있다고 굳이 언급하는 것이 필수적인 일은 아니다. 참으로 이런 평행성은 그것들을 모두 언급하기가 불가능할 정도로 금방 숱하게 눈에 띈다. 만일 고난의 종이 "마른 땅에서 나온 줄기"(사 53:2)와 같다면, 그것은 "이는 그 목수의 아들이 아니냐?"(마 13:55), 그리고 "나사렛에서 무슨 선한 것이 날 수 있느냐?"(요 1:46)와 병행한다. 또 만일 고난의 종(사 42:6-7; 49:6)이 흑암에 처한 자들에게 빛을 주는 자라면, "세상의 빛"(요 8:12)으로 불리고, 그를 따르는 자들도 똑같이 "세상의 빛"이라고 선언했던 분이 여기 있었다. 만일 고난의 종이 자신을 내세우지 않고 자신의 사

---

35) 확실히 그 반대로 주장하는 사람들이 있었지만, 나의 의견으로는, 그 진술이 옳다. 내가 알기로는 충분한 참고문헌과 기독교시대 이전의 고난받는 메시야의 관념에 관한 신빙성있는 주장을 담고 있는 가장 명확한 자료는 각주 18과 23에 언급된 H. H. Rowley의 논문이다.

명을 감당한다면(사 42:2), 자신의 놀라운 사역들을 거듭 숨기시려 하고, 결코 자기를 자랑하지 않고, 그토록 숱하게 모범과 교훈을 통해 겸손의 미덕을 가르치신 분이 여기 있었다.

만일 고난의 종(42:3)이 "상한 갈대"도 꺾지 않으시고, 신앙의 "꺼져가는 심지"도 끄지 아니하였다면, 전혀 가망없는 백성들 속에서 선의 불꽃을 보실 수 있고, 끊임없이 잃어버린 양을 찾으시고, 결코 자기를 이해하지 못한 인간 제자들에 대해서도 무한히 인내하였던 분이 여기 있었다. 그리고 마지막으로 하나님의 학교에서 가르침을 받되, 조금도 "거역하지 않으시고"(사 50:4-5), "아버지여, … 내 원대로 마옵시고 아버지의 원대로 하옵소서"(눅 22:42)라고 말씀하신 분이 여기 있었다. 그리고 "자기를 때리는 자들에게 자기의 등을 맡기며, … 수욕과 침뱉음을 피하려고 얼굴을 가리우지 않으시고"(사 50:6), "마치 도수장으로 끌려가는 어린 양과 같이"(사 53:7) 십자가의 고난을 받으신 분이 여기 있었다. 그러나 이것만으로도 충분하리라! 교회는 분명히 그 주님을 위대하신 고난받는 종으로 이해하였다. 그것은 단지 그의 수난의 기사에 덧붙여진 신앙의 에필로그일 따름이었다: "이러므로 하나님이 그를 지극히 높여"(빌 2:9-11; 참조. 사 53:12).

그러나 확실히 그 주님에 대한 교회의 이해는 우연의 일치가 아니었다! 그 반대였다! 나의 견해로 보면 예수님은 자신의 사명과 고난의 종의 사역 사이의 평행성을 이해하셨을 뿐만 아니라 그것이 그렇게 되도록 의도하셨다는 것은 가장 확실한 신약성경 비평의 사실이다.[36] 예수님이 자신을 그렇게 이해하였기 때문에, 교회는 예수님을 고난의 종으로 이해하였다. 그분은 나사렛 회당에서 이사야서 61장을 읽으시고(눅 4:17-21), 이어서 그 예언이

---

36) 이것은 내가 근본적으로 일치하는 Bowman의 주요 주장이다(op. cit.). 비록 그 반대를 견지하는 학자들이 많기는 하지만(예. Bultmann, op. cit., pp. 30-31; F.C.Grant, op. cit., pp. 63-64, 157), 유사한 견해가 일련의 유능한 학자들에 의해 주장되었다. 더욱 자세한 참고문헌을 보기 위해서는 Rowley, *The Servant of the Lord*, p. 55를 참조하라. 예수를 고난의 종과 동일시하는 것은 초대 교회 초기부터 형성된 것이 확실하다. 이런 안목을 대부분 비천하고 아주 평범한 사람들이었던 그의 초기 제자들에게 적용시키기 보다는 예수님 자신 — 가장 낮게 평가해도, 역사상 위대한 창조적 지성의 한 분인 — 에게 적용시키는 것이 훨씬 수월하다.

이미 성취되었다고 말씀하셨다. 세례 요한이 그분이 참으로 그리스도인지를 확인하기 위해 제자들을 보내었을 때(마 11:2-6), 그분은 사실상 이사야 61:1을 석의한 말씀으로 답변하셨다. 그분의 가르침, 특히 산상수훈은 현저하게 고난의 종의 구절들(특별히 이사야 61장)과의 평행성을 보여준다.[37] 자신의 사역에 이어 다가오는 죽음에 대한 예고, 그가 고난을 받아야 할 확실성(마 10:45), 그리고 그가 "받아야 할 세례"(눅 12:50)[38]는 그것의 한 부분이다.

그분은 자신의 사역이 죽음으로 끝날 것을 알고 있었다. 왜냐하면 그분은 고난의 종이었기 때문이다. 그러나 이것으로 보면 그분은 자신의 죽음이 문제의 끝이 아님을 확신하고 있었음에 틀림없다. 그 까닭은 고난의 종과 마찬가지로 그분에게도 희생 너머에 영광이 놓여있기 때문이다. 요한이 기록하고 있는 마지막 기도의 말씀은 이같은 확신을 여실히 반영하고 있다: "아버지께서 내게 하라고 주신 일을 내가 이루어 아버지를 이 세상에서 영화롭게 하였사오니 아버지여 창세 전에 내가 아버지와 함께 가졌던 영화로써 지금도 아버지와 함께 나를 영화롭게 하옵소서"(요 17:4-5).

2. 어쨌든 그리스도는 사람들을 고난의 종의 나라로 초청하셨음이 분명하다. 그 나라는 그 지도자가 기꺼이 "뭇 사람의 끝이 되고 뭇사람을 섬기는 자"가 되거나(막 9:35) 또는 요한이 기록하고 있는 것처럼(요 13:14-17), 기꺼이 그의 동료들의 발을 씻겨줄 정도로 교만한 마음이 전혀 없는 온유한 자와 겸비한 자의 나라이다. 그러면 누가 그 나라로 부르심을 받는가? 그들은 고난의 종의 겸손한 멍에를 기꺼이 짊어지는 수고하고 무거운 짐진 모든 자들이다(마 11:28-30). 그 나라는 그 나라 때문에 "주리고 목마른", 그리고 그 나라를 최고로 기꺼이 섬기는 모든 겸손하고, 자비로운 사람들을 환영한다(마 5:3-12; 눅 6:20-23). 아무도 그 나라로 재물을 가지고 들어가지는 못한다. 참으로 재물로 인해 많은 사람들이 들어가지 못하였다(막 10:17-25). 외적 정직도 그 나라에 들어가는 표가 되지 못한다. 서기관과 바리새인들은 그것으로 충만하였지만, 세리들과 창기들이 그들보다 먼저 하나님의 나라에 들어갈 것이 확실하다(마 21:31).

38) 다시 말해 그 구절은 교회의 사후 창작이 아니다. 각주 22를 보라.

결론적으로 하나님 나라는 모든 교만 — 지위에 관한 것이든, 지식에 관한 것이든 아니면 정직에 관한 것이든 — 을 버리고, 어린아이들과 같이 된(막 10:14) — 받아들이는데 열심인 — 사람들에게 속한다. 바울이 그 나라로 부르심을 받은 "지혜있는 자가 많지 아니하며, … 능한 자가 많지 아니하며, 문벌 좋은 자가 많지 아니하도다"(고전 1:26)라고 말했을 때, 그는 참으로 옳았다!

그 나라에 대한 부르심은 세상이 그 말들을 이해하고 있는 것처럼, 존귀와 승리에로의 부르심이 아니고, 철저한 자기부정에로의 부르심이다. 거듭 말하지만, 우리는 그것 때문에 치러야 할 엄청난 대가에 관해 듣는다. 어떤 사람은 그 부르심 때문에 부모와 가족과 집을 버리고 떠난다(막 10:29; 마 19:29; 눅 18:29)). 그리고 어떤 사람이 그렇게 하면, 그는 머리 둘 곳이 없어서 방랑자가 되신(마 8:20; 눅 9:58) 그의 주님처럼, 그런 사람이 될 것으로 확신할 것이다. 어떤 사람은 미움을 받고(막 13:13; 마 10:22), 아니 핍박을 받을 것이다(눅 6:22; 마 5:10-11). 그러나 어떤 보복도 없을 것이고 — 다만 왼편 뺨을 돌려대는 것만 있을 뿐이다(마 5:39; 참조, 사 50:6). 하나님 나라의 부르심에 주목하는 사람은 자기 십자가를 지고, 고난의 종을 따르는 것 외에는 다른 본분이 있을 수 없다(마 10:38; 눅 14:27; 막 8:34).

그러나 부르심을 받은 사람들에게는 고난의 종의 사명 곧 땅의 모든 족속들에게 하나님 나라의 복음을 선포하는 것 외에는 아무 것도 주어지지 않는다. 확실히 이 사명은, 고난의 종의 사명이 그랬던 것처럼(49:6), "이스라엘 집의 잃어버린 양들"(마 10:6; 15:24)과 함께 시작해야 한다. 이것은 의심없이 예수님이 왜 자신의 사역을 거의 전적으로 자기 민족의 사람들로 한정시켰고, 또 처음에 그의 제자들을 파송하셨을 때, 그분은 왜 그들에게 똑같은 제한을 두셨는지를 설명해 준다. 전도여행하는 도중에 새로운 도시에 도착하면, 회당에서 유대인들에게 설교를 시작한 것이 바울의 습관이었다는 것 역시 흥미로운 일이다(예. 행 13:13-50).

그러나 그 사명은 단지 유대인들에게만 향한 것이 아니었다. 예수님은 "동서로부터 많은 사람이 이르러 아브라함과 이삭과 야곱과 함께 천국에 앉으려니와 그 나라의 본 자손들(즉 유대인들)은 바깥 어두운데 쫓겨나 거기서 울며 이를 갊이 있으리라"(마 8:11-12)고 이미 선언하셨다. 그분은 이미 그

의 혼인잔치에 초대받은 손님들(즉 의로운 유대인들)이 오기를 싫어하고, 그
의 잔치 자리를 채우기 위한 그 도시의 충분히 가난한 자들(즉 다른 유대인
들)을 찾지 못하자, 그의 종들이 사거리 길(즉 세상)에 가서 다른 손님들을
데리고 왔을 때를 내다보셨다(마 22:1-10; 눅 14:15-24).[39] 참으로 그의 종
들은 고난의 종과 같았고(사 42:6; 49:6), 세상의 빛이었다(마 5:14). 만일
교회가 지상에서의 주님의 마지막 말씀인 땅 끝까지 복음을 전파하라는(마
28:19-20; 막 16:15; 눅 24:47; 행 1:8) 명령을 기억한다면, 그것은 그분의
의도 곧 고난의 종의 임무를 그들에게 부여하는 것을 완전히 이해한 것이
다.[40]

　3. 그러므로 그리스도는 여호와의 종에 관한 예언을 분명히 성취하셨
다. 이 심원한 진리는 빌립보서 2:5-11에서 사도 바울에 의해 고전적 표현이
주어진다. 이 위대한 구절은 이사야서 53장에 관한 기독교의 주석이라고 불
리는 것이 마땅할 것이다(참조. 45:23).[41] 그렇게 하는데 있어서 바울은 신
약성경 전반의 정신에 일치할 뿐 아니라 예수님 자신의 의도에도 일치한다.

---

39) T. W. Manson (Major, Manson and Wright, op. cit., p. 422)이 지
　적한 것처럼, 그 비유는 이사야 49:6에 관한 미드라쉬로서 간주될 수 있을
　것이다.
40) 물론 우리가 가지고 있는 그것에 관한 다양한 형식을 가지고서는 대계명의 말
　씀들이 의미하는 바를 정확하게 말하기란 불가능하다. 그 진정성을 전적으로
　의심하는 사람들이 있었다. 그러나 내 생각으로는, 예수님이 그의 제자들에
　게 이런 계명을 주신 것은 절대로 확실하다. 그렇지 아니하면 그들의 선교활
　동이 그토록 생동적이지는 못했을 것이다. 게다가 만일 예수님이 자신을 고
　난의 종으로 간주했다면, 선교의 계명은 당연히 뒤따라올 것이다 ─ 그 이유
　는 그것이 고난의 종의 임무이기 때문이다. 탁월한 평가와 참고문헌이 들어
　있는 Rowley, *The Biblical Doctrine of Election*, pp. 143-44를 참조
　하라.
41) 빌립보서 2:6-11은 아마 기독교 초기의 찬송가사로 채택되었을 것이다.
　Bultmann(op. cit., pp. 27-28)은 그 구절은 메시야적 의미가 전혀 없
　고, 따라서 이 사실은 예수님이 메시야 의식이 없었다는 중대한 증거가 된다
　고 주장한다. 참으로 여기서 그 모습은 전통적인 메시야 왕의 모습은 아니
　다. 그러나 만일 예수님이 고난의 종의 양식 속에서 메시야적 소망을 성취시
　키는 것을 자신의 사명으로 생각했다면, 그 구절은 예수님을 메시야로 높이
　는 것이다. 왜냐하면 그 구절은 그분을 고난의 종으로 높이고 있기 때문이
　다.

예수님은 스스로 종의 형체를 취하셨다고 그가 말했을 때, 바울은 정확했을 뿐 아니라 확실히 문자 그대로 그 의미를 취하고 있는 것이다. 왜냐하면 그것은 그리스도가 의식적으로 채용한 양식이었기 때문이다.

참으로 그리스도는 이스라엘의 예언적 소망을 성취하셨다. 그분은 자신의 인격 속에서 구약성경이 예시하고, 예언한 모든 것이 실현되었음을 선언하셨다. 그러나 이 예언과 성취는 그렇게 많은 사람들이 그럴 것이라고 생각하는 것처럼, 기계적이고, 외적인 사실로 보여져서는 안된다. 우리가 구약성경의 인물들과 제도들에서 임의대로 그리스도에 관한 모형들을 발견할 수 있을 정도로 마치 그리스도가 구약성경 어디에나 숨어있는 것처럼 보아서는 안된다. 또 우리는 선지자의 말들을 예수님이 자신의 생애와 죽음 속에서 하나하나 세부적으로 성취시킨 사건들에 대한 문자적 예언들로 읽음으로써, 성경이 신적으로 영감받았고, 예수님은 자신이 주장한 그대로의 존재였다고 긍정적인 증명을 제공해서도 안된다.

이것은 구약성경의 예언과 신약성경의 성취에 관한 전반적인 문제를 완전히 인위적인 판단에 따라 조명하는 것이다. 그것은 구약성경을 단순히 그리스도를 예언하기 위해 기록된 하나의 책으로 만들어 버리고, 선지자들을 그들 자신은 그 의미를 거의 이해할 수 없지만, 그럼에도 불구하고 장차 도래하실 그리스도의 생애 속에서 일어날 사건들을 예고해 주는 속기사들과 거의 다를 바 없는 존재로 만들어 버리는 것이다. 또한 그것은 모든 건전한 주석의 원리들을 위반하는 것이다. 왜냐하면 우리에게는 성경에 관한 의미들을 자의적으로 첨가하는 것이 허용되지 않고, 우리는 그리스도를 임의대로 구약성경 속으로 끌어들여 읽을 수 없기 때문이다. 성경의 정확한 의미에 대해 충실하기 위해서는 이런 과정을 금하여야 한다. 그리스도를 높이거나 성경의 영감성을 옹호하기 위한 열심으로 그것을 핑계할 수는 없다.

그럼에도 불구하고 구약성경은 가장 참된 의미에서 그리스도를 예시하고, 지시한다. 그러나 그 예시는 고립적, 세부적 예언들의 문제 이상이다. 그것은 이스라엘의 신앙 자체와 유기적인 어떤 것이다. 그 모든 부분에 있어서 구약성경은 그의 언약의 백성들을 다스리는 하나님의 통치에 대한 깊은 의식을 담고 있다. 그리고 이스라엘은 그들의 하나님이 자신의 목적을 역사 속에서 수행하시는 역사의 주님이심을 믿고, 또 이스라엘을 그 목적을 위한 종으로 부르셨음을 믿기 때문에, 이스라엘은 그 통치 아래 승리적으로 하나님의 백성을 확립하는 것 외에 다른 역사의 목적을 생각할 수가 없었다. 구약성경의 신앙은 그 진정한 본질상 도래할 하나님 나라를 미리 지시하고, 선언하였다. 그것은 그 성취를 기다리고 있었다.

지금 우리는 도래할 하나님 나라에 대한 소망을 하나님이 보내신 구속자라는 인물로 구체화하려는 구약성경 속에 있는 강력한 경향을 — 비록 이것이 보편적인 사례가 결코 아님에도 불구하고 — 관찰하였다. 선지자들은 그 구속자를 염두에 두고, 그의 도래를 다양한 양식들 — 다윗계열의 메시야, 인자, 고난받는 종 — 로 예언하였다. 그러나 그 모든 양식들은 동일한 소망의 표현이었다. 확실히 하나님 나라가 임하면 하나님은 그 나라를 지도자 없이 버려두지 않고, 그가 지명한 대리자를 통해 자신의 목적을 성취하실 것이다!

메시야 양식들은 각기 고립된 예언들이 아니고, 고대 이스라엘의 사고방식과 경험들에 따라 형성된, 구원하시는 하나님을 믿는 신앙의 표현들이다. 이 모든 양식들 중에서 가장 심원한 양식은, 비록 유대인들은 그것을 그렇게 보지 않았지만, 고난의 종의 양식이다. 그리고 이것은 단순한 예언 이상의 것이다. 그것은 이스라엘의 하나님의 인격과 그의 구속적 목적의 본질에 대한 이해를 함축하고 있다. 선지자에게 자신의 하나님이 누구인가를 보는 것이 허락되었을 때, 그에게는 이런 하나님이 전쟁과 영광과 국가적 승리를 통해서가 아니라 그의 고난의 종의 헌신과 자기부인과 대리적 희생을 통해 그의 나라를 세우신다는 것을 이해하게 되었다. 그리고 그 소망 역시 그 성취 — 가시적인 형상으로 임하시는 구속자의 출현 — 를 기다렸다. 비록 어떤 유대인도 그것을 그렇게 생각하지 못했지만, 그것은 그 구현을 기다렸다.

따라서 구약성경의 구속에 대한 소망은 이스라엘의 하나님의 인격을 이해한 결과였다. 그것이 그 성취를 발견한 것은 그 이해가 정확했기 때문에 그리고 그리스도가 그리스도였기 때문이었다. 한편으로 그리스도(우리는 그분 자신을 하나님의 특별한 형상으로 믿는다)는 아버지 하나님의 본질을 잘 이해하셨고, 그렇기 때문에, 고난의 종이 가장 참되고, 최종적인 메시야 양식임을 이해하셨다. 다른 한편으로 그분은 깊은 메시야적 소명에 따라 감동을 받았기 때문에, 자신이 고난의 종의 양식을 수용해야 함을 알았다. 이스

라엘은 그 양식을 실현시키도록 부르심을 받았지만, 그들은 결코 우리가 할
수 있는 것 이상으로 할 수가 없었으며, 또 이스라엘 안에 있는 어떤 개인도
그렇게 할 수 없었다. 그러나 그리스도는 그것을 자신의 삶에 적용하시고,
다른 메시야 양식들을 그것으로 채웠고, 죽을 때까지 그 삶을 살았다. 그분
은 그것을 고난의 종의 양식 속에서 구현함으로써 이스라엘의 메시야 대망을
성취하셨다.

이 성취는 실제적인 것이었고, 그것은 확실히 의도적인 그리스도의 몫이
었다. 그리스도는 그것을 자신의 메시야적 소명으로 이해하셨기 때문에 고난
의 종의 양식을 스스로 짊어지셨고, 고난의 종에 관한 예언을 성취하셨다.
대망하던 메시야 왕은 고난받는 종으로 오셔야 한다. 율법이 창조하려고 추
구했던 의는 고난의 종의 희생적 순종을 통해 성취되어야 한다. 인자와 승리
한 하나님의 성도들의 이루 말할 수 없는 영광은 고난의 종의 십자가의 길을
통해서 도달되어지는 것이다. 새 언약에 들어갈 참되고, 정화된 이스라엘은
― 정확하게 고난의 종의 백성들이다. 이스라엘의 모든 소망과 그것이 취하
는 모든 양식들은 하나로서, 바로 고난의 종에서 성취된다.

예수님이 이 모든 메시야적 개념들을 고난의 종의 인물 아래 통합시킨
최초의 인물인지에 대해서는, 비록 그 가능성이 아주 농후함에도 불구하고,
논란이 구구한 문제이다. 그러나 중요한 것은 그분이 그렇게 하셨다는 것이
고, 더욱 중요한 것은 그 고난의 종이 임했다고 선언하셨다는 것이다: "이
글이 오늘날 너희 귀에 응하였느니라"(눅 4:21). 하나님의 고난받는 종 곧
남은 자의 메시야가 여기 있다. 교회 자체는 그분을 실질적으로 수난받은 구
세주 및 교회의 주님으로 높였다.[42] 이것들은 의미로 가득차 있는 말들이고,
그래서 우리는 그것들을 더욱 깊이 탐구해야 한다. 특별히 우리는 이 메시야
가 오셔서 세우려는 나라가 어떤 종류의 것인지와 그 나라가 주어지는 남은
자는 과연 누구인지를 물어야 한다.

---

42) Cf. Bowman, op. cit., pp. viii, 81.

제8장

두 세계 사이 : 하나님 나라와 교회

신약성경은 한결같이 그리고 확고한 신념을 가지고, 이스라엘의 모든 소망은 예수 그리스도 안에서 현재적 사실이 되었다고 선언한다. 그것은 그분 안에서 약속된 메시야가 임했다고 믿기 때문에 이렇게 주장한다. 예수님 자신이 그렇게 믿고, 그렇게 주장하셨기 때문에 신약성경이 그렇게 천명하는 입장을 우리는 앞장에서 언급했었다. 또한 그것은 만일 예수님이 유대인들에 의해 메시야로서 받아들여지지 않았다면 — 그분이 그렇게 받아들여지지 않은 것이 분명하다 — 그것은 그분이 이상한 메시야 그리고 고대하지 않은 메시야로서 오셨기 때문이라는 사실도 강조하였다. 대중의 메시야 양식들을 거부하고, 그분은, 비록 고대 선지자의 의도 속에서 그것이 참으로 메시야적 성격을 지닌 것이었지만, 유대인들 자체에 의해서는 주목받지 못한 양식을 취하였다. 그것은 바로 여호와의 고난받는 종의 양식이었다. 그분은 의식적으로 그리고 의도적으로 그 양식을 자기 자신의 것으로 채택하였고, 나아가 다른 메시야 양식들에 그것을 적용함으로써, 고난받아야 하는 구원자의 양식 속에서 이스라엘의 예언적 소망의 성취를 선언하였다.

그러나 만일 예수님이 참으로 메시야라면, 그로 인해 우리는 다음과 같은 보다 세부적인 질문에 직면하게 된다: 그의 나라의 본질은 무엇인가? 이 질문은 불가피하게 제기되는 질문이다. 어떤 사람을 메시야로 인정하는 것은 그 사람 안에서 도래할 하나님 나라를 선언하는 것이다. 왜냐하면 그 나라를 수립하는 것이 엄밀히 말해 메시야의 사명이기 때문이다. 메시야는 하나님 나라와 분리될 수 없다. 확실히 구약성경 신앙과 유대교 신앙은 빈번하게 전혀 메시야를 언급하지 않고, 승리하는 하나님 나라를 묘사하였다. 그러나 메시야는 결코 그 나라와 별개로 생각된 적이 없었다: 메시야가 오면, 그 나라도 온다. 그 나라를 세우지 않기 위해 임하는 메시야는 참으로 변칙적인 메시야일 것이다.

그러므로 만일 예수님이 어떤 의미에서든 메시야라면, 그분은 이스라엘의 신앙이 그토록 오랫동안 고대해왔던 그의 백성들을 다스리는 승리하시는 하나님의 통치를 현실화시키기 위해 오신 것이다. 바로 이 일을 예수님은 행하셨다고 신약성경은 선언한다. 그러나 어떤 의미에서 그분은 그렇게 하셨는가? 아니, 다르게 말하면, 그의 나라는 무엇인가? 누가 그 나라를 상속받는가? 그 나라의 승리는 어떻게 오는가? 이제 우리는 이 질문에 대해 관심을 집중해야 한다. 그것은 쉬운 질문은 아니고, 답변이 분명한 것도 아니다.

I

하나님 나라는 그 참된 의미에서 볼 때, 지금 여기서 현재적 사실이 되어있다는 주장이 복음 메시지의 진정한 핵심 속에 놓여 있다. 우리는 이미 신약성경이 하나님 나라를 말할 때 가져온 시제의 극적인 변화를 언급하였다. 구약성경의 미래시제("보라 그 날이 임하리니" 따위의)가 이제는 감정적으로 현재가 되었다: "하나님 나라가 가까왔으니"(막 1:15). 그 드라마의 마지막 막이 방금 시작되었고, 메시야 시대가 바야흐로 동터올랐다. 솔로몬보다 더 크고, 요나보다 더 큰 이(눅 11:31-32), 아니, 성전과 율법보다 더 큰 이(마 12:6-8)가 여기 있다. 고난의 종이 방금 무대에 올랐고(눅 4:17-21), 그래서 모든 이들이 그의 사역을 볼 수 있을 것이다(마 11:2-6). 과거의 모든 사람이 보기를 원했으나 보지 못했던 그 때가 비로소 임하였다(눅 10:23-24). 하나님 나라의 임박한 도래에 대한 표지들을 더 이상 허둥대며 찾을 필요가 없다: 그 나라는 지금 "너희 안에" 있다(눅 17:21).[1] 예수님의 인격과 사역 속에서 하나님 나라는 세상 속에 침노하였다.

1. 이것이 그렇다는 확신은 예수님이 베푸신 이적들에 대해 ─ 그리고 우리가 믿고 있는 것처럼, 예수님 자신에 관해 ─ 복음서 저자들이 가지는 태도에 의해서 극명하게 예증된다. 이적들은 많은 사람들의 마음 속에서 골치아픈 주제이다. 그것들은 빈번하게 신앙에 대한 걸림돌이자 회의주의의 원천이 되어왔다. 확실히 그것들 중 어떤 것은 현재 정신적 신체 관계에 관해 알려져 있는 모든 것에 비추어 보면, 충분히 믿을 만하고, 심지어는 가장 완강한 불가지론자도 그것들을 믿는데 별로 어려움이 없다. 그러나 다른 것들은 합리화를 위한 모든 시도를 거부한다. 그것들은 우리의 유한한 정신이 그것을 이해하는 대로, 자연적 인과관계에 따라서는 설명할 수 없고, 그것들의 본질에 따라 허용되거나 거부되어야 한다. 대부분의 책들 ─ 그 책들 대부분은 무익한 책들이 아닌가 싶다 ─ 이 그것들이 틀림없이 그렇게 일어났다는 것을 증명하거나 또는 그것들이 전혀 일어날 수 없었던 일들임을 증명하기 위해 추구했던 이적론을 대상으로 다루었다. 여기서 우리가 그 주제를 다루는 것은 참으로 우리의 연구범주를 벗어나는 일이다. 그것은 정직하게(왜냐하면 우리가 하나님 나라에 들어갈 때 우리의 정신을 떼어놓아야 한다는 말을 들어본 적이 없기 때문에) 그러나 겸손하게 접근하지 않으면 안되는 주제이다. 결국 하나님과 함께 하는 것을 누구에게 말할 것인가?

그러나 여기서 언급되어야 할 요점은 아무리 사람이 이적들을 주목한다고 할지라도, 그는 그것들이 그 주님 안에서 신약성경 신앙의 통합적 부분이

---

1) 눅 17:21의 정확한 의미는 너무 논란이 많아서 아마 이 문맥 속에서 그것을 상기하지 않도록 주의가 요망될 것이다. 어떻게 읽든 거의 똑같은 강조점을 나타낸다 할지라도, "너희 가운데"(among you)(A.S.V 난외주)라고 읽는 것이 "너희 안에"(within you)로 읽는 것보다 더 낫다고 생각된다. (cf. Major, Manson and Wright, *The Mission and Message of Jesus* [New York: E.P.Dutton & Co., 1938]). pp. 36-37에서 Major교수는 "within"을, pp. 595ff에서 Manson교수는 "among"을 강력하게 주장한다. 그러나 예수님은 하나님 나라가 바로 지금 너희 한가운데 있다고(그래서 그 도래를 바라볼 필요가 없다고) 말씀하신 것이 아닌가, 또는 그 나라가 돌연히(그래서 예비적인 징조들이 없이) 임할 것이라고 말씀하신 것이 아닌가? 어느 쪽이든 강하게 주장될 수 있지만, 학문적 견해는 서로 분리된다. 여기서 나는 내가 지지하는 이유들을 거론할 수는 없지만, 임시적으로 전자의 대안을 선호하였다.

라는 결론을 피할 수 없다는 것이다. 그것들을 복음서 기사의 예외적 부산물
로, 즉 실제 그대로의 예수님을 복원시키기 위해서 폐기처분되어야 하는 미
신시대의 신앙의 표현으로 간주하는 사람은 참으로 합리주의자의 지성에 부
합하는 예수를 회복할 수는 있다 — 그러나 그는 그것이 신약성경 신앙의 예
수가 아니라는 것을 확인할 것이다.

또 아무 의심없이 그것들을 수용하는 경향이 있는 많은 사람들이 그러기
쉬운 것처럼, 우리는 그것들을 어느 정도 주님이 자신이 누구인가에 대한 증
거를 낳기 위해서 베푼 우리 주님의 권능의 지엽적 표상들로서 간주할 수도
없다. 확실히 초대교회는 그것들 속에서 이런 증거를 발견하였다(예. 행
2:22). 그러나 그리스도 자신은 그같은 목적으로 자신의 권능을 사용하기를
처음부터 끝까지 거부하였다. 실제로 그분은 복음의 말씀에 그 귀가 먼 사람
은 누구나 어쨌든 이런 증거를, 심지어는 자기 바로 눈 앞에서 죽은 자가 다
시 살아나더라도 믿지 않을 것이라고 말씀하셨다(참조. 눅 16:29-31).

신약성경 신앙에 따르면, 예수님이 행하신 이적들은 우연한 것도 아니
고, 지엽적인 것도 아니며, 다만 그의 인격에 통합되어 있는 것이다. 그리고
그것들은 종말론적으로 이해되었다.[2] 즉 그것들은 그리스도 안에서 새 시대
가 현 시대 속에 침투해 있다는 사실에 대한 예증들이다: 하나님 나라의 권
능은 그것들 속에 현존하고, 현시대의 악의 세력과 투쟁하고 있었다. 공관복
음서의 언어에 따르면, 적어도 그리스도의 이적들은 "표적들과 기사들"
(sēmeia kai terata) 즉 사람들의 눈 앞에서 예수님의 주장을 인증하도록 계
획된 신적 권세의 자기확인적 표명으로 절대 나타나지 않는다. 참으로 표적
들(즉 기적들)은 엄밀히 말해 그리스도가 행하기를 거부한 종류의 일이었다
(예. 막 8:11-12; 마 12:38-40). 거짓 메시야들은 "표적들과 기사들"을 보
여주는 사람들이었고(막 13:22; 마 24:24), 예수님이 그들과 마찬가지로 행

<hr>

2) 그 점에 대해 더 깊이 고찰하기 위해서는 예컨대 F.C. Grant, *An
Introduction to New Testament Thought* (New York and
Nashville: Abindon-Cokesbury Press, 1950), pp. 148-59, 200;
J.W. Bowman, *The Intention of Jesus* (Philadelphia: The
Westminster Press, 1943), pp. 109-15; Wm. Manson, *Jesus the
Messiah* (Philadelphia: The Westminster Press, 1946), ch. 3를 참조
하라.

하셨다면, 그것은 적어도 그 관점에 따르면, 참 메시야라는 자신의 주장에 찬물을 끼얹는 반증이 되었을 것이다.

반대로 예수님의 이적들은 그것들 속에 그 현존을 선포하는 하나님 나라의 "강력한 활동들"("능력들", dunameis)이다. 그것들은 "내세의 능력"을 맛보는 것이다(히 6:5). 그것들 속에서 원수 ─ 질병, 광기, 죽음 그리고 죄의 사슬로 사람들을 구속한 ─ 의 지배력은 풀리기 시작했다. 바리새인들이 사단의 권세로 귀신을 쫓아낸다고 예수님을 비난했을 때, 그분은 만일 그렇게 되면, 사단의 집은 분쟁하고, 설 수 없을 것이라고 답변하였다. "그러나 내가 만일 하나님의 손을 힘입어 귀신을 쫓아내는 것이면 하나님의 나라가 이미 너희에게 임하였느니라"(눅 11:20; 마 12-28). 예수님의 강력한 사역 안에서 그 나라의 능력은 세상 속에 들어왔다. 사단은 강력한 대적자를 만났다(눅 10:18; 막 3:27). 우주적 종말투쟁은 시작되었다.

따라서 하나님 나라는 이미 세상 속에 발출된 능력이다. 참으로 그 시작은 미미하고, 이 모호한 갈릴리 사람의 미천한 사역이 하나님의 새 시대의 여명이었다는 것이 도무지 믿을 수 없는 일처럼 보일 것이다. 그러나 그것은 사실이다! 이렇게 시작된 것은 그 결국을 향해 확실히 진행될 것이다. 그것을 멈출 수 있는 것은 아무 것도 없다. 그 결국은 승리이다. 또 한번 말하지만, 이 동기는 예수님의 가르침 속에서 거듭 등장한다. 한 덩어리의 누룩이 작을지 모르지만, 일단 그것이 작용하기 시작하면, 아주 큰 양의 가루반죽으로 부풀릴 것이다(마 13:33). 겨자씨는 참으로 작은 씨지만, 일단 심어 놓으면, 그것은 가장 커다란 나무들 가운데 하나로 자랄 것이다(마 13:31-32).

---

3) 이 비유들의 강조점은 마치 하나님 나라가 성장의 과정을 거쳐서 임하는 것을 가르치기 위한 것처럼 연루된 시간의 길이에 있거나 또는 미미한 시작과 엄청난 결과를 대조시키는데 있는 것처럼 보이지 않는다(예. A. H. McNeile, *The Gospel According to St. Matthew* [London: The Macmillan Co., 1915], pp. 198-99). 비록 이런 특징이 나타나있는 것은 사실이지만, 그 강조점은 그 능력들이 불가피하게 결실을 향해 움직이고 있다는 사실에 있는 것으로 생각된다. 주석들을 보라: 예. T. W. Manson in Major, Manson and Wright (op. cit., pp. 415, 596-97). 그러나 C. H. Dodd (*The Parables of the Kingdom* [London: Nisbet & Co., 1935] pp. 175-94)는 자신의 "실현된 종말론" 주장에 입각하여, 비유들은 미래의 결실이 아니라 현재의 결실을 선언하는 것이라고 강조한다.

만일 우리가 밭에 씨를 뿌린다면, 그것은 언젠가 불가피하게 수확을 얻을 수 있는 능력을 발휘하기 시작할 것이다(막 4:26-29). 하나님 나라는 마치 그와 같다. 그것이 현재는 비록 작지만, 이 자그마한 시작 속에 그 승리가 감추어져 있다.[3] 그리고 그 승리는 온 땅에 두루 미칠 것이다. 왜냐하면 "모든 권세가 … 그분에게 주어졌기" 때문이다(마 28:18).

2. 그러나 만일 하나님 나라가 참된 의미에서 세상에 들어왔다면, 사람들은 그 나라를 섬기도록 부르심을 받는다. 그 이유는 그 나라는 비어있는 영역 즉 지리적 경계를 지닌 수많은 평방마일의 영토가 아니기 때문이다 — 거기에는 백성이 있다. 아니, 그것을 다른 말로 표현하면, 메시야는 결코 적막한 위엄 속에서 홀로 다스리는 고독한 인물로 나타나지 않는다. 그는 그의 백성들을 다스린다. 그는 그의 백성들을 자신의 통치로 이끈다. 그렇다면 만일 예수님이 메시야라면, 남은 자는 어디 있는가? 만일 그분이 인자라면, 그의 영광스러운 통치를 받는 성도들은 어디 있는가? 만일 그분이 새 율법을 주시는 새 모세라면, 그것을 받을 새 이스라엘은 어디 있는가? 만일 그분이 고난의 종이라면, "너희 중에 여호와를 경외하며 그 종의 목소리를 청종하는 자가 누구인가"(사 50:10)?

따라서 그리스도는 그의 나라로 사람들을 이끌기 위해 오셨다. 그의 사명은 사람들에게 더 낫고, 보다 영적인 윤리를 가르치는 것도 아니고, 사람들에게 하나님의 인격에 대한 보다 명확한 이해를 제시하는 것도 아니며, 또 유대 율법을 부패한 종교적 정신으로 만들어버린 악용자들을 공격하고, 그 율법에 어떤 수정안을 제안하는 것도 아니었다 — 요컨대 사람들을 더 나은 사람으로 만드는 길을 지적하는 것이 아니었다. 이 모든 것은 참으로 아주 열심을 갖고 그분이 행하신 일이다. 그러나 그분은 도래할 하나님 나라의 눈부신 빛에 따라 그것을 행하셨다. 그분의 부르심은 엄청난 긴급성을 띤 부르심 곧 그 나라를 위해 근본적 결단을 촉구하는 부르심이었다. 하나님 나라는 바로 거기에 "가까이" 있다. 그것은 문 앞에 서서 문을 두드리고 있다(눅 12:36; 참조. 계 3:20).

누가 그 문을 열고 그 안으로 들어오게 할 것인가? 누가 그 도래에 대해 "예"라고 말할 것인가? 복음서는 그 부르심의 근본적 임박성을 거듭거듭 강조한다. 그것은 값진 진주와 같다. 여러분은 모든 것을 다 팔아 그것을 사야 한다(마 13:45-46). 여러분은 마치 그들을 미워하는 것처럼, 부모, 아내와 가족을 떠나야 한다(눅 14:26). 그것은 모든 지상적 관심사를 초월한다(마 6:33). 만일 그것이 두 눈을 가지고는 들어가지 못하고, 여러분의 눈을 빼내고, 눈이 멀어야 들어가는 문제라면, 여러분은 지체없이 그곳에 들어가기 위해서 눈을 빼내고, 눈이 멀어야 한다. 이것은 사소하게 다룰 부르심 — 손에 쟁기를 잡고 뒤를 돌아보는 사람처럼(눅 9:62) — 이 아니다! 또 약간의 도덕적 개선, 돌발적인 열심, 새해를 맞이하여 좀더 나은 삶을 살겠다는 약간의 결심으로 응답될 부르심이 아니다! 그것은 총체적이고, 근본적인 순종에의 부르심이고, 전적으로 불가능한 의에로의 부르심이며, 하나님이 완전하신 것처럼 완전하라는 부르심이다(마 5:48). 요약하면 그것은 인간으로서는 도저히 도달할 수 없는, 오직 그분이 신앙에 대한 응답을 줄 수 있는 하나님 나라의 의에로의 부르심이다. 왜냐하면 그 나라에 대해 예라고 말하고, 그 통치에 복종하는 것은 신앙이기 때문이다(막 1:15; 참조. 롬 3:22). 그리고 "주여, 내가 믿나이다. 나의 믿음 없음을 도우소서"(막 9:24)라고 외치는 것이 신앙의 본질에 속한다.

그리스도는 그 나라를 위한 근본적 결단을 촉구하는 이 부르심을 인간들에게 발하신다. 그리고 그것을 주목하는 사람들이 하나님 나라에 들어가고, 아니, 그들은 바로 그 나라이다. 그분 이전의 어떤 선지자들보다도 크신 그리스도는 개인들의 마음 속에 역사하셨다. 왜냐하면 참된 이스라엘 — 참된 하나님 나라의 백성 — 은 혈통적인 이스라엘 사람도 아니고, 외적 율법을 알고 준수하는 이스라엘 중의 엘리트 집단에 속한 사람들도 아니며, 아무리 비천하고 연약할지라도 마음과 행함으로 하나님의 부르심에 대한 그들의 순종을 표시하는 개인들이기 때문이다. 어떤 외적인 의무를 수행하는 의미에서 이루어진 순종은 하나님 나라에 들어가는 조건을 충족시키지 못한다! 신약성경 저자는 이런 일을 조금도 말하지 않았다.

오히려 의무를 수행하거나 태만하고, 규칙들을 지키거나 위반하는 노선에 집착하지 않는 사람들을 구별하는 경향이 있었던 그리스도인들은 다시 한번 바울이 모든 종교적 "행위"의 파산을 선언하고 있는 곳을 아주 진지하게 읽어 보라. 율법의 행위들은 죽었다: 그것들은 의를 낳을 수 없고, 단지 기껏해야 죄에 대한 의식을 일깨울 수 있을 뿐이다(롬 3:20). 율법에 다시 떨

어지는 것은 자기를 속박하는 종의 멍에를 메는 것이고(갈 5:1), 그리스도의
은혜로부터 떨어지는 것이다(갈 5:4). 왜냐하면 구속이란 오직 신앙에 의해
서만 얻어지는 예수 그리스도 안에서의 하나님의 순수한 은혜의 문제이기 때
문이다(롬 3:22-26; 5:1-2).

이런 사실들을 말하는데 있어서 바울은 그의 주님을 오해하지 않는다.
그 까닭은 그리스도 자신은 눈에 보이는 의를 전혀 보여주지 못하는 불의한
사람들을 그의 나라로 자유롭게 환영했지만, 의를 풍성하게 지닌 율법선생들
은 결코 들어갈 수 없다고 선언하셨기 때문이다(마 5:20; 21:31).

그렇다면 순종이 하나님 나라에 들어가는 조건은 아니다. 그러나 또 다
른 의미에서 그것은 그 안에 들어가는 조건이 된다. 왜냐하면 그것은 들어가
려는 자발성과 욕구를 표시하기 때문이다. 더욱 중요한 것은 그것은 그 안에
들어간 사람의 보증이다. 참으로 우리는 신약성경 안에는 겉으로 보기에는
서로 모순되는 것처럼 보이는 두 가지 평행적인 주제가 펼쳐져 있다고 말할
수 있다. 한편으로 우리는 특히 바울서신에서 율법의 행위로 말미암지 않고,
신앙으로 말미암아 받는, 예수 그리스도 안에서의 하나님의 은혜를 통한 구
원을 본다.

다른 한편으로 우리는 그리스도의 행위를 행하지 않는 자는 부끄러운 그
리스도인이자 그리스도의 교회의 구성원이 아니기 때문에 행함이 없이는 얻
지 못하는 구원을 본다. 물론 여기서 후자는 야고보서에서 그 가장 현저한
표현을 발견한다: 사람은 행함으로 의롭게 되고(2:24), 행함이 없는 믿음은
죽은 믿음이다(2:14-18). 그것은 행위는 신앙의 지표이기 때문이다. 참으로
우리가 다른 곳에서 읽는 것처럼(요일 4:20), 입술로 하나님께 헌신한다고
말만 하고, 선한 일을 행하지 않는 자는 분명히 그 안에 진리의 불꽃이 없는
거짓말쟁이다. 그럼에도 불구하고 우리는 이 표면상의 대조를 지나치게 강조

---

4) 야고보와 바울의 관계에 관해서는 주석들을 보라: 예. J.H. Ropes, *The
Epistle of St. James* (*International Critical Commentary*
(Edinburgh: T. & T. Clark, 1916)), pp. 28-39. 야고보 신학의 한계들
이 무엇이든 간에(그는 십자가를 언급하지 않는다!), 그 차이들이 과장되어서
는 안된다. 무엇보다도 먼저 우리는 야고보서에 "지푸라기 서신"이라는 루터의
낙인을 찍을 수 없다.

하는 것은 잘못이다. 그 신학에 있어서 아무리 야고보가 바울과 차이가 크다
고 할지라도, 이 점에 있어서 그와 바울은 일치한다: 바울은 야고보 못지 않
게 그리스도인의 선한 행실을 요청하였다.[4] 그래서 그들 둘 다 복음을 근본
적으로 강조하고 있는 점에서는 동일한 입장에 서있다.

어쨌든 그리스도의 나라의 구성원들은 그분에게 순종하는 사람들이라는
것은 복음서에서 거듭 주장하는 사실이다. 그리스도에게 속한 사람들은 주린
자를 먹여주고, 헐벗은 자를 입혀주고, 옥에 갇힌 자와 버림받은 자에게 자
비를 베풀었던 사람들 ─ 요약하면, 그리스도의 행위를 실천한 사람들 ─ 이
다(마 25:31-46). 그들의 고백과 신조가 무엇이든 간에, 그리스도의 행위를
행하지 않는 사람들은 그에게 속한 사람들이 아니다. 만일 사람이 그분에게
순종하지 않는다면, 그분을 "주여, 주여"라고 부르고, 그의 이름을 교리, 찬
송, 그리고 기도 속에서 존중하는 것은 아무 유익이 없다(마 7:21-23). 그러
나 그분에게 순종하는 자는 누구나, 그가 어떤 사람이든 상관없이, 그의 형
제요, 친척이다(막 3:35).

3. 하나님 나라의 부르심에 비추어 볼 때, 신약성경 윤리는 비로소 이해
되어지는 것이다. 우리가 이 점을 깨닫는 것은 극히 중요하고, 따라서 우리
가 그것을 강조하기 위해서 잠시 멈추는 것이 도움이 된다. 예수님은 자신의
윤리적 가르침을 그 당시나 우리 시대의 세속적 질서를 유지하기를 기대하는
프로그램으로 제시한 것이 아니었다. 얼핏 들으면 이렇게 말하는 것이 충격
적으로 들릴지 모른다. 그 까닭은 그리스도는 확실히 자신의 가르침이 진지
하게 받아들여지기를 의도하였고, 분명히 이 세상의 불의한 사회들이 하나님
의 심판 아래 있음을 믿었기 때문이다. 그러나 그분이 사회를 개혁하기 위해
시작하지 않았다는 사실은 그대로 남아 있다. 그분은 그 이상의 일을 하기
위해 시작하셨다: 그분은 사람들을 하나님 나라와 그 의로 이끄셨다. 그리고
그분의 윤리적 가르침들은 하나님 나라의 의이다. 물론 그것들은 그 자체로
하나님 나라의 모든 종들의 의무이다. 그러나 이것을 보면 그것들은 그 주권
을 인정하지 않는 사람들에게는 무용지물이다.

그러므로 그리스도인의 복음을 현재 사회가 마땅히 그 실현을 기대하는
사회개혁 프로그램으로 생각하는 것은 커다란 잘못이다. 이것은 "자유주의"
신학의 커다란 오류였다.[5] 확실히 우리는 "자유주의" 신학이 우리에게 그리

스도의 요청들은 엄밀히 윤리적이라고 하는 사실 — 우리가 참으로 절실하게 상기할 필요가 있었던 것 — 을 상기시켜준 사실에 대해 감사해야 한다. 기독교 윤리의 선포는 세월이 흐르면서 세속사회에 많은 영향을 미쳤고, 그리하여 그것이 사회를 조금 살기좋은 곳으로 만든 것 역시 사실이다. 참으로 우리는 기독교 윤리의 영향이 없는 바람직한 사회를 생각하기 싫어한다. 그러나 기독교 복음을 단순히 사회적 의를 위한 프로그램으로 제시하는 것은 근본적으로 복음서의 그리스도를 오해하는 것이고, 좌절과 환멸의 길을 걷는 것이다. 그 이유는 비기독교 세계는 그리스도의 윤리를 실천하지도 못하고, 우리의 비난에도 불구하고, 그렇게 하도록 될 수도 없기 때문이다. 비기독교 세계에서 예수님의 가르침은 그 세계가 신속하게 선포하는 것처럼, 단순히 "실천적"이지 않다. 하나님 나라의 윤리를 실현시키기 위해서는 사람들이 하나님 나라의 법에 복종하는 것이 먼저 필수적이다.

그러나 예수의 윤리는 하나님 나라의 윤리이고, 따라서 이 땅의 나라들을 위한 프로그램이 될 수는 없다는 사실이 그들에 대한 우리의 책임을 회피하는 핑계로 이용되어서는 안된다. 이런 핑계는 아주 빈번하게 주어진다. 어떤 조치들이나 어떤 사회양식들이 예수님의 가르침들과 일치하지 않는다는 사실로 비난받을 때, 그것을 자유롭게 인정은 하면서도, 예수님의 윤리는 하나님 나라의 윤리이기 때문에, 그것이 천년왕국이 도래하기 전에는 실천되지 못할 것이라고 선언하는 천년왕국 신봉자가 있을 것이다(우리는 이런 사람들을 자주 만난다). 만일 이것이 하나의 풍자화처럼 보인다면, 천년왕국 신봉자는, 자기 신앙을 선전하는데 지극히 열심이고 만일 이것이 성취되기만 하면 기독교 사회윤리는 자연히 지켜질 것이라고 스스로를 안심시키는 — 그러나 자신의 행위로 그가 그것들을 참으로 실천적인 것들로 느끼지 못하고 있음을 드러내는 — 그리스도인보다 별로 나쁜 사람이 아니라고 말해질 수 있을 것이다.

반면에 우리는 쉬바이처나 다른 사람들이 주장한 것처럼,[6] 예수의 윤리

---

5) "자유주의" 신학의 이 국면에 관한 Bowman(op. cit., pp. 192-96)의 평가는 참으로 추천할 만한 것이다. 예수님의 가르침과 그것의 하나님 나라와의 관계에 관해서는 예컨대 T.W. Manson, *The Teaching of Jesus* (2nd; Cambridge University Press, 1935), 특히 pp. 285ff를 보라.

를 "중간윤리"(interlm ethics)로 분류시킴으로써, 우리의 딜레마를 결코 피할 수는 없다. 이들은 예수님의 가르침은 확실히 통상적인 인간생활에 적용하기에는 너무 엄격하기 때문에, 최종적 종말이 임하기 전에 초대교회(그리고 예수님!)에 의해 기대되었던 짧은 중간기에 그리스도인을 위한 행위양식으로 단순히 주어졌음에 틀림없다고 느꼈다. 그러나 만일 그것이 과연 그렇다면, 그 기대했던 중간기가 지난지 오래된 시대에 살고있는 오늘날 우리들을 규제할 수 있는 권위는 도대체 어떤 것일까?

예수의 윤리는 하나님 나라의 윤리이다. 그리고 예수님은 그 당시 세대들 뿐 아니라 모든 세대에 있어서 자신을 따르는 자들이 그것을 진지하게 취하기를 기대하셨다. 그 까닭은 하나님 나라는 모든 역사의 목표이자 모든 신자들에 대한 상급일 뿐 아니라 모든 인간 행위가 판단받는 규범이라는 신약성경 신학에서 보면, 그것은 바로 지금 현재의 질서 속에 침노하는 새 질서이고, 사람들에게 그 백성이 되도록 초청하는 새 질서이기 때문이다. 그 초청은 반응을 요구하고, 그 반응은 지금 여기서 보여주는 순종과 의이다. 그리스도는 그를 따르는 자들이 세상 속에 침노한 하나님 나라에 입각하여, 마치 종말이 내일인 것처럼 생각하고, 매일의 삶을 살기를 원하셨다. 우리가 그 말을 사용할 수 있다면, 그것은 "종말론적 삶"에로의 부르심이다. 신약성경의 윤리는, 이러한 사실 속에서 보면, 선지자들의 입술을 통해 터져나왔던

---

6) 누구에게나 잘 알려져있는 Albert Schweitzer는 자신의 저서 *Geschichte der Leben-Jesu Forschung* (2nd ed.; Tübingen: J.C.B.Mohr, 1913; English translation by W.Montgomery, *The Quest of the Historical Jesus* (London: A. & C.Black, 1910 (2nd ed. 1922); reprinted New York: The Macmillan Co., 1948))에서 신약성경 연구의 이정표가 된 "자유주의적" 예수를 신랄하게 비판한다. 그러나 예수의 사명의 종말론적 성격을 강조하는 그의 열심으로 인해 그는 지나치게 멀리 — 심지어는 예수님은 그의 제자들이 첫 선포의 사명을 완수하기 전에 하나님 나라가 임하리라고(마 10:23) 기대했으나 이루어지지 않자 예수님은 이 일에 실망하였고, 그래서 자신의 죽음을 통해 하나님 나라를 고의적으로 촉진시키려는 의도를 가지고 예루살렘으로 올라갔다고 주장하는 지경에까지 — 나아갔다. 이 견해에 따르면, 예수님은 하나님 나라가 곧 임하리라고 기대했기 때문에, 그의 가르침은 짧게 존속한 중간기간 동안에 그의 제자들의 행동을 규율하기 위해 주어졌다고 한다. 이런 극단적 입장 때문에 오늘날 쉬바이처를 따르는 사람들은 별로 없다.

옛 언약의 윤리적 요청들과 같다: 그것들은 사람들이 그들이 하나님 나라의
참 백성임을 보여주는 수단이다. 만일 순종이 주어지지 않으면, 옛 언약에서
처럼 새 언약에서도, "너희는 내 백성이 아니다"(호 1:9)!

정확하게 말하면, 사회복음과 개인구원의 복음의 관계가 여기에 놓여있
고, 우리가 그것을 주목하는 것은 중요하다. 그 두 가지는, 종종 그렇게 행
해지는 것처럼, 별개로 서 있어서는 안된다. 왜냐하면 그것들은 동일한 사실
의 두 국면이기 때문이다. 참으로 그것들은 동전의 양면처럼 서로 밀접하다.
우리는, 자유주의자들이 그런 것처럼, 더 이상 마치 그것이 성가시고, 잉여
적인 신학적 이론인 것처럼, 예수의 윤리를 선포할 수 없고, 그의 인격과 사
역을 제쳐둘 수 없다. 적어도 만일 우리가 그렇다면, 우리가 선포하는 것은
신약성경 신앙의 예수가 아님을 알아야 한다.

또한 "보수주의자들"이 그러는 경향이 있는 것처럼, 우리는 자유주의자
들이 온전한 복음을 선포하지 않는다고 비난할 수도 없다. 그리고 우리가 사
람들에게 신앙으로 말미암아 구원을 얻도록 전도하기 때문에, 우리는 우리
자신과 우리 백성들이 하나님 나라의 의의 요청들에 직면할 필요조차 없다고
느낀다. 이것 역시 신약성경의 그리스도를 선포하는 것이 아니고, 불완전한
그리스도를 선포하는 것이다. 우리는 주목을 받기 위해 서로 경쟁하는, 사회
복음과 개인구원의 복음이라는 두 복음을 갖고 있는 것이 아니다.

우리는 오직 하나의 복음 즉 하나님 나라의 복음을 갖고 있을 뿐이고,
그것은 두 복음의 역할을 다 감당한다. 우리는 이 외에 선포할 다른 것을 갖
고 있지 않다. 우리는 그리스도의 교회 안에서든 또한 우리의 형제를 만나는
교회 밖 어디에서든, 모든 관계 속에서 그것에 순종하도록 부르심을 받고 있
음을 확신해야 한다. 그리스도가 우리가 우리의 형제를 대접하는 것은 곧 우
리가 주님을 대접하는 것(마 25:31-46)이라고 말씀하신 것을 대수롭지 않게
생각하지는 못하리라!

Ⅱ

이와 같이 그리스도는 하나님 나라가 세상 속에 들어왔다고 선언하고,
사람들을 그 나라로 부르셨다. 신약성경은 그리스도의 부르심에 순종하는 사

람들은 그의 참된 교회이고, 이스라엘에게 주어진 모든 약속의 상속자들이라
고 이구동성으로 주장한다(예. 롬 4:13-15; 갈 3:29; 딛 3:7; 약 2:5).

1. 여기서 우리는 예수님이 교회를 세우시길 원하신 이유에 대한 문제
를 상세하게 거론하는 일을 피할 수 없다. 어떤 사람들은 예수님은 그런 의
사를 조금도 갖고 있지 않다고 부정하였다.[7] "교회"라는 말이 드물기는 하지
만 예수님의 입술에서 나온 말로서(마 16:18; 18:17), 극히 해석이 어려운
구절에서 그 말을 사용한 것은 사실이다.[8] 그러나 예수님은 참으로 교회의
위대한 창설자라는 점은 의심할 여지가 없다고 우리는 확신한다. 확실히 새
종교를 창건하려는 것이 그의 목표는 아니었다. 그리고 그분은 분명히 어떤
특수한 교회의 조직 ─ 심지어는 여러분의 교파의 조직까지도 ─ 을 설립하
신 것이 아니었다! 예수님과 사도들의 가르침에 따라 우리의 교회기관들을
검토하는 것은 온당하고, 적절하며, 마땅히 우리가 해야 할 바이다.

그러나 그것들이, 오직 그것들만이 그 기원과 진정성을 갖고 있음을 증

---

7) 예를 들면 A. von Harnack, *The Mission and Expansion of Christianity* (New York: G. P. Putnam's Sons; 2nd ed.; London: Williams & Norgate, 1908), I, 407와 최근의 R. Bultmann, *Theologie des Neuen Testaments* (Tübingen: J. C. B. Mohr, 1948), I, 8은 그 문제에 관한 자세한 참고문헌을 싣고 있다. M. Goguel (*L'Eglise, Primitive* [Paris: Payot, 1947], p. 16)은 예수님은 하나님 나라를 선언했지만, 그 나라를 임하게 한 자는 교회라는 사실을 주장하려는 취지로 A. Loisy (*L'Evangile et L'Eglise*, p. 152)를 인용한다. 우리는 "교회"란 무엇인가 라는 개념규정을 아주 심각하게 다루어야 한다고 생각된다. 우리는 예수님은 새 종교를 창건하기를 원하지도 않았고, 존재했던 어떤 교회들의 조직을 염두에 두고 있었던 것도 아니며, 만일 메시야로서 그가 참된 이스라엘을 불러내기 위해 오셨다면, 교회의 개념은 불가피하게 제시된다는 사실을 인정할 수 있다. 탁월한 내용을 담고 있는 R. N. Flew, *Jesus and His Church* (2nd ed.; London: Epworth Press, 1943), pp. 17-88을 보라.

8) 이 두 구절은 예수님이 직접 말씀하신 "교회"라는 말이 나타나는 유일한 구절들이지만, 과연 그분의 말씀인지 그 진정성을 크게 의심받고 있다. 여기서 그 비판적인 문제를 거론하는 것은 논외의 문제이다. 예수님이 일부 아람말을 사용하고(kenishta?), 복음서 저자는 그의 독자들이 가장 잘 이해할 수 있는 번역으로서 헬라어 ekklesia(교회)를 선택했다는 사실은 이치에 합당하다고 생각된다. Cf. McNeile, op. cit., pp. 241-42; M. J. Lagrange, *Evangile selon Saint Matthieu* (3rd ed.; Paris: Librairie Lecoffre, 1927), pp. 324-25; Flew, op. cit., pp. 89-98.

명하려는 시도는 아주 빈번하게 놀랍고도 흥미로운 결과들 — 그리고 커다란
비극 — 을 낳았다. 교회의 주님이 이런 결과들을 인정하고 있는지는 의심의
여지가 많다. 그 말을 그런 의미로 본다면, 예수님은 전혀 교회를 창설하지
않았다. 그러나 교회는 참으로 그 이상의 것이다. 예수님은 교회 조직을, 심
지어는 최소한의 조직도 창설하지 않았다.

　메시야로서 그분은 남은 자를 부르시기 위해 오셨다. 그의 부르심에 순
종하는 참된 이스라엘 속에 그의 교회 곧 그의 에클레시아(ekklesia)(즉 불
러냄을 받은 자들)의 씨들이 있다. 그러므로 마치 교회가 베드로의 고백(마
16:16-17)이 있었을 때나 오순절날(행 2장; 참조. 1:8)과 같이 주어진 어떤
날에 창설된 것처럼, 교회의 기원을 추적할 필요는 없다. 교회는 특정한 날
에 창설된 것이 아니기 때문에 공식적인 생일을 지킬 수 없다. 교회는 하나
님 나라의 부르심에 순종한 예수님 주변의 몇몇 사람들 속에서 시작하였다.
아니, 그것은 옛 언약 자체에서 그리고 참 이스라엘의 하나님의 목적에 관한
구약적 소망 속에서 시작되었다.[9]

　신약성경이 선언하고 있듯이, 교회 안에서 약속된 하나님 나라를 상속하
기에 적합한 참된 이스라엘의 모든 소망 — 남은 자의 개념에서 가장 잘 요
약되어 있었던 소망 — 이 성취되었다. 이제 이스라엘은 자기들이 하나님의
선민이었다는 확신에 의해 유지되었다. 이스라엘은 하나님이 자기들과 언약
속에 들어오셨고, 한 역사의 전환점에서 자신의 통치 아래 평화 속에서 이스
라엘을 다스리시기를 목적하심을 믿었다. 그러나 이스라엘은 일찍이 자기들
이 하나님의 참되고, 순종하는 백성이 못됨을 그 행위를 통해 증명하였다.
그러므로 이스라엘은 그 약속들을 상속받을 수 없었고, 심판 아래 놓이게 되
었다 — 선지자들은 그것을 거듭거듭 선포하였다. 따라서 적어도 주전 8세기
이후로 하나님의 백성의 개념이 혈통적인 이스라엘 백성과 분리시키는 경향
이 점점 강해진 것을 우리는 상기한다.

　그러나 동시에 하나님의 참된 백성이 되고, 약속된 하나님 나라를 상속
받게 된 이스라엘의 핵심적 의인들이 역사의 비극 속에서 등장한다는 신념이
싹트게 되었다. 이사야는 이 소망을 풀무불 속에서 정화되고, 장차 메시야

9) Cf. Grant, op. cit., pp. 268-70.

왕이 다스릴 순수 남은 자로 생각함으로써 그 고전적 표현을 제공하였다. 그러나 남은 자에 대한 소망은 모든 선지자들 속에서, 심지어는 그 말이 사용되지 않고 있는 곳에서도 발견되는 개념이다. 하나님이 새 언약을 맺으실 것이라는 예레미야의 새 이스라엘에 관한 환상(렘 31:31-34), 부활된 민족에 대한 에스겔의 환상(겔 37장), 그리고 고난의 종으로 순종하는 백성들에 관한 제2이사야의 묘사 ― 이 모든 것은 동일한 소망의 변형들이다. 이스라엘은 참으로 하나님 나라를 상속받을 것이지만, 그것은 새롭고, 영적인 이스라엘의 몫이 되어야 한다.

그러나 고난의 종의 양식을 의식적으로 채택하고, 그것을 성취시킨 분이 여기 있다고 우리는 주장하였다. 그분은 사람들을 고난의 종의 겸비하고, 미천한 친구로 부르시고, 그들에게 하나님 나라의 복음을 세상에 선포하도록 고난의 종의 사명을 부여하셨다. 그분은 또 마치 그것이 이스라엘 12지파를 상징하는 것처럼, 12명의 제자를 선택하셨다(참조. 마 19:28).[10] 예수님이 자신의 인격, 자신의 사역, 그리고 사람들을 부르시는 자신의 소명 속에서, 새 이스라엘의 기초를 놓고, 그것에 그 참된 본분을 부여하셨던 것은 마치 생생한 비유로 말씀하시기를 원했던 것과 똑같았다. 교만으로 눈이 멀어서 그렇게 빈번하게 이스라엘 안의 이런 저런 단편적 무리들 ― 주전 598년의 여호야긴과 그 추방자들, 스룹바벨과 귀환 공동체, 또는 다른 여러 무리들 ― 에게 적용시키고, 거룩한 국가공동체가 현실화시키기 위해서 그토록 인간적으로 그리고 그토록 부질없이 투쟁했던 남은 자라는 순수한 이스라엘에 관

---

10) J. Weiss (*Das Urchristentum* 〔Göttingen: Vandenhoeck & Rupprecht, 1917〕, pp. 33-34)와 다른 사람들은 12라는 수는 예수님의 제자들의 수를 이스라엘의 지파에 일치시키려고 의도적으로 배치한 교회의 수고를 표상한다고 주장하였다. (cf. 눅 22:30; 마 19:28). 예수님 자신은 동일한 상징적 이유로 12제자를 선택했다는 것이 나의 신념이다(cf. Bowman, op. cit., pp. 209ff). K. Lake와 H. J. Cadbury (*The Acts of the Apostiles* 〔*The Beginnings of Christianity*, Pt. I, F. J. Foakes Jackson and K. Lake eds. (New York and London: The Macmillan Co., 1933, IV, 12)는 사도행전 1:15의 120문도는 12x10을 표상하며, 10은, 미쉬나에 따르면, 한 회집을 구성하는데 필요한 수이다.

11) 예수님의 선교의도에 관해서는, cf. p. 263.

한 소망이 여기 있다. 여기에 예수님이 있고, 그를 따르는 자들의 공동체가
참 이스라엘이다. 그리고 그것이 이미 예수님의 의도 속에서는, 엄밀히 제2
이사야에 의해 놓여진 노선을 따라, 민족적 노선과는 분리된 공동체라는(마
8:11; 21:43; 눅 14:15-24) 것을 굳이 언급할 필요는 없다. 바울과 다른 사
람들의 책 속에서 그 의도는 현실적 사실이 되었다. [11]

어쨌든 신약성경은 승리적 관점에서 이스라엘의 소망의 참된 상속자인
교회를 영적 이스라엘로 높인다. 우리는 오직 바울만이 이 관념을 활용하고
있는 이유를 여기서 충분히 거론할 수는 없다. [12] 이스라엘은 단순히 그것이
아브라함의 씨라고 자랑하기 때문에 이스라엘인 것도 아니고(롬 9:6-8), 또
단지 그가 할례를 받았다고 해서 유대인인 것도 아니다. 그의 가장 깊은 마
음 속에서 하나님께 복종하는 사람이 바로 유대인이다(롬 2:28-29). 이스라
엘은 그 가지 중 얼마가 불신앙으로 꺾여나간 나무이다. 그리고 이제 거기에
새 가지가 접붙임받는다(롬 11:17-19). 교회는 참된 "하나님의 이스라엘"(갈
6:16), "은혜로 택하심을 따라, 남은 자"(롬 11:5)이다. 그리스도께 속한 모
든 자가 아브라함의 자손이요, 약속대로 유업을 이을 자이다(갈 3:29). [13]

그러나 만일 바울의 감정을 들여다 본다면, 그것은 오직 전체 신약 교회
의 감정들을 반영한다. 교회는 참된 이스라엘의 12지파이다(약 1:1). 그것은
"택하신 족속이요, 왕 같은 제사장들이요, 거룩한 나라"(즉 참 이스라엘)로

12) 철저한 검토를 위해서는, cf. W.D.Davies, *Paul and Rabbinic
Judaism* (London: S.P.C.K., 1948), ch.4. 일반적인 증거에 대한 탁
월하고도 간략한 요약을 위해서는, cf. Rowley, *The Biblical Doctrine
of Election*, pp. 144ff; Flew, op. cit., 100-104, 158과
T.W.Manson, op. cit., pp. 171-91.
13) 어떤 학자들(예. E.D.Burton, *The Epistile to the Galatians*
[*International Critical Commentary* (Edinburgh: T. & T. Clark,
1921)], pp. 155-59, 358)은 이 용어들(예. "하나님의 이스라엘" 갈 6:16)
은 교회를 가리키지 않고, 아직 확실치 않은 이스라엘 중의 신실한 자를 가
리킨다고 주장한다. 여기서 우리는 그 문제를 논할 수 없다. 그러나 나는 바
울은 교회를 남은 자로 간주했다고 생각하는 대부분의 학자들에게 강하게 동
조하는 바이다. 나는 그들의 작품을 많이 참조하였다. 각주 12에 언급된 작
품들과는 별개로 Burton의 입장을 논의하기 위해서는 특히 James
Moffatt, *Grace in the New Testament* (London: Hodder &
Stoughton, 1931), p. 117을 참조하라.

서, 그것을 그의 백성으로 부르신 하나님의 영광을 세상 앞에 드러내도록 그 사명을 받았다(벧전 2:9-10; 참조. 사 49:6). 그것은 "제사장 나라"이다(계 1:6; 5:10). 즉 그것은 이스라엘이 그렇게 하도록 부르심을 받은 "제사장 나라"요, "거룩한 백성"이다(출 19:6). 아니, 많은 선지자의 말에서 보는 것처럼(예. 호 1-3장; 렘 3:1-5; 사 54:4-7), 이스라엘이 하나님의 아내라면, 교회는 그리스도의 신부이다(엡 5:22-33; 계 21:2, 9-11).

그리고 무엇보다도 우리가 종종 그것이 개인을 의도한 것인지 아니면 무리를 의도한 것인지 언급할 정도로, 구약성경에서 고난의 종의 모습을 그의 추종자들의 모습과 결합시킨 것처럼, 그리스도와 그의 교회도 하나의 연합된 몸이 된다: "너희는 그리스도의 몸이라"고 바울은 말한다(고전 12:27). 또는 요한이 말하는 것처럼, 교회는 그리스도인 포도나무에 달린 가지들이다(요 15:5). 또는 바울이 반복해서 언급한 것처럼(예. 롬 12:5; 고전 1:30; 골 1:28), 그리스도인은 "그리스도 안에" 있다. 즉 그리스도인은 하나님의 새 백성의 공동체 곧 그리스도가 머리가 되는 몸 속에서 유기체적으로 그리스도 및 그의 동료 신자들에게 관계된다.[14]

2. 그러나 만일 교회가 참 이스라엘이라면, 그것은 언약의 백성이다. 신약성경은 그것이 교회의 본질이라고 주장하고, 또한 그 주님이 교회와 그 고대하던 새 언약을 맺으셨다고 명백히 진술한다. 참으로 우리는 그렇게 주장하는 것이 신약성경의 주업무라고 말할 수 있을 것이다. 왜냐하면 우리가 신약성경이라고 부르는 성경전서의 하나의 진정한 명칭을 "새 언약"으로 번역하는 것이 보다 적절하기 때문이다. 그것은 그 언약에 관한 기록으로서, 그것이 어떻게 맺어졌고, 무엇을 의미하는지를 기록하고 있다. 그리고 옛 언약은, 우리가 말한 것처럼, 이스라엘 백성의 헌장이었다. 우리는 출애굽기 24:1-11에서 그 장엄한 선포의식에 관한 기사를 읽을 수 있다. 그것은 하나님의 임재 앞에서 희생제사를 드리고, 제단과 백성 위에 피를 뿌리고, 언약법을 낭독하고, 성례 음식을 나누는 엄숙한 의식이었다. 그것은 12지파를 언

---

14) 예컨대 C. A. A. Scott, *Christianity According to St. Paul* (Cambridge University Press, 1927), pp. 151-58와 J. Knox, *Chapters in a Life of Paul* (New York and Nashville: Abingdon-Cokesbury Press, 1950), pp. 111-59를 보라.

약의 하나님과 지파간 서로에게 영원히 묶는 가장 비중있는 행사였다. 그 행사를 통해 이스라엘은 백성이 되었다.

그러나 그 언약적 유대관계는 오래 지속되지 못했다. 참으로 그것이 선지자의 공격의 주요 초점이었다: 이스라엘은 그 사랑없고, 우상숭배적인 행위로 말미암아 계속해서 그 언약관계를 깨뜨렸고, 그로써 그 언약의 참된 백성이 아니라는 점을 확실하게 보여주었다. 언약을 지키는 일이 단지 이스라엘에게만 있었던 것은 아니었다. 그러나 선지자들은, 아무리 그 실패가 총체적이라고 할지라도, 이스라엘의 실패가 그의 백성과 나라에 대한 하나님의 목적을 좌절시킬 수 있다고 믿지 않았다. 확실히 언약을 파기한 이스라엘 백성들로부터 하나님은 순수한 이스라엘, 곧 남은 자를 일으키시고, 그들과 새 언약을 맺으실 것이다!

그 신념은 구약성경에서 아주 다양한 형식으로 표현된다. 그것은 대고난의 광야생활에서 파생된 새 출애굽에 대한 거듭된 소망 속에 표현되어 있다. 또 그것은 언약의 대표가 되고(사 42:6-7; 49:8-10; 55:3), 그의 백성들에게 영원한 평화의 언약을 약속하는(예. 사 54:9-10) 고난의 종의 모습 속에 표현되어 있다. 그러나 그것은 예레미야의 위대한 말씀 속에서 가장 명확한 그 표현이 발견된다(렘 31:31-34): "나 여호와가 말하노라 보라 날이 이르리니 내가 이스라엘 집과 유다 집에 새 언약을 세우리라 … 그러나 그 날 후에 내가 이스라엘 집에 세울 언약은 이러하니 곧 내가 나의 법을 그들의 속에 두며 그 마음에 기록하여 나는 그들의 하나님이 되고 그들은 내 백성이 될 것이라 … 내가 그들의 죄악을 사하고 다시는 그 죄를 기억지 아니하리라."

신약성경이 예레미야의 이러한 말씀을 우리에게 다시 들려주는 것은 자그마한 한 다락방에서이다. 그러나 그것들 역시 신약성경의 특징적 표현인 시제의 변화를 겪었다. 예언적인 미래시제는 사라지고, 그 대신에 현재 직설법이 등장한다: "이 잔은 내 피로 세운 새 언약이니"(고전 11:25; 눅 22:20). 그런데 성찬의 정확한 기원에 대한 말씀은 여기서 우리가 고찰할 수 없는 본문상의 문제를 드러낸다.[15] 마가복음(14:24)과 마태복음(26:28)에 나오는, "새"라는 말이 가장 신빙성있는 사본들에는 나타나지 않는다는 것은 사실이다. 그러나 초대교회는, 그 가장 초기에서부터,[16] 새 언약의 시작을 기정사실화 했었음이 명약관화하다(예. 히 8:6-13; 고후 3:4-6). 우리는 예

수님이 자신의 행동을 어떤 다른 방식으로 의도했으리라고 믿을 수 없다. 여
기 그 다락방에서 예레미야와 모든 선지자들에 의해 예언된 새 언약이 선언
되고, 실현되었다. 여기 주님을 따르는 자들 중에 뜻과 마음의 새 율법이 주
어진 새 이스라엘이 있다(참조. 마 5:17-20).[17] 더욱이 여기에 그 새 율법을
주시고, 새 언약을 맺으신 새 모세가 있다. 여기에 그의 고난을 통해 그것을

---

15) 우리는 주의 만찬 제도에 관한 말씀을 바울서신의 형식(고전 11:23-26), 마
   가복음의 형식(막 14:22-25) 그리고 누가복음의 형식(눅 22:15-20) 속에서
   발견한다. 마태복음 26:26-29의 기사는 약간 차이가 있지만, 마가복음의 기
   사와 일치한다. 보다 세부적인 사실들에 대해서는 주석들을 보라. Wm.
   Manson, op. cit., pp. 185-201에 유익한 논의가 있다. "나의 언약의 피"
   (예. 막 14:24)라는 말은 진정성이 의심스럽다고 선언하는 학자들(예.
   B. H. Branscomb, *The Gospel of Mark* 〔*The Moffatt New
   Testament Commentary* (New York and London: Harper &
   Bros., n. d.)〕, pp. 258-64)이 있다. 우리는 오직 James Moffatt (*The
   First Epistle of Paul to the Corinthians* 〔idem, n. d.〕, p. 164)에게
   동조할 수 있다. 그는 만일 이 말의 진정성이 의심스럽다면, 역사 속에서 기
   록된 어떤 말씀도 참이라고 주장될 수 없을 것이라는 취지에서 A. D. Nock
   를 인용한다.
16) "새"(new)라는 말은 모든 것 중에 가장 초기의 것에 속하는, 바울서신의 구
   절 속에 나타난다. 그리고 고린도전서 11:23의 언어는 바울이 예수님 자신에
   게까지 소급시킬 수 있는 초기의 자료들로부터 그 전승을 물려받았음을 분명
   히 지시한다. 이 기사의 다른 기사들과의 관계에 관해서는 예컨대
   V. Taylor, *Jesus and His Sacrifice* (New York: The Macmillan
   Co., 1937), pp. 201-17을 보라.
17) 산상설교의 내적 도덕률과 예레미야에 의해 선언된 새 언약의 내적 율법 사이
   의 관계는 최근에 다른 사람들 중에서, 특히 그 중에서도, Wm. Manson,
   op. cit., p. 124와 Rowley, op. cit., p. 142에서 지적되었다.
18) 공관복음서는 유월절 희생제물을 잡는 무교절 첫째날 저녁에 최후의 만찬이
   있었다고 기록하였다(마 14:12; 마 26:17, 19; 눅 22:7, 13). 그러나 요한
   복음은 그것을 그 이전에 — 유월절 이전에 — 있었던 것으로 기록한다. 그
   문제는 실제적인 문제로서, 인위적인 조화를 거의 조작할 수 없다. 여기서
   나는 그에 대한 판단을 유보하지 않으면 안된다. 학자들은 이 점에 관해 크
   게 분열되어 있다. 독자는 그들의 주장을 주석들에서 발견할 것이다: 유익한
   예. C. J. Wright in Major, Manson and Wright, op. cit., pp.
   866ff. 그 식사가 유월절 날에 있었는지, 정찬인지 간식인지, 또는 어떤 다
   른 종류의 종교적 친교인지 등의 여부가 종종 문제로 제기되었다. 그러나 어
   느 것이 옳든지 간에, 유월절 시즌의 그림자가 유월절 주간에 드리워져있고,
   교회는 일찍이 수난당하신 그리스도를 유월절 희생제물로 찬미하였다.

중보하실 고난의 종이 있다. 따라서 이스라엘의 모든 최고의 소망은 이 성찬에 관한 말씀 속에서 찾아지고, 성취되었다.

그렇다면 최후의 만찬은 언약의 만찬이었다고 우리는 확신한다. 우리는 여기서 그 만찬의 정확한 시기와 정확한 본질을 해체시키는 곤란한 문제로 머뭇거릴 수 없다.[18] 그러나 그 정확한 본질이 무엇이든, 그것이 12제자들이 서로 그리고 그들의 주님에게 하나로 결속되는 교제 — 참으로 하나님 나라의 교제 — 를 상징했다는 사실은 분명하게 나타난다. 12지파들이 공통적으로 하나님을 예배하는 일에 관해 서로 연합되었던 시내산 언약에서처럼, 이 언약의 만찬 역시 그렇게 연합되었다. 그 안에서 그리스도는 그를 따르는 자들과 본질상 하나가 되었다: 이스라엘의 하나님인 주의 백성들은 새 언약을 통해 고난의 종의 백성이 되었다. 여기서도 12라는 숫자가 의미가 있다. 그것이 얼마나 중요한 것이었는가는 유다의 자리를 채우기 위해 다른 사람을 신속하게 선택한 것만 보아도 알 수 있다(행 1:15-26). 그것은 새 이스라엘에 관한 상징이 그대로 보존되어야 했기 때문이다. 그리고 만일 언약이 희생제물로 보증이 되어야 한다면, 여기서 희생제물은 바로 고난의 종 자신이다: "이 잔은 내 피로 세운 새 언약이니." 교회가 예수님을 유월절 희생제물과 동일시하고(예. 고전 5:7), 그분을 "세상 죄를 지고 가는 하나님의 어린 양"으로 높인(요 1:29; 참조. 히 12:24; 벧전 1:19; 2:24; 또한 참조. 사 53:7, 10) 것은 아주 적절하고, 당연하다. 그의 희생제물로 옛 언약의 전체 희생제사 체계는 성취되고, 완전케 되었다.

그러나 예레미야가 사람들의 마음 속에 기록된 새 언약에 관해 말했을 때, 이 언약은 정확하게 그것이다. 우리가 살펴보았던 것처럼, 새 언약의 법은 마음의 법이다(마 5:17-19). 그것은 그리스도와 함께 십자가에 못박히고, 그리스도가 그의 안에서 사는 사람들(갈 2:20), 그의 죽음과 함께 세례를 받고 새 생명으로 다시 부활한 사람들(롬 6:1-11), 그리스도 안에서 새로운 피조물이 된 사람들(고후 5:17), 옛 사람을 벗어버리고 새 사람을 입은 사람들(골 3:9-10), 거듭난 사람들(요 3:3)이 들어간다. 그 구성원들은 "그리스도 안에" 있는 사람들(고후 5:17; 롬 16:3), 외적 율법에 의존하지 않고, 그리스도의 마음을 가진 사람들(빌 2:5)이다. 이들이 바로 새 언약의 백성들이다.

Ⅲ

따라서 신약성경은 하나님 나라가 마치 참된 의미에서 현재적 사실인 것처럼 말한다. 그것은 그리스도는 사람들 사이에 그의 나라를 세우시기 위해 오신 약속된 메시야라고 선언한다. 그분 안에 그리고 그의 교회 안에, 참된 남은 자를 향한 이스라엘의 모든 소망이 담겨 있고, 새 언약은 현실이 되었다. 그러므로 신약성경 신앙은 승리의 신앙이다. 그러나 신약성경이 하나님 나라에 관해 말하는 시제의 변화와 함께 거기서 심각한 긴장 속에 돌입하는 것이 불가피하다. 왜냐하면 한편으로 그 나라는 현재적, 승리적 실재이지만, 다른 한편으로 그것은 최종적 승리와는 거리가 먼 미래의 사실이기 때문이다.

1. 이것은 초대교회를 지배했던 기쁨에 찬 확신이 어떤 의미에서 감소되었다는 것을 조금도 의미하지 않는다. 아니 오히려 곳곳에 승리의 확신이 있었다. 만일 교회가 참 이스라엘 곧 하나님 나라의 백성이라면, 그것은 모든 약속들의 상속자이며, 그 승리는 지극히 확실하다. 참으로 신약성경은 그 승리는 이미 얻어진 것이라고 선언하는 데까지 나아갔다. 그리스도와 그의 이적적 사역들은 장차 임할 하나님 나라의 권능이 세상 속에 들어왔음을 선언하는 신호였다. 이 권능은 사단의 세력과 투쟁하였고, 사단은 그의 참된 대적을 만나 패함으로써, 굴욕적인 길을 갔다: "사단이 하늘로서 번개같이 떨어지는 것을 내가 보았노라"(눅 10:18). 새롭게 임하는 권능을 패배시킬 수 있는 것은 아무 것도 없다. 확실히 십자가상의 죽음이 그 권능의 패배처럼 보일 수 있을 것이다. 왜냐하면 거기서 그리스도는 이 땅의 세력들의 횡포에 압도당해, "십자가에 못박히고, 죽임을 당하고, 매장되었기" 때문이다. 그러나 기만당하지 말라! 십자가는 하나님의 능력의 패배가 아니라 엄밀히 그 승리였다. 신약성경은 십자가와 부활로 말미암아 악의 세력들이 결정적인 타격을 입었다고 역설한다. 사단은 거기서 내일을 기약할 수 없는 치명적인 패배를 당하였다. 그의 등은 부러졌고, 그는 타격을 받았으며, 박살이 났다! 그러나 그 전쟁은 오랫동안 지루하게 진행되겠지만, 그러나 그 결과는 확연하다. 고난의 종의 사역은 성취되었고, 승리는 이미 확보되었다!

따라서 십자가는, 신약성경 신앙의 안목으로 보면, 역사의 진정한 추축

(중심)으로 서있다. 그것은 모든 사건들이 그것을 표준으로 연대계산을 해야 하는 만물의 중심점이다. (그리고 우리가 모든 역사를 B.C.와 A.D.로 구분 하는 것이 심오한 기독교 신앙의 증거는 아닐지라도 건전한 자세이다.)[19] 그 이유는 십자가는 새 시대의 시작이자 옛 시대의 끝이기 때문이다. 여기서 그리스도는 죄를 위해 자신의 생명을 내주었으며, 죄의 권세를 깨뜨렸다(히 2:14). 나아가 제3일에 부활함으로써, 그분은 "최후의 원수"인 사망까지도 정복하셨음을 보여주었다(고전 15:20-22).

사실상 바울은 수난주간과 부활의 사건들로 인해 아담 이래 인류의 전역사가 반전되었음을 선언하였다(고전 15장; 롬 5:12-21). 아담은 그의 죄로 인하여 하나님을 반역하는 죄악의 유산과 그것을 통해 사망의 선고를 세상에 물려준 것처럼, 이제 죽기까지 순종함으로써, 생명을 주시는 새 아담, 즉 하늘의 아담(고전 15:45-49) — 인자[20] — 이 오셨다.

따라서 신약성경 신앙은 승리를 믿는 신앙이다! 그리고 그리스도인은 지금 여기서 그 승리에 동참할 수 있다고 그것은 선언한다. 사실상 새 시대는 이미 동터올랐고, 교회는 그 시대에서 살고 있다. 오순절의 이적은 종말의 때가 시작되었음을 증거한다. 왜냐하면 요엘에 의해 선포된 성령의 부으심이 일어났기 때문이다(행 2:16-21; 참조. 욜 2:28-32; 고후 1:22; 엡 1:13-14). 그리스도인은 이 악한 세대로부터 건짐을 받았고(갈 1:4), "내세의 능력을 맛보았으며"(히 6:5), 그의 시민권을 그 세대로 이전시켰다(갈 3:20). 그리스도인은 흑암의 권세에서 건짐을 받아 그의 사랑의 아들의 나라로 옮기워졌다(골 1:13). 하나님에 대한 그의 자연적 적대감은 제거되었다. 그것은 그가 그리스도 안에서 하늘에 계신 그의 아버지이자 왕이신 분과 화해했기 때문이다(고후 5:19; 롬 5:10-11). 그는 하나님의 가족의 자녀로 택함을 받

19) O.Cullamnn, *Christus und die Zeit* (Zürich: Evangelische Verlag, 1946), pp. 15ff.; cf. the English translation by F.V.Filson, *Christ and Time* (Philadelphia: The Westminster Press, 1950).
20) 바울의 제2의 아담 또는 하늘의 사람이라는 개념과 인자의 개념 사이의 관계에 관해서는 T.W.Manson, *The Teaching of Jesus* (2nd ed.; Cambridge: The University Press, 1935), pp. 133-34; Wm. Manson, op. cit., pp. 216ff, 250ff를 참조하라. 바울 사상에 있어서 제1 및 제2 아담에 관한 주제는 Davies, op. cit., ch. iii을 보라.

았고(갈 4:5-7), 그의 신앙으로 말미암아 의롭다함을 받았다(롬 5:1-5). 참으로 우리가 다 수건을 벗은 얼굴로 거울을 보는 것같이 그는 주의 영광을 봄으로써, 그 자신이 그 형상으로 화한다(고후 3:18). 하나님의 형상으로 지음받은(창 1:27) 인간은 그리스도의 나라에서 그 형상이 회복되는 것 — 결국 그가 애당초 지음받은 모습대로 되는 것 — 을 본다.[21]

교회는 승리를 거두며, 이미 현존하는 하나님 나라를 섬기는 일에 그 기쁘고, 복된 업무가 있다. 신약성경 교회는, 우리가 고찰한 것처럼, 자신의 모습을 하나님 나라의 백성 곧 장차 임할 시대 속에서 이미 살고 있는 "종말론적 공동체"로서 보았다. 그래서 교회는 예수님의 부활과 그 고대하던 종말 사이에 위치한 이 마지막 때에 온 세상에 그 나라를 선포하고, 사람들을 그 통치로 이끄는 일로 분주하였다. 신약성경 전반이 크게 초점을 맞추고 있는 한 가지 결과가 있다. 구약성경 전체를 통해 독자는 그 초점이 계속 좁혀져 왔다는 것을 느낄 수 있다. 구약성경은 창조라는 포괄적인 화판을 가지고 시작하여, 인류전체에 대한 하나님의 다루심을 말한다(창 1-11). 이어서 그 초점은 하나님이 그의 목적을 위해 특별한 종들로 부르신 이스라엘 백성들로 좁아진다. 계속해서 다음에는 그것은 하나님의 뜻을 담는 그릇으로 합당한 이스라엘 안에 있는 순수 남은 자에 대한 탐구로 그 초점이 더욱 좁혀진다. 성경의 드라마의 한 중심에 있는 초점은 하나의 인간인 메시야, 즉 그리스도로 가장 좁혀진다. 그러나 그리스도로부터 그 초점은 다시 확대된다 — 첫째로는 그의 교회인 새 이스라엘로, 다음에는 그 교회를 통해 온 세상으로.[22] 교회는 참 이스라엘, 곧 고난의 종 이스라엘의 운명을 취하도록 부르심을 받고, 하나님 나라의 선교하는 백성이 된다.

그리고 그 선교는 패배로 끝날 가망없는 행동이 결코 아니라 승리의 소명이다. 참으로 그 승리는 이미 십자가의 "결정적 전투"에서 이루어졌다. 확실히 우주적 전투는 표면상으로는 조금도 약화되지 않고 격렬하게 계속된다.

---

21) 하나님의 형상의 성경적 개념과 그 말에 대한 신약성경의 용법에 관해서는 F. Horst의 탁월한 논문인 "Face to Face: the Biblical Doctrine of the Image of God," *Interpretation*, IV-3(1950), 259-70을 참조하라.

22) Cullmann, op. cit., pp. 99-103은 이 점을 강조한다. 이 책은 성경적 역사관을 다룬 아주 중요한 책이다.

그러나 그것은 이제 후위전(後衛戰) 곧 마지막 소탕전을 벌이고 있는 중이다. 그 결과는 명약관화하다. 하나님 나라는 그 필연적인 승리를 향해 나아가고 있다: 즉 원수의 무조건적 항복, 하나님의 지배 아래 만유의 회복(행 3:21), 그리고 하늘과 땅에 있는 모든 권세들을 예수의 이름에 굴복케 하는 일(고전 15:24-28; 빌 2:10; 참조. 사 45:23)이 일어날 것이다. 교회는 그 나라의 승리의 군대로서 행진하고 있다. 초대교회는 교회가 그 승리를 거둘 수 있고, 교회의 수고로 그 나라가 일어날 수 있다고 감히 상상할 수 없었다! 교회가 그렇게 할 수 있다고 상상하는 것은 초대교회가 단순히 이해하지 못한 커다란 현대적 환상이다.

오히려 교회는 이미 설립된 하나님 나라의 선교적 증거자로서 곧 그리스도가 이미 이루신 것에 대한 증거자로서 세상 속에 보내어졌다(행 1:8). 교회는 그 사명으로 인해 고난의 종처럼, 온갖 부류의 박해를 받았으며, 모든 종류의 참혹한 재난을 당하였다. 그러나 패배에 대한 의구심은 전혀 없다 — 왜냐하면 이것이 교회이기 때문이고, 지옥의 권세가 그것을 이기지 못할 것이기 때문이다(마 16:18). 이 작은 파송대는 홀로 행진하는 것이 아니다. 그 이유는 눈에 보이지 않는 그리스도가 그들과 함께 항상 걷고 있기 때문이다: "보라 내가 세상 끝날까지 항상 너희와 함께 있으리라"(마 28:20). 그 승리의 신앙에 대한 부르심에 대해 교회는 오직 한 가지 답변만을 가질 수 있었는데, 그 승리의 답변이란 바로 "만일 하나님이 우리를 위하시면 누가 우리를 대적하리요"(롬 8:31; 참조. 사 50:7-9)라는 것이다.

2. 따라서 교회는 이미 현존하는 하나님 나라의 확실한 승리 — 참으로 이미 성취된 승리 — 를 믿는다. 그러나 그 안에는 극단적인 긴장의 요인들이 담겨 있다. 왜냐하면 인간적 관점에서 보면, 그 나라는 아직 임하지 않았고, 그 승리도 얻지 못했으며, 또한 그 승리를 낳을 만한 어떤 방도도 존재하지 않았다는 것 역시 마찬가지로 분명하였고, 참으로 분명하였기 때문이다. 그것은 진실로 역설이다! 임하였지만 아직 임하지 않았고, 이미 승리했지만 아직은 전혀 승리적이지 못한 이 나라는 무엇인가?

인간의 눈으로 볼 수 있는 한, 그것은 확실히 승리적인 것은 아니었다. 지상적 국가의 권력은 그 흔들림없는 지배를 계속하였다. 신약성경 교회는 로마제국의 지배하에서 그 전 삶을 살아야 했다. 그리고 로마제국은 전혀 하

나님 나라에 복종하지 않았고, 그런 존재의도는 조금도 없었다. 로마제국은
그때로서는 전체주의 국가였다. 그리고 비록 로마정부가 처음에는 적어도 그
리스도인들에 대해 관용적인 태도를 취하는 경향이 있었지만, 언젠가는 부득
불 갈등할 수밖에 없는 어떤 요소가 로마제국의 종교 속에 잠재하고 있었
다.[23] 그것은 아우구스투스황제가 종교적 규제를 통해 애국심을 강화시키려
고 노력하면서 고인이 된 줄리어스 씨저를 신격화하고, 심지어는 그를 현재
살아있는 황제들의 수호신으로 숭배해야 한다고 선언할 때 시작되었다. 아우
구스투스가 자신을 신으로 주장하지 않았다는 것은 사실이지만, 황제의 "수
호신"과 황제 자신 사이의 차이는 종이 한 장 차이였다.

　그것은 네로나 도미티안같은 일부 광기어린 황제들에 의해 심각하게 채
용되어 결국에는 황제를 숭배하라는 명령으로 나아갔고, 그것이 시민의 애국
심의 척도가 되었던 것이다. 그때부터 그 무섭고도 기나긴 그리스도냐 가이
사냐의 딜레마가 시작되었다. 이로써 그리스도인은 시험 앞에 서게 되었는
데, 그 이유는 그는 왕을 예배하지 않고, 하나님을 예배할 수 있었고, 로마
제국은 두 왕을 용납할 수 없었으리라는 사실이 명백했기 때문이다. 그것은,
그 문제가 항상 그렇게 대두되었던 것처럼, 양자 중 어느 쪽이 더 우월하느
냐를 확고하게 결정해야 했다.

　교회는 단순히 로마제국의 권력을 패배시키고, 약속된 승리를 현실화할
방도가 전혀 없었다. 교회는 지상명령에 복종할 수 없었다. 즉 교회는 하나
님 나라를 선포하고, 증거할 수 없었으며, 하나님 나라를 위한 제자를 삼을
수가 없었다. 교회는 하나님 나라를 믿는 신앙을 죽음으로 증명할 수도 있었
다. 그러나 교회는 그럴 수가 없었다. 초대교회에 있어서 그 선교에 관해 패
배주의나 절망적인 수동주의의 징후는 없었지만, 신약성경 전체 속에 그리스
도를 위해 세상을 이기고, 그의 나라로 인도하는 일에 관해 담대하게 선포했
다는 말은 없다 ― 전혀 한마디도! ― 는 사실은 강조되고, 또 강조되어야

23) 독자는 S. V. McCasland, "New Testament Times I: The Greco-
Roman World," *The Interpreter's Bible* (New York and
Nashville: Abingdon-Cokesbury Press, 1951), VII. 88-94를 보면,
로마제국의 공식종교를 포함한 그리스-로마 세계의 종교들에 관한 유익한 개
요를 읽을 것이다.

한다.

참으로 국가와 사회에 대한 신약성경 교회의 태도는 아주 놀라운 것으로
보일 수 있다. 로마제국의 학정에 대한 공격이나 그리스도를 위해 국가를 이
기는 일단의 프로그램에 대한 암시는 전혀 없다. 교회의 복음은 언젠가 로마
사회를 발칵 뒤집어놓을 소동의 요인이었던 것은 분명히 사실이다. 그러나
복음은 그 미묘한 의도를 노골적으로 드러내며 선포되지는 않았다. 로마사회
가 만연시킨 악정, 곧 전적으로 예수님의 가르침에 반대되는 악정에 대한 직
접적 공격은 전혀 없었다. 예를 들면, 바울은 그가 선포한 복음이 형제를 모
욕하는 자와는 교제하지 말라고 전함에도 불구하고, 이의없이 노예제도를 용
납한다(빌레몬). 심지어 바울은 그것이 논리적으로는 교회를 비겁하게 국가
에 팔아먹는 국가만능주의를 따르는(따랐던!) 것처럼 보일 수 있는 국가에
대한 복종("하나님이 규정하신 권세" 롬 13:1-4)을 주장하였다.

초대교회는 국가개혁에 대한 희망이나 국가를 하나님 나라에 대해 복종
하도록 이끌려는 소망을 갖고 있지 않은 것처럼 보였다. 그 따르는 자들에
대한 교회의 충고는 아주 분명하게 나타나는데, 예컨대 베드로전서를 보면,
다음과 같이 나타나 있다: 오직 너희는 택하신 족속이요 왕같은 제사장들이
요 거룩한 나라요 그의 소유된 백성임을 기억하라(2:9-12). 가능하면 선행으
로 어리석은 사람들의 무식한 말을 피하고 견고히 서라(2:13-15). 모든 무가
치한 악행들을 버리고(2:1-3), 그리하여 이방인 중에서 행실을 선하게 가져
너희를 악행한다고 비방하는 자들로 하여금 너희 선한 일을 보고 권고하시는
날에 하나님께 영광을 돌리게 하라(2:12, 15; 3:16). 너희 마음의 허리를
동이고 근신하여 예수 그리스도의 나타나실 때에 너희에게 가져올 은혜를 온
전히 바라라(1:7, 13).[24]

따라서 신약성경 교회의 모습은 전혀 승리를 구가하는 모습이 아닌, 연

---

24) 아마 대다수의 학자들은 베드로전서를 베드로 사도의 작품으로 보기보다는
후대의 다른 사람의 작품으로 귀착시킬 것이다(최근의 F.W. Beare, The
First Epistle of Peter [Oxford: Basil Blackwell, 1947]). 그러나 그
진정성은 최근에 E.G.Selwyn (The First Epistle of St.Peter
[London: The Macmillan Co., 1946])을 비롯한 다른 학자들에 의해 확
연히 입증되었다. 나의 견해로 보면, 네로 통치시대의 저작연대를 의심할 만
한 이유가 없다.

약하고, 허약한 교회의 모습이다. 처음에 교회는 유대당국에 쫓겨, 토끼들처럼 도망친 갈릴리의 무식한 촌부들의 집단이었다. 신약성경 기사가 끝나는 시점에 이르자, 교회는 양적으로 크게 부흥했고, 유력자들도 많이 속하게 되었으며, 나아가서는 강철같은 담대한 용기도 갖추게 되었다. 그러나 그럼에도 불구하고 여전히 교회는 대부분 로마제국으로부터 버림받고, 낙오된 미천한 자들로 이루어진 연약하고, 의지없는 소수집단이었다(참조. 고전 1:26-28). 교회는 음부의 권세도 감히 이길 수 없는(마 16:18) 그리스도의 교회였지만, 결코 가이사의 로마를 이길 수 없었다는 것 — 이것은 역설이었다. 교회는 참 이스라엘 곧 현존하는 하나님 나라의 백성임에도 불구하고, 이 시대의 권력으로부터 완전히 도태된 죄인들로 가득 채워져 있는 불완전한 교회라는 것(고린도전서) — 이것은 교회의 참으로 깊은 역설이 아닐 수 없었다. 또는 그것을 다른 말로 말하면, 비록 신약성경이 그리스도의 나라의 백성은 그리스도께 순종하며 따르는 자들 곧 그의 교회라고 우리에게 가르치기는 해도, 가시적으로 현존하는 교회는 그 나라일 수 있고, 또는 그 나라를 낳을 수 있다는 암시가 전혀 없다는 것이다.

가시적 교회와 하나님 나라를 동일시하는 경향이 신약성경 안에는 전혀 없다. 이것들을 동일시하는 교회는 곧 그 자신의 인간적 정책과 실천들을 승인하도록 하나님을 끌어들이기 시작하고, 하나님의 백성을 교회의 특별한 신념들을 공유하고 그 예배행사에 참여하는 적극적인 사람들과 동일시할 것이며, 그 양적 성장에 따라 하나님 나라의 발전을 헤아릴 것이다. 그러나 그것은 신약성경의 교회가 아니다! 이같은 동일화는, 아모스 이후 선지자들이 우리에게 말했던 것처럼, 커다란 유혹이다. 그것은 단지 외적 복종에 의해 하나님의 의를 실천하고 있다는 어리석은 교만이면서 동시에 하나님의 보호에 대한 허탄한 기대에 불과할 따름이다 — 왜냐하면 정말이지 이것은 인간의 교회일 것이기 때문이다! 신약성경의 교회는 결코 그렇지 않다!

교회는 참으로 그리스도의 나라의 백성이다. 그러나 가시적 교회는 그 나라가 아니다. 반대로 가시적 교회는 그 행위에 의해 하나님의 입으로부터 토하여 내쳐지는 너무 미지근한 물이 되지 않도록 조심해야 한다(계 3:16)! 그것은 그것 역시 하나님의 심판 아래 있음을 충분히 자각하고 살아야 한다(롬 2:5; 14:10; 고전 3:13; 4:5; 고후 5:10). 새롭고, 순수한 이스라엘인 교회 역시 정화되어야 한다! 교회는 상당히 많은 가라지가 자라고 있는 밀밭과 같다(마 13:24-30). 그 안에서 알곡과 가라지가 함께 자란다. 그러나 하나님은(오직 하나님만이, 28-29절) 그것들을 분리시키는 법을 아실 것이다.

이런 일들로 말미암아 신약성경의 교회는, 절대로 세상이 그 말들을 이해하는 것처럼, 교만하고, 정복적인 교회일 수가 없을 것이다. 그것은 고난받는 종의 교회 곧 순교하는 교회를 유지해야 한다. 그것은 그리스도의 길곧 그의 잔을 마시고(막 10:38-39), 그의 십자가를 지는 것(막 8:34) 외에다른 길이 없다. 그리고 후기의 신약성경에서 우리는 교회에게 그 순교를 위해 "너희(교회의) 마음의 허리를 동이라"(벧전 1:13)고 명하는 말씀을 본다. 그러면 어떤 승리인가? 참으로 그들은 큰 환난으로부터 나오고, 어린 양의피로 "그 옷을 씻어 희게 할" 소망을 가지고(계 7:14), 그들은 언젠가 영원한 보좌 앞에 당당히 나설 것이다. 그러나 땅 위에서 그들은 고난의 종의 ―십자가를 넘어서는 ― 승리를 제외하고는 승리가 없다.

3. 우리가 했던 말들에 비추어 보면, 신약성경에 나타나 있는 하나님 나라는 이중적 국면으로 이해되어야 함이 명백하다: 먼저 그것은 세상 속에 임하여 현존하고 있다. 또한 그것은 아직 임하지 않았다. 그 두 국면 사이의긴장 속에서 교회는 살아야 하고, 항상 "종말론적 공동체로서" 살아야 한다.

신약성경이 사용하고 있는 이 이중적 표현법은 조금도 이상한 것이 아니다. 우리는 그것을 구약성경과 유대랍비들의 가르침 속에서 어느 정도 확실하게 관찰할 수 있다. 하나님의 통치는 하나님이 모든 시대를 통하여 지배하심으로써 역사의 배경 속에서 인간들을 심판하시고, 인간들을 자신을 섬기도록 부르신다는 사실을 의심할 수 없다는 점에서 항상 현재적 사실로 믿어졌

---

25) Cf. P. Volz, *Die Eschatologie der jüdischen Gemeinde im neutestamentliche Zeitalter* (Tübingen: J.C.B.Mohr, 1934), pp. 165-67. 예수님의 동료들이 현재 및 미래의 양 국면에 입각한 하나님 나라에 관해 말했다는 바로 그 사실은 복음 기사로부터 하나님 나라의 현재 국면을 제거하거나(예수에 관한 순수하게 종말론적인 해석에 의하여), 아니면 그 미래 국면을 제거하는("실현된 종말론"에 의하여) 것에 대항하는 강력한 경고이다. F.V.Filson, *The New Testament Against Its Environment* (Chicago: Henry Regnery Co., 1950), pp. 66-67의 적절한 언급을 보라. 또한 Cullmann, op. cit., p. 8, 기타를 보라.

다. 그러나 한편으로 그 통치는 역사의 종국에 일어날 종말론적 사건 속에서
완성되어야 하는 미래적 사실로서 항상 조명되었다.[25] 그러나 구약성경과 유
대교에 있어서 하나님 나라의 이 두 국면들은 균형이 이루어져야 하지만, 그
리스도 안에서 그것들은 함께 일어난다: 즉 미래적 사실이 현재가 되고, 하
나님 나라는 지금 여기에 임해 있으며, 우리는 거기에 들어갈 수 있고, 그
승리를 알고 있다. 게다가 신약성경이 선언하고 있는 것처럼, 그리스도 ─
그의 사역, 그의 죽음과 부활을 통해 ─ 는 그 나라의 승리를 확실하게 만들
었다. 따라서 이 승리의 나라는 더 이상 수동적으로 기다려야 할 실재가 아
니고, 역동적으로 능동적인 실재이다.

    그러나 그것은 엄밀히 말해 신약성경 고유의 특성이 될 정도로 극단적
긴장의 분위기로 이끌고 있는 것이다. 왜냐하면 비록 그리스도의 사역이 새
시대의 시작으로서 종말론적인 것으로 이해된다고 할지라도, 그 종말론적 소
망은 예수님의 지상적 생애기간 동안에 완전하게 실현된 것으로 말해질 수
없기 때문이다.[26] 비록 그것이 의심할 여지가 없는 것이기는 해도, 약속된
승리는 분명히 완결되지 않았다. 따라서 신약성경은, 당연히 그렇게 조명해
야 하는 것처럼, 그 나라를 이중적 관점에 따라 조명한다: 즉 그것은 이미
임했고("하나님 나라가 가까이 왔느니라"), 그것은 아직 임하지 않았다("나
라이 임하옵시고"). 만일 신약성경이 하나님 나라를 현재적 사실로 보는지
아니면 미래적 사실로 보는지를 묻는다면, 그 유일한 답변은 둘 다이다. 따
라서 그것은 하나님 나라는 현재적이고, 승리적이라고 선언하는 반면에, 또
한 주님의 재림(예. 행 1:11; 살전 4:15-17; 딛 2:13)과 최종적 승리(예. 고
전 15:25; 빌 1:6; 행 3:21)를 간절하게 염원하고 있는 것으로 조명되었다.

    그 승리는 확실하지만, 진지하고, 절박하게 기대되었다. 초대교회는 스
스로 마지막 때에 살고 있고, 그 때는 임박했다고 느꼈다. 우리가 살펴본 것

---

26) 그것은 소위 C.H.Dodd(*The Parables of the Kingdom* 〔New York:
    Chas. Scribner's Sons., 1935〕)의 "실현된 종말론"과 그리스도의 지상
    사역 안에서 하나님 나라는 임했고, 하나님의 목적은 완전하게 실현되었다고
    주장하는 다른 학자들의 입장이다. 이에 반대하는 입장을 다룬 간략한 자료
    로는 F.C.Grant, *The Gospel of the Kingdom* (New York: The
    Macmillan Co., 1940), pp. 145-46을 보라. 또한 Filson, op. cit.의
    언급도 참조하라.

처럼, 초대교회는 스스로를 "종말론적 공동체"로 보았다. 이제 주님의 재림
에 대한 이 초대교회의 열렬한 대망은 마치 초대 그리스도인들이 그들의 시
간을 무모하게 구름만을 쳐다보고, 무익한 공상으로 허비한 것처럼 과장되어
서는 곤란하다.[27] 오히려 그들은 역동적인 힘과 유쾌한 기쁨 속에서 자기들
의 본분을 다하였다. 그러나 그들의 기쁨은 그 승리가 곧 임할 것이라는 사
고에 의해 유지된 것으로 보인다.

바울은 분명히 이러한 기대를 표명하였다. 그것은 날로 가까와진다(롬
13:11). 그것은 밤에 도둑처럼 돌연히 임할 것이다(살전 5:1-2). 그것은 결
혼을 하지 않는 것이 더 좋을 정도로 가까이 다가왔다(고전 7:29). 사실상
바울은 자기가 살아있는 동안에 그날을 보기를 기대했다는 사실을 그의 말
속에(고전 15:51; 살전 4:17) 분명히 내포하고 있는 것처럼 보인다. 예수님
의 입술로부터 나온 어떤 말씀들(예. 막 9:1; 13:30; 14:62)[28]을 보면, 임박
한 종말에 대한 이같은 기대를 간직하고 있는 것처럼 생각된다. 어쨌든 교회
는 그 때가 머지않아 도래할 것이라고 확신하였다(예. 벧전 1:5; 4:7; 히
10:25; 계 1:3; 22:6-7, 20).

신약성경의 교회는 임박한 종말에 대한 이같이 절실한 기대 속에서 살았
다. 확실히 그 종말은 많은 초대 그리스도인들이 그토록 기대했던 순간에 오
지 않았다. 참으로 그것은 아직도 지연되고 있다. 그리고 수많은 세월이 흐
르면서 아마 그것은 완전히 폐기처분되지는 않았다고 할지라도, 처음의 긴장

27) 이 특징의 과장에 반대하는 경고를 보려면, R. H. Strachan, "The Gospel
in the New Testament," *The Interpreter's Bible* (New York and
Nashville: Abingdon-Cokesbury Press, 1951), VII, 6-7을 보라. 만
일 "그리스도의 재림의 초기연대"가 그들의 복음의 심장이 아니라는 것을 의
미한다면, 이것이 사도들의 생각을 지배하지 않았다는 것은 사실이다. 그러
나 그리스도의 재림(파루시아)에 대한 소망이 박해가 심해지면서 즉각 증가
했다는 사실이 어쩌면 사실일는지 모르지만, 너무 과장되어서도 안되고, 그
렇다고 너무 무시되어서도 안된다. 왜냐하면 초대교회는 일반적으로 주님의
조속한 재림을 아주 열렬하게 기대하한 것처럼 보이기 때문이다(참조. 살전,
살후).
28) 동일한 양식의 이 구절들과 다른 구절들에 관한 비판적 문제들에 관해서 독자
는 주석들을 참조해야 한다. 적어도 신약성경 저자들은 그들의 주님이 만물
의 조속한 완성이, 그것도 그들이 살아있을 동안에 임하리라고 가르친 것으
로 이해했다고 생각된다.

이 어느 정도 사라졌던 것은 당연했을 것이다. 그러나 신약성경의 교회는 결코 그것을 피할 수 없었다. 신약성경의 후기 저작들 속에서 보면, 그 때가 이미 어떤 사람들이 생각했던 것보다 더 길어졌을 때, 우리는 여전히 악마적인 가이사의 제국의 학정 아래 있는 교회의 고뇌에 찬 신음소리를 듣는다: "오, 주여, … 어느 때까지 하시려나이까"(계 6:10). 그리고 우리는 또한 그 답변의 소리를 듣는다: "인내하라"(약 5:7; 참조. 히 10:36; 벧후 3:4, 8). 그 소망으로 교회는 불같은 시험을 통과하였다. 연약한 교회는 가이사 앞에서 무력하였고, 아무 것도 할 수 없었다. 그러나 "종말론적 공동체"로서 교회는 그것이 미미한 존재가 아님을 알 수 있었고, 각자의 신앙의 표현, 각자의 그리스도를 닮은 행동, 각자의 순종적인 증거의 행위가 아무리 작다고 해도, 그것은 우주적 대투쟁 속에서 하나님 나라에 참여하였다. 종말에 이르기까지 교회의 기도는 "마라나타" ― 주여, 오시옵소서 ― (고전 16:22)였다. 그 기도 속에서 교회는 그 수고가 헛되지 않으리라는 신앙을 선언하였다.

4. 따라서 신약성경 교회는 하나님 나라의 승리가 그리스도 안에서 이미 도래하고, 현실화되었다는 확신과 아직 인간의 눈으로는 볼 수 없는 승리에 대한 열렬한 대망 사이의 긴장 속에서 살아야 했다. 그것은 심각한 긴장으로서, 쉽사리 피할 수 있는 긴장이 아니다. 교회는 미래에 대한 모든 희망을 포기해버린 경우를 제외하고는, 그 긴장을 피할 수 없었다. 아니 교회는 그렇게 할 수도 없었다. 왜냐하면 그것은 하나님과 그리스도를 포기하는 것이고, 그 복음에 고유한 ― 참으로 처음부터 이스라엘의 신앙에 고유한 ― 종말론적 요소를 제거해버리는 것이기 때문이다.

교회가 그렇게 했었다면, 그것은 스스로를 배반하는 것이며, 이스라엘의 소망에 대한 참된 유업이 전혀 없음을 증명하는 것일 것이다. 교회는 절대로 그 스스로의 수고에 의해 그 긴장을 해소시킬 수 없었다. 그 까닭은 그것은 로마제국의 권력을 이길 수 있고, 땅 위에 하나님 나라를 세울 수 있는 수단을 전혀 구비하고 있지 못하기 때문이다. 그것은 오로지 종말론적으로, 즉 하나님의 활동에 의해서만 해소될 수 있는 긴장이었다. 그로 인해 교회는 하나님의 활동을 기다려야 했다.

그러므로 신약성경 정경이 묵시문학 곧 그 모든 것 중에서도 가장 탁월한 묵시문학인 계시록으로 끝내고 있다는 것은 가장 적절한 일이다. 요한계시록은 참으로 놀라운 감동을 전해주는 아주 장엄한 책이다. 그것은 또한 온 갖 종류의 무모하고, 무익한 사변들의 격렬한 도장으로 변해버린 책이기도 하다. 말할 필요도 없이 우리는 여기서 그것에 관해, 특히 그것에 주어진 다 양한 천년기 해석들을 장황하게 다룰 수 없다.[29] 그렇게 하는 것은, 비록 그 것이 가능하다고 할지라도, 불필요할 것이다.

　계시록은 읽는 사람이 그 열쇠를 찾을 수만 있다면, 호기심 많은 사람들 에게 미래 사건들이 일어날 정확한 예정표를 제공해주는 수수께끼의 책이 아 니라고 말하는 것으로 충분하다. 그것이 종말의 드라마에 관해 말하는 것은 사실이다. 그것이 묵시문학의 은밀한 언어로 씌어졌기 때문에, 상당한 해독 작업이 필요하다는 것도 사실이다. 그러나 그것으로부터 세상 종말에 관한 정확한 예정표, 심지어 날짜를 작성하는 것은 그것의 내용을 왜곡하는 것 이다. 그것은 또한 거의 파렴치에 가까운 유치한 호기심이라는 것을 보여준 다. 왜냐하면 심지어 그리스도 자신도 땅 위에서는 이런 일들에 대해서 모른 다고 말씀하셨고(마 24:36), 나아가서는 그 일들에 대해 아는 것은 인간의 일이 아니라고도(행 1:7) 말씀하셨기 때문이다.

　그러나 비록 계시록이 미래 사건들에 대한 각본을 전혀 제공하지 않는다 고 해도, 그럼에도 불구하고 그것은 모든 시대의 그리스도인들을 하나님의 목적의 승리가 극히 확실하다는 전적인 확신을 가지고 견고한 신앙 위에 서 도록 요청한다. 그것은 또한 우주적인 도덕적 투쟁 속에서 중립지대는 없다

---

29) 우리는 주석들을 참조해야 한다. 가장 완벽한 비판적 주석으로는 R.H.Charles, *Revelation* (*International Critical Commentary* 〔New York: Chas. Scribner's Sons; and Edinburgh: T. & T. Clark, 1920, 2Vols.〕)이 있고, 덜 전문적이지만, M.Kiddle, *The Revelation of St. John* (*The Moffatt New Testament Commentary* 〔London: Hodder & Stoughton, 1940〕)도 있다. Rowley, *The Relevance of Apocalyptic*, pp. 117-28에는 간략하지만 유용한 언급이 있다.
30) "적그리스도"라는 말은 계시록에서는 그리스도의 지상적 대원수를 지칭하는데 사용되지 않는다. 사실 그 말은 요한1서와 요한2서 외에는 나타나지 않는다. 거기서 그 말은 그리스도의 대원수와 그에게 굴복하는 거짓 교사들 모두를 지칭하는데 사용된다. 그러나 "적그리스도"는, 예를 들면 짐승(계시록에서), "불법의 사람"(살후 2:3)과 동일한 개념을 표현하는 여러 명칭들 가운데 하 나일 뿐이다.

는 것을, 그리고 그의 모든 행동 속에서 어느 한편에 서도록 — 하나님 나라
를 위하든지 아니면 거역하든지 — 부르심을 받는다는 사실을 그리스도인에
게 상기시킨다.

계시록은 오직 묵시문학적 언어로만 그려질 수 있는 그림을 제공한다.
액면 그대로의 언어표현은 충분히 간직되어 있지 않다. 한 편에는 옛 뱀인
사단(계 20:2), 그의 천사들, 그리고 그의 적그리스도,[30] 땅과 하늘에 있는,
가시적 및 불가시적 악의 세력들이 속해 있다. 땅의 악의 세력들은 사악한
네로라는 인물, 666이라는 수(13-18),[31] 그리고 짐승으로 상징화되어 있는
것처럼 생각된다. 그러나 그것은 문제가 되는 것은 단순히 네로도 아니고,
도미티안도 아니며, 그렇다고 히틀러나 스탈린도 아니다. 그것은 그들 가운
데 누구이며, 그들 모두이며, 그들이 전혀 아니기도 하다. 그것은 그들이 누
구이든 그리고 아무리 많은 상관없이, 지상의 모든 권세들로서, 하나님의 원
수의 뜻에 따르는 것들이고, 스스로 반(反)-하나님 및 반(反)-그리스도가 되
는 것들이다. 만일 여러분이 그렇게 한다면, 여러분은 많은 다양한 양태들로
땅에서 걸어다니는 영원한 네로가 될 것이다. 그것은 총체적인 악이며, 하나
님 나라 곧 어린 양, 인자, 그리고 보좌에 앉으신 분에 대해 최후의 악마의
공격을 개시하는 것이다.

그것은 땅에서 살아가는 하나님의 성도들을 향해 극렬히 타는 분노를 터
뜨리는 것이다. 그들에게 그것은 결단의 시기이다: 그리스도의 계시와 함께,
적그리스도의 계시가 또한 있을 것인데, 우리는 그 둘 중 어느 한 편에 서있
어야 한다. 그것은 말로 다 할 수 없는 치열한 투쟁이다. 악이 성도들의 나라
에 퍼부어질 때, 땅에서는 큰 소동과 환난이, 하늘에서는 큰 징조가 있다.
그러나 저자는 한 가지 사실을 우리에게 이해시킨다: 문제는 그 때는 확실하

31) 666이라는 수는 네로 가이사(nrwn qsr)를 쓰는데 사용된 히브리 글자들을
취하여 그것들을 수적 가치를 합산함으로써 나타난 것이다(히브리어는 알파
벳 문자들을 숫자들로도 사용한다). 그 총합이 666이다. 따라서 666이란 수
는 일종의 다시 출현한 네로이다(참조. Charles, op. cit., I, 366-67). 이
와 같이 숫자로 사람을 지칭하는 관습이 드문 일은 아니었다. 폼페이에 있는
한 벽에 새겨진 문장을 읽어보면, "나는 그 숫자가 545인 소녀를 사랑한다"
고 되어 있다. Cf. M. Burrows, *What Mean These Stones?* (New
Haven: American Schools of Oriental Research, 1941), p. 270.

다는 것이다. 그 전투는 이미 갈보리에서 자신의 희생제사를 통해 모든 족속
으로부터 사람들을 택하여, 그들을 하나님의 참된 백성으로 인도하시는 분에
의해 승리로 끝났다(5:9-10; 참조. 출 19:5-6). 그 동안에 있어야 할 일이
있다: 그것은 일시적으로 가이사의 — 크렘린의 — 권력의 보좌가 최전성기
를 맞이하는 것이다. 그러나 이 한 가지 사실은 확실하다: "주 우리 하나님
곧 전능하신 이가 통치하신다"(19:6). 악의 세력들은 단순히 승리할 수 없
다. 그것들은 이미 박살이 났다! 그 전쟁은 참으로 치열할 것이겠지만, 한편
으로는 그것은 짐승의 치명적인 죽음의 고통이며, 다른 한편으로는 그것은
새 창조의 해산의 고통이다(참조. 막 13:8, "이는 재난의 시작이니라").

새 창조와 더불어 환상도 끝나고(21-22장), 신약성경 정경도 끝난다.
그것은 마치 그 선견자가 현재의 시련과 이 세상의 모든 재난과 불행을 뛰어
넘어 바라보고, 아직 완성되지 못한 종말사건, 즉 하나님 나라의 승리를 바
라보도록 허용된 것처럼 보인다. 우주적 악의 권세는 이제 완전히 끝장이 난
다. 마귀와 그의 수하들, 짐승과 그에게 복종했던 모든 것이 불못 속에 던져
지고(20:7 -10),[32] 생명책이 크고 흰 보좌에 앉으신 자 앞에서 펼쳐질 것이
다. 그리하여 이 파괴된 옛 창조는 다시 회복된다. 새 하늘과 새 땅이 존재
하고(21:1-4; 참조. 사 65:17-19), 하나님의 진정한 성읍, 새 예루살렘이
하늘로부터 임하여 사람들 사이에 그 자리를 정한다.

그 안에서 형언할 수 없는 기쁨이 있고, 모든 슬픔, 모든 고통, 모든 악
이 완전히 사라진다. 그것은 인간의 말로는 다 표현할 수 없는 참으로 넘치
는 기쁨이다: 어떤 주옥이나 값진 보석으로도 그것을 묘사할 수 없을 정도로
빛나는 기쁨이고, 아무리 밝은 태양 빛이라도 그 빛나는 영광을 가릴 수 없
으리라! 기쁨은 더 이상 말로 담을 수 없을 때까지 점점 강한 언어로 기쁨
위에 쌓이고, 말하자면, 웅대한 "할렐루야 합창"이 울려퍼진다. "저희가 세
세토록 왕노릇하리로다"(22:5)! 그것이 역사의 종말에서 승리를 거두고, 영

32) 여기서 우리는 천년왕국 문제에 관해 논의하기 위해 멈출 수는 없다. 그것만
을 다루기 위해서 따로 한 장이 필요할 것이다. 계시록 20장은 성경에서 그
것에 관해 말하고 있는 유일한 구절들이다. 따라서 그것이 어떻게 해석이 되
든 막론하고, 천년왕국에 관한 정돈되고, 정확한 이론을 세우기 위한 기초로
는 너무 빈약하다.

원무궁한 하나님 나라이다. 그리고 그 보이지 않는 성읍과 나라를 향하여 교회는 간절한 소망의 눈길을 보내고, 그 기도는 "아멘 주 예수여 오시옵소서"(계 22:20)로 끝났다. 따라서 성경은 시종일관 그 안에서 하나님 나라의 도래라는 지배적인 주제를 다시 언급하는 것으로 끝맺고 있다.

이것에 관해 말하는 것은 우리가 기이한 일 곧 현대 정신에게 전혀 생소한 일에 관해서 말하고 있는 감정이 없이는 불가능하다. 나는 묵시문학의 상징은 우리에게 기이한 일이라는 것을 말하는 것도 아니고, 또 그것은 놀라운 일도 아니다. 기이한 것은 정작 신약성경 교회의 그 종말론적인 긴장이다. 우리는 그것을 전혀 이해하지 못한다. 이 고난받는 교회는 도래할 하나님 나라의 빛 가운데 살며, 하나님의 승리를 고대하고 있다. 우리는 그런 종류의 교회가 아니다. 우리는 그러기를 바라지도 않는다. 우리는 아주 오래 전에 아주 완전하게 그 긴장으로부터 벗어났고, 그래서 더 이상 우리는 그것이 무엇인지를 기억하지 못한다. 승리는 너무 오랫동안 지연되었기 때문에 우리는 더 이상 그 승리의 도래를 믿지 않고, 만일 우연히 우리가 단지 살아남을 수 있다면, 우리 자신은 그것으로 만족한다.

아니면 우리는 그 승리가 만일 단지 우리가 그것을 얻기에 충분한 활력적 프로그램을 시작했다면 — 마치 프로그램에 의해 우리가 세상을 정복하고, 세상을 우리가 안심하고 프로그램들을 수행할 수 있는 종류의 세상으로 만들려고 희망한 것처럼 — 우리의 능력의 범주 안에 있다는 무모한 신념으로 가득차 있게 된다. 그러나 신약성경의 긴장에 관해 우리는 아무 것도 모르고 있다.

우리가 이와 같은 하나님 나라의 긴장을 회피하는 것이 우리 자신을 배반하는 것이라는 사실을 누가 우리에게 말해줄까? 그러나 긴장도 없이 그리고 항상 침노하는 그 다른 질서에 대한 지식이 전혀 없이 세속 질서에 따라 평화롭게 사는 이 단조로운 생존이 훨씬 나은 것인가? 아니면 하나님 나라는 너무 하찮은 일이라서 우리는 단지 그것을 팔짱을 끼고 얻을 수 있고, 우리 자신의 방식에 맞추어 우리 마음에 드는 대로 그것을 이끌 수 있는가?

아니다. 우리는 하나님 나라의 그 두려운 긴박성과 근본적 도전을 우리 마음에 드는 대로 표현할 수도 없고, 그렇다고 그것을 한 마디의 말로 아니 어쩌면 인간적 선의 총체라는 빈약한 동의어로 대치할 수도 없다. 그러할지라도 신약성경의 교회는 여전히 그대로 남아있다. 왜냐하면 신약성경의 교회는 하나님 나라의 백성이기 때문이다.

　　그리고 그 나라는 이미 "가까이" 있고, 따라서 세상의 질서 속에 침투하고 있다. 우리는 그 나라에 들어갈 수 있고, 그 명령에 복종할 수 있고, 그 능력을 증거할 수 있고, 그 승리를 위해 기도할 수 있으며, 그것을 위해 고난을 받도록 마음을 단단히 할 수 있다(하나님이 우리를 도우시나니!). 그러나 우리는 그 긴장을 피할 수 없다. 그 이유는 그것은 우리가 창조할 수도 포기할 수도 없는 하나님 나라이기 ― 그리고 여전히 교회로 존속하는 ― 때문이다. 그러므로 지금 이 시간에 신약성경의 긴장을 거듭 발견하는 것이 우리의 과제이다. 아마 우리가 그렇게 한다면, 우리는 착하고, 충성된 종으로 인정받을 것이다.

제9장

세상 끝날까지

우리는 이제 지금까지 우리가 해왔던 고찰의 마지막 지점에 이르게 되었다. 하나님의 백성과 그에 수반하는 하나님 나라의 기대에 관한 성경적 개념을 모세시대의 신앙 속에 박혀있는 그 뿌리로부터 "하나님께로부터 하늘에서 내려오는, 거룩한 성읍 새 예루살렘"에 관한 신약성경의 마지막 환상 (계 21:2)에 이르기까지 추적하였다. 그 수고를 통해 우리는 그토록 역동적이고, 그토록 창조적인 이 개념이야말로 성경 말씀의 통일적 개념이라는 사실을 확인하였다. 그것이 얼마나 성공적이었는지는 독자가 판단할 문제이다. 그러나 우리는 이제 그 주제를 더 오래 다룰 수 없다. 하지만, 그렇다고 해도, 우리는 성경의 통일적 주제인 하나님 나라에 관한 교리는 여전히 살아있는 교회의 원동력이라는 사실을 분명히 하지 않고는 그 수고를 마감할 수가 없다.

우리가 살펴본 것처럼, 신약성경 교회는 이미 이루어진 일과 이루어지기를 기다리고 있는 일 사이의, 사라져가고 있는 현 시대와 태어나기 위해 투쟁하고 있는 새 시대 사이의 한 특수한 중간지점에 서있었다. 옛 시대의 모든 흑암의 세력들을 물리치는 승리는 하나님 나라는 이미 도래한 현재적 사실이라고 말할 수 있을 정도로 그리스도 안에서 이미 확보되었다고 천명되었다. 그러나 그 나라는 아직 그 권능으로 임하지 않은 미래의 미완성적 사실로 여전히 남아있음도 절실하게 의식되고 있었다. 그 두 국면 사이의 긴장 속에서, 신약성경 교회는 살고 있었고, 기다리고 있었다. 그것은 이미 얻은 승리와 아직 얻지 못한 승리 사이의, 가까이 임한 하나님 나라와 보이지 않고 아직 실현되지 않은 하나님 나라 사이의, 하나님의 능력과 가이사의 권세 사이의, 그리고 전투하는 교회와 승리하는 교회 사이의 긴장이었다. 이제 우리는 그 긴장, 그 딜레마에 대해 시선을 돌려야 한다. 그 이유는 우리 역시 ― 신약성경 교회로서 ― 그 긴장 안에 서있어야 하기 때문이다.

I

그것을 좀더 확실하게 이해하여 보자: 그 다형적 변화에도 불구하고, 교회는 조금도 변하지 아니하였다. 우리는 여전히 신약성경 교회이다 ― 그렇지 아니하면 우리는 전혀 교회가 아니다!

확실히 이것은 이해하기 매우 어려운 사실이고, 어떤 한 가지 의미에서만 보면, 이해가 전혀 불가능한 사실이다. 우리는 이 시대로부터 우리 자신을 단절시킬 수도 없고, 그렇다고 세월을 거슬러 올라가 옛날 그 시대로 돌아갈 수도 없다. 오늘날 우리의 교회는 너무나 복합적이고, 너무나 견고하게 확립되어 있어서 옛날의 예루살렘 다락방이나 로마의 카타콤 교회와 같은 단순한 공동체가 될 수가 없다. 그것은 시계바늘을 거꾸로 돌리려는 의고주의(擬古主義)적인 무익한 시도일 것이다. 더욱이 우리는 현대인으로서, 현대인처럼 사고하지, 고대인처럼 사고할 수 없다. 그것은 아마 우리가 초대교회에 아주 합당하고 의미있는 정확한 언어로 우리의 신앙을 표현하는 것이 가능한지를 물을 수 있는 것 이상의 일일 것이다.

우리가 고찰한 것과 같이, 초대교회는 자신을 이스라엘의 계승자, 참된 남은 자 그리고 새 언약의 백성으로 이해하였다. 그것은 하나님 나라를 선포하고, 그 언약을 세계로 확대시키는 고난의 종의 사명으로서 자신의 사명을 파악하였다. 그것은 또 자신을 마지막 때에 살고있는 메시야의 백성 곧 "종말론적 공동체"로서 이해하였다. 교회를 정의하는 이 모든 방식들은 우리들의 귀에는 아주 낯선 것일 것이다. 그것들은 참으로 우리가 완전하게 이해하는 것이 거의 불가능할 정도로 우리에게는 생소하다. 특별히 그리고 무엇보다도 초대교회의 종말론적 긴장은 우리에게 더욱 생소하다. 우리가 우리의 사고방식으로 그것을 이해하기란 거의 불가능하다. 많은 세월이 흘렀지만, 아직 종말은 임하지 아니하였고, 시대와 시간에 대한 모든 천년왕국적 예언은 다 수포로 돌아가버린 이 시점에서 우리가 주님의 재림에 대한 기대를 어떻게 공유할 수 있는가? 어떻게 우리는 종말이 내일 올 것처럼 생각하면서 살 수 있는가?

이런 일들을 회피하거나 축소시키려는 사람은 그 문제를 전혀 이해하지 못하고 있는 사람이다. 우리는 교회를 옛날로 되돌릴 수 없다. 그러나 우리는 신약성경 교회이고, 또 그 교회를 계속 유지해야 한다. 우리는 동일한 교회이고, 우리는 동일한 복음 — 하나님 나라의 복음 — 을 가지고 있다. 우리의 과제는 변하지 않았고, 그 긴급성을 전혀 상실하지 않았다. 더욱이 그 과제를 이행할 때, 우리는 초대교회와 똑같은 긴장 속에서 — 우리가 아무리 그것을 잊어버리려고 할지라도 — 살 것이다. 그 이유는 우리 역시 그리스도 안에서 얻은 승리와 아직 얻지 못한 승리 사이의, 곧 현재적이고, 현재 우리가 들어갈 수 있는 하나님 나라와 우리가 들어갈 수 없고, 만들 수 없는 하나님 나라 사이의 마지막 시대에 살고 있기 때문이다.

1. 신약성경 교회의 선포는 시간은 단축되었고, 마지막 때는 도래했다는 확신에 절박한 긴급성을 부여하였다. 이런 긴급성의 요청은 교회의 메시지로부터 절대로 배제될 수 없고, 그것은 오늘날도 마찬가지이다. 왜냐하면 그 요청은 심판이 임박했다는 의식으로부터 비롯된 것이기 때문이다. 그리고 오늘날 사람들도 심판이 그들 위에 임박했다는 감정에 사로잡혀 있다. 적어도 세상에는 심지어 신앙을 갖고 있지 않은 사람들까지도 심판에 대한 불안한 예감이 남아있고, 그 예감과 더불어, 그것에 대해 충분히 알고 있지는 못하지만, 거의 환상적으로 그 충족을 갈구하는 구원에 대한 욕구와 갈망이 존재한다.

이렇게 말함으로써 우리는 모든 상황을 의고화하는 위험을 피해야 한다. 초대교회 당시의 사람들처럼, 정확하게 임박한 주님의 재림에 대한 기대를 가지고 사는 것이 가능하다고 생각하는 사람들이 오늘날에는 극히 적다. 초대교회의 신앙이 무엇이었든 간에, 그리고 우리가 아무리 깊이 그 신앙을 공유하고, 그 성취를 갈망하더라도, 우리는 우리가 실제로 마지막 때에 살고 있다고 느끼는 확신은 그들이 느꼈던 것만큼 강하지 않다. 더욱이 우리는 성경의 종말론적 양식들에 따라 생각하는 것이 특별히 어렵다고 생각한다. 우리들 사이에서 엄격히 종말론적인 의미에서 심판이 임할 것이라고 생각하는 관심을 가진 사람은 거의 없다. 또 오늘날에는 승리의 나팔이 크게 울려퍼지고, 땅은 묵시적 징조들을 수반하면서 해체되고, 생명책이 큰 흰 보좌 앞에서 열릴 그 날에 대한 관심이 거의 없다. 우리 선조들을 두려움에 떨게하고, 임할 진노를 피하도록 슬피 우는 회개로 이끌었던 생생한 지옥의 공포에 관해서 말하는 사람도 거의 없다. 그러나 그럼에도 불구하고 우리는 종말론적 긴박성을 벗어나지 못한다. 우리에게는 심판이 임박했다는 새로운 의식이 있고, 종말론적 긴박성으로부터 구원을 바라는 필사적인 갈망이 있다. 그것은 우리의 메시지에 신약성경의 향기를 더해 준다.

하지만 그것이 항상 그렇지는 않았다. 옛날 사람의 종말론적 의식이 우리에게는 너무 이상하게 보이기 때문에 우리는 그것을 액면 그대로 말하지 않고, 우리와는 상관없는 것으로 제쳐두었던 때가 있었다. 그것은 문명인에게 그리고 문명화된 인간의 하나님에게는 무가치하다고 느끼고, 그래서 그것은 우리가 우리의 신학으로부터, 적어도 우리의 정신으로부터 나오지 않는 것들로 무시해 버리는 이념들을 포함하고 있었다. 그것들은, 말하자면 누구도 그것을 탐구하기를 바라지 않고 우리 신학의 서재에 가둬놓은 유물들이었다. 죄, 심판, 구원 — 이런 것들은 우리가 부득불 변명을 위해 사용했던 말들이다. 인간으로서 우리는 본질적으로 선한 존재로 주장되었다. 확실히 인간은 잘못들을 저지르고, 우리는, 굳이 주장한다면, 그것들을 죄라고 부를 수 있다. 그러나 그것들은 교육, 문명 그리고 윤리적 교훈을 통해 제거할 수 있는 것으로, 무지의 성격에 속하는 것이다. 여기서는 심판의 문제가 있을 수 없었다. 왜냐하면 인간의 미래는 무한히 진보할 것이고, 또 진보와 심판은 서로 아무 상관이 없기 때문이다. 인간은 물리적 복지, 도덕적 개선, 그리고 정신적 평강을 제공할 수 있는 것을 제외하면 구원을 필요로 하지 않았다 — 이것들만으로 구원이 가능하게 되기 때문이다. 상황을 이렇게 말하는 것은 필경 하나의 풍자이지만, 그렇다고 그것이 사실과 거리가 그리 멀지는 않다. 우리는 종말론적 의식이 없는 종교를 창조함으로써, 신약성경의 긴장이 침묵 속에서 사라져 버리는 불행한 탈선을 자초하였다.

물론 그 희미한 환영은 더 이상 존재하지 않는다. 역사의 진정한 마룻대가 그 위에 떨어졌고, 그것은 불의의 재난이 되었다. 그 교훈은 우리가 인간에 대해서는 과대평가하고, 인간의 곤경에 대해서는 과소평가했다는 것을 적나라하게 말해주었다. 인간은 쾌적한 문명의 이기들이 제공할 수 없는 어떤 구원을 필요로 한다는 사실이 분명해졌다. 왜냐하면 비록 새 하늘과 새 땅을 창조할 만한 모든 도구들을 그 수중에 두고 있었다고 할지라도, 인간은 곧 새로운 지옥을 건설했기 때문이다. 인간의 고뇌가 깊어졌다는 사실이 분명해졌다. 우리가 인간의 선을 크게 외치는 동안에, 인간은 그의 이빨만 드러냈고, 우리 눈으로 인간 속에 있는 제거되지 않은 악을 목격하였다. 그 악에는 인간 스스로는 도무지 모면할 수 없다고 확신했던 심판이 무한히 드리워져 있었다. 이제 죄 — 그 진부하고, 하찮고, 시덥잖은 말 — 는 내용을 갖추었다. 우리는 우리가 죄들 — 어쨌든 선한 사람은 범하지 않는 또는 의지력에 의해 줄일 수 있는 좀더 명확한 비행의 목록 — 과 상관이 없다고 배웠다. 우리는 죄 — 의의 영역에서의 인간의 총체적, 연합적 실패, 곧 마치 그것이 그룹들이 화염검을 들고 막고 있는 어떤 잃어버린 에덴동산인 것처럼, 영원히 정의와 평화의 세계는 그의 지배범위를 벗어난 곳에 있는 실패 — 와 상관이 있다. 그리고 그것은 확실히 고려나 개혁이 불가능한 어떤 것이다. 그것은 인간의 불가피한 딜레마이다.

그 죄로 인하여 심판이 있다. 우리는 지금 그것을 확신하고 있다. 역사는 그 자체가 심판이고, 역사 안에서 문명은 심판을 받는다. 역사 속에서의 하나님의 심판에 대한 옛 선지자의 의식은 더 이상 무관하거나 억지처럼 보이지 않는다. 우리가 알기로는, 만일 눈이 멀지 않았다면, 하나님의 법을 무시하고, 정직성이 결여된 사회, 강제에 의해 거짓된 신들의 비참한 행렬을 예배하는 사회, 하나님의 형상으로 지음받은 피조물을 도태시키고, 일탈시키는 사회, 감상적인 차원에서 보면, 모호한 종교적 사회이지만, 그 물질적 안일 외에는 다른 아무 것도 추구하지 않는 사회는 심판 아래 있다. 그런 사회는 이제 역사 속에 서서, 그것이 왜 존재를 계속해야 하는지 그 이유를 보여주어야 한다! 이 심판은 우리를 위협한다. 아무리 필사적으로 몸부림을 칠지라도, 우리는 그것으로부터 스스로 구원받는 방법을 모르고 있다. 따라서 오늘날 교회는 바로 이 절망의 맥락 속에서 말하는 것이다.

2. 교회의 복음을 말하고, 선포하라. 그 복음이 무엇인지에 대해서는 일 말의 의심도 없다: 그것은 당연히 하나님 나라의 복음이다. 그것은 초대교회 가 오래 전에 말세에 대한 긴박성을 가지고 선포했던 구원의 복음이다. 흑암 의 마귀적 권세들과 그 지상적 수하들은 이 세상을 죽음에 속박된 곤경으로 내몰았다. 그러나 기쁜 소식이 있다! 하나님 나라가 가까이 왔다! 새 시대의 능력이 침투하여, 악의 세력을 대적하고, 십자가 위에서 그 세력을 패배시키 며, 이제는 그 최후의 승리를 향해 나아가고 있다! 이제는 사람들이 그 새 시대에 살도록 부르심을 받아야 한다! 그들은 옛 시민권을 버리고, 하나님 아들의 나라의 시민으로서 삶을 살아야 한다! 확실히 그것은 신약성경의 언 어이지 우리의 언어는 아니다. 따라서 우리는 그것을 아주 당연하게 받아들 일 수 없다. 그러나 우리는 다른 복음을 절대로 가질 수 없다. 우리 역시 하 나님의 통치를 선언해야 하고, 사람들에게 신앙을 통해 그것에 복종하도록 요청해야 하고, 하나님 나라에서 그 고대하던 구원이 가능함을 선언해야 한 다.

그렇다면 하나님 나라의 선포는 현대인들의 귀에 완전히 이상한 일로 들 리지는 않을 것이다. 아니 오히려 그것은, 그가 그것을 의식하지 못한다고 할지라도, 그의 가장 간절한 소망을 충동질할 것이다. 확실히 그는 자신이 그 나라를 바라고 있음을 깨닫지 못하고 있다. 왜냐하면 그 말이 그에게는, 참으로 그가 항상 그 말을 말로 들었다고 해도, 그가 이해하지 못하는 신학 자의 공염불에 불과하기 때문이다. 그러나 그는 하나님 나라의 본질을 갈망 한다: 심지어 그들의 삶 속에서 교회에 그림자를 드리우지 않은 수많은 사람 들도 그것을 맹목적으로 부지중에 더듬어 찾는다. 왜냐하면 그것에 대한 소 망은 인간의 본성 속에 필연적으로 각인되어 있고, 그는 자신을 피할 수 없 는 것처럼 그것을 피할 수 없기 때문이다.

참으로 선지자들이 본 것처럼, 하나님 나라에 관한 환상과 인간들이 오 늘날 가장 열렬하게 바라는 그 목표 사이에는 현저한 일치성이 존재한다. 선 지자가 칼을 쳐서 보습을 만들고, 폭력과 전쟁은 완전히 끝날 것이라고 말한 다면(미 4:3; 사 2:4; 11:9), 그 똑같은 일은 여전히 우리가 가장 열렬히 염 원하는 일의 대상이다. 선지자가 광야가 기뻐하고, 사막이 백합화같이 피어 즐거워하는 것에 대해 말씀하고(사 35:1), 상상할 수 없는 풍요의 때에 관해 말한다면(예. 암 9:13-15), 우리 역시 가난의 종식과 궁핍으로부터의 자유를 원한다. 선지자가 그 때에는 사람들이 "자기 포도나무 아래와 자기 무화과나무 아래 앉을 것이고, 그들을 두렵게 할 자가 없을" 것이라고 선언한다면(미 4:4), 그것은 오직 우리의 정신의 심연 속에 자리잡고 있는 그 두려운 망령으로부터 벗어나려는 필사적인 욕망의 반영에 다름 아니다.

선지자가 메시야 왕의 공의의 통치에 관해 말할 때(사 9:7; 11:2-5), 정직이 뭔지도 모르고 다스리는 변덕스러운 소수의 지배자들 때문에 그토록 마음 깊이 상처를 입고 있는 자들로서 우리 역시 그같은 통치의 도래를 간절히 바랄 것이다. 진실로 인류의 욕구는, 그것을 알고 있지는 못하지만, 하나님 나라를 위한 욕구이다. 우리는 물질적 풍요를 위해 그토록 분투하는 동안에도, 그 이상의 것을 갈구하고 있음이 분명하다: 우리는 도덕적 세계질서를 욕구한다. 도덕적 세계질서는 역사의 목적이어야 한다 — 아니 그것은 당연히 역사의 목적이 되어야 하리라! 심지어는 전반적으로 신앙의 문제에 대해서는 지극히 허약한 이 허탄한 세대에도 이 목적은 그대로 유효하다. 참으로 우리는 하나님 나라를 고대하고 있고, 하나님 나라의 그 진정한 창문들을 들여다 보고 있다. 다만 우리는 거기에 들어가는 법을 모르고 있다.

우리는 우상숭배자이기 때문에 그 방법을 모른다. 신약성경의 표현을 빌리면, 세상은 구원의 길을 가로막고 있는 마귀의 세력이 지배하고 있다. 인간은 도덕적 세계질서를 소망하지만, 거짓 신들에게 의존하여 그 소망을 이루고자 하는 것이 현대인의 결정적 오류이다. 하지만 거짓 신들은 그 소망을 결코 이루어줄 수 없다. 반대로 이 시대는 거짓 신들이 그들의 파산을 엄청나게 선동하고 있는 시대이다. 물론 "우상"이라는 말은 고대에 사용되었던 말로서, 오늘날처럼 그 삶 속에서 결코 우상이라는 것을 만들어낼 수 없는 세대와는 거의 무관한 말처럼 들리거나 또는 박물관 밖에서는 볼 수 없는 유물과 같은 말이다. 그러므로 이방종교에 반대하는 고대 선지자의 공격에 관한 문제는 고고학자들의 문제처럼 보인다. 그러나 절대로 그렇지 않다!

거짓 신들 — 옛날의 바알신처럼 — 은 재생 능력을 가지고 있고, 그래서 오래 전에 죽었던 많은 거짓 신들이 오늘날 다시 등장하여 무덤과 함께 땅을 활보하면서 자신의 형상을 만들게 하고, 스스로 숭배자들을 찾고 있다. 왜냐하면 사람이 자기의 궁극적 행복, 곧 자신의 구원을 제공하리라고 고대하는 것, 그리고 그것으로부터 자신의 행위의 표준을 이끌어내는 것 ─ 그것이 바로 그의 신(우상)이기 때문이다. 그것이 없는 사람은 아무도 없다.

그러나 우상신들은, 그들의 그럴듯한 약속이 무엇이든 간에, 도덕적 세계질서를 결코 창조할 수 없다. 예를 들면, 물질적 진보라는 우상이 있는데, 오늘날 그에 대한 예배는 크게 성행하고 있다. 그것은 유한한 메시야의 의미를 함축하였다: 우리는 우리가 의학적 치료, 텔레비전 세트, 그리고 실내상·하수도 시설이 구비되면 구원받는다고 생각하였다. 그러나 이 "메시야"가 어떤 축복을 우리에게 베풀지라도(단지 바보만이 그것들이 많다는 것을 부정하겠지만), 그 메시야는 도덕적 세계질서를 창조할 수 없다는 사실이 분명히 지적되어야 한다. 왜냐하면 그 물리적 도구들 중에는 칼이나 원자폭탄도 있을 터인데, 그것들은 도무지 도덕을 갖지 못하기 때문이다. 그것들은 다만 그것들을 조절하기 위해 필히 도덕법을 필요로 하는 그 권세자들의 초보적인 또는 퇴화된 도덕성을 때때로 전제로 할 수 있을 뿐이다.

국가와 정당 이데올로기라는 거짓 신은 더욱 악랄하다. 확실히 그 거짓신의 복음은 선동이고, 그 구원은 교도소에 지나지 않는 이 사악하고, 황당한 신-인들(god-men)은 절대로 도덕적 세계질서를 창조할 수 없다 ─ 그것은 도덕을 분열시키는 것이 그들의 습관이라는 단순한 이유 때문에 그렇다. 우리는 그 이름이 어떻게 불리어지든, 어떤 국가들의 연합기구, 어떤 세계정부가 우리를 당연히 구원해줄 것이라고 결코 기대할 수 없다. 이런 체제들이 아무리 잘 정비되어 있다고 해도, 그리고 우리가 그 성공을 위해 아무리 열심히 기도한다고 해도, 우리는 그것들이 오히려 무력한 구원자들임을 깨닫는다. 그것들은 굳게 받쳐지지 않는다면, 금방 무너질 것이다. 그것들은 도덕적 세계를 창조할 수 없다. 그것들은 기껏해야 그 구성원들의 상대적 도덕성을 강화시키기 위해 분투할 수 있을 뿐이다. 그리고 많은 다른 신들이 있지만, 모두 다 동일한 흙으로 된 다리들을 가지고 있을 뿐이다.

거짓 메시야들에 의해 오랫동안 조롱당하고, 거짓 충신들에 의해 사로잡혀 있는 세계에 대해 교회는 그 전통적인 구원의 복음을 선포한다. 교회는 그것을 둘 수 있는 다른 곳은 없다는 것을 알고 있기 때문에, 단호하게 성경적 소망이 있는 곳에 그것을 둔다. 교회는 하나님 나라를 역사의 목적과 인간의 구속의 유일한 소망으로 선언한다. 교회는 인간들이 하나님보다 열등한 권세들과 대용신들에 대한 충성을 거부하고, 보편적이고 의로운 도덕법에 복종하기까지는 도덕적 세계질서는 결코 있을 수 없다고 주장한다.

사람들이 그 정의로운 지배 하에서, 사회의 분열을 극복하고, 서구문화를 동양문화와 제휴시킬 수 있는 어떤 구속공동체 — 그리고 모든 인종들과 계층들을 그 안에 포괄할 수 있는 — 를 발견할 수 있을 때까지는 평화와 정의의 세계는 영원히 꿈으로 남아있어야 한다. 교회는 오직 하나의 구속공동체가 있을 뿐인데, 그것은 미국이나 다른 어떤 국가도 아니며, 그렇다고 국가들의 정부도 아니고, 오직 전포괄적인 하나님 나라의 공동체라고 역설한다. 그것이 역사의 희망이다. 교회는 그 나라를 지적하고, 사람들이 신앙 안에서 그 시민으로서 그 유익한 통치에 복종하도록 요청한다. 그때에만, 오직 그때에만 의가 가능하다.

그러나 그것 뿐만이 아니다. 교회는 하나님 나라를 단순히 하나의 가능성으로서 또는 고대해야 할 하나의 사실로서만 선언하지는 않는다. 교회는 그것을 예수 그리스도 안에서 현재화된 사실로서 선언한다. 즉 교회는 그것을 지금 여기 세상 속에서 역사하면서, 인간들의 마음 속에서 그 구조를 세우고 있는 현재적 사실로서 선언한다. 그것은 승리의 나라이다! 전역사는 그것을 향해 진행한다. 모든 미래는 그것에 속해 있다. 그것이 바로 도래할 나라이다! 교회는 그 나라의 사신으로서 담대하게 그것을 선포한다.

3. 그러나 교회가 자신의 과제를 더욱 진지하게 수행하면 할수록 철저하게 신약성경의 긴장 속으로 더욱 깊이 던져질 것이다. 그것은 교회가 완전히 이해하지 못했고, 참여하기를 전혀 원하지 않았던 긴장이라고 생각되는 것이다. 그러나 그것은 교회의 복음의 참된 본질에 내재된 것이고, 결코 교회는 그것을 정당하게 피할 수 없다. 그것은 교회의 현시대로부터의 소외와 그것에 의한 교회의 구속 사이에, 즉 선언된 승리와 교회가 창조하는 것이 불가능한 승리 사이에 놓여있다. 한편으로 교회는 그리스도 안에서 죄와 사망의 권세는 박살난다고 주장한다. 교회는 그의 나라가 세상에서 역동적으로 활동하고 있고, 그 궁극적 승리를 향해 불가항력적으로 나아가고 있는 현재적 사실이라고 선언한다. 더욱이 교회는 그 최후의 승리를 위해 수고하도록 명령받은 자로서 활동하고, 역사의 심판의 불 앞에서 구원의 유일한 소망으로서 그의 복음을 필사적인 긴급성을 가지고 선포하며, 사람들이 그것을 받

아들이고, 그리스도의 나라의 멍에에 복종하도록 촉구한다. 다른 한편으로 교회는 그 나라의 승리에 대한 그의 선포에도 불구하고, 그 임박한 임재와 도래할 승리에 관한 표징들을 거의 보지 못하고 있다. 또 교회는 그 엄청난 수고에도 불구하고, 그 승리를 일으킬 수 없다.

교회가 승리를 이끌어낼 수 없다고 말하는 것은 그다지 환영할 만한 말은 아니다: 그것은 교회의 선교적 소명을 무익하게 만들고, 부정하는 것이기 때문이다. 확실히 그리스도는 그의 제자들에게 만민에게 복음을 전파하라고 말씀하셨고, 또 그들이 자신의 사명을 진지하게 감당하기를 기대하셨기 때문이다. 그리스도는 그것을 무익한 모험으로 말씀하시지 않았다. 교회가 사람들을 그리스도에게 이끌기 위해 활력적으로 수고할 때, 그 수고를 통해 그분에게 "모든 무릎을 꿇게 하실" 것이라는 약속이 그 성취를 발견하고, 그의 나라를 도래시킬 수 있는 것이 아닌가?

아마 그것이 우리에게 확실히 가능한 것처럼 보였던 때가 있었다. 확실히 우리는 그 과제를 수행하는데 따르는 어려움을 축소시키지 않았다 — 그러나 바로 그 어려움이 우리로 하여금 허리를 동여매게 하는 도전이 아니었던가? 교회는 온갖 힘을 다하여 "그리스도를 위하여 세상을 이기고", "하나님 나라의 도래를 알려야" 한다! 그것이 교회의 마땅한 과업이고, 단지 교회가 절반만 노력한다고 해도, 할 수 있는 일이다! 그 반대를 주장하는 것은 다만 신앙의 심각한 결핍의 표시로 간주될 뿐이다.

그렇다면 그것은 오만한 확신으로서, 그것이 순수하다고 말할 근거가 거의 없다. 그것은 그 이상의 것이다: 그것은 위험스럽게 교회의 자기신격화로 나아가는 것이었다. 교회가 성공적이었다면, 또 교회가 그 구성원의 최후의 한 사람까지 승리했다면, 그것은 참으로 아주 거대한 교회가 되었을 것이다 (현재 그것보다 더 나은 세계가 존재할 것이다). 그러나 그것은 하나님 나라는 못될 것이다. 왜냐하면 새 시대는 가시적 교회의 전투적인 활동에 따라 창조될 수 없기 때문이다. 교회는 자체로 현시대에 속박되어 있다.

어쨌든 우리는 다음과 같은 현실에 직면해야 한다: 우리는 지금 이에 대한 어떤 승리도 얻지 못하고 있다. 반대로 거대한 규모와 풍요에도 불구하고, 우리는 초대교회가 그랬던 것처럼, 이 세상의 세력들 앞에서 무기력한 존재이다. 우리가 당면하고 있는 문제들은 참으로 끔찍하고, 과거 신학의 앵

무새같은 답변들을 훨씬 초월해 있다. 자포자기와 절망이 우리를 엄습한다. 로마제국이 소집할 수 있었던 것보다 더욱 큰 물리적 세력에 의해 지원을 받고 있는 새로운 악마적 우상숭배가 우리를 위협하고 있다. 교회는 너무 미약하고, 너무 허약하며, 너무 갈기갈기 분열되어 있다 — 교회는 그 거대한 가이사의 야만적인 권력을 반대하고, 정의의 세계에 근접하기 위하여 어떤 힘과 어떤 프로그램을 가지고 있는가? 참으로 교회는 뒷걸음질만 치고, 좌절당하고, 패배당한 것처럼 보였다.

아직 다하지 못한 과제가 수두룩하다: 심지어는 이 특혜받은 땅(역자주: 미국)에서도 교인은 절반에 미치지 못하고, 세계의 수십억 인구에 비하면 교회는 힘없는 소수집단에 불과하다. 여기저기서 교회는 철의 장막 뒤에서 순교하는 교회로 웅크리고 있고, 교회의 요람이었던 카타콤과 같은 상황에 둘러싸여 있다. 교회의 승리를 외치는 복음에도 불구하고, 승리의 서광은 보이지 않고, 승리를 얻기 위해 무엇을 해야할지 모르고 있다. 심지어는 교회에 속한 수많은 자녀들까지도 이것은 교회의 무력함의 증거라고 생각하게 되었고, 구원문제에 있어서 교회에 기대할 것은 없다고 생각하게 되었다.

이와 같이 우리는 긴장 속에 있는 우리 자신을 발견한다. 그것은 두 세계 사이의 긴장이다. 즉 그것은 모든 세력을 물리치고 승리하는 하나님 나라와 이 땅의 세력들에 예속되어 있는 하나님의 교회 사이의 긴장이다. 그것은 신약성경의 긴장과 매우 흡사하다. 그러나 신약성경 교회와 달리, 우리는 그 안에서 살지 않는다. 우리는 전혀 그렇게 살지 못하고 있다. 우리는 거기서 이런 긴장이 있어서는 안된다는 감정, 그것은 교회가 서있어야 하는 적절한 지점이 아니라는 감정을 갖고 있다. 우리는 교회로서의 우리의 사명의식과 우리의 자랑을 침해받지 않기 위하여 필사적으로 그것을 피하려고 애를 쓴다. 그러나 엄밀히 말해 그것은 우리를 딜레마 속에 집어넣는 것이다.

근본적으로 오직 두 가지의 가능한 도피처가 있기 때문이다: 하나는 우리는 이 세상에 대한 모든 희망과 책임을 포기하고, 그것으로부터 물러서서, 그것이 스스로 파멸의 길에 들어서는 것이다. 또 하나는 우리는 그리스도를 위하여 공격적 활동을 통해 세상을 정복할 수 있는 것이다. 그러나 이 중 어떤 길도 가능한 길은 아니다. 전자는 참으로 우리를 그 긴장으로부터 구출해주기는 하지만, 그것은 우리를 비겁한 겁쟁이로 만들고, 그리스도의 명령을 노골적으로 거부하는 것이다.

그리고 후자에 관해 말한다면, 우리는 그 방법을 모르고 있다고 고백하게 된다. 그러나 우리는 그 결과를 향해 계속 이끌린다. 따라서 우리를 올바른 길로 이끌 수 있도록 시도된 행동과정들 또는 아직 시도되지 않았거나 충분하게 시도되지 않았던 행동과정들 속에서 원하는 것을 발견하기 위해 우리는 계속 모색을 하게 된다. 교회의 외침은 여전히 울려퍼지고 있다. 그러나 그것은 신약성경 교회의 외침인 "마라나다" — 주여, 오시옵소서(고전 16:22; 계 22:20) — 가 아니고, 아주 세속적인 대처방법이다. 그러나 그것은 있을 수 있는 문제이고, 답변을 필요로 한다.

Ⅱ

그렇다면 우리는 무엇을 해야 하는가? 만일 우리가 그 질문에 대한 답변을 신약성경에서 찾는다면, 우리는 얼핏 보면 실망스러운, 아니 아주 부정적인 것처럼 보이는 답변을 얻을 것이다. 우리는 어느 정도 명확하게 제시된 행동과정을 발견하고 싶어하지만, 거기에는 아무 것도 없다. 세상정복에 대한 전략도 세워져있지 않고(복음은 활력적으로 선포되지만), 정치적 또는 사회적 행동의 프로그램도 제시되지 않고 있다. 또 위험에 직면한 그리스도인들의 유대를 깊게 하기 위한 연합조직(확실히 현대적 의미의 말인)도 존재하지 않는다.

참으로 그리스도인은 무엇을 믿어야 하고, 어떻게 살아야 하며, 어떻게 복음을 증거해야 하는지에 관한 사실들만 풍성하다. 그러나 교회가 종말론적 긴장을 어떻게 극복할 수 있는지에 관한 일말의 조언이나 그것을 피해야 한다는 사실에 대한 어떤 암시도 주어지지 않는다. 오히려 그 긴장은 교회의 당연한 환경으로 전제된다: 교회는 그 안에서 교회로서 서있어야 한다. 따라서 우리는 신약성경에 대해 무엇을 해야 할지를 묻고, 행동계획을 묻게 된다. 그리고 신약성경의 답변은 이와 같다: 너희에게 주어지는 프로그램은 절대로 없으리라 — 너희가 교회라는 것을 제외하고는!

그러나 그것은 말장난처럼 들릴 수 있다. 그리고 말장난하는 것은 우리가 더 이상 참을 수 없는 신학자의 사치에 불과하다. 우리는 교회는 교회여야 한다고 단순히 말할 수 없다. 우리는 신약성경 교회가 생각하는 교회의 본질과 그것이 우리에게 가리키는 바가 무엇인가를 물어야 한다.

1. 신약성경의 교회관은 너무 평이해서, 이것이 우리의 귀에는 참으로 이상하게 들릴 것이다. 교회는 "흩어져 있는 12지파"(약 1:1)이다. 교회는 "하나님의 이스라엘"(갈 6:16)이요, "은혜로 택함받은 남은 자"(롬 11:5)요, "제사장의 나라"(계 5:10)요, "택하신 족속, 왕같은 제사장, 거룩한 나라 … 하나님의 소유된 백성"(벧전 2:9-10)이다. 이 외에도 많은 다른 설명이 있다. 요약하면 교회는 하나님의 거룩한 공동체, 참된 남은 자, 새 언약의 백성이고, 이스라엘의 소명과 본분의 계승자이다. 이같이 이스라엘은 언약백성으로서, 특별한 백성이다. 그들을 구별시킨 것은 그들의 신앙이었지 다른 어떤 것이 아니었다. 규모로 보면, 이스라엘은 고대세계의 다른 약소 국가들과 크게 구별할 수 없는 제5등 국가였다. 경제력으로 보면, 이스라엘은 아주 빈약하였다. 이스라엘의 물질 문화는 그 이웃 국가들과 본질적으로 다를 것이 없었다. 그러나 이스라엘은 하나님이 있었고, 또 그들을 그들의 주변 배경과 전적으로 구별시킨 신앙이 있었다. 이스라엘은 하나님이 그의 공의의 법에 순종하도록 언약적 사랑 안에서 연합시킨 백성들이었다. 참 이스라엘로서 교회는 이스라엘의 사명을 수행하는 존재로서, 이스라엘처럼, 하나님의 택하시고, 거룩한 백성이다.

확실히 교회를 이같이 설명하는 것은, 반박하기 위해서가 아니더라도, 우리의 정신에게는 생소한 함축의미를 전달하고, 이런 배경에 따라 교회나 우리 자신을 생각하는데 익숙한 사람은 극히 드물다. 참으로 우리가 그 말을 그렇게 이해하고 있듯이, 택함받은 거룩한 백성은 우리가 되기를 바라는 마지막 일이다. 그런데 자신들을 특수하고, 거룩한 백성이라고 생각하는 사람들은 별로 환영을 받지 못한다. 이들은 경건을 추구하고, 자칭 거룩에 도달한 사람들이다. 이들은 절제라는 척도에 의해 의를 측정하는 사람들로서, 그의 행위가 아주 특별한 사람들이다. 이들은 그들이 하나님의 참되고, 정통적인 백성이라는 사실을 지나치게 확신하기 때문에 참을 수 없는 자기축복의 무리들이 된 교회이다. 우리는 이 무리 속에 끼는 것을 원하지 않는다. 젊은 이들은 결코 그것을 찬성하지 않을 것이라고 우리는 확신한다.

확실히 그것은 우리가 우려했던 사이비 교회이다. 그러나 이러한 우리의 우려는 우리의 소명을 흐리게 하고, 그리스도인들이 전혀 특별하지 않다고 증거하는 심각한 결과를 낳고 말았다. 우리는 하나님의 거룩한 백성 곧 교회가 되기를 바라지 않았다. 우리는 교회의 평범한 사람들이 되는 것으로 만족하였다. 그리고 참으로 이런 교회들은 우리에게 수많은 과제들을 — 본분이 아니라 — 남겨놓을 수 있다.

그러나 교회는 새 이스라엘이고, 여전히 새 이스라엘로 남아있으며, 그 사실만으로 특별한 백성이다. 말하자면 교회는, 이스라엘처럼, 하나님의 은혜를 받고, 그것에 순종으로 반응하는 백성들이다. 교회는 새 언약의 성례 속에서 하나님의 언약의 당사자로서 서로 그리고 하나님과 교제하면서 살고, 세상 앞에 하나님의 의로운 통치를 드러내는 하나님의 백성, 곧 그의 그리스도의 백성으로 결속되었다. 그 점에서 교회는 특별한 백성이다. 왜냐하면 교회는 역사 속에서 하나님의 목적을 수행하는 택하신 종으로서 이스라엘의 계승자이기 때문이다. 그때에만, 오직 그때에만 교회는 도래할 하나님 나라의 약속들의 기업이 된다.

이 관념을 거부하는 것은 살기를 거부하는 것이다. 그 이유는 신앙은 스스로 백성을 찾아가서, 그들 속에서 역사함으로써, 존속하는 것이기 때문이다. 신앙의 백성이 완전한 백성인 것은 아니다! 우리가 거듭거듭 기회가 있을 때마다 지적한 바와 같이, 이스라엘은 완전하지 않았다. 그러나 그 중대한 실패에도 불구하고, 이스라엘은 다른 방법으로는 전혀 존속시킬 수 없는 신앙을 생생하게 간직하고, 유지하였고, 그렇게 하는데 있어서 이스라엘은 다른 방법으로는 절대로 자신들을 존속시킬 수가 없었다. 오직 그렇게 할 때에만, 사실상, 그것들이 참이든 거짓이든, 모든 이념들과 신앙들이 존속된다. 예를 들면, 공산주의는 확실히 붉은 군대의 총구 이상의 것이고, 확실히 허공 속에서 존재하는 하나의 추상이 아니다. 공산주의는 신앙을 구현하는 사람들이다 — 그리고 그것은 이 특별한 적그리스도가 그의 구현을 위한 백성들을 발견하는 한 존속할 것이다.

마찬가지로 민주주의도 워싱톤 기념비나 제퍼슨에 의해 수록된 역사적 문서 이상의 것이다. 그것은 "민주주의의 진리들을 자명한 것으로 견지하는" 사람들이고, 그것은 이런 사람들이 생존하는 한 존속할 것이다 — 그러나 그들이 없다면 그것은 10분도 더 존속하지 못할 것이다. 그러므로 기독교 신앙은 그것에 헌신하는 특별한 사람들이 살아있을 때에만 존속하리라는 사실은 확실하다. 그리고 그 사람들이 참으로 신앙의 사람들인 한 오직 하나의 백성으로 살아갈 것이라는 것 역시 확실하다. 따라서 교회를 새 이스라엘로 말하는 것은 적합한 표현이다. 이스라엘처럼, 교회도 그 백성이 되어, 그것을 구현함으로써, 신앙을 보존하고 전파해야 한다.

그렇다면 교회는 하나의 조직도 아니고, 그렇다고 그 모든 조직들의 총화도 아니다. 교회는 하나의 유기체이다. 교회는 신앙의 백성이고, 하나님 나라의 백성이다. 여기서 우리는 교회당들(the churches)이 아니라, 교회(the Church) — 우리 대부분이 알고 있었던 것보다 훨씬 더 고상한 의미의 백성됨(peoplehood)에 속하는 — 에 관해 말하는 것이다. 우리는 아무개 목사의 설교의 능력에 의해 — 또는 그것에도 불구하고, 아주 완강한 충성에 의해 — 거기에 세워진, 아무개 목사님 교회당의 백성이 아니다. 우리는 장로교, 감리교 또는 침례교 교회들의 백성이 아니다. 우리는 이 교회당들의 가치있는 프로그램들에 의해 도전을 받고, 그것들 속에서 교제를 발견하는 백성이 아니다. 우리는 사회의 근본기초들에 관심을 갖고 있고, 이것들은 사회에 주어진 종교의 선물들이고, 따라서 우리의 교회당들에게 유익한 것들이라고 자각하고 있는 선의의 백성들이 아니다. 우리는 교회(the Church)의 백성이다.

그리고 교회는 교회당들보다 더 위대하다. 하나님의 목적을 수행하는 참 이스라엘이 이스라엘 국가와 동일한 것이 아닌 것처럼, 주 예수 그리스도의 교회는 기독교 교회당들과 동일한 것이 아니다. 교회는 교회당들 모두 속에 포함되어 있지만, 교회당들을 초월한다. 어떤 교회도 자기신격화와 불경죄를 범하지 않고는 자기가 유일한 참 교회라고 주장할 수는 없을 것이다. 교회는 불가시적이다. 그것은 교회당의 통계자가 따르는 명단을 전혀 의존하지 않고, 교회당들의 교인명부를 무시하며, 구원이 가장 불가능한 것처럼 보이는 세리와 죄인들을 그 명부에 포함시키는 데까지 나아간다. 그것은 "임의로" 부는 바람과 같이 교회들의 형식들과 표준들을 무시한다. 참으로 우리는 "그것의 소리는 들을" 수 있으나, "어디서 오며 어디로 가는지"(요 3:8) 말하지 못한다. 교회는 시공간을 초월하는 초지상적 공동체이다. 그 안에서 우리는 믿음의 조상 아브라함 및 12지파와 함께 앉아 있고, 또 우리 교회당의 그리스도인 형제 및 중국에 있는 그리스도인 형제와 함께 앉아있다. 그것은 가까이 임한 하나님 나라의 음성을 듣고, 그 도래에 관해 "예"라고 반응하는 모든 사람들의 공동체이다. 그것이 새 이스라엘, 하나님의 새 백성, 유일하게 거룩한 보편적 교회이다.

우리가 염려한 것은 이 교회에 대한 것이 아니다. 오히려 우리는 그 교회를 보지 못하기 때문에 그리고 보아야 할 것은 보지 못하고, 우리가 볼 수 있는 교회당들만을 보기 때문에, 염려하였다. 우리가 염려한 것은 바로 이것들 때문이다. 우리는 교회당들의 결함에 질색하였고, 교회당들의 약점에 실망하였다. 그것들은 사회를 구속하고, 사회를 하나님 나라로 만들 능력이 없다. 그것은 그것들 자신이 사회와 밀착해 있고, 사회에 속해 있으며, 사회의 죄에 참여하고 있기 때문이다. 그것들은 그리스도의 승리를 얻을 수 없다. 왜냐하면 그리스도의 의의 나라는 단지 상대적으로 의로운 인간들의 활동과 목표에 따라 성취될 수 있다고 상상하는 것은 전혀 합당하지 않기 때문이다. 가시적 교회들은, 그것들이 모두 에큐메니칼 회의에 참석한다고 해도, 단지 5분일지라도 그 나라를 낳을 수 없다. 반대로 가시적 교회들은 항상 가이사의 지배 하에 있도록 운명지워져 있다. 가이사는 그것들을 항복시키거나 파멸시킬 수 있다.

그러나 그것은 교회가 아니다. 그 까닭은 이같이 깨지기 쉬운 연약한 교회들 위에 이 다른 교회, 즉 불가시적 교회가 우뚝 솟아있기 때문이다. 그 교회는 그리스도인들의 새로운 족속이다. 이 교회에 관해 신약성경은 조금도 두려움을 모르고, 우리 역시 그럴 필요가 없다. 그 교회는 가이사의 로마제국을 두려워하지 않는다. 그것은 그 교회가 가이사 및 로마와 가이사의 로마제국을 잇는 모든 국가들보다 오래 존속할 것이기 때문이다. 가시적 교회들은 고통을 당할 수 있고, 항복을 할 수도 있으며, 파멸될 수도 있다. 그러나 그들이 불가시적 교회를 죽일 수는 없다. 느부갓네살의 군대도, 네로의 군단도, 게쉬타포나 소련의 비밀경찰도 그같은 권력을 갖고 있지 못하다. 불가시적 교회는 새 이스라엘 — 신앙의 백성, 하나님 나라의 백성 — 이다. 그리고 그것이 여전히 백성으로 남아있는 한, 백성은 파괴될 수 없다. 그것이 우리가 그렇게 되도록 부르심을 받는 신약성경 교회이다.

2. 그러나 존재하는 것만이 전부는 아니다! 행함이 요청된다! 만일 불가

시적 교회가 새 이스라엘이라면, 그것은 이스라엘의 운명과 사명이 주어진
다. 그것은 결코 수동적인 일이 아니고, 선교적 소명이다. 이것은 예수님 자
신의 뜻에까지 거슬러 올라간다. 예수님보다 오래 전에 선지자(사 40-66장)
는 하나님의 종이 되어, 이방세계에 참된 신앙을 선포하는 것이 이스라엘의
합당한 운명이라고 선언하였고, 그것이 아무리 고난의 약속으로 가득찬 가혹
한 운명이라고 해도, 그는 그의 백성들에게 그것을 받아들이도록 촉구하였
다. 그러나, 일부 백성들은 그것을 주목한 것이 확실하지만, 이스라엘은 일
반적으로 그 운명을 받아들이지 않고, 선교하는 백성이 되지 못했다. 또한
이스라엘은 메시야적 인물로서의 고난의 종의 정체성을 전혀 파악하지 못하
였다. 그러나 예수님은 자신을 약속된 메시야로서 보았을 뿐 아니라 고난의
종에 입각하여 자신의 메시야 직분을 이해하였다. 따라서 그분이 그의 교회
를 참된 이스라엘로 불렀을 때, 그분은 그들에게 이스라엘의 참되고, 적절한
운명을 부여하였다. 따라서 고난의 종의 선교적 소명은 교회로 중재되었다.
어쨌든 교회 역시 그것을 그렇게 보았다: 신약성경의 역사는 선교의 역사이
다.

　　그러므로 교회가 자신의 과업을 선교로 이해하는 것은 잘못이 아니다.
참으로 그것의 유일한 잘못은 그것이 그 사명을 충분히 강력하게 이해하지
못했다는 것이다. 그것은 선교를 그것의 많은 활동들 가운데 하나로 생각하
지 않는다. 그것은 그 모든 활동 속에서 선교를 지향한다. 그것은 선교하는
백성이다 ― 만일 그렇지 않으면, 그것은 교회가 아니다. 교회의 복음은, 우
리가 살펴본 것처럼, 인간의 구원은 단지 하나님 나라 속에 놓여있고, 교회
는 그 구원을 세상에 전파한다고 선언한다. 그러나 그것은 그것을 단순히 객
관적 사실로 진술하지 않고, 사람들이 그것을 받아들이도록 요청한다. 그것
은 그것이 결코 창조할 수 없는 하나님 나라를 기다려야 하는 교회이다. 하
지만 그것은 수동적으로 기다리는 것이 금지된다. 그것은 전투적 교회이다.
그것은 인간의 영혼들을 위해 투쟁한다. 그것은 사람들을 그리스도의 나라의
구속적 교제로 이끈다.

　　그러므로 교회의 메시지는 본질적으로 신앙에로의 초청이다. 그리고 그
것은 인간의 가장 절실한 필요 곧 구원받은 백성이 되려는 욕구를 부각시킨
다. 사실상 우리는 우리 자신을 초월하여 삶의 의미와 목적을 부여하는 어떤

것을 발견하기 전에는 불완전한 사람들이다. 우리는 우리 자신의 본성상 혼자만으로 또 혼자 힘으로 사는 것이 금지된다. 우리는 삶을 어떤 것에 위임하도록, 어떤 것을 믿는 신앙에 머무르도록 이끌린다. 아무 것도 아닌 백성이 되는 것, 아무 것도 아닌 것에 자아를 복종시키는 것 — 그것은 정죄이다. 그렇기 때문에 우리에게 주인도 형제도 없다면, 우리는 우리 자신과 10달러를 더 주겠다고 약속하는 것에게 전적으로 굴복하고 만다.

아니면 길을 잃고 헤매는 외로운 우리는 "내게로 와서 내 백성이 되라. 그러면 내가 너를 구원하리라"고 말하는 거짓 신들에게 마음을 빼앗길 것이다. 왜냐하면 우리는 참으로 이러한 거짓 신들이 사람들을 하나의 백성으로 결합시켜서, 그들을 인간 이하의 짐승과 같은 존재로 전락시키고, 그들을 인간으로 만드는 그들 속에 있는 진정한 신적 형상을 훼손시키는 것을 알기 때문이다. 인간은 어떤 국가적 충성, 계급적 이해관계, 그리고 정치적 이데올로기가 줄 수 있는 것보다 훨씬 더 차원이 높은 어떤 시민권을 발견하기 전에는 인간에 대한 희망이 전혀 없다. 인간의 구원은 엄격히 그의 인간됨의 본질 곧 그의 신앙이 머무르고 있는 곳인 그의 궁극적 헌신을 명하는 것에 대한 그의 결단을 기다린다.

인간은 구원 공동체를 찾아야 한다. 그리고 이런 공동체로는 오직 하나 즉 하나님과 그의 그리스도의 나라가 있다고 선언하는 것이 교회의 업무이다. 교회의 복음은 인간이 그 나라의 지배에 복종하기 전에는 구원이 없다고 선언한다. 따라서 신앙의 행위를 통해 그렇게 하도록 인간을 부르시는 것이 교회의 업무이다. 진실로 구원은 신앙에 달려 있다고 말해진다. 그러나 — 우리는 그것을 이해하자 — 구속을 가져오는 신앙은 하나님에 관한, 그리스도에 관한, 그리고 인간의 미래에 관한, 어떤 명제들을 단순히 믿는 것이 아니다. 그렇다고 더 이상 의심하지 않는 단순한 의지력에 의한 정신의 산물도 아니다. 그것은 사이비 신앙이다. 그것은 참인지를 의심해보지 않고 주장되는 대로 그대로 믿는 것은 신앙을 요하지 않는다.

반대로 신앙은 보이지 않는 것과 증거를 벗어나 있는 것에 대해 삶을 위탁하는 것이다. 구원하는 신앙은 인간이 자신을 그리스도 안에서 나타나신 하나님께 던지는 것이고, 아무리 확신이 적다고 할지라도, 그가 그리스도의 나라의 멍에를 메고, 그 나라에 자기 자신, 자신의 도구, 자신의 의지를 굴복시키는 — 그의 진정한 존재가 그것을 바라고, 그의 본성의 최심층에서 그를 그것으로 초청하기 때문에 — 것이다. 그 행위 속에서 그는 의를 발견한다. 왜냐하면 그 안에서 그는 자신의 주님을 인식하고, 모든 거짓된 주인들에게 등을 돌리기 때문이다. 교회가 사람들을 초청해야 하는 것은 이러한 그리스도와 그의 나라를 믿는 구원하는 신앙의 행위에 대한 것이다.

따라서 교회의 선교적 과업은 지극히 중요한 사명이다. 만일 인간의 구속이 그가 그리스도와 그의 나라를 믿는 신앙을 기다린다면, 사람들을 그 신앙으로 초청하는 것은 절대로 부질없는 간섭이 아니다. 그것은 역사의 가장 중요한 활동이다. 참으로 그것이 인간의 유일한 소망이라고 말하는 것이 가능하다. 그 이유는 인간은 구속받은 인류의 족속이 되지 않고서는 아무 소망이 없기 때문이다. 그것은 말하기가 애매하고, 공허한 사실처럼 보일 수 있다. 그러나 그것은 가장 엄연한 현실주의이다. 우리는 지금쯤 외적 프로그램들을 통해 정의의 세계질서를 약속하는 그럴듯한 지름길은 한결같이 망상이라는 것을 알아야 한다.

물론 이것은 어떤 정치적 및 사회적 프로그램들이 그들이 할 수 있는 선을 요청하지 않는다거나 무시한다고 말하는 것이 아니다. 그리스도인은 사회악을 수동적으로 묵인하는 것을 찬성하지 않는다. 그러나 그것은 오직 외적 프로그램들에 따라 정의의 세계질서를 창출하려는 모든 계획들은, 전혀 변화되지 않은 인간들에 의거하여 변화된 세계질서를 구축하는 것이 불가능하다는 단순한 이유만으로, 틀림없이 실패할 것이라고 말하는 것이다. 이것이 현실이 될 것이라고 기대하는 것은 상상할 수 있는 가장 순진한 어리석음에 지나지 않는다. 인간의 구속은 엄밀히 말해 구속받은 새로운 인간들의 족속의 탄생을 기다린다. 그리고 하나님 나라는 그 새로운 인간 족속으로서, 하나님의 살아있는 교회이다. 그 교회 안에 도래할 하나님 나라가 있다.

확실히 하나님 나라의 확장은 가시적 교회들의 양적 팽창에 의해 재어질 수는 없다. 가시적 교회들은 교회가 아니다. 기껏해야 그것들은 죄와 교만으로 가득차 있는, 오직 그리스도의 몸의 가장 희미한 근사치일 뿐이다. 하나님은 그것들의 목소리가 종종 부적합하고, 아주 어리석으며, 거의 확신을 주지 못한다 — 그의 대부분의 자녀들도 그렇게 한다 — 는 것을 알고 계신다. 그것은 사람들을 어쩌다가 초청한다 — 그것은 무엇을 말해야 하는지 잘 모른다. 그러나 교회의 선교는 가시적 교회들을 통해서 수행되어야 하고, 가시적 교회는 장부에서 지워지지 않을 것이다.

이스라엘 안에 있는 참되고, 신실한 자가 현존하는 국가의 배경 속에서 하나님의 목적을 위해 헌신했던 것처럼, 하나님 나라도 교회들을 통해 — 비록 때로는 거의 그것들을 무릅쓰고 — 활동을 한다. 그러므로 우리는 이런 교회들로부터 어떤 상상된 불가시적 교회의 개념으로 후퇴할 수 없고, 거기에 따라 그것들의 활동을 비판할 수 없다. 하나님 나라의 복음을 전파하는 것은 역사의 희망으로 존속한다. 그리고 이 조각나고, 분열된 그리스도의 몸 — 이 가시적 교회 — 이 이 과업을 수행하기 위해 분투하고 있는 유일한 몸이기 때문에, 우리는 그 교회에 대해 아무런 변명을 하지 않고, 그것과 함께 서며, 우리가 갖고 있는 최고의 지원을 아끼지 않을 것이다. 가시적 교회가 사람들을 그의 복음으로 이끌기 위해 수고할 때, 우리는 그 교회가 세워질 때 더 위대하고, 더 오래 존속되는 구조 곧 하나님 나라가 그 안에서 그리고 그것을 통하여 세워지도록 그것과 함께 수고할 것이다.

그렇다면 교회는 무엇인가? 신약성경은 그것을 단순히 세상 앞에 그의 나라의 의를 드러내도록 그리고 세상 안에 그 나라를 선포하고, 사람들을 그것의 언약적 교제로 초청하는 책임을 감당하도록 부르심을 받은 참된 이스라엘, 하나님의 언약과 종의 백성으로 이해하였다. 그 교회에 모든 약속들이 주어진다. 그리고 그것이 우리가 부르심을 받은 교회이다.

Ⅲ

그러나 우리의 실제적 문제는 아직 답변되지 않았다. 우리는 무력감과 절망 속에서 무엇을 해야 하고, 어떤 행동과정을 따라야 하는지를 묻는 질문을 갖고 신약성경에 이르렀다. 그런데 우리는 그 질문에 대한 답변을 아직 발견하지 못하고, 단지 교회와 그의 소명에 관한 보다 명확한 관념을 파악하였다. 그러면 우리는 다양하고, 현실적인 당면문제들로 씨름하고 있는 오늘날의 교회를 인도하기 위해 어떤 제안을 할 수 있는가? 우리는 그 질문을 물을 권리를 갖고 있다. 교회는 그의 프로그램을 올바르게 구축하려면 안내자를 필요로 한다. 그런데 교회는 그것을 성경의 구절들 말고 다른 곳에서 찾을 더 좋은 곳이 있겠는가? 그러나 신약성경은 여전히 완강하게 답변을 거절한다. 신약성경의 답변은 똑같은 것이고, 그것은 너무 단조롭게, 거의 줄줄 흘러나와 우리의 귀를 울린다: 교회가 할 바는 무엇인가? 교회는 교회가 되어야 한다!

그 안에는 확실히 우리를 위해 마련된 행동과정이 없다. 그래서 우리는 여전히 어둠 속에 그대로 남겨져 있다. 그러나 그것이 정상이다. 우리의 모든 질문들이 답변되었다면, 우리는 그것으로 만족해 버리고, 결코 신약성경이 우리를 이끌고 있는 보다 심오한 문제들에 직면하지 않았을 것이다. 그보다 심오한 질문이란 이와 같다: 참으로 우리는 교회, 곧 우리가 부르심을 받은 새 언약의 백성인가, 아니면 약속된 나라를 상속받기에 부적합한 무익한 종들인가?

그러므로 여기서 우리가 취할 즉각적 프로그램은 프로그램들에 관해 이야기하는 것을 당분간 멈추고, 자기검토와 죄의 고백을 행하는 것이다. 우리는 신약성경 교회 앞에 서서, 교정을 받아야 한다. 모든 것이 변하였고, 교회도 변하였다. 그러나, 그럼에도 불구하고, 교회는 조금도 변하지 않았다. 우리는 여전히 신약성경의 교회이다 — 그렇지 않다면 우리는 교회가 아니다. 그리고 만일 우리가 그 교회라면, 우리는 그 프로그램 곧 하나님의 목적을 수행하는 참된 이스라엘 곧 그의 나라의 언약 백성이 되고, 그 백성을 생산하는 것 외에 다른 프로그램이 없다. 그러나 만일 우리가 그 교회가 아니라면, 신약성경은 우리와 관련이 있는 그 교회의 운명과 승리에 대해 아무것도 말할 것이 없다. — 그러면 우리는 시온산 위에 있던 성전처럼 역사의 심판 아래 두어진 교회조직일 뿐이다.

1. 확실히 신약성경은 우리에게 프로그램을 제시하지 않는다. 그러나 그것은 프로그램으로 충만하다. 왜냐하면 그것은 우리에게 우리의 모든 프로그램을 아니 그 이상의 것을 요청하기 때문이다: 그것은 모든 프로그램들이 안에 들어있고, 모든 프로그램들에게 방향을 제시하는 프로그램이다. 따라서 그것이 교회의 가치있는 프로그램들을 비방하기 위한 의도에서 비롯된 것이 아님은 이미 했던 말로 보아 명확할 것이다. 그런데 일부 진영에서는 이렇게 하면서, 그리스도의 이름으로 하는 활동은 어쨌든 무익하거나 허탄한 것처럼, 열심히 활동하는 교회들을 비난하는 일이 빈번하였다. 하지만 교회의 활

동들은 다만 그 결과들이 그리스도를 위해 수고하는 것을 표상하고, 그 결과들이 때로는 천박하고, 부산스럽고, 부적절하지만, 그것들을 무시하는 것은 가장 값싸고, 부당한 일일 것이다. 행동을 위한 프로그램들은 필수적일 뿐아니라 막대한 유익을 가져다 준다. 교회가 그리스도의 승리를 위해 기도만하고, 그것이 마치 명예학위처럼 수여되기를 기대하는 것은 마땅치 않다. 사실상 하나님 나라를 위해 정열적으로 활동하지 않는 교회는 신앙을 무익한일과 혼동하였다: 그것은 단순히 그 달란트를 보자기 속에 싸서 두는 것이고, 그래서 그는 그 주님으로부터 "잘했다. 착하고 충성된 종아"라는 말을결코 듣지 못할 것이다.

　하나님은 자신의 이름으로 수고하도록 우리에게 명하셨다. 따라서 우리가 만일 그렇게 하지 않으면, 하나님은 우리 안에 그리고 우리를 위하여 처소를 마련하시지 않을 것은 확실하다. 그리고 그렇게 하기 위해서는 프로그램들을 요청한다. 그러나 우리는 신약성경이 우리에게 그 프로그램들을 제공하리라고 보지 않는다. 결국 그 당시에 적합한 프로그램이 오늘날에는 거의적합하지 않을 것이고, 어쨌든 우리는 미국의 그리스도인들이 그들의 정신을세우는 어떤 프로그램을 고안하고, 수행하는 그들의 능력에 대해 무한한 확신을 가지고 있다. 그것은 아주 중요하고, 엄격히 말해 우리의 프로그램들이무엇을 위한 것인지를 상기시키기 때문에 필요로 하는 것이다: 프로그램들은교회가 그것이 위임받은 기능을 발휘하고, 그것으로써 자신이 교회임을 보여주는 현실적인 수단들이다. 교회와 프로그램들은 모두 기독교 신앙이 사람들에게 선포되고, 원하는 대로 전파될 수 있도록, 그리고 이 수단을 통해 그리스도의 통치가 세상에서 확장될 수 있도록 하기 위해서 존재한다. 우리의 프로그램들이 그 자체를 목적으로 삼고, 그래서 무의미한 힘의 낭비를 초래하지 않도록, 그 유효성을 유지하는 것이 극히 필수적이다.

　이 목적을 위해 우리의 소명에 비추어 끊임없이 자기평가를 하는 것이바람직하다. 만일 이것이 이루어지지 않는다면, 우리는 가시적 교회와 불가시적 교회 사이에 벌어진 커다란 간격을 보지 못할 위험이 존재한다. 그렇게되면 우리는 우리의 교회당들과 그리스도의 나라를 동일시하고, 교회당들의양적 팽창에 따라 그 나라의 발전을 이해하고, 우리의 조직을 강화시키는 어떤 프로그램이 자동적으로 그 나라를 확장시키는 것으로 쉽게 추정할 것이다. 일단 우리가 그렇게 한다면, 우리의 모든 활동들의 중심목표는 우리 자신들을 세우는 것이 되어버릴 것이다! 그렇게 되면 교회는 교인명단의 증가를 보여주고, 주일예배에 더 많은 교인이 참석하며, 교회재정을 확보하기 위해서 심방과 복음전도의 프로그램을 활발하게 집행할 것이다.

확실히 이것은 우리의 신앙고백적 목표는 아니다. 그러나 때때로(그 목소리는 야곱의 목소리이다!) 그것을 말하기가 어려울 것이다. 그렇게 되면 그것은 그리스도인의 족속을 양육하기 위한 우리의 조직을 설립함으로써, 우리는 그 조직들을 키우기 위해 사람들을 확보하는데 혈안이 되어 경주하는 자신들을 발견하는 것이 될 것이다. 그렇게 되면 그것은 참으로 분주한 활동이 되기는 하겠지만, 우리에게는 기독교 신앙의 제일원리에 무지한 젊은이들과 어른들을 양산할 것이다. 그렇게 되면 그것은 참으로 교회가 되는 데 실패하는 것이 되고 만다!

우리의 첫번째 프로그램은 하나님의 백성에 관한 성경적 관념 앞에 서서 교정을 받는 것이다. 그것을 거듭 말한다: 이것은 프로그램을 부정하는 것이 결코 아니고, 프로그램들에게 방향을 제시하는 프로그램이다. 그것은 우리로부터 우리가 고안할 수 있는 모든 프로그램들 뿐 아니라 그 이상의 것들을 요청할 것이다. 그것은 우리 앞에 있는 과업이 사소한 과업이 아니기 때문이다. 다시 말해 사람들을 활력적으로 신앙 안에서 그 나라로 초청하는 한편, 그의 은혜의 수납자들로서 하나님의 통치 아래 살도록, 그리고 세상 앞에 그의 나라의 구속적, 보편적 교제의 모범을 보여주도록 구별된 사람들이 되고, 그러한 사람들을 양육하는 것이 바로 그 과업이기 때문이다. 그러나 그것은 교회의 과업이고, 우리에게 다른 과업은 없다.

2. 따라서 교회는 하나님이 다스리고, 세상 앞에 그의 나라의 의를 보여주는 백성이 되도록 부르심을 받는다. 다르게 말하면 교회는 현저하게 그리스도인다운 행위에 의해 하나님의 구별된 백성이라는 사실을 증거해야 한다. 이것은 분명히 생각될 수 있는 진술이지만, 그렇다고 불필요한 것은 아니다. 왜냐하면 이것은 우리가 교회 이하의 존재가 되는 지점이기 때문이다. 그것은 우리가 가장 크게 실패하는 영역 ― 아무리 많은 프로그램들이 있더라도 면할 수 없는 실패의 영역 ― 이다.

새 이스라엘의 구성원은 과거 이스라엘이 주변의 이방적 환경과 구별되었던 것처럼, 그 주변의 세상과 날카롭게 구별되어야 한다. 이것은 그리스도인이 그의 은혜를 받아들임으로써, 자신을 그리스도께 복종시키고, 자신을 그리스도의 나라의 법의 통치 아래 두었기 때문이다. 옛날 이스라엘의 구성원처럼, 그는 언약 속에 들어갔다. 따라서 그는 순종으로써 언약의 하나님께 반응해야 한다.

신앙은 행위로 검증된다: 그것이 도덕과 선행에 대한 신약성경의 권고의 전체적 동기이다. 그것이 야고보가 행함 없는 믿음은 죽은 믿음이라고 선언한 이유이다. 그것이 바울이 이교로부터 막 개종한 고린도 교인들에게 그들의 이방적 육욕과 다툼을 피하고, 더 이상 그들 자신이 아니라 그리스도께 속한 것을 상기하면서 살라고 경계한 이유이다. 그것이 베드로가 그들의 흠 없는 행위로 말미암아 그 원수들의 비난을 논박할 수 있도록 이방의 악덕들을 멀리 하도록 박해의 그늘 아래 살고있는 그리스도인들에게 권고한 이유이다. 신약성경은 교회는 그 신앙을 현저하게 그리스도인다운 행위를 통해 드러내야 하지, 그렇지 않으면 교회는 교회가 되는데 실패할 것이라고 확신하였다.

그런데 확실히 교회는 이것을 상기할 필요가 없었던 것처럼 보인다. 교회는 항상 성품의 순결을 요청하였다. 교회는 항상 악덕과 술취함, 추한 말과 부정직을 반대하는 목소리를 높였다. 교회는 진실로 교인들은 일반적으로 개인적 품행의 문제에 있어서 사회에 앞서는 선한 종류의 사람들이라는 말을 들을 정도로 아주 일관적으로 그리고 아주 성공적으로 이것을 실천하였다 — 그것은 마땅히 행해야 하는 일이다. 그러나 이 부문에 있어서 우리의 성공은 우리의 실패를 숨겨놓은 것이 아닌가 싶다. 우리는 이런 사람들이 전부가 될 때까지 개인적 정직의 문제를 강조하였다. 그 결과는 약간 감소하는 것으로 말미암아 부정적으로 성취된 아주 자그마한 의인데, 그것으로 말미암아 우리는 우리의 심연의 불의를 보는데 눈이 멀게 되었다. 우리는 우리의 부도덕한 습관들을 근절하고, 교회에 나온다 — 그래서 우리는 너무 쉽게 선인이 된다. 그러나 사회를 그 넓이와 깊이에 있어서 하나님의 뜻에 순종하도록 만드는 하나님 나라의 역동적 의를 우리는 거절한다. 우리는 심지어 하나님의 말씀은 이런 문제들에 간섭할 자격이 없다고 감히 말한다.

그 편협한 의로 말미암아 이 교회가 심판받을 것은 확실하다. "나라이 임하옵시고"라고 기도하는 것은 엄격히 말해 하나님의 통치의 승리가 모든 곳에 임하도록 기도하는 것이다. 그것은 우리가 그리스도의 뜻이 지배하지 않고, 우리의 전통적 편견이 지배하는 삶의 영역들이 있다고 선언하는 한은 단순히 기도될 수 없다. 교회는 사적인 도덕에 있어서나 인간관계의 모든 문제들에 있어서나 그리스도의 의를 보여주어야 한다. "복음에만 집착하고", 사회의 죄에 대한 심판이나 경계의 말을 전혀 말하지 않는 교회는 절대로 예언자적 교회가 아니고, 설상가상으로, 불완전한 복음을 선포하는 것이다. 하나님 나라는 지상적 질서보다 우월하며, 그 의로 말미암아 심판을 선언하고, 회개를 촉구한다. 교회는 그 나라의 백성이며, 그 나라의 지상적 대언자가 되어야 한다. 교회는 순종으로 그 하나님을 만나기 위해 나아갈 때 그의 나라가 임하는 하나님을 믿는 그들의 신앙을 증거할 것이다.

어쨌든 하나님은 너무 사회에 혼합됨으로써 사회와 더 이상 어떤 차이가 없는 교회를 불쌍히 여기시기를! 이런 교회는 사회 일반이 산출하는 것과 다른 구별된 행위를 낳지 못할 것이다. 그것은 사회의 편견들을 취하고, 심지어는 그 복음이 이 편견들을 지지하도록 요청할 것이다. 교회는 그 구성요소들의 최대의 이익을 신적 도움을 통해 보호하고, 고상하게 하는 것이 그 주요업무가 되는 사회의 도구가 될 것이다. 그렇다면 그것은 완전한 비극이다! 그것의 결국은 하나님의 말씀도 말하지 못하고, 요청들도 말하지 못하며, 본분에 대한 부르심도 없는 매우 빈곤한 교회이다 ― 하지만 여러분이 좋아하는 수많은 활동들을 가진다. 그리고 이런 교회는 하나님 나라의 특별한 백성이 아니다. 그것은 교회가 되지 못하고, 무익하게도 하나님 나라의 근거를 훼방한다.

3. 그러나 만일 교회가 하나님 나라의 백성으로서 특별하고, 구별된 백성이라면, 교회는 바로 그 사실 때문에 그 나라의 사랑을 사람들 앞에 보여주도록 부르심을 받는다. 교회는 그리스도 안에서 한 몸이다! 확실히 그것은 우리가 자주 그리고 약간 감동을 가지고 언급하는 사실이지만, 우리는 우리 자신의 말에 대해 심판을 받아야 한다. 왜냐하면 우리는 종종 가능한 한 그리스도의 나라의 구속적 교제에 대해 궁색하게 변명할 정도로 교제를 실천하지 못하기 때문이다. 교회의 프로그램을 말하기 전에, 우리는 어디에 있든지 간에 그리스도가 의도하는 교회에 좀더 근접하는 모습을 보여야 한다.

우리는 그리스도 안에서 한 몸이다. 옛날 이스라엘이 언약의 하나님의 법 아래에서 사랑으로 연합되었던 것처럼, 교회 역시 새 언약의 교제 아래 그리스도 안에서 연합된다. 그리고 그 교제의 유대관계는 사랑 즉 기독교적 아가페이다. 그렇다면 교회는 그들의 기독교 신앙을 기독교적 사랑 안에서 구현하는 백성이다. 신약성경 교회는 하나의 교회라는 사실은 거의 강조될 필요가 없다. 그것은 교회들에 관해서는 아무 것도 몰랐다. 작은 교회들이 예루살렘으로부터 로마까지 제국 전역에 흩어졌지만, 그것들은 배후에 공식적인 교회조직에 의해 묶여있지는 않았다. 그러나 그것들은 자기들이 그리스도 안에서 한 몸이라고 알고 있었다. 당파싸움이 있었고, 분파주의의 씨앗이 자라고 있었던 것은 사실이다 — 왜냐하면 이 사람들 역시 여러분이나 나와 똑같은 인간이었기 때문이다. 그러나 바울이나 다른 어떤 사도가 이러한 소행의 정당성을 인정한 적은 한번도 없었다. 왜냐하면 그리스도는 나눌 수 없다는 것(고전 1:10-17)이 그들에게는 제일원리였기 때문이다. 그들에게 한 교회가 아닌 교회는 명확히 모순이었다.

물론 교회는 모든 교파와 신조의 장벽들은 — 내일쯤이 아니면 늦어도 그 다음 날에 — 일소되어야 한다는 요청으로 해석될 수 없다. 그것은 내 생각으로는 가능하지도 않고, 지혜롭지도 않다. 무의미한 차이들은 가능한 한 신속하게 제거하자. 그러나 그것이 거대한 초교파 교회가 한 교회, 아니 거룩한 한 교회라고 결론을 낳는 것은 아니다. 우리는 신약성경에서 인종과 계급에 관한 모든 당면문제들을 능숙하게 처리하는 장면을 발견하지 못한다. 이런 문제들은 현존하는 사실들이다. 따라서 우리가 그리스도인으로서 이 문제들에 접근할 의무가 있음에도 불구하고, 그것들이 존재하지 않는 것처럼 가장하는 것은 옳지 않다. 점차 우리는 능숙한 해결책들을 신뢰하지 않게 된다. 능숙한 해결책이란 없다.

그러나 이것은 많은 것을 의미하고, 또 명백하게 이것을 의미하였다: 사회 안에서 존재하는 분열들이 무엇이든, 그리고 그것들에 대한 올바른 해결책이 무엇이든, 그리스도의 몸 안에서, 이런 분열들은 아무튼 타당성이 절대로 없다는 것이다. 그리스도의 교회 안에는 유대인이나 헬라인도 없고, 종이나 자유자도 없다(고전 12:13): 모두가 다 예외없이 하나이다. 그리고 더욱 중요한 것은 그것은 우리가 너그럽게 그것을 그렇게 하기로 동의를 해서 그런 것이 아니라 그리스도의 모든 백성이 동일한 주님의 종들이고, 동일한 나라의 동료시민들이고, 동일한 소망의 상속자들이기 때문에 그렇다. 만일 우리가 그리스도 안에 있다면, 우리는 굳이 하나가 될 필요는 없다. 이미 우리는 하나이기 때문이다. 만일 우리가 하나됨을 거부한다면, 우리가 거부하는 그 정도만큼, 우리는 그의 교회의 구성원들이 아니다. 따라서 하나님이 그리스도의 몸을 파편이 되게 하는 교회를 불쌍히 여기시기를!

그것은 엄벌이 있는 범죄이다. 나는 우리가 더 이상 서로 마음이 맞는 사람들끼리만 갖는 교제 속에서 하나님을 예배해서는 안된다고 말하는 것이 아님을 거듭 천명한다. 그러나 하나님이 다른 그리스도인들 ─ 다른 인종들, 다른 계급들이든 아니면 다른 단체들이든 막론하고 ─ 을 그 교제권 밖에, 그 충분한 교제권 밖에 두는 교회를 불쌍히 여기시기를! 마치 전능하신 주 하나님이 그 편견을 찬성하시는 것처럼, 하나의 참 교회를 스스로 자칭하는 교회를 불쌍히 여기시기를! 하나님은 오직 한 백성 ─ 새 이스라엘, 그의 교회 ─ 을 소유하신다.

그러므로 그리스도의 몸을 찢는 일이나 그의 나라의 분열이란 없다. 우리는 별로 구별되지 않고, 그 구석에서 살 수 있다. 그러나 우리 모두는 살아있는 교회의 구성원들인 동일한 시민권을 가지고 있다. 교회는 인간 사회가 이미 세워놓은 모든 장벽들을 초월하는 공동체를 세상 앞에 보여주어야 하고, 그럼으로써 사람들이 그 안에서 하나님의 구원 공동체의 흔적을 볼 수 있어야 한다. 나아가 교회는 자체를 넘어서서 세상 속에 선행과 형제사랑을 확대해야 한다. 왜냐하면 교회는 그 복음을 교회 안에 담아둘 수 없는 것처럼 그 아가페(사랑)를 더 이상 교회 안에 가두어둘 수는 없기 때문이다. 그것은 또한 도래할 하나님 나라를 증거하기 위해 사회 속으로 들어가야 한다.

4. 나가서 증거하라! 우리는 신약성경 교회가 새 이스라엘의 운명을 감당하도록 부르심을 받았다는 사실과 이것이 고난의 종의 운명이라고 하는 사실을 상세하게 지적하였다: 교회는 하나님의 선교하는 백성이 되어야 한다. 여기서 드디어 우리는 당면 프로그램들에 관해 말하고, 그것들에 관해 논쟁할 필요가 거의 없다. 교회가 선교의 소명을 부여받았다는 것은 사실상 모든 교파에 의해 인식되고 있고, 대다수의 그리스도인들에 의해 공감되고 있으며 ─ 적어도 이론적으로는 ─ 엄청난 돈이 매년 그 소명을 수행하는데 지출되

고 있다. 그것은 너무 흔하게 말해지기 때문에 그다지 신선한 도전을 주지
못하고 있다. 그러나 여기서도 우리가 우리의 잘못을 시정받기 위해 신약성
경 교회 앞에 서는 것이 우리가 실제로 행한 것보다 더 절실하게 요청되는
것은 명백하다. 우리는 우리의 역사적 과업 — 우리의 진정한 실존의 대가로
서 — 을 사소하게 취급해서는 안된다.

물론 우리는 더욱 선교하는 교회가 되어야 한다! 우리는 오늘날 이데올
로기의 투쟁에 휩싸여 있다. 가변적인 이념들이 사람들의 마음을 차지하기
위해 싸우고 있다. 우리는 그 투쟁에서 벗어날 수 없다 — 그리고 그 투쟁에
참여하는 것은 사명이다. 기독교 복음은 절대로 크게 구속(救贖)적일 수는
없지만, 그 초청을 듣지 못한 사람을 결코 구속하지는 못할 것이다. 그래서
수백만의 사람들이 구속받지 못하였다. 우리들 가운데 대부분은 매일 자기의
일상적인 일에 종사하면서 수십명의 이런 사람들을 만날 것이다. 우리가 선
교를 돕는 것으로는 충분하지 못하다. 우리가 10배나 더 지원한다고 해도,
그것은 충분하지 않다. 우리는 우리 각자가 우리의 소명을 위해 일어서야 한
다. 우리는 친히 선교하는 백성이 되어야 한다. 인간들의 영혼을 위해 싸우
지 않는 교회는 참된 고난의 종이 아니다. 그것은 살아남지 못할 것이고, 또
그럴 자격도 없다.

우리는 우리가 신앙의 백성이라는 것을 증거해야 함을 인정한다. 그러나
우리는 얼마나 그 일에 대해 절룩거렸던가! 별다른 일이 없으면, 주일에는
교회에 나가고 — 화요일에는 어떤 프로그램과 강연에 참석하고, 그 이후에
는 차를 마시며 — 선교비로 10달러를 낸다. 그러나 솔직히 말해 그것들이
내게는 짜증나는 일이다 — 따라서 선교사들은 참으로 기이한 사람들이다!
우리는 교회는 공동체 안으로 들어가서 새 백성을 그 교제 속으로 이끌어야
한다는 사실을 잘 알고 있다. 그것은 교회가 해야 할 바이고, 만일 교회가
그것을 행하지 못하면, 우리는 교회를 비판한다. 우리는 스스로 우리가 들어
야 할 욕을 목사에게 돌릴 것이다.

우리는 공산주의가 사람들에게 침투하여, 그들의 마음을 장악하는 방식
에 놀라고, 당혹스러워 한다. 그래서 우리는 어떤 일이 단순히 그것을 그만
두도록 해야 할 것이라고 느낀다. 그러나 우리는 결코 사람의 종교를 다른
사람들과 토론하는 것은 아주 하찮은 저속한 일이라고 느끼는 잘 길들여진

감정을 이겨낼 수 없다. 우리는 선교사들이 먼 타국에서 복음을 전파하는데 그들의 삶을 바치는 것이 고상하다고 생각한다 ― 그러나 만일 우리가 사랑하는 사람 가운데 하나가 그 생각을 가지고 있다면, 우리는 그에게 광신적인 생각은 집어치라고 말릴 것이다. 우리는 복음의 전파가 나와는 상관없는 어떤 다른 사람에 의해 수행되기를 바라는 선교하는 교회이다.

우리는 분명히 보다 위대한 교회가 되어야 한다. 그것이 우리의 첫번째 프로그램이다. 그것에 실수하지 말자: 역사는 우리가 어떤 종류의 백성들인지를 보기 위해 우리를 시험하고 있다. 아무도 기독교가 시험받고 있다고 말하지 말라. 절대로 그렇지 않다! 시험을 받는 자는 바로 우리이다. 기독교는 살아남을 것이고, 절대로 두려워하지 않을 것이다. 그것은 악화된 상태에서 살아왔고, 또 악화된 상태에서 살아갈 것이다. 시험받는 대상은 우리이고, 그 시험은 우리가 그렇게 위대한 신앙의 도구들이 되기에 ― 우리의 입술에 그것을 두고, 우리를 그 종으로 부르기에 ― 합당한 백성들인지를 보일 때까지 계속될 것이다.

마르크스 공산주의의 형식 속에서 보면, 역사는 현재 우리가 고난의 종으로서의 우리의 소명을 심각하게 고려해야 한다고 가르친다. 교회로서 그리고 개인들로서 우리는 신앙을 활발하게 전하는 것이 교회의 생명의 근원임을 즉시 배우고, 배워야 한다. 우리가 "너무 적고, 너무 늦었다"고 불평하면서 교회의 전통적 사명을 감당할 수 없고, 역사의 심판을 극복할 수는 없다. 우리는 단순히 기독교 신앙의 종의 자리가 아니고서는 설 자리가 없다. 그 신앙이 역사 속에서 전투를 하기 위해 서있을 때, 그 도래할 승리와 현재적 권능에 대해 입술과 삶으로 증거하기 위하여 그 백성으로서 그것과 함께 서있는 것은 바로 우리이다. 그 안에서 우리는 종말론적 투쟁에 참여하고, 우리가 수행하는 각각의 행위가 아무리 적다고 할지라도, 그것은 하나님 나라를 위해 결정적으로 중요한 행위가 된다.

이와 같이 우리는 그리스도의 승리를 촉진시키는 활동의 프로그램을 요청하는 신약성경에 이르게 되었고, 거기서 우리는 다음과 같은 답변을 얻게 되었다: 나는 너희에게 프로그램이 아니라 교회가 되라는 소명을 주노라! 그것은 현재의 우리보다 훨씬 위대한 교회가 되라는 소명이다. 그것은 주 예수 그리스도의 교회 곧 그의 나라의 백성이 되고, 또 그 자격으로서 역사에 참여하라는 소명에 다름 아니다. 그렇게 되는 것과 그렇게 하는 것이 모든 프로그램의 완성이다. 만일 우리가 그것을 할 수 없다면, 승리나 프로그램에 관해 말하는 것은 아무 소용이 없다. 왜냐하면 하나님 나라의 승리 외에 우리에게 약속된 승리란 없고, 또 그 승리는 그 백성 곧 교회에게 속하는 것이기 때문이다! 그 백성이 아닌 교회는 그것에 관해 아무 것도 모르고, 다만 역사의 심판 속에 항상 서있어야 한다. 역사의 심판으로부터 그 프로그램들 중의 어느 것도 그것을 구원할 수 없다.

Ⅳ

그러나 우리가 절망 속에서 교회에 관해 말하고 있다고 생각해서는 안된다. 반대로 우리는 오랜 세월을 거쳐 어둠을 뚫고 그 완성을 향해 나아가는 성경적 신앙에 대해 담대히 주장하고 있다. 우리는 절망이 아니라 승리에 관해 말하고 있다. 왜냐하면 교회들의 실패가 무엇이든, 우리는 이스라엘 국가 안에 항상 의로운 남은 자가 있었던 것처럼, 교회들 안에 항상 새 이스라엘 ― 참된 교회 ― 이 있을 것이라고 확신하기 때문이다. 바로 그것에 승리가 주어지고, 하나님 나라가 주어진다.

그러나 우리가 통상적으로 이해되는 의미에 따라 승리에 관해 말하고 있다고 상상해서는 안된다. 교회의 승리의 길은 모든 사람들이 그리스도를 얻을 때까지 정복에 정복을 거듭하는 승전의 길이 전혀 아니다. 우리는 원수의 공격이나 심지어는 육체적 패배로부터 완전히 면제되어 승리를 구가하리라고 약속받지 않았다. 오히려 그것은 지금까지 우리가 말해왔고, 우리가 그토록 생소하게 생각하는 연속적인 긴장 곧 우리가 약속을 받았고 또 행하도록 명함을 받았던 것과, 우리가 약속받지 못하고 또 할 수 없는 것 사이의 긴장 속에서 걸어가야 하는 길이다. 신약성경 교회는 엄격히 그 긴장 속에서 살았고, 또 자기를 부인하고 자기 십자가를 지는 것 외에는 따라야 할 길을 발견할 수 없었다. 참으로 그것이 교회의 합당한 과정이었다. 왜냐하면 만일 교회가 세상에 참된 신앙을 선포하는 고난의 종의 사명이 주어진 새 이스라엘 이라면, 교회도 고난의 종의 십자가를 져야 하기 때문이다. 그리고 교회가 전혀 피할 수 없는 이 긴장이 해소되고, 승리를 얻는 지점은 바로 그 십자가

안에서이다. 그것은 고난의 종의 십자가와 고난의 종의 승리는 불가분의 것
이기 때문이다.

1. 그렇다면 교회의 승리는 십자가의 승리이다. 이것 역시 예수님 자신
의 뜻 가운데 있다. 예수님은 자신의 메시야적 사명을 여호와의 고난받는 종
에 입각하여 해석했다고 우리는 주장하였다. 우리는 이사야서 후반부에서 고
난의 종의 모습을 보았고, 거기서 본 모습은 역설적인 모습이었다는 사실을
상기할 것이다. 한편으로 그는 정복의 과업을 부여받았고, 승리를 약속받았
다. 그는 하나님의 법을 땅 끝까지 선포하고, 먼 땅에서 그 법을 기다리고,
그 하나님께 엎드릴 때까지 포기하지 않을 것이다. 다른 한편으로 그는 결코
승리하지 못했다. 그는 조롱당하고, 배척당하고, 침뱉음당하고, 매맞고, 일
반 범죄자처럼 사형에 처해졌다. 분명히 그의 승리는 십자가의 승리였다. 만
일 이것이 어떻게 전적으로 고난의 종을 위한 승리인지 묻는다면, 그것은 그
의 승리가 아니라고 다만 말해질 수 있을 것이다. 그의 희생을 통해 하나님
나라 속에 무수한 결과가 초래되었고, 그는 그 결과에 만족하였다(사 53:10-
11). 선지자가 이스라엘 앞에 하나님의 백성의 적절한 운명으로 두었던 것은
바로 이 양식이었다. 예수님이 스스로 취하셨을 뿐 아니라 메시야로서 불러
내어 그의 것이 된 새 이스라엘 — 그의 교회 — 에게 부여한 것 역시 이 동
일한 양식이었다.

"고난의 종의 양식" 속에서, 예수님은 자신의 목적을 성취하셨다. 그분
의 진정한 자기이해는 그분을 십자가 수난으로 이끌었고, 그분은 그 외에 다
른 결과를 추구하지 않았다. 그분은 고난의 종처럼, 자신의 사역을 뽐내지
않고 감당하셨다. 그분은 갈채와 영광을 끊임없이 거절하였다. 메시야와 인
자를 자처하신 그분은 그의 얼굴을 예루살렘을 향하여 돌리시고, 자신이 고
난을 받는 것이 필수적인 일임을 확신하였다 — 그것은 고난의 종에 대한 전
폭적인 순종이 없이는 그 나라의 승리도 있을 수 없을 것이기 때문이다: "한
알의 밀알이 땅에 떨어져 죽지 않으면 한 알 그대로 있고 죽으면 많은 열매
를 맺느니라"(요 12:24). 따라서 우리는 이 땅의 권세들에게 희생당하시는
— 고난을 받고, 죽임을 당하고, 무덤에 장사되는 — 그분을 본다.

그러나 만일 신약성경이 그 십자가는 패배하지 않았고, 완전히 승리했다
고 주장한다면, 역사는 그 자체로 그 주장에 동조한다. 왜냐하면 그 십자가

없이는 그리스도가 인간의 영을 이긴 승리는 상상할 수 없기 때문이다. 참으로 이 땅의 권세들은 육체를 죽일 만한 권세를 갖고 있다. 그러나 하나님의 권능은 죽지도 않았고, 패배하지도 않았다 — 그것은 자유하였다! 그래서 우리는 그것이 살아서, 이 땅의 권세들의 썩은 뼈들에게 생기를 주고, 사람의 손으로 세우지 않은 하나님 나라를 세우는 것을 본다. 또 우리는 그 숭고한 희생으로 말미암아 사람들의 마음 속에 우리 모두가 맛보는 구속의 강물을 흐르게 하는 그것을 본다.

그리스도는 그의 교회에 결코 어떤 다른 목적을 부여하지 않았다. 새 이스라엘에게 세상에서 복음을 전파하는 고난의 종의 사명을 위임하신 그분이 또한 "아무든지 나를 따라오려거든 자기를 부인하고 자기 십자가를 지고 나를 좇을 것이니라"(막 8:34)고 말씀하셨다. 그러므로 십자가는 교회의 승리의 길이고, 또 그 길이 되어야 한다. 그리고 교회는 그의 주님의 분부에 따라 역사의 세력 속에 직접 뛰어들었을 때, 위대해졌다는 점을 우리는 알고 있다. 교회가 비대해지고, 십자가를 회피하려고 하면, 결코 위대할 수도 없고, 위대함을 낳을 수도 없었다. 따라서 교회의 소명은 절대로 쉬운 소명일 수 없다. 그의 소명이 쉬운 교회는 교회가 아니고, 구속의 복음의 전달자도 아니다. 그것은 인간의 구속은 십자가를 수반하기 때문이다. 그것은 정복과 획득의 문제도 아니고, 그렇다고 인간의 수단과 피조물의 평안의 문제도 아니다. 그것은 자신의 형상으로 새 피조물을 일으키기 위해 자기를 낮추신 전능하신 하나님의 문제이다.

그러므로 하나님 나라는 십자가에 의해 승리하고, 십자가에 의해 들어간다. 그리고 그것은 스스로를 낮추는 — 그리고 그 십자가를 취하는 — 교회에 의해서만 세상에 중재된다. 인간의 구속은 성령 안에서 새로운 피조물이 되는 것이다. 모든 피조물이 그 노동의 고통을 당하는 것처럼, 하나님의 새 피조물도 그 십자가를 소유해야 한다. 그러므로 그리스도의 승리를 조금이라도 우리에게 부당하게 가르치는 자는 거짓 신을 예배하도록 조장하는 것이다!

2. 그러나 이것은 우리의 사고에 전면적인 재조정을 요청한다. 십자가는 여전히 우리에게 걸림돌이자 어리석은 것이다. 그것은 우리가 염두에 두고 있는 승리가 전혀 아니다. 확실히 우리는 십자가를 포기할 의도가 전혀

없다. 그것은 모든 정통 신앙의 기둥이다. 우리는 그것을 색유리로 된 창문 속에 그리고 교리 속에 모셔놓는다. 그리고 우리는 그 앞에서 기도하면서 절한다. 그러나 우리는 그것의 한 부분이 되기를 원하지 않는다. 우리는 십자가는 그리스도에게만 해당되는, 곧 전투하고, 승리하는 교회의 목적과는 거의 관계가 없는 과거시제의 유일회적 사건이라는 관념을 소유하고 있다. 참으로 우리는 십자가의 고통을 멀리하는 것이 교회와 종교의 업무라고 느낀다. 그래서 수난당한 그리스도를 믿는 우리의 신앙이 우리에게는 삶의 역경으로부터 우리를 보호하는 일종의 부적이 된다.

우리는 교회의 양적 팽창에 따라 하나님 나라의 승리를 고대한다. 그리하여 우리는 정력적인 활동을 통해 더 이상 희생의 상징의 십자가가 아닌 제도적 진보의 십자가로 사람들을 이끈다. 우리는 옛 이스라엘이 원했던 것과 똑같은, 즉 우리 자신과 우리 국가를 보호해주는 하나님과 종교를 원한다. 하나님이 그의 위대하신 능력으로 그의 백성들인 우리를 돕도록 하자! 십자가가 망치와 낫(역자주:소련국기에 그려진 형상)을 대항하여 진군하도록 하자! 그리스도를 위한 십자가 군병인 교회로 하여금 그 예언의 말씀을 집어던지고, 그리스도가 승리할 수 있도록, 진보를 위한 그 프로그램을 마련하도록 하자 — 거기에 그의 종으로서의 십자가를 지는 고난은 전혀 없다!

이런 승리는 우리에게 주어지지도 않을 것이며, 기독교 신앙은 그것을 약속하지 않는다고 이해하는 것이 본질적이다. 나는 다음과 같은 사실이 이해되기를 바란다: 나는 매일 이 국가의 평화를 위해 기도한다. 나는 국가의 자유주의 체제들을 사랑하며, 다른 체제 하에서 살기를 바라지 않는다. 만일 그것이 우리의 비극적 요청이 된다면, 우리는 우리가 사랑하는 이러한 일들을 위해 싸워야 한다. 나아가 하나의 국민으로서 그리고 하나의 그리스도인으로서 나는 나의 말의 능력으로는 그것을 표현할 수 없는 마르크스주의 우상을 혐오하고, 그래서 그것이 붕괴되도록 하나님께 기도한다. 그럼에도 불구하고 하나님의 목적은 어떤 국가의 평화와 번영과 일치하는 것도 아니고, 어떤 교회나 개인의 물리적 복지와 일치하는 것도 아니다.

여기서 우리의 기독교 신앙은 우리를 역사로부터 보호하는 것이 아니라 우리를 그 어둠의 질곡 속으로 이끌어서 그것을 통과하도록 하는 것이다. 어쨌든 그 쓰라린 비극과 함께 역사는 우리 앞에 놓여있고, 우리는 그것을 피할 수 없다. 결코 종교 속에는 그것을 막아주는 마력이 없다. 문제는 우리가 역사에 직면할 것이냐에 있지 않고, 어떻게 직면할 것인지에 있다. 최후의 폭발을 기다리고 있는 우리의 정신의 폭탄창고 속에서 움츠리고 있는 두더지처럼 되든지, 아니면 신앙의 의미를 알고 있는 하나님의 형상으로 지음받은 사람들이 되든지 해야 한다. 우리의 안락을 보호하는 그리스도의 승리는 단순히 주어지지 않을 것이고, 만일 우리가 그것을 기대하고 있다면, 우리는 옛 이스라엘처럼 어리석은 사람들이 될 것이다.

그러나 이것은 어쨌든 우리는 십자가를 피할 수 없는 위치에 있다고 말하는 것이다. 그것은 대파국을 필요로 하지는 않는다. 생명의 길은, 그것이 아무리 유쾌한 길이라고 하더라도, 사람들이 져야 하는 십자가 고난으로 점철되는 길이다. 문제는 우리가 그 고난들을 짊어질 것인지에 있지 않다. 왜냐하면 우리는 당연히 그것들을 짊어져야 하기 때문이다. 정말로 문제는 그것들이 우리에게 지우는 십자가가 어떤 종류의 것이냐에 있다: 그것들은 기독교적인 십자가인가, 아니면 강도의 십자가인가? 우리는 그것들 속에서 무한하고, 무정한 고뇌를 발견할 것인가, 아니면 구속의 요소를 발견할 것인가?

우리가 편하게 들을 수 없는 한 교훈이 이 비극의 시대에 살고 있는 우리에게 말해지고 있다: 그것은 우리를 위한 하나님의 목적은 이 지상 사회에서 우리의 육체를 살찌게 하는 것이 아니라 우리로 하여금 그의 나라에 순종하는 종이 되도록 우리의 영혼을 연단시키는 것 — 필요하다면, 우리의 육체를 희생해서라도 — 이다. 역사의 이러한 맥락 속에서 그의 백성으로서 하나님의 목적을 섬기고, 그분에게 전적인 순종을 바치는 것이 우리의 목적이다. 역사가 즉시 우리의 죄악에 대한 징벌로써 우리에게 두는 십자가는 또한 어떤 의미에서는 고난의 종의 십자가에 동참하는 것일 수 있다.

3. 기독교적 승리의 의미를 깨닫게 될 때, 우리는 더욱 위대한 교회가 되도록 부르심을 받는다. 그러나 거듭 말하지만, 우리는 단순히 우리의 노력을 강화한다거나 또는 우연히 우리의 프로그램들을 재구축함으로써 이것을 이룰 수 있다는 관념 속에 빠져서는 안된다. 우리는 항상 우리의 구속이 되며, 또 구속이 되어야 하는 십자가 앞에 서있어야 한다. 그 십자가 안에서 우리는 하나님의 고난받는 백성으로서의 우리의 참된 운명과 우리의 승리를

발견할 것이다 — 그것은 십자가는 우리 안에서 하나님 나라의 승리이고, 오직 그 십자가를 알고 있는 교회를 통해서만 세상 속에서 하나님 나라의 승리를 선포하는 것이 가능하기 때문이다.

그러나 우리는 이것이 상투적인 구호가 되지 않도록 조심해야 한다. 십자가는 인간이, 마치 그 안에 어떤 마력이 있는 것처럼, 수동적으로 믿을 수 있는 교리의 추상화가 절대로 아니다. 그것은 고난에 대한 병적 욕망을 우리에게 요청하는 것도 아니다 — 그것은 항상 사이비 십자가 짊어지기가 되었다. 그것은 또 악 앞에 피동적으로 서 있는 것도 아니다 — 내가 생각하기에 그것은 십자가를 무익하게 혼동하는 것이다. 하물며 우리가 단순히 고난을 용감하게 짊어지는 것이 그리스도인의 십자가와 동일한 것도 아니다.

반대로 우리는 그리스도의 십자가 속에 아주 본질적인, 즉 본질적으로 동참할 수 있는 어떤 것을 발견해야 한다. 그 까닭은 그 십자가는 많은 못으로 박힌 나무조각 — 강도의 십자가가 그런 것처럼 — 이 아니기 때문이다. 그것은 고통스러운 죽음에 대한 단순한 사실도 아니었다 — 수천명의 죄인들이 똑같이 처참하게 십자가에 달려 죽었지만, 우리는 그것으로 구속받지 못한다. 갈보리의 십자가가 세워지기 전에, 그 십자가를 받아들인 또 하나의, 내적 십자가가 있었다. 그것은 하나님의 진정한 의가 역사 속에서 하나님의 목적을 수행하기 위하여 무조건 복종하였을 때 만들어졌다. 십자가를 피하기 위해 기도하던 겟세마네 동산에서, 그것은 "그러나 나의 원대로 마옵시고 아버지의 원대로 하옵소서"(마 26:39)라고 말씀하였다. 바로 그 시간에 십자가는 만들어졌던 것이다. 그것이 없으면, 십자가는 결코 없었을 것이다.

그것은 동시에 우리의 십자가가 되어야 한다. 그 이유는 십자가는 본질적으로 알려져야 할 사실이고, 참여를 요청하기 때문이다. 비유적으로 말하면, 자아가 십자가에 못박히고, 그 못박힘 속에서 그는 구속을 받기 때문이다. 확실히 우리는 그리스도의 의를 멀리 떨어져서 따를 수밖에 없다. 그러나 "그럼에도 불구하고"의 신앙이 그의 뒤에서 항상 반복될 것이다. 그것은 바울과 같이 "내가 그리스도와 함께 십자가에 못박혔나니 그런즉 이제는 내가 산 것이 아니요 오직 내 안에 그리스도께서 사신 것이라"(갈 2:20)고 말할 수 있다.

따라서 우리의 십자가란 바로 이런 것이다: 우리는 우리의 불의와 우리의 최심층 속에 있는 값싼 의를 포기할 때, 하나님 나라의 의가 우리 안에서 통치할 수 있다는 것, 또 우리가 하나님 나라의 사랑이 우리를 포용할 것이라는 모든 교만과 편견을 포기하고, 기본적으로 아주 이기적인 우리의 두려움을 포기할 때 하나님 나라의 구속능력은 우리 안에서 입증될 수 있다는 것, 요약하면, 역사의 불같은 시련 속에서 우리는 우리 자신에 대해 죽고, 다시 살아남으로써 우리보다 더 위대한 신앙의 백성이 되는 것. 결론적으로 우리의 십자가란 바로 이런 것이다: 우리가 신앙 안에서 하나님 나라에 대해 전폭적으로 순종하는 것. 그것은 또한 우리의 승리이다. 왜냐하면 십자가와 승리는 하나이기 때문이다.

이것은 결코 작은 승리가 아니다. 이것은 절대로 비유적 표현이 아니다. 그것은 바로 "세상을 이긴"(요일 5:4) 신앙의 승리이다. 그것은 우리 안에 있는 하나님 나라의 승리이다! 그 승리의 능력 속에서 우리는 고난의 종의 사명을 취할 준비를 갖추게 된다. 더 이상 우리는 울지 않을 것이다: "나를 살려 주세요. 나의 교회를 살려 주세요. 나의 나라를 살려 주세요!"라고 말하지 않고, "나를 사용하세요. 나의 교회를 사용하세요. 나의 나라를 사용하세요 — 의롭고, 선하신 당신의 뜻을 위하여 최대한으로!"라고 기도할 것이다. 그 십자가와 그 승리 속에서 우리가 피할 수 없는 딜레마는 해소될 것이다. 우리는 신앙 안에서 수고하고, 그 수고의 열매를 기다릴 것이다. 그리고 우리는 더 이상 두려워하지 않을 것이다. 더욱 더 우리는 교회가 될 것이다!

4. 우리는 지금까지 현재적 승리에 관해 말하였다. 우리는 그리스도가 자신의 십자가를 통해 이 땅의 모든 권세들을 이기고 승리하신 것처럼, 우리도 그 십자가에 못박힘으로써 그의 승리에 동참하고, 참으로 하나님 나라는 지금 여기서 들어갈 수 있을 만큼 "가까이" 왔음을 알 수 있다는 사실을 말하였다. 그러나 신앙이 선언하는 그 최종적 승리를 위해 권능으로 임할 하나님 나라에 관해서, 우리는 거의 말하지 아니하였다. 참으로 어떤 면에서 보면, 말해질 수 있는 것이 거의 없다. 그 이유는 그것은 아직 눈에 보일 수 없는 승리이기 때문이다. 또한 우리가 그것이 임할 때까지는 또는 어떻게 임할는지에 대해서는 모르고 있기 때문이다. 그런데 우리가 다음과 같은 질문을 회피하기는 어렵다: 그리스도가 항상 승리하실 것이라는 어떤 증거 또는 어떤 보장이 있는가? 우리는 우리의 수고가 헛되지 — 비록 확실하게 고상한

수고라고 해도 — 않을 것임을 어떻게 아는가?

　만일 이런 질문이 제기된다면, 그것은 지극히 당연한 질문으로서, 무시하거나 또는 우연히 교리적인 답변으로 끝내버릴 수 없는 질문이라고 말할 수 있다. 왜냐하면 사실상 우리는 증거를 갖고 있지 못하기 때문이다. 모든 정직한 사람들은 이성과 검증된 자료가 더 이상 통용될 수 없는 종교 안에서 그 문제를 생각해야 한다는 사실에 어떤 부끄러움을 느껴야 한다. 그래서 우리는 여기서 멈추든지 아니면 단독으로 답변하든지 해야 한다. 야곱이 밤새도록 얍복강가에서 천사와 씨름한 것처럼, 아주 어두운 모든 밤을 그 문제로 씨름하는 것이 가능하지만, 소득은 전혀 없을 것이다. 기독교 신앙이 이성과 모순되지 않는 것은 믿으라고 우리에게 요청하는 것은 확실하지만, 우리에게 요청하는 그 중심사실들을 눈으로 확인할 수도 없고, 과학적으로 증명할 수도 없는 것 역시 똑같이 확실하다. 그것들은 신앙으로 믿어야 한다. 그리고 성경 저자들의 신앙과 우리 자신의 신앙을 제외하고는, 도래할 하나님 나라의 승리를 검증할 수 있는 것은 아무 것도 없다.

　그러나 우리가 지금 무엇을 말하고 있는지 이해하도록 하자. 신앙은 확인되고, 수학적으로 검증된 자료 위에 그 자리를 두고 있지 않고, 또 결코 그런 적도 없었다. 그것이 그렇게 되면, 신앙의 도전이 어디에 있겠는가? 흔히 생각되는 것처럼, 신앙은 모든 질문들이 답변되었을 때에만 시작하는 믿음이 아니다. 또 그것이 전혀 답변되지 않기 때문에 질문들이 전혀 없는 단순한 경신(輕信)도 아니다. 신앙은 본질적으로 종종 눈에 보이지 않고, 수학적 증명을 벗어나 있지만, 인간의 진정한 존재가 그에게 요청하는 사실들에 대해 삶을 위탁하는 것이다. 하나님을 믿는 신앙은 이러한 종류의 신앙이다. 어떤 하나님이 존재한다고 믿는 것이 그것을 의심하는 것보다 더 수월한 것은 사실이지만, 하나님은 논리적 명제로 증명될 수 없고, 증명을 초월해 있는 존재여야 한다. 그러나 어떤 사람이 "나는 나의 양심 속에서 말하는 지극히 높으신 분의 목소리를 들었다. 나는 그 목소리에 복종할 것이다. 나는 이제 나 자신이나 어떤 다른 목소리에는 복종하지 않을 것이다."라고 말할 때, 그것이 하나님을 믿는 신앙이다.

　마찬가지로 우리 자신이 동물들과 어떤 본질적 차이가 있음을 증명하기는 — 확실히 우수한 지성을 소유하고 있기는 하지만 — 아주 어렵다. 그러나 우리의 본성 속에는 번식하고, 죽기 위해 태어나는 동물적 인간으로서 사는 것을 금하는 속성이 들어있다. 우리를 인간으로 만드는 모든 것이 우리에게 지존자와 대면하여 서도록 요청하고, 그의 형상으로 지음받은 인간으로 살기를 촉구한다. 그 소명에 동의하는 것이 신앙이다. 그 신앙 속에서 우리는 인간이 된다. 그것을 거절하는 것은 우리 본성의 최고의 가치를 부정하는 것이고, 우리는 짐승의 수준으로 전락하여 인간 이하의 존재가 되는 것이다.

하나님 나라에 대한 부르심도 바로 이와 같다. 하나님 나라의 승리는 증명될 수 없고, 절망의 시대에 있어서 연약한 죽을 운명인 우리가 그것이 어떻게 일어날 것인지 의아하게 여기기는 쉽다. 그러나 신앙 — 그의 본질적인 인간성으로서, 그의 가장 절실한 요청과 가장 열정적인 갈망으로 가득 채워진 인간 속에 있는 그 진정한 신적 형상으로부터 연원하는 — 은 그 승리에 대해 "예"라고 말하고, 밤낮으로 그 도래를 위해 수고하고, 기도하기를 멈추지 않는다. 하나님 나라의 도래에 관해 말해질 수 있는 것이 무엇이든, 이것은 아주 확실하다: 그 소명을 거절하는 사람은 자신의 진정한 자아에 대해 "아니오"라고 말하는 것이다. 그러나 이것 역시 우리는 긍정할 수 있다: 맹목적으로 자기가 어디로 가고 있는지도 모르고 나아가지만, "하나님의 경영하시고 지으신 터가 있는"(히 11:8-10) 성을 고대하면서 이 단계를 취하는 사람은 확실히 아브라함의 씨, 그 선민, 온 땅에 복을 줄 그 영적 이스라엘로 세움을 받을 것이다.

신앙의 길을 가는 사람은 결코 어둠 속을 헤매지 않는다. 참으로 그는 지상에서는, 승리하는 하나님의 통치의 그 무한한 영광을 볼 수 없다. 또 그의 모든 수고가 그 영광을 지상으로 가져오는 것도 아니다. 그러나 그는 그리스도의 부르심에 "예"라고 응답하는 신앙을 가지고 있기 때문에, "하나님의 나라가 가까이 왔다"고 하는 신약성경의 신비를 이해할 것이다. 그래서 미래의 승리가 그에게는 현재적 사실이 되었다. 그 확신에 입각하여 그는 그가 헛되이 수고하지 않는다는 신념 속에서 자기 앞에 놓인 과업을 수행하는 데 집중할 것이다. 왜냐하면 바로 거기서 말하자면 승리의 주님의 말씀이 그의 귀에 들려오기 때문이다: "볼지어다 내가 세상 끝날까지 너희와 항상 함께 있으리라." "내가 너희를 고아와 같이 버려두지 아니하고 너희에게로 오리라."

자신의 수고를 통해 인간은 단지 나무와 돌과 죽을 운명의 인간들로 이루어진 가시적 교회를 세우는 것 외에 무엇을 할 수 있는가? 그렇지만 그의 눈은 그 가시적 교회 위에 우뚝 솟아있는 또 다른 교회, 곧 불가시적 교회를 분별할 수 있을 것이다. 그 불가시적 교회는 그의 수고 안에서 그리고 그의 수고를 통해 하나님의 진정한 성벽으로서 세워진 것이다. 그는 이보다 더 고상하게 자신의 삶을 보내는 것이 있을 수 없다는 사실을 안다. 그에게 남겨져 있는 미래는 역사의 사건들의 주님이신 하나님과 함께 하는 미래가 된다.

참으로 미래의 길이 어둡고, 그 종말은 보이지 않을 수 있다. 그러나 지금 여기서 우리에게 임한 하나님 나라의 부르심을 듣는 것이 허락되었기 때문에, 우리는 두려움 없이, 그리고 우리의 입술로 모든 기독교 세계의 기도와 함께, 담대하게 미래에 직면할 것이다:

나라이 임하옵시고
그 뜻이 이루어지이다.
....
대개 나라와 권세와 영광이 아버지께 영원히 있사옵나이다. 아멘.

● **독자 여러분들께 알립니다!**
'CH북스'는 기존 '크리스천다이제스트'의 영문명 앞 2글자와
도서를 의미하는 '북스'를 결합한 출판사의 새로운 이름입니다.

하나님의 나라

1판 1쇄 발행 1994년 10월 25일
2판 1쇄 발행 2019년 9월 19일
2판 2쇄 발행 2022년 12월 12일

발행인 박명곤   **CEO** 박지성   **CFO** 김영은
기획편집 채대광, 김준원, 박일귀, 이승미, 이은빈, 이지은, 성도원
디자인 구경표, 한승주
마케팅 임우열, 김은지, 이호, 최고은
펴낸곳 CH북스
출판등록 제406-1999-000038호
전화 070-4917-2074   **팩스** 0303-3444-2136
주소 서울시 강서구 마곡중앙6로 40, 장흥빌딩 10층
홈페이지 www.hdjisung.com   **이메일** main@hdjisung.com
제작처 영신사

© CH북스 2022

'그리스도와 그의 나라를 위하여'
CH북스는 여러분의 의견 하나하나를 소중히 받고 있습니다.
원고 투고, 오탈자 제보, 제휴 제안은 main@hdjisung.com으로 보내 주세요.